OS MUITO, MUITO RICOS E COMO ELES CONSEGUIRAM CHEGAR LÁ

MAX GUNTHER

OS MUITO, MUITO RICOS E COMO ELES CONSEGUIRAM CHEGAR LÁ

Tradução
Jorge Ritter

1ª edição

**best.
business**

Rio de Janeiro | 2015

CIP-BRASIL. CATALOGAÇÃO NA FONTE
SINDICATO NACIONAL DOS EDITORES DE LIVROS, RJ

Gunther, Max, 1927-

G985m   Os muito, muito ricos e como eles conseguiram chegar lá /
Max Gunther; tradução Jorge Ritter. – 1ª ed. – Rio de Janeiro:
Best Business, 2015.

Tradução de: The Very, Very Rich and How They Got That Way
Bibliografia
ISBN 978-85-7684-581-2

1. Milionários. 2. Riqueza. 3. Finanças pessoais. 4. Sucesso
nos negócios. I. Título.

14-13503   CDD: 650.12
CDU: 330.567.2

Os muito, muito ricos e como eles conseguiram chegar lá, de autoria de Max Gunther.
Texto revisado conforme o Acordo Ortográfico da Língua Portuguesa.
Primeira edição impressa em maio de 2015.

Título original norte-americano:
THE VERY, VERY RICH AND HOW THEY GOT THAT WAY

Copyright © 1972 by Max Gunther.
Copyright da tradução © 2014 by Editora Best Seller Ltda.
Publicado em 2010 pela Harriman House Ltd.

Capa: Igor Campos.
Editoração eletrônica: Abreu's System

Todos os direitos reservados. Proibida a reprodução,
no todo ou em parte, sem autorização prévia por escrito da editora,
sejam quais forem os meios empregados.

Direitos exclusivos de publicação em língua portuguesa para o Brasil
adquiridos pela BEST BUSINESS um selo da EDITORA BEST SELLER LTDA.
Rua Argentina, 171, 20921-380, Rio de Janeiro, RJ – Tel.: 2585-2000
que se reserva a propriedade literária desta tradução.

Impresso no Brasil

ISBN 978-85-7684-581-2

Seja um leitor preferencial.
Cadastre-se e receba informações sobre nossos
lançamentos e nossas promoções.

Atendimento e venda direta ao leitor:
sac@record.com.br ou (21) 2585-2002

Sumário

Nota do editor original	7
1. A galeria de ouro	11
2. De Creso a Crasso a Cornfeld	19
3. Como ficar rico sem nem tentar	32
4. O caminho da arte de vender	44
5. É possível ensinar como criar uma fortuna?	59
6. O mercado de ações: como jogar	76
7. O mercado de ações: como vender	101
8. A abordagem de espalhar sementes	121
9. Garimpeiros e perfuradores	141
10. Você precisa de sorte para ganhar 1 milhão?	171
11. O caminho da tecnologia: a abordagem do "pau para toda obra"	193
12. A rota da tecnologia: a abordagem do especialista	213
13. Quem disse que não dá para ser feito?	231
14. A mágica do "DDO": 1. A rota do empréstimo	236
15. A mágica do "DDO": 2. A rota da participação acionária	248
16. Mercado imobiliário: construindo grande	263
17. Mercado imobiliário: construindo pequeno	279
18. A psicologia dos ricos	287
19. Os promovedores: de ideias	297
20. Os promotores: de coisas	314

21.	O Trabalho dos Outros	329
22.	A maioria floresceu tarde	356
23.	Conselhos dos ricos	362
24.	Os criadores de fortunas do futuro	386

Bibliografia e leitura suplementar   393

Nota do editor original

EM 1972, MAX GUNTHER convidou seus leitores a conhecer em detalhes a galeria dos milionários mais importantes dos Estados Unidos. Era uma galeria realmente de ouro, tendo em vista que as pessoas retratadas nela não são de forma alguma milionários comuns. Um padrão de qualificação mínimo a ser considerado para a inclusão na lista de Gunther é a propriedade de ativos avaliados em 100 milhões de dólares ou mais (o equivalente a 500 milhões de dólares hoje).

Dessa forma, estamos lidando com os espantosamente milionários, a *crème de la crème* dos ricos que conquistaram sua riqueza sozinhos.

Como Gunther deixa claro desde o início desta investigação sobre fortunas, os indivíduos abastados não são pessoas comuns, e nesse grupo, os muito, muito ricos são uma espécie ainda mais especial. É preciso um tipo de mentalidade e abordagem extremamente particular para acumular a riqueza que os homens retratados neste livro conseguiram — e foi o desejo de descobrir essa mentalidade e abordagem que impulsionou a busca do autor.

Os muito, muito ricos é uma pesquisa da vida e dos traços de caráter dos super-ricos dos Estados Unidos e, mais importante, uma análise dos métodos que eles empregaram para gerar suas enormes quantias de capital.

Para nomear apenas alguns dos luminares incluídos no livro, em W. Clement Stone conhecemos um vendedor; já Howard Hughes e William Lear são pessoas que realizam vários tipos de trabalho e que são incrivelmente bem-sucedidos; Joseph Hirshhorn é um especulador do mercado de ações; e Daniel Ludwig, James Ling e Ray Kroc são verdadeiros expoentes do DDO (Dinheiro dos Outros) e do TDO (Trabalho dos Outros).

Apesar de ser possível ler *Os muito, muito ricos* sem problema algum para simples entretenimento, a intenção de Gunther era a de que a obra também tivesse uma aplicação prática, como um guia para aqueles que alimentam sonhos de ascender no caminho para a fortuna suprema.

Este clássico tem agora quase 40 anos, mas seu valor perdura até hoje, pois, como Gunther é veemente em dizer aos leitores, os passos fundamentais na rota para a riqueza não mudam com o tempo. Estes passos (contidos neste livro) podem ser aprendidos, adaptados e aplicados por qualquer pessoa hoje em dia.

Harriman House
Setembro, 2010

Em 1972, quando este livro foi publicado pela primeira vez, 1 dólar tinha o mesmo poder de compra que 5,22 dólares em 2010. (De acordo com os cálculos feitos pelo Ministério do Trabalho norte-americano, www.bls.gov/data.)

Esta tabela mostra as pessoas retratadas neste livro com suas fortunas como elas seriam hoje, em termos do valor do dólar americano atualizado.

Fortunas conseguidas pelos muito, muito ricos (valores de 2010, ajustados pela inflação).

J. Paul Getty	US$ 5,3 bilhões
Howard Hughes	US$ 5,3 bilhões
Daniel Ludwig	US$ 5,3 bilhões
Edwin Land	US$ 2,6 bilhões
W. Clement Stone	US$ 2,1 bilhões
William Lear	US$ 1,1 bilhão
William Benton	US$ 780 milhões
Bernard Cornfeld	US$ 780 milhões
Conrad Hilton	US$ 522 milhões
Joseph Hirshhorn	US$ 522 milhões
Ray Kroc	US$ 522 milhões
Os Levitts	US$ 522 milhões
James Ling	US$ 522 milhões
Jeno Paulucci	US$ 522 milhões
Glenn Turner	US$ 522 milhões

1

A galeria de ouro

ACOMPANHEM-ME, Ó PRETENDENTES à riqueza, e postem-se diante desta incrível porta dourada. Em breve viraremos a preciosa chave e entraremos. Pise com cuidado. Fale baixo. Você aí atrás, jogue essa lata de cerveja fora. Estamos prestes a nos colocar diante da Riqueza.

Eu a pronunciei com um reverente R maiúsculo. Era exatamente a minha intenção. A riqueza que estamos prestes a estudar não é comum, não é camada superficial, nem mesmo a tribo dos meros milionários. Não, estamos prestes a ver a Riqueza nas suas mais exageradas — alguns diriam deslumbrantes, outros repugnantes — manifestações. Os indivíduos mais pobres que vamos conhecer têm ativos líquidos de 100 milhões de dólares ou não muito menos do que isso, e alguns terão mais de um bilhão.

Qual é a finalidade da nossa visita a essa galeria de ouro? Você pode se perguntar: "Por que devemos estudar os imensamente ricos?"

Trata-se de uma questão direta, e temos que reconhecer de imediato que alguns dirão que não há uma resposta sensata. Nossa busca, eles nos falarão, é bobagem. Um registro histórico que se estende uns 2.500 anos no passado revela que a riqueza e os pretendentes a ela — e também os pretendentes a pretendentes a ela (categoria na qual nos encontramos no momento) — foram motivo de chacota sob qualquer circunstância e cultura. A riqueza, diz o clichê de 2.500 anos, é efêmera e talvez nem seja real no fim das contas. Um homem seria mais bem aconselhado se passasse a vida em busca de algo mais:

a verdade, talvez, ou a beleza, mas não o dinheiro. O dinheiro não vale a pena.

Ninguém sabe ao certo quem foi o primeiro a dizer que não se pode levar a fortuna para o pós-vida — provavelmente foi um homem pré-histórico lamuriando-se da nova pele de leopardo bacana do vizinho. O filósofo grego Diógenes foi um dos primeiros a colocar em escrito o velho e amargo clichê. "Ninguém vai para o céu com toda sua imensa fortuna", disse ele no século VI ou V a.C. Muito provavelmente nem mesmo um único ano se passou sem que algum homem de grande intelecto não tenha reiterado o pensamento na esperança de arrefecer qualquer que fosse a busca sem sentido que estivesse ocorrendo na sociedade. Cícero o disse na Roma materialista. Shakespeare o disse para os elizabetanos mundanos. Do outro lado do Canal da Mancha, Rembrandt, ele mesmo um homem moderadamente rico, o disse para os holandeses enlouquecidos com seu *boom* econômico. Shelley o disse em referência a um rei falecido chamado Ozymandias. Thoreau o disse em *Walden*. Provavelmente poderíamos fazer uma aposta segura de que pelo menos 100 mil romances publicados no século XX o disseram de uma maneira ou outra. A Bíblia o diz não uma vez, mas várias.

De vez em quando, no entanto, um intelecto novo reparador aparece para contrariar esse pensamento. Um deles foi Jesse Livermore, um famoso especulador acionista que floresceu em Wall Street na primeira metade do século XX. "É verdade que você não pode levar o dinheiro consigo", falou Livermore certa vez, contemplando um grande ganho de capital que ele realizara havia pouco, "mas com certeza pode usá-lo até cair fora".

É isso mesmo, velho amigo. Presumiremos que todos os visitantes desta galeria compartilham da visão de Livermore ou pelo menos estão dispostos a suspender seu julgamento a respeito dela. Aqueles que acreditam que Livermore está errado são bem-vindos a se aproximar e participar também, é claro, mas aqui não encontrarão ninguém disposto a debater. O argumento em prol ou contra a riqueza é um assunto apropriado para outros momentos e lugares.

Com esta questão espinhosa colocada de lado, vamos considerar o que temos a ganhar com a nossa visita. Por um lado, seremos entretidos. Os muito, muito ricos são um grupo extraordinário e fascinante — obviamente eles são diferentes de você e eu, como salientou F. Scott Fitzgerald, entretanto não tão diferentes a ponto de que não possamos ver nossa humanidade refletida em seus rostos. Suas histórias são histórias de seres humanos comuns levados a uma grandeza surpreendente através de forças internas e externas. Cada um deles é um homem que encarou seu ambiente material como o encontrou, e não apenas descobriu uma maneira de sobreviver nele, como se elevou acima dele e o conquistou plenamente.

De certa maneira, são como contos de fadas. Cada um começa com um herói esfarrapado buscando algum caminho arriscado e partindo sozinho para lutar contra gigantes. Cada um termina com o herói sentado em um saco de ouro, sorrindo o tempo todo. Mas há uma diferença notável: o leitor de um conto de fadas não tem como esperar que uma aventura assim aconteça com ele. No entanto, o leitor das histórias de indivíduos riquíssimos pode nutrir esta esperança — na realidade, é cordialmente convidado a fazê-lo.

O que nos leva à segunda boa razão para nossa visita à galeria: as vidas dos homens ricos reunidas aqui são altamente instrutivas.

Com algumas poucas exceções, que serão justificadas quando chegar o momento, todos os empreendedores que você encontrará aqui começaram de baixo. Nós excluímos categoricamente todos aqueles que tenham herdado uma grande fortuna: Rockefellers, Mellons, Fords. Cada um dos nossos homens começou como um zé-ninguém: um homem comum como você ou eu, à deriva pelas marés dos nossos tempos ao lado de milhões de outros homens comuns. Alguns eram simples assalariados de classe média; outros começaram ainda mais por baixo, em condições de pobreza real. Cada um, usando sua inteligência e força de caráter, ascendeu até tornar-se um sujeito poderoso.

Observando como eles o fizeram, você pode (se quiser) pensar sobre como conseguirá a mesma coisa. A galeria é organizada pelos vários percursos que estes homens escolheram em direção ao topo. Um homem investiu no mercado de ações, outro desenvolveu uma inovação tecnológica e por aí afora. Um percurso (ou mais de um) pode atrair você por uma questão de temperamento ou experiência passada. Escolha o seu, estude o homem que o escolheu até seu fim, e então... o resto é com você.

Você observará que nenhum percurso é fácil, especialmente no início. Os primeiros passos são sempre muito arriscados. Todos estes homens ricos — *todos* eles — tiveram de começar dando as costas para a prudência e a segurança. Ficar rico sem abrir mão do emprego assalariado é claramente impossível. Você pode esperar por um pouco mais de riqueza vendendo uma habilidade profissional como freelance — tornando-se um ator, cirurgião ou romancista famoso —, mas mesmo assim suas chances de chegar aos 100 milhões de dólares ou ao menos aos 10 milhões são tão próximas de zero que a diferença não vale a pena ser considerada. Para ganhar o dinheiro vultoso, você tem de correr riscos vultosos. Cada um dos muito, muito ricos tinha de estar disposto em algum estágio inicial a se colocar em uma posição altamente vulnerável — uma posição a partir da qual ele poderia decolar direto para a riqueza ou despencar rapidamente para a falência.

Devo deixar claro que estes jogos com altas apostas produzem perdedores assim como vencedores. Aqui, reunimos apenas os vencedores. Ninguém sabe os nomes dos perdedores. É interessante especular sobre as razões para vencer e perder, por que um homem vai para cima enquanto outro, começando o mesmo percurso e substancialmente da mesma forma, vai para baixo. O caráter tem algo a ver com isso, assim como a sorte. Estudaremos ambos os fenômenos no curso de nossa visita.

Devo salientar também que a dimensão do prêmio ganho por cada vencedor é em parte uma questão de suposição — às vezes, até para o próprio vencedor. J. Paul Getty*, um dos mais ricos entre os ricos, respondeu várias vezes que ele sinceramente não sabia quanto valia. Se você é proprietário de 1 milhão de ações, o valor do seu patrimônio pode subir ou cair em 1 milhão de dólares em um único dia. Isto torna uma avaliação precisa difícil de ser feita mesmo quando a ação tem um valor de mercado conhecido. Se a ação não é negociada publicamente, a dificuldade é ainda maior.

Howard Hughes, para mencionar apenas um exemplo, é o único proprietário da altamente lucrativa Hughes Tool Company. Não há um mercado público para as ações de sua empresa e, portanto, é impossível afirmar com precisão quanto vale o patrimônio dele. A única maneira de chegarmos a um palpite é olhar para as vendas da empresa, seus lucros e ativos — mas estes dados são apenas suposições, pois não é exigido que uma empresa privada publique estes números (e a Hughes Tool, na realidade, não o faz). Desse modo, você tem que ficar satisfeito com uma estimativa baseada em uma estimativa — um arremedo de aritmética, na melhor das hipóteses. Você estima qual é o desempenho da empresa em termos de lucratividade, e então estima como o mercado de ações poderia avaliar esse desempenho se as ações ordinárias dessa empresa fossem negociadas publicamente um dia. O número inconsistente resultante é seu palpite quanto à fortuna de seu homem rico.

O próprio homem rico poderia oferecer algum esclarecimento, mas é provável que não o faça — mesmo que, ao contrário de Getty, ele saiba a resposta. Apenas alguns dos muito ricos declararam publicamente seu patrimônio líquido. Por razões legais e tributárias, e por um sentido altamente desenvolvido de privacidade pessoal que parece ser característica dos muito, muito ricos, a maioria tende a não comentar esse assunto.

---

* Este livro foi originalmente publicado em 1972. A editora optou por seguir o original e manter os tempos verbais no presente do indicativo quando o autor se refere aos personagens citados. (*N. do E.*)

Por mais de um século, as fortunas dos ricos nos Estados Unidos têm sido o foco de um jogo de palpites nacional. Toda hora alguém aparece com um novo conjunto de palpites, apenas para ser derrubado por outra pessoa.

A revista *Fortune*, por exemplo, ocasionalmente compila o que ela acredita ser uma lista relativamente completa dos homens e mulheres mais ricos dos Estados Unidos. Em 1957, a revista disse que conseguia identificar 155 norte-americanos com fortunas de 50 milhões de dólares ou mais. Em 1968, com as fortunas infladas pela prosperidade e inflação contínuas, a *Fortune* aumentou o limite inferior para 100 milhões de dólares e disse que havia encontrado 153 pessoas nesta linha ou acima dela. (A *Fortune* os chamava de "centimilionários". De certa maneira, a palavra me faz pensar em centopeias ricas. Como tenho certeza de que a famosa revista econômica não vai se importar, encontrarei outras palavras.)

Ao publicar ambas as listas, a *Fortune* francamente admitiu a probabilidade de que alguns nomes importantes pudessem ter sido omitidos. "Algumas formas de riqueza", declarou a revista, "desafiam absolutamente a detecção". A *Fortune* também admitiu que poderia estar errada em algumas de suas estimativas. Certas pessoas poderiam ser muito mais pobres do que o estimado, outras, muito mais ricas.

Mas não foi bom para a revista exibir essa modéstia encantadora. Ferdinand Lundberg, que pesquisou os ricos ao longo da vida, atacou a *Fortune* com um enorme e predatório prazer em seu livro publicado em 1968, *The Rich and the Super-Rich*. Muitas das estimativas de riqueza de 1957, segundo ele, estavam grosseiramente equivocadas. Lundberg apresentou suas próprias estimativas, a maioria mais baixa do que as da revista. Ele também trouxe à tona alguns novos nomes que não haviam aparecido na lista.

Meus próprios cálculos aproximados a respeito de algumas outras fortunas discutidas sugerem que a *Fortune* estava muitas vezes mais próxima da marca do que Lundberg. É importante mencionar que Lundberg é um pesquisador solitário, enquanto a *Fortune* tem uma grande equipe de repórteres altamente treinados e outros pesquisadores financeiros — pessoas com tempo e dinheiro para revirar registros de testamentos, declarações de procurações, relatórios de lucros de empresas etc. Além disso, Lundberg, embora seja um pesquisador brilhante, às vezes parece trabalhar sob um fardo pesado de preconceitos. Ele não gosta muito dos ricos, diz que eles manipulam o país e tudo mais. Seu ponto de vista político de fato não é conservador. Ele passa muitas páginas de seu livro ridicularizando entusiasticamente o pobre e velho William F. Buckley, Jr., e a *National Review*. Quanto à *Fortune*, principal porta-voz dos negócios (e, por conseguinte, dos ricos), Lundberg obviamente não mantém esta influente e conservadora publicação que ama dinheiro em sua mesinha de cabeceira para adoçar seus sonhos à noite. Ao acusar a *Fortune* de cometer erros, ele muitas vezes parece motivado pelo puro prazer de brigar com a revista.

As estimativas de riqueza em nossa galeria não podem reivindicar ser mais precisas do que as da *Fortune*, de Lundberg ou de qualquer outra pessoa. Elas devem ser vistas apenas como um conjunto a mais de estimativas — com as quais o próximo avaliador, como sempre, tem o privilégio de discutir. Tampouco nossa lista reivindica qualquer tipo de pretensão à completude. São omitidos, conforme já afirmamos, todos os possuidores de grandes riquezas herdadas — que formavam mais da metade da lista de 1968 da *Fortune*. Outros não constam em nossa galeria por razões aleatórias. Em alguns casos, por exemplo, havia a possibilidade de que dois ou mais tivessem carreiras similares. O homem entre eles cuja carreira parecia a mais instrutiva, ou impressionante, ou simplesmente interessante foi incluído; o restante terá de esperar outros biógrafos.

É possível, e mesmo provável, que alguns observadores do cenário corporativo atual discutam a respeito do elenco de personagens aqui reunido. "Por que você escolheu Fulano em vez de Beltrano?", perguntarão. "Fulano pode ter 100 milhões, mas Beltrano tem *200 milhões*." A resposta em todos os casos será que o dinheiro não foi o único critério para incluir ou excluir qualquer milionário em questão. O dinheiro é o principal critério, mas nem sempre o decisivo. Talvez Fulano esteja mais disposto a falar com repórteres do que Beltrano. Talvez Fulano seja simplesmente mais simpático.

E, de qualquer maneira, faz realmente alguma diferença se um homem tem 100 milhões ou 200 milhões de dólares? De um jeito ou de outro, sua fortuna é tão grande que quase supera nossa compreensão. Cem milhões de dólares são mais dólares do que a mente consegue confortavelmente conceber. Colocadas lado a lado, as cédulas se estenderiam daqui até — bem, uma distância enorme. Empilhadas, elas com certeza desabariam. Se você tivesse um salário de 200 mil dólares ao ano, sonegasse o imposto de renda e conseguisse poupar metade disso, levaria mil anos para acumular 100 milhões. Se você não sonegasse o imposto e conseguisse poupar metade do dinheiro pós-Receita Federal, levaria pelo menos 4 mil anos. (Como já mencionamos, você não consegue ficar rico com um salário.) A soma de 100 milhões de dólares é tão colossal que a renda que ela disponibilizaria, se fosse colocada em uma poupança com modestos juros anuais de 5%, seria suficiente para sustentar pessoas como eu e você em um estilo de vida que a maioria consideraria bastante confortável. A renda seria de 5 milhões. Se cem de nós fôssemos proprietários de um título conjunto para estes 100 milhões de dólares em uma poupança, cada um de nós poderia tirar 50 mil ao ano por toda a eternidade, sem nunca tocar em um centavo do capital.

Sim, 100 milhões de dólares é uma soma difícil de visualizar. Mas existem homens ainda hoje — não deuses, mas homens simples, feitos de ossos e cérebro que presumivelmente não são melhores que os seus ou meus — que acumularam esta quantia em menos tempo do que a vida de um adulto.

Vamos descobrir o segredo deles. Bem-vindo à galeria dos muito, muito ricos.

2

De Creso a Crasso a Cornfeld

OS HOMENS NESTA GALERIA estão todos vivos. Eles são nossos contemporâneos. Estabeleceram suas fortunas colossais em nossa própria era econômica ou em eras recentes que não foram tão diferentes da nossa. Cada um aproveitou o ambiente econômico como ele existia em sua época e, em vez de deixá-lo tiranizar como a maioria de nós mesmos faz, agarrou-o pelo pescoço e dominou-o à força.

Os ricos supremos sempre fizeram isso e sempre farão. Não importa em qual ambiente estejam, alguns homens descobrirão uma maneira de submetê-lo. No fim das contas, há sempre uma maneira.

Acho que vale a pena destacar esta declaração otimista. Em todas as épocas, incluindo a nossa, as pessoas tenderam a acreditar que os dias de oportunidade de acumular uma grande riqueza haviam acabado. A época recente quase sempre pareceu melhor. Hoje em dia, as pessoas reclamam que os altos impostos, altos preços, altos custos de mão de obra e outros problemas impedem que fiquem ricas, e elas olham para trás com tristeza, para a época em que Andrew Carnegie podia acumular uma renda pessoal de 30 milhões de dólares ao ano sem pagar um centavo de imposto, e pensam que os bons tempos chegaram ao fim e se perguntaram o porquê de continuar tentando. E, no entanto, temos diante de nós o espetáculo de um homem como Jean Paul Getty (Capítulo 9), que acumulou uma fortuna de aproximadamente 1 bilhão de dólares em nossa própria era. Pagando uma grande quantia de impostos o tempo inteiro. O próprio Getty abordou a questão alguns anos atrás. Dizer que a era moderna é irremediável do ponto de vista do acúmulo de riqueza, escreveu Getty, "é apenas uma desculpa para não tentar".

É provável que, quando as primeiras tribos nômades se estabeleceram para cultivar fazendas no princípio da história humana, havia caçadores nômades que saíam por aí resmungando que o mundo estava acabado e que não havia nada mais que pudesse ser feito. É igualmente provável que pessoas no século XXI contemplarão de modo pessimista quaisquer problemas econômicos que as estejam afligindo e que dirão: "Não tem jeito mesmo. Se ao menos estivéssemos nos anos 1970..."

Vamos ver quais tipos de ambientes os homens foram capazes de submeter no passado. Mais tarde neste livro (Capítulo 24) especularemos sobre possíveis ambientes do futuro.

Temos de admitir que através da maior parte da história registrada, até o fim do século XVI e o século XVII, a grande massa de pessoas comuns aparentemente tinha pouca esperança de tornar-se rica de verdade. Cada indivíduo trabalhava sozinho em sua fazenda, em seu ofício ou em seu comércio. Tendo em vista que havia um limite físico para o montante de trabalho que um indivíduo poderia realizar, havia um limite absoluto para sua riqueza. A ideia moderna de corporação não havia sido inventada, tampouco as máquinas que poderiam acelerar o trabalho. Não havia uma forma comumente disponível para se fazer um negócio crescer de maneira cumulativa — isto é, para estabelecê-lo de modo que os lucros de cada ano pudessem ser usados para expandir o negócio e, assim, crescerem ainda mais no ano seguinte. Até o século XVII, a maioria dos homens estava aproximadamente na mesma posição do trabalhador remunerado ou assalariado moderno, que não pode multiplicar a si mesmo cumulativamente e é limitado pelo fato inflexível e imutável de que há apenas 24 horas no dia. A única coisa entre ele e a fome é o trabalho que pode ser realizado pessoalmente.

Apesar desses problemas, algumas famílias inteligentes e agressivas tomaram o poder em suas mãos e tornaram-se chefes tribais, barões, reis e rainhas. Elas, assim como os magnatas modernos, foram capazes de acumular fortunas através do trabalho e do dinheiro de outras pessoas. Esta era a maneira universalmente reconhecida como a mais certa para ficar rico. Nos contos de fadas, mitos e dramas escritos antes de 1600, se a trama exige um homem rico, ele é quase invariavelmente retratado como um rei ou príncipe. Muitas das histórias populares dos irmãos Grimm terminam com o herói pobre casando com uma princesa — a filha do antigo chefe. Os dois homens ricos mais famosos dos tempos antigos foram Creso e Midas, ambos reis. (Creso existiu; Midas era uma ficção mitológica.) Seus nomes foram incorporados na maioria das línguas do mundo ocidental como clichês que descrevem uma grande riqueza.

Então alguns homens comuns ficaram extraordinariamente ricos, é claro. Na maior parte das vezes, isto aconteceu quando, através de uma série de boas circunstâncias, um homem do povo aproximou-se dos poderes dominantes e foram concedidos a ele alguns favores ou até presentes em dinheiro. Um desses homens foi Marco Licínio Crasso, que prosperou em Roma durante o século I a.C. Seu nome não é a fonte da palavra "crasso", mas bem que poderia ser. Crasso fez alguns favores para o ditador Sulla e foi recompensado com a possibilidade de exercer a primeira opção para comprar determinadas terras confiscadas a preços ridiculamente baixos. Não apenas isto, Sulla também emprestou dinheiro do tesouro romano a Crasso, com o qual ele podia comprar as terras. Crasso fez o empréstimo, comprou as terras, vendeu-as a preços altos, pagou o empréstimo, usou os lucros para comprar mais terras confiscadas (algumas das quais foram confiscadas especialmente em seu benefício), repetiu o processo e assim tornou-se um dos especuladores imobiliários mais famosos e bem-sucedidos da história. Em Roma, eles o chamavam de "Dives" — "O Rico".

No entanto, homens como Crasso eram exceções. O próprio fato de que a história se preocupou em lembrar seu nome e suas realizações indica quão incomum ele era. Em termos de poder de compra moderno (uma comparação altamente não confiável e mesmo ridícula, mas é a única que temos), sua riqueza girava provavelmente em torno de 1 a 5 milhões de dólares. Isso não é dinheiro suficiente para colocar um homem nos livros de história hoje em dia. Mas certamente era na época de Crasso, e assim permaneceu por mais 1.700 anos.

Em determinado momento no século XVI, os primeiros empreendimentos rudimentares semelhantes a um banco começaram a aparecer, e uns poucos cidadãos de sorte ficaram ricos por esse caminho. Entre estes, havia uma notável família alemã atuante chamada Fugger. O pai, fundador, era um tecelão, pobre durante a maior parte de sua vida. Seus filhos e netos juntaram-se como uma empresa familiar, expandindo o negócio para vários tipos de mercadorias, e, por volta de 1500, haviam acumulado tanto capital entre eles que começaram a gerar receita emprestando o dinheiro a juros para vários governos e famílias nobres. Ao fim do século XVI, os bancos dos Fuggers eram tão ricos e poderosos que pelo menos três países deram a eles permissão oficial para cunhar e emitir dinheiro.

Assim como Crasso, os Fuggers eram exceções financeiras em sua época. Não era normal que homens comuns ascendessem a tamanha riqueza. Porém, no século XVII, as chances do cidadão médio começaram abruptamente a parecer melhores.

A Revolução Industrial normalmente é colocada como iniciada no século XVIII, mas foi o século XVII que viu o desenvolvimento de mecanismos financeiros e corporativos sem os quais as primeiras plantas industriais nunca poderiam ter sido construídas ou operadas. Cidadãos humildes que embarcaram no início deste desenvolvimento financeiro ficaram ricos.

Seguindo a liderança dos Fuggers e alguns outros, homens do dinheiro no século XVII expandiram e refinaram a ideia da operação de um banco. Eles inventaram estruturas corporativas que lembram as empresas negociadas publicamente que conhecemos hoje em dia. Projetaram o primeiro sistema de crédito praticável e estabeleceram as primeiras bolsas de mercadorias e valores amplas e em larga escala.

Esta revolução financeira ocorreu principalmente na Inglaterra, na Itália e, de maneira mais notável e brilhante, nos Países Baixos.

Enquanto ninguém prestava atenção, os Países Baixos se tornaram a nação mais rica e poderosa do mundo. (Na realidade, não era nem tanto uma nação, mas uma fraternidade próxima de estados praticamente autônomos, dos quais o maior e mais rico era a Holanda. Os tolerantes holandeses há muito deixaram de tentar corrigir o equívoco.) A Marinha holandesa ganhara tanta força que praticamente mandava nos oceanos, derrotando de forma fácil e regular as marinhas da Espanha, Inglaterra e França, consideradas invencíveis na época. Os exércitos terrestres holandeses não faziam incursões em outros países europeus, mas eram capazes de repelir invasores sem muito esforço. Em algum momento posterior no século XVI, os soberanos da Europa, mais ambiciosos e ligados à conquista — notavelmente Felipe, da Espanha, e Elizabeth, da Inglaterra —, acordaram sobressaltados e se deram conta de que os Países Baixos simplesmente não podiam ser tomados.

De onde veio toda essa força? Dinheiro. Sem planejar à frente, os holandeses haviam estabelecido um novo sistema econômico extraordinariamente bem-sucedido no qual o homem comum, ao enriquecer a si mesmo, enriquecia a nação.

A maioria dos soberanos europeus achava que os holandeses deviam estar malucos. Estes "sujeitos pesados" e "rudes pobres-diabos", como Elizabeth os chamava com rancor, estavam tentando tocar adiante uma coisa chamada república. Na realidade, eles não queriam algo neste sentido. O problema foi que os holandeses não conseguiam encontrar um rei adequado; de maneira que eles estavam lutando bravamente para seguir em frente sem um — temporariamente, pensaram em um primeiro momento. Os governos do estado e das cidades eram administrados por mercadores e outros burgueses voltados para os negócios — o que chamaríamos hoje em dia de cidadãos de classe média —, e as leis locais eram naturalmente favoráveis à iniciativa privada. Os impostos eram leves. As receitas do governo eram gastas em investimentos ligados aos negócios, como melhorias no porto, em vez de ir para os cofres privados de reis e nobres. Havia poucas barreiras de classe ou religiosas que impedissem um homem de abrir um negócio. Qualquer filho de agricultor esfarrapado, qualquer judeu fugindo da Espanha, Quaker da Inglaterra ou luterano da Alemanha era bem-vindo para jogar seu dinheiro na economia local e perder suas roupas em um empreendimento comercial — ou fazer fortuna, se conseguisse.

Os holandeses sempre foram marinheiros. Por volta de 1600, estavam estabelecendo colônias e procurando por oportunidades de negócio nas Américas do Sul e do Norte, África, Índia e outros lugares distantes. As oportunidades pareciam maravilhosas, e para financiar os navios necessários eles começaram a desenvolver uma bolsa de valores rudimentar em Amsterdã (bolsas similares estavam surgindo em Hamburgo, Londres e outras cidades, mas, por razões diversas, Amsterdã foi a cidade que teve mais sucesso). Se você tivesse um dinheirinho sobrando, podia ir a Amsterdã e, na prática, comprar ações em um empreendimento de navegação. Era possível comprar, por exemplo, uma participação de um centésimo ou um milésimo nas fortunas de um determinado navio que seria construído para uma viagem à Índia. Desse modo, você, um cidadão comum, ajudava a financiar o crescimento de sua nação. Se o navio afundasse ou simplesmente não conseguisse voltar, o investimento era perdido por completo. Se ele voltasse carregado com sedas e especiarias, você tinha sua cota dos lucros (possivelmente enormes), que poderia ser investida em algum outro empreendimento. Ou talvez, antes que o navio retornasse, se você tivesse vontade de vender sua cota para outra pessoa, você o faria simplesmente dando uma volta por Amsterdã e encontrando um comprador entre as centenas de especuladores que estavam sempre perambulando pelas ruas ou bebendo nas tavernas.

Desta origem simples, o mercado de ações de Amsterdã expandiu-se para um tamanho e uma complexidade expressivos. Em 1625, ele continha a maioria dos elementos que reconhecemos hoje em dia como pertencentes a uma bolsa de valores em larga escala. Havia as regras para uma negociação justa e ordeira, havia corretores e provisões para diversas técnicas por fora, como a venda a descoberto. A diversidade de empreendimentos nos quais era possível comprar ações variava desde a navegação ao plantio de tulipas (você podia comprar ações até de alguns lucrativos bordéis de Amsterdã).

Tendo em vista que os corretores e especuladores muitas vezes precisavam de grandes quantias de dinheiro, sindicatos privados foram criados para proporcionar fundos de capital de risco. Desse modo, surgiram algumas iniciativas de bancos de investimentos rudimentares. Visto que ninguém queria caminhar nas ruas carregando sacos de moedas e florins holandeses, alguns banqueiros ofereciam instalações especiais para o armazenamento de dinheiro, e um tipo de sistema de contas veio a se desenvolver.

À medida que mais e mais empreendimentos de navegação foram lançados, o dinheiro começou a entrar para a pequena nação a um ritmo impressionante. Amsterdã tornou-se a capital financeira da Europa. Agentes do governo de todos os outros países iam lá pegar dinheiro emprestado para financiar guerras, comprar armas e fazer outros negócios vultosos que exigiam grandes recursos financeiros. Empreendedores privados de lugares tão distantes quanto a Rússia iam lá investir em ações de empreendimentos de navegação ou mineração, ou mesmo para pegar dinheiro emprestado para desenvolver as primeiras máquinas rudimentares.

Como resultado, os Países Baixos no início do século XVII podem ter sido a primeira nação na Terra na qual um número substancial de cidadãos comuns ficou rico — na qual a riqueza não era uma exceção surpreendente da norma. A riqueza inicial da nação viera dos negócios e da navegação, mas, à medida que o século progrediu, o capital veio mais e mais da posição central dos Países Baixos no fluxo do dinheiro europeu.

Aproximadamente três séculos mais tarde, um homem chamado Bernard Cornfeld (Capítulo 7) observaria que a melhor maneira para se conseguir dinheiro era lidar diretamente com o próprio dinheiro, em vez de abordá-lo de maneira oblíqua, através da negociação de bens e serviços. Esta pode não ser a melhor maneira para todas as pessoas, mas certamente é um modo excelente para alguns. Muitos holandeses do século XVII tornaram-se milionários com isso.

Um sujeito razoavelmente típico dessa nova estirpe chamava-se Roemer Visscher, especulador no mercado de navegações, comerciante e banqueiro de investimentos de Amsterdã. A fortuna de Visscher parece ter chegado a algo como 2 milhões de florins holandeses. Como já observamos, qualquer tentativa de converter a moeda e o poder de compra de uma era para os números de outra completamente diferente é um processo cheio de armadilhas, mas, como uma comparação muito grosseira, um florim holandês tinha o poder financeiro equivalente a 10 dólares hoje em dia. Desse modo, a fortuna de Visscher valia talvez de 10 a 20 milhões de dólares. O fato mais interessante a respeito dele é que Visscher não era particularmente interessante para seus patrícios. Ninguém dizia "oh" e "ah" sobre sua riqueza. Pelo visto, ele era apenas um entre muitos.

A rainha Elizabeth chamava os holandeses de "sujeitos pesados", desprovidos de estirpe e etiqueta social, mas deve ser dito de passagem que Visscher e seus colegas burgueses proporcionaram o suporte financeiro necessário para o que mais tarde viria a ser chamado de a era dourada da arte e literatura holandesas. Os muito ricos sempre se interessaram pela arte e ainda se interessam hoje em dia (ver, por exemplo, a história do especulador de ações Joe Hirshhorn, no Capítulo 6). Entre aqueles que frequentavam a casa palaciana de Visscher e aproveitavam sua mesa estavam Rembrandt, Jan van Goyen, às vezes Peter Paul Rubens, da Antuérpia, e o cientista Constantijn Huygens, inventor do relógio com pêndulo.

Os holandeses do século XVII exploraram e desenvolveram o percurso para a riqueza através do manuseio do dinheiro, a técnica de posicionar a si mesmo em um canal de capital, de maneira que você possa controlar o fluxo e direcionar parte dele para sua própria conta bancária. No século seguinte, todo um novo conjunto de possibilidades se abriu. A revolução financeira foi sucedida pela Revolução Industrial. Tornou-se possível para um cidadão comum ficar rico investindo seu dinheiro em várias inovações tecnológicas.

Graças a muitas e complicadas razões, a Revolução Industrial não trouxe rapidamente uma era de ouro de prosperidade como a que os holandeses haviam vivido cem anos antes. As massas de cidadãos comuns na maioria das nações seguiam imobilizadas sem dinheiro e sem muita esperança de ganhá-lo. Mas alguns deles se saíram muito bem. De 1750 em diante, as páginas dos livros de história brilham mais e mais frequentemente com os nomes de homens que conseguiram ficar ricos com o próprio esforço. Seus números aumentaram bastante ao longo do século XIX, em particular nos Estados Unidos, o novo colosso econômico que havia surgido de maneira súbita e discreta do outro lado do Atlântico.

Entre os nomes não monárquicos mais conhecidos na Europa dos séculos XVIII e XIX estava o de Rothschild. Mayer Rothschild começou como um pequeno agiota em Frankfurt por volta de 1765 e expandiu seu negócio pouco a pouco até se tornar um dos banqueiros de investimentos mais importantes da Europa. Ele ajudou a financiar algumas das primeiras usinas têxteis e outras plantas industriais na Inglaterra, assim como algumas das primeiras fábricas de maquinário pesado na Alemanha. Ele tinha cinco filhos, e cada um deles seguiu para uma cidade diferente para estabelecer a própria operação bancária e de capital de risco.

O filho comumente considerado o mais brilhante de todos foi Nathan, que abriu seu escritório em Londres. Ele fez fortuna no mercado de ações da cidade e, depois, no jovem (mas quente) mercado de Nova York. Um de seus segredos, nessa era antes dos telefones, era ter certeza de receber notícias de desenvolvimentos internacionais antes de qualquer pessoa. Ele tinha agentes acompanhando de perto a Batalha de Waterloo, por exemplo. Trouxeram para ele a notícia da derrota de Napoleão aproximadamente seis horas antes que o restante de Londres soubesse a respeito. Essas seis horas foram suficientes para Nathan Rothschild. Ele comprou moedas desvalorizadas, títulos de governos e ações industriais, e observou alegremente enquanto elas subiam no mercado em alta pós-Waterloo, realizando um belo negócio. Assim como o pai, Nathan ajudou a financiar as primeiras corporações industriais e inovações técnicas, entre elas as ferrovias. Ele havia começado a colocar seu dinheiro nas primeiras ferrovias norte-americanas quando morreu, em 1836. A família Rothschild seguiu firme, entretanto, e viveu para ajudar a financiar as aventuras de bucaneiros do século XX como Bernard Cornfeld.

Foi nos Estados Unidos, começando em torno de 1850, que as possibilidades da riqueza conquistada pelo próprio esforço alcançaram seu melhor e mais vistoso florescimento. Nunca antes em toda a história, nem mesmo nos Países Baixos do século XVII, haviam sido dadas ao homem comum oportunidades tão incríveis para alcançar a riqueza. Todo tipo de percurso estava se abrindo à medida que esta enorme e vazia nação se expandia e amadurecia. E todo tipo de homem subitamente deu um salto da obscuridade para uma proeminência notável.

Jay Cooke especializou-se em corretagem. Ele veio do nada, estabeleceu uma corretora em meados do século XIX, observou-a crescer à medida que o mercado de ações de Nova York crescia. Ele conquistou sua grande fortuna quando o governo do presidente Lincoln pediu a ele que vendesse títulos da Guerra Civil para o público. Cooke colocou agentes na rua para vender de porta em porta e pagou animada e descaradamente editores de jornais por todo o país para alardearem as glórias financeiras e patrióticas dos títulos. Ele vendeu aproximadamente 2,5 bilhões de dólares em títulos. Sua comissão, taxas e outros pagamentos nessa venda estupenda totalizaram quase 100 milhões de dólares, isentos de impostos.

Jay Gould apareceu em Wall Street por volta de 1860 com uns 200 dólares no bolso e logo transformou a soma em uma fortuna. A jogada favorita dele era construir empresas fantasmas, particularmente na indústria ferroviária. A febre das ferrovias tomara o país, muitas delas estavam sendo construídas rápido demais. Diversas operações pequenas, pouco capitalizadas e gerenciadas de forma desleixada, estavam indo à falência. Gould compraria algumas delas a preço de banana, as reuniria para formar uma nova companhia ferroviária com algum nome chamativo, faria a publicidade da nova companhia, aumentando o preço de sua ação, e cairia fora — depois disso, a estrutura sem solidez entraria em colapso. Gould tornou-se tão famoso por fazer esta jogada que, quando ele foi a Londres propor um negócio de uma ferrovia europeia para a família Rothschild, eles o dispensaram com um curto bilhete: "Caro Sr. Gould, a Europa não está à venda."

Junius Spencer Morgan, seu filho e seu neto, ambos chamados John Pierpont, eram banqueiros de investimentos que se especializaram em construir monopólios. O velho Junius começara como um comerciante de artigos de armarinho e havia aplicado seu dinheiro em bancos de investimentos exatamente quando a Revolução Industrial começava a se insinuar nos Estados Unidos. Sob o comando de seu filho e de seu neto, a família Morgan tornou-se tão poderosa quanto os Rothschild ou, séculos antes, os Fuggers. Os Morgans adoravam ferrovias. Em determinado momento, eles controlavam as ferrovias New York Central, New Haven, Lehigh Valley, Erie, Reading, Chesapeake e Ohio, Northern Pacific e várias outras — simultaneamente. Eles organizaram a U.S. Steel e coordenaram trustes que vieram a ser proprietários da maior parte da produção de antracito e carvão macio no país. Conta-se a respeito de John Pierpont, Jr., que, ao participar de um banquete na Europa (ocorrido por volta de 1900), uma condessa idosa chegou até ele e disse com toda a seriedade: "Sr. Morgan, pelo que entendi, o senhor é o acionista que controla os Estados Unidos."

A família Astor se destacou por um caminho diferente. John Jacob Astor era um imigrante da Alemanha de passagem pela Inglaterra. Ele chegou a Nova York em 1784, sem dinheiro e com fome. Astor vendeu instrumentos musicais por um tempo, perambulou pela cidade à procura de um negócio melhor e terminou como comerciante de peles no vale Mohawk. Os negócios eram bons: ele comprava peles baratas de tribos indígenas e as vendia com enormes remarcações em Montreal, Nova York e posteriormente Londres. À medida que seu capital crescia, ele o investia no que deve contar como uma das especulações imobiliárias mais gloriosas da história. Mesmo o velho Crasso teria inveja. Astor comprou grandes faixas de terra na parte de cima da ilha de Manhattan, ao norte do que eram então os limites da cidade de Nova York. Sua propriedade foi avaliada em aproximadamente 30 milhões de dólares quando ele morreu. Seu filho mais velho levou adiante o investimento, construindo cerca de mil casas em alguns dos lotes ao norte da cidade. Gerações posteriores dos Astors inteligentemente negociaram outros lotes ao norte por lotes na região central, nos quais construíram hotéis e prédios de escritórios. A fortuna da família chegou perto de 1 bilhão de dólares.

John D. Rockefeller investiu em outro tipo de terreno: o da indústria petrolífera. Ele começou a carreira como um escrivão de 16 anos em uma companhia mercantil de Cleveland nos anos 1850, foi promovido a contador e caixa por ser bom em cálculos, largou o emprego em 1858 para seguir por conta própria como uma espécie de representante comercial, vendendo produtos por comissão. Nos anos 1860, Rockefeller conheceu um especialista em refino de petróleo chamado Samuel Andrews que o convenceu que muito dinheiro poderia ser ganho no recém-nascido negócio do petróleo. (O primeiro poço norte-americano bem-sucedido havia sido perfurado em Titusville, Pensilvânia, em 1859.) A pequena empresa de Rockefeller pegou um empréstimo e construiu uma pequena refinaria chamada Standard Oil Works, que demonstrou ser altamente lucrativa. A empresa começou então uma longa (e não inteiramente honrosa) carreira de absorver competidores ou levá-los à falência praticando preços insustentáveis para eles. Quando os tribunais dissolveram o monopólio da Standard Oil em 1892, o ex-escrivão havia se tornado, até onde sabemos, o primeiro bilionário de origem humilde.

Poderíamos passar horas analisando as carreiras dos primeiros magnatas norte-americanos. Nunca antes na história, em nenhum outro lugar do mundo, tantos homens de origem humilde chegaram a patamares tão altos. Samuel Insull, Andrew Carnegie, Andrew Mellon, Joseph Kennedy — a lista poderia seguir sem problemas. Cada homem encontrou uma maneira de dominar o ambiente em que vivia e dirigi-lo a seu favor.

De certa maneira, o ambiente econômico tornou-se um oponente mais complicado à medida que o século XX progrediu. Os impostos corporativos e pessoais aumentaram substancialmente. Leis antitruste e outras leis comerciais tornaram-se mais severas. As regras do mercado de ações foram incrementadas, de maneira que manipulações e grandes jogadas exigem mais astúcia, planejamento e paciência. O país como um todo está menos vazio e aberto como foi um dia. Há menos espaço para manobra. Você não pode mais comprar um acre de terra em Manhattan por algumas centenas de dólares.

E, no entanto, ainda existem pessoas conquistando fortunas. Como? Vamos ver alguns casos e descobrir.

3

Como ficar rico sem nem tentar

Não é fácil tornar-se um dos muito, muito ricos. Nós observamos que o processo exige coragem, trabalho e autoconfiança. Exige estes e outros atributos em uma escala quase sobre-humana. As pessoas comuns não ricas — você e eu — exibem estas características de tempos em tempos quando estão se sentindo bem, mas não parece ser o suficiente. É necessário que você aumente a voltagem e a mantenha alta durante o dia todo.

Em nosso passeio por esta galeria, encontraremos homens de uma voltagem tão extraordinariamente alta que vamos nos perguntar como seus fusíveis não explodem. A produção de energia do homem médio, comparado com a deles, é um mero filete. Realizam montantes prodigiosos de trabalho. Seus cérebros geram ideias em um fluxo aparentemente interminável. Eles se lançam em situações de alto risco despreocupados, muito confiantes. Fazem coisas que outros homens não teriam coragem de fazer ou simplesmente nem pensariam em fazer. Parecem um pouco mais do que simples humanos às vezes, e isto pode nos preocupar se nutrirmos qualquer esperança de imitá-los. Ficaremos tentados a pensar: "Estes sujeitos pertencem a uma raça especial e superior. O que eles fizeram não pode ser feito por mais ninguém. Aventuras como essas não são para gente comum."

William Benton: 150 milhões de dólares

Levando esta questão em consideração, parece uma boa ideia nos confrontarmos logo de cara com um homem que é (e esperamos que ele nos perdoe pela expressão) uma pessoa comum. Ele é William Benton, cofundador da agência de propaganda Benton & Bowles, por um breve período senador norte-americano, hoje em dia o único proprietário (com sua família) da Encyclopaedia Britannica.

A revista *Saturday Review* certa vez caracterizou Benton como "um dínamo de homem que zune suavemente". Um dínamo — um homem com uma produção de energia alta e constante. Mas ele zune suavemente, e é isto que torna Benton um alívio para os não ricos. Ao contrário de outros homens que encontraremos aqui, ele não treme e estala com uma assustadora alta voltagem. Sua vida tem sido geralmente calma, ordeira, uma progressão suave e paciente de um passo a outro. Benton assumiu riscos, certamente. Reconheceu cedo em sua vida que ninguém fica rico recebendo apenas um salário e deixou voluntariamente um trabalho seguro para adentrar o mundo assustador dos autônomos. No entanto, ele manteve seu risco a um mínimo. Estava satisfeito em começar de forma modesta e crescer lentamente. Ao contrário de outros muito ricos com mais de 100 milhões de dólares, ele não conquistou sua fortuna apostando tudo em algum esquema maluco que poderia lançá-lo ao céu ou derrubá-lo em um instante. Não fez nada que pudesse ser chamado de extraordinário ou incomum. Benton geralmente ficou dentro dos padrões estabelecidos de comportamento nos negócios, trilhou os caminhos já trilhados por outros. Como um bom alpinista, testou cada nova alça antes de soltar a alça de baixo.

Provavelmente a principal razão para a tranquilidade da escalada de Benton foi que ele nunca quis de fato ser um dos muito ricos. Ele não era impulsionado pelas compulsões que berravam e fervilhavam dentro da maioria dos homens que você encontrará aqui. Benton determinou cedo na vida que largaria o mundo dos negócios quando alcançasse um nível confortável de riqueza — e foi isso o que fez, aos 35 anos. No entanto, as circunstâncias conspiraram contra ele, e Benton ficou rico, no fim das contas, por acidente.

Ele às vezes parece ficar irritado com o fato. Quando a *Fortune* o incluiu sem mesmo um comentário ou uma qualificação em sua lista de 1968 das pessoas mais ricas da nação, Benton gritou em protesto. Ele argumentou que *não* era rico. Apontou para o fato de que vivia modestamente. Quase todo o seu patrimônio estava preso à Britannica, disse Benton, e, como não tinha a intenção de vender a companhia um dia e converter o patrimônio em dinheiro vivo, ele sentia que colocá-lo junto aos muito ricos não era apenas um erro, era uma impudência.

Os editores da *Fortune* acharam o argumento confuso. Como um deles coloca: "Você mede o valor de um homem pela propriedade que ele tem hoje, não pelo que ele tenciona fazer com ela amanhã. A Britannica representa um belo quinhão de riqueza, não importa como você olha para ela."

Se você quiser aprender como ficar rico, Benton talvez não seja o melhor homem a ser imitado. Estatisticamente, não há o que se dizer de sua abordagem tranquila e desinteressada. Quando você tiver conhecido todas as pessoas nesta galeria, terá de concluir que a maioria é compulsiva e aventureira. Alguns foram chamados de loucos. Eles assumiram riscos enormes, fizeram coisas que todos achavam que não poderiam ser feitas. Quando eles estavam começando suas carreiras, antes de terem alcançado a justificativa final de 100 milhões de dólares ou mais, homens de negócios convencionais os rotularam de insensatos, instáveis e com pouca probabilidade de obterem sucesso. É provável que, caso a maioria deles fosse tentar um trabalho assalariado hoje em dia, seria não só rejeitada como desqualificada. (Um deles — na realidade Jeno Paulucci, que você conhecerá no Capítulo 20 —, fez uma brincadeirinha. Certa vez, ele tentou incógnito um emprego na sua própria empresa. Um teste psicológico descreveu-o como desajustado. Como ele contou depois, cheio de alegria, o emprego lhe foi negado.)

Desse modo, se você espera ter 100 milhões de dólares um dia, pelo visto não deve investir ou ter muita esperança no percurso convencional paciente, suave e calmo de Bill Benton. No entanto, o fato de ele ter conseguido 100 milhões dessa maneira indica que, pelo menos em alguns casos, é possível.

Bill Benton nasceu em Minnesota, no dia 1º de abril de 1900. Seu pai era um professor universitário discreto e indistinto que, mesmo que tivesse tido uma vida um pouco mais longa, provavelmente nunca exerceria grande influência sobre o garoto. O pai morreu quando o jovem Bill estava entrando na adolescência. (À medida que avançamos, você observará que diversos dos muito, muito ricos perderam o pai ou a mãe cedo. Este fato gera algumas especulações psiquiátricas esquisitas, que consideraremos em um capítulo posterior.) Bill e seu irmão mais novo, Dan, foram criados a partir de então por sua mãe, uma professora escolar em condições difíceis, mas com vasta educação.

A mãe se encontrava à altura da tarefa. Era uma mulher formidável, com um grande intelecto. Tinha força de vontade e opiniões firmes, era membro da Daughters of the American Revolution e da Women's Christian Temperance Union, assim como de outras organizações. Bill Benton passou grande parte de sua infância e até da vida adulta tentando justificar seus pensamentos e ações para ela, sem nunca realmente conseguir. Ele escrevia cartas para a mãe quase diariamente desde que deixou o lar para buscar sua fortuna — e esses apelos e protestos esclarecedores, que ela guardou, enchem as 600 páginas da imponente biografia de Sydney Hyman, *The Lives of William Benton* [As vidas de William Benton]. Muitas das cartas dele (mesmo como adulto) têm o tom de um garotinho tentando explicar ao pai ou à mãe por que ele precisa de dinheiro para ir ao cinema.

O biógrafo Hyman parecia desconcertado, assim como o próprio Bill Benton, pela diferença brutal entre os dois irmãos. Bill era um estudante que só tirava notas boas na escola. Ele não era alto, bonito ou atlético, mas compensou essas desvantagens sociais com uma energia vigorosa que o levava à liderança em todas as escolas por que passava. Ele fazia o tipo representante de turma, aquele garoto ocupadíssimo que organizava eventos e bailes para levantar fundos. Sua mãe exigia que ele se destacasse; parecia ser simples assim. Entretanto, seu irmão, Dan, seguiu na direção contrária. As expectativas da mãe eram tão altas que Dan aparentemente cansou-se de viver de acordo com elas. Ele se arrastou pelos estudos sem nenhuma glória, um clássico malsucedido. Infelizmente, Dan nunca teve oportunidade de mostrar o que poderia conseguir como adulto, pois morreu de uma virose na adolescência. Ele poderia vir a ser um sucesso tardio, como foram alguns dos outros homens que você conhecerá neste livro. Mas, julgando por seu início, Dan parecia fadado a ser um perdedor.

Por que um homem atinge a fama e a fortuna enquanto seu irmão, criado no mesmo ambiente, não vai a lugar algum? Que centelha acende um fogo tão quente em um homem que o faz terminar com 100 milhões de dólares? De onde vem esta centelha? Nem Benton, tampouco sua mãe ou seu biógrafo podiam responder a estas questões. Nós estaremos na trilha desta centelha elusiva daqui até o outro extremo da galeria. Talvez consigamos encontrá-la, talvez não. Mas a caçada promete ser realmente emocionante.

Benton seguiu para a Universidade Yale com a ajuda de uma bolsa e formou-se em 1921. Este fato em si o torna um sujeito incomum, pois 3/4 dos homens em nossa galeria não têm diploma universitário, e metade nem mesmo diploma do ensino médio. Mas Benton não era um aventureiro. Ele aceitou o conselho-padrão dado por homens mais velhos aos mais jovens: se você quiser ser bem-sucedido, eduque-se.

Após a universidade, ele vendeu caixas registradoras em Utica por um tempo, depois mudou-se para Nova York. O segmento da propaganda o atraiu de certa maneira, e ele conseguiu um emprego com um salário de 25 dólares por semana em uma agência chamada Lord & Thomas. Ele havia sido um garoto agressivo na escola e foi um jovem agressivo nos negócios — não do tipo que rompe com a ordem estabelecida e deixa todos loucos com ele, mas do tipo que trabalha delicadamente dentro da estrutura organizacional, sem causar danos a ela, transformando-a a seu favor. Esta técnica sempre o levara ao topo das estruturas sociais na escola e agora o enviava hierarquia acima na Lord & Thomas. Em 1925, Benton era responsável por um grupo de redatores, alguns mais velhos do que ele.

Benton tinha agora 25 anos, um homem de altura mediana e compleição leve, com um rosto quadrado e um nariz fino e aquilino. Mais tarde, quando se tornou senador norte-americano, alguns que gostavam dele o chamavam de Falcão, e os que não gostavam chamavam-no de Gancho. O nariz lhe conferia uma aparência ligeiramente predatória.

No início de 1925, Benton contratou um jovem assistente, um rapaz recentemente formado em Yale chamado Chester Bowles. Os dois tornaram-se amigos próximos e, em pouco tempo, sonhavam e conversavam sobre começar sua própria agência de publicidade. A metade e o fim dos anos 1920 foram períodos de alta e havia muito dinheiro e otimismo no ar. Benton e Bowles sondaram aqui e ali para ver quais clientes a sonhada nova agência poderia esperar capturar. Uma possibilidade era a General Foods, cujo diretor de propaganda havia ficado impressionado com o trabalho de redação que ambos os rapazes realizavam na Lord & Thomas. O diretor de propaganda indicou que, se a nova agência viesse a existir, ela poderia contar com pelo menos alguns negócios da General Foods.

A empresa Benton & Bowles foi fundada no dia 15 de julho de 1929, apenas alguns meses antes da pior quebra da bolsa de valores na história. A capitalização foi de meros 18 mil dólares, com cada um dos sócios investindo a metade do valor. Benton havia conseguido poupar apenas 5 mil dólares durante seus anos na Lord & Thomas; então ele não conseguiu colocar imediatamente a sua cota de capital de 9 mil dólares. Ele pegou emprestado os 4 mil que faltavam de Bowles, que havia sido abençoado com uma família rica.

A General Foods, mantendo sua palavra, passou à nova agência a conta de propaganda da maionese Hellman's e um aditivo para geleias. Trabalhando em um escritório apertado e abarrotado em Nova York, o pequeno empreendimento enfrentou bravamente o furacão da Grande Depressão. Por um tempo parecia que a Benton & Bowles desapareceria junto com milhares de outros negócios pequenos e frágeis que haviam sido lançados nos mares calmos e amigáveis dos anos 1920. Porém, remando furiosamente, os dois homens conseguiram manter seu barquinho combalido flutuando. Eles o fizeram fundamentalmente estabelecendo uma reputação como uma agência que estava pronta para tentar ideias inovadoras — entre elas a ideia tola de que o rádio era provavelmente um meio de propaganda tão bom quanto revistas e jornais.

Benton circulou o país para convencer clientes em potencial de que a reação sensível para tempos difíceis era fazer mais propaganda, não menos; e que, tendo em vista que as abordagens convencionais de venda não estavam dando certo, a saída era adotar abordagens inovadoras. A General Foods e algumas outras companhias gradualmente passaram a aceitar esse ponto de vista, e, em meados dos anos 1930, a Benton & Bowles tinha aproximadamente metade da colossal conta publicitária da GF, além de outras contas lucrativas com a Colgate-Palmolive. Para estes clientes, a Benton & Bowles lançou programas de rádio que se tornaram famosos em sua época, como o *Fred Allen's Town Hall* e o *Maxwell House Show Boat*. No fim das contas, como Benton previra, a propaganda no rádio tinha um enorme poder de venda. Em 1935, a agência de publicidade de seis anos de Benton & Bowles estava rica. E o Bill Benton de 35 anos estava pronto para se aposentar.

Seu patrimônio líquido, incluindo o valor estimado de seu patrimônio na Benton & Bowles, estava próximo de 1 milhão de dólares. Ele era um sujeito extraordinariamente desprovido de ganância. Benton não tinha um desejo urgente de ficar nem um pouco mais rico. Além disso, ele estava farto do mundo dos negócios. A agressividade de sua juventude havia esfriado significativamente à medida que ele amadurecia. Ele achou que poderia gostar de entrar para a política, ou talvez atuar na área da educação. Benton realmente não sabia o que queria fazer, mas desejava deixar aquele trabalho.

E assim ele tomou uma decisão que é muito incomum nos anais dos ricos. Benton chegou à conclusão de que já tinha o suficiente. E largou tudo.

Ele e a Benton & Bowles fizeram um acordo: a agência compraria as ações dele em parcelas durante um período de cinco anos, e o preço que ele recebesse para cada bloco deveria ser calculada por uma fórmula complexa baseada nos lucros da empresa. Benton vendeu seu nome para a agência em perpetuidade e concordou em nunca mais entrar no segmento da propaganda.

Colocou parte do dinheiro que recebeu no mercado de ações e rapidamente perdeu uma quantia considerável dele na quebra de 1937. Essa experiência traumática fez com que ele mudasse um pouco de curso. Não queria ganhar mais dinheiro, mas também não queria perder o que tinha. "Ficou óbvio para Benton", disse um amigo, "que ele não nasceu para ser um investidor no mercado. Benton percebeu que toda vez que comprava uma ação, outro sujeito a estava vendendo, e este sujeito poderia ser alguém por dentro das coisas e que sabia mais sobre a empresa do que ele. O que Benton queria era uma situação em que pudesse investir seu dinheiro e usufruir da renda dele, mas ainda assim deter algum controle da situação sem torná-la um trabalho em tempo integral."

Benton se lançou então na carreira maluca de ganhar dinheiro por engano.

Para ajudar um amigo, ele injetou 5 mil dólares em uma pequena empresa de calçados que estava com problemas em consequência da Depressão. Em dez anos, o valor do patrimônio de Benton disparou para 125 mil dólares.

Ele também investiu em uma empresa nova, chamada Muzak, que transmitia música ambiente em circuitos fechados para restaurantes, prédios de escritórios e outros clientes. Benton começou com a intenção de ser o investidor de apenas um terço das ações da empresa, controlando seu investimento, mas sem as responsabilidades executivas diárias. Por causa de uma briga entre os outros proprietários, ele terminou como o único acionista, com um investimento total em torno de 130 mil dólares. A Muzak alcançou o sucesso, e Benton, o relutante fazedor de dinheiro, eventualmente saiu do negócio uns 4 milhões de dólares mais rico.

E assim por diante. A maior tacada de sorte acidental de todas aconteceu no início dos anos 1940, com a fabulosa aquisição — fabulosa hoje em dia, não na época — da Encyclopaedia Britannica.

Esta antiga e obsoleta empresa começara na Escócia, seguindo aos trancos e barrancos na Inglaterra por quase dois séculos, e havia então sido adquirida pela gigante rede norte-americana de lojas de departamento Sears, Roebuck and Company. A Sears conseguiu ganhar dinheiro vendendo a enciclopédia nos Estados Unidos, mas não lucrava tanto e estava começando a se arrepender do negócio. A enciclopédia estava terrivelmente desatualizada e o tempo apenas piorava a situação. Pior, talvez ela fosse o conjunto de livros mais monumentalmente chato já escrito um dia. Como observou com tristeza um cliente: "É um remédio para dormir de cinquenta quilos." Uma edição nova e completamente revisada era necessária, mas a Sears não tinha disposição para o trabalho ou para os gastos envolvidos, assim como não desejava arriscar o potencial de lucro futuro da Britannica. Para a Sears, a enciclopédia não passava de um aborrecimento.

A sede da Sears ficava em Chicago, e uma consciência geral dos problemas da Britannica havia vazado no campus da Universidade de Chicago. Alguns professores achavam que poderia ser divertido trabalhar nas revisões da Britannica. Um projeto desta natureza seria uma iniciativa acadêmica apropriada para uma universidade, e poderia (apesar de ninguém saber exatamente como) trazer algum dinheiro para a instituição. Mas isso era apenas uma conversa entre os professores. Os problemas práticos envolvidos eram enormes. Na universidade, a enciclopédia brilhava na imaginação das pessoas como um tesouro incrível que estava afundado em algum ponto sob 2 ou 3 mil metros de água. Era divertido sonhar com o tesouro e especular a seu respeito, mas ninguém estava disposto a ir lá embaixo pegá-lo, e o consenso geral era de que seria impossível.

Então Bill Benton apareceu. Após largar os negócios, ele recebera de empresários e outras pessoas que observavam sua ascensão no mercado publicitário muitas propostas de trabalhos de consultoria. Uma posição temporária que o atraiu foi oferecida por Robert Maynard Hutchins, um colega de Yale que havia se tornado presidente da Universidade de Chicago. Hutchins queria ajudar a incrementar a imagem pública da instituição, de maneira a atrair mais estudantes e dinheiro. Benton, magnetizado pela ideia de uma nova carreira na área de educação, aceitou o trabalho.

A situação da Britannica o atraiu tão logo ele ficou sabendo a respeito. Como todo mundo, Benton achou que seria uma boa ideia para a universidade se envolver em um grande projeto de enciclopédia. Ao contrário dos outros, ele apresentou algumas sugestões práticas sobre como fazer isto acontecer.

Benton começou fazendo uma sugestão à Sears. Tendo em vista que a empresa considerava a Britannica uma dor de cabeça, por que não passar esse problema para a universidade e, desse modo, colher uma bela safra tanto de benefícios tributários quanto de relações públicas? A Sears achou que era uma ótima ideia. Benton então voltou para a universidade e conversou com os conselheiros. A princípio, eles ficaram encantados. No entanto, seus sorrisos logo evaporaram. Eles disseram que seria maravilhoso ter a enciclopédia mais conhecida do mundo. Porém, as revisões de A-Z necessárias e os custos iniciais exigiriam muito capital de giro, mais do que a universidade tinha.

Após meses de negociação, Benton finalmente sugeriu uma proposta que foi consumada em 1943. Ele tirou 100 mil dólares de capital de giro do próprio bolso. A empresa da enciclopédia, doada com todos os apetrechos e acessórios pela Sears, foi reorganizada como uma corporação independente, tendo Benton como proprietário de dois terços de suas ações. O terço restante ficou com a universidade (mas foi vendido para Benton em 1959). Uma fórmula complicada foi trabalhada, sob a qual a instituição acadêmica receberia perpetuamente uma renda e royalties da empresa, cederia seu prestígio e *imprimatur* para a enciclopédia e proporcionaria uma equipe de acadêmicos para revisar os volumes e mantê-los atualizados.

Muitos empresários acham difícil acreditar que Benton entrou nesse negócio como um favor para a universidade, e não como um investidor atrás de dinheiro. Muitos repórteres o questionaram sobre o assunto ao longo dos anos, e eu mesmo o questionei novamente em 1971. "É verdade que você via a Britannica como um presente para a universidade e que a enorme riqueza que juntou em decorrência dela foi um acidente?", perguntei a ele. "Absolutamente verdade", Benton respondeu.

E assim Bill Benton tornou-se um dos muito ricos que nem tentou de verdade.

A Britannica não decolou logo de saída. Ela passou por dificuldades financeiras dolorosas e quase fatais nos anos 1940. Benton, tendo dado a partida na empresa, havia sido atraído por uma série de trabalhos junto ao setor público e tinha deixado a operação da enciclopédia nas mãos de outras pessoas. Ele trabalhou em Washington por dois anos como assistente do secretário de Estado para relações públicas. Em 1949, Benton foi indicado para ser senador pelo estado de Connecticut, assumindo o mandato não terminado de um senador que estava renunciando. Ele permaneceu no Senado por três anos, absorto em suas tarefas e projetos — e, principalmente, envolvido em uma longa e amarga briga com o famoso extremista de direita do início dos anos 1950, o senador Joseph McCarthy. Apenas quando foi derrotado para a reeleição em 1952, Benton voltou a dar atenção à Britannica.

Foi provavelmente sorte sua que havia apenas dois acionistas na empresa na época: ele mesmo e a universidade. Se a ação tivesse sido negociada publicamente, seu preço de mercado teria caído a um nível tão baixo no fim dos anos 1940 que Benton talvez ficasse tentado a vendê-la por desgosto. O custo de revisar e dar polimento à velha enciclopédia fora enorme. A empresa havia afundado em dívidas. A maioria dos conjuntos da enciclopédia era vendida em parcelas, e todo o mecanismo para coletar os pagamentos dos clientes tinha ido para o espaço. Outras empresas mais agressivas de enciclopédias estavam entrando no mercado com exércitos de vendedores de porta em porta e uma artilharia pesada de incentivos para a compra: atlas, serviços de pesquisa e aparelhos de jantar gratuitos.

Benton modificou a administração da empresa no fim dos anos 1940 e viu a Britannica ser gerenciada até uma condição razoável enquanto ele estava no Senado. Então, no início dos anos 1950, ele se dedicou a fazer a empresa crescer. Introduziu novos conjuntos de livros, como a série de 54 volumes *Grandes livros do mundo ocidental*. Traduziu a enciclopédia para línguas estrangeiras e comprou outras empresas como a G. and C. Merriam, editora do Dicionário Webster's original.

A Britannica cresceu de forma espetacular. Nos anos desde que Benton a assumiu, em 1943, as vendas haviam aumentado mais de cinquenta vezes e ela pagou à Universidade de Chicago algo em torno de 35 milhões de dólares em dividendos e royalties.

William Benton, o homem para quem 1 milhão de dólares parecia o suficiente, vale hoje em dia — em uma estimativa conservadora — aproximadamente 150 vezes este valor.

4

O caminho da arte de vender

A ARTE DE VENDER é o mais pessoal de todos os caminhos para a riqueza. A única ferramenta de um vendedor é a própria psique. Ele não precisa de praticamente mais nada — nenhum capital inicial, nenhum diploma universitário, nenhum conhecimento técnico profundo. A semente de seu sucesso, se ela existe, está plantada em algum lugar bem no fundo da mente.

Talvez seja por esta razão que algumas das histórias mais impressionantes de relatos de homens que foram da sarjeta até o topo da montanha sejam encontradas nas carreiras de vendedores. Um garoto nascido pobre e outro nascido rico têm chances iguais de obter sucesso como vendedores. Um homem pode fazer toda a universidade e passar anos em estudos de pós-graduação e ainda mais anos polindo a si mesmo como um diamante. Não importa. Com base apenas nestas qualificações, a probabilidade de ele ficar rico como um vendedor não aumenta — mesmo comparando-o com as qualificações de um garoto que largou a escola após o nono ano.

"Ninguém sabe exatamente o que torna alguém um bom vendedor", diz O. William Battalia, um recrutador que foi atrás de muitos executivos de vendas de alto nível para seus clientes. "Quer dizer, as qualificações não podem ser colocadas no papel de uma maneira precisa. A arte de vender é uma coisa que você sente — uma abordagem, uma atitude, um *sentimento* a respeito de um homem. Alguns homens têm, outros não. Eu sei quando um homem tem esse talento e sei quando ele não tem. Mas, se você me perguntar o que exatamente ele tem ou não tem, não sei dizer."

Como veremos mais tarde, existem alguns estudantes da psicologia de vendas que acreditam saber o que é essa qualidade misteriosa. Na realidade, existem alguns que acreditam que ela pode ser ensinada — pode ser implantada em um homem que não a tinha anteriormente e duvidava que um dia conseguiria adquiri-la. Outros dizem que isso é tolice. A capacidade de vender, eles sustentam, é uma qualidade inata ou é produzida pelo caráter da pessoa — formando-se através de experiências emocionais na infância. Se você não a tem ao chegar à idade adulta, nunca a terá.

Por ora vamos evitar este debate. A questão interessante a respeito da capacidade de vendas é que, se você acredita que a tem ou pode adquiri-la, então não precisa de mais nada para se tornar rico.

O produto ou serviço que você vende não precisa ser grande ou surpreendente. Ele pode ser antigo e familiar — mesmo a ponto de ser chato. Centenas de outros homens podem estar vendendo esse produto e talvez o estejam vendendo há séculos. O que importa é que, de certa maneira, você o venda melhor do que seus competidores. É assim que você vai ganhar seus milhões.

A história a seguir é sobre um mestre de vendas que comercializava algo que não era novo, tampouco surpreendente — seguros —, e terminou com cerca de 400 milhões de dólares.

W. Clement Stone: 400 milhões de dólares

Ele é, entre outras coisas, presidente do conselho e principal acionista da Combined Insurance Company of America, membro do conselho e importante acionista da Alberto-Culver Company e presidente do conselho da Hawthorn Books. É inteiramente concebível que o valor de mercado de suas ações subirá o suficiente dentro de um ano ou dois para colocá-lo na classe do meio bilhão de dólares.

W. Clement Stone é um dos homens mais ricos dos Estados Unidos e um dos mais difíceis de colocar no papel.

Não que ele seja deliberadamente elusivo, do jeito de Howard Hughes e alguns outros. Stone não dribla a imprensa. Na realidade, ele é bastante consciente em relação à publicidade, e extraordinariamente franco a respeito de sua riqueza e seus recursos. A dificuldade encontra-se no fato de ele ser um indivíduo peculiar e cheio de contradições. Uma importante revista tentou fazer um perfil dele alguns anos atrás, mas desistiu. Havia tantas facetas contraditórias em seu caráter que a maioria delas parecia cancelar uma à outra. Nenhum perfil claro de um homem emergiu. O que emergiu, em vez disso, parecia ser um cesto de fragmentos — não um homem, mas vários.

Stone parece ser insuportavelmente devoto para alguns; ele os faz lembrar de um pastor de uma cidade pequena. Entretanto, para outros, ele lembra um mascate de cidade grande ou um vendedor de circo.

Ele é obviamente um pragmático cabeça-dura, um homem que sabe muito sobre negócios, dinheiro e lei. No entanto, eventualmente, ele deriva para estranhos mundos etéreos: Stone apoia estudos de percepção extrassensorial, por exemplo.

Entre os grandes empresários, ele é um dos maiores. Financeiramente, tem todo o direito de aparecer na capa da revista *Business Week*. Entretanto, ele nunca apareceu lá, e é extremamente difícil imaginá-lo nessa situação. Stone não parece um grande empresário. Ele parece mais um coadjuvante de filme policial dos anos 1930. Stone é um homem baixo com um rosto redondo. Ele usa o cabelo liso e brilhante penteado para trás, com um bigode como um traço de lápis ao estilo de Ronald Colman, gravata-borboleta colorida, abotoaduras deslumbrantes e anéis grandes e brilhantes nos dedos. Stone fuma incessantemente charutos Havana de quatro dólares, os quais ele guardou em um armazém antes que os eventos políticos cortassem a oferta.

Às vezes, ele fala e escreve como se conseguir dinheiro fosse o único propósito da vida. No entanto, Stone faz doações de uma generosidade incontestável para associações filantrópicas e centros de tratamento para viciados em drogas, assim como outras boas iniciativas. Ele doa não somente seu dinheiro, mas também seu tempo. Suas filantropias devem ser consideradas genuínas, e não um simples truque para fugir dos impostos.

Stone diz que o segredo do seu sucesso é algo chamado de Atitude Mental Positiva (AMP), e ele publica livros e uma revista para difundir a palavra. Alguns dizem que seus empreendimentos editoriais são cinicamente projetados para gerar lucros. Outros dizem que ele acredita sinceramente na AMP e quer que outros homens sejam tão bem-sucedidos quanto ele.

Ele é um enigma, Clement Stone. Mas vamos ver o que sua vida pode nos ensinar.

Se esta história fosse ficção, ela seria piegas demais para ser levada a sério. W. Clement Stone, nascido no dia 4 de maio de 1902, ajudava a sustentar a família pobre no lado sul de Chicago vendendo jornais.

Vendendo jornais. Isso realmente acontece na vida real?

É claro que sim. Clem Stone, fiel à tradição clássica, era um garoto corajoso que batalhava para vencer e manter seus territórios de venda. Ele foi expulso de um restaurante diversas vezes, mas seguiu entrando às escondidas com mais jornais para vender. Os clientes ficaram tão impressionados com sua coragem que por fim convenceram o proprietário a deixar de lançar o jovem na calçada. Com o bumbum dolorido, mas com o bolso cheio, Stone seguiu em frente para refletir sobre o significado desse episódio.

Ele era esse tipo de garoto — e, mais tarde, esse tipo de homem. Ele gostava de refletir sobre suas experiências para ver o que poderia ser tirado delas para um ganho futuro. "O que eu fiz que deu certo?", ele perguntaria a si mesmo. "O que fiz de errado? Como vou abordar este tipo de situação em uma próxima vez?" Ele importunou a si mesmo com esse tipo de questionamento por toda a vida. Stone tentou, na realidade, reduzir toda a vida a uma fórmula. Ele queria escrever uma espécie de código através do qual pudesse se orientar. Um conjunto de instruções curtas e concisas que o levariam de maneira segura e lucrativa através de qualquer mata cerrada de problemas pessoais ou de negócios.

Stone acredita que teve sucesso nessa empreitada. Ele chegou exatamente a esse conjunto de instruções. Como observaremos depois (Capítulo 5), as instruções não são totalmente claras para todo mundo, mas são obviamente claras para Stone — e no seu caso, pelo menos, elas funcionaram de forma magnífica.

Stone, um filho único, foi criado pela mãe. Seu pai morreu quando ele era muito jovem. Os livros e artigos que Clem Stone escreveu posteriormente na vida indicaram que sua mãe teve uma influência profunda sobre seu caráter. Ela conseguiu de certa maneira combinar uma profunda crença em Deus com o instinto de negócios agressivo de um tigre — uma combinação que aparece hoje no próprio Stone. Tanto ela quanto ele, de maneira semelhante, pareciam ver Deus como uma espécie de parceiro de negócios ou acionista moral. Eles oravam por coragem, orientação e sorte em seus empreendimentos. Recompensados, eles se sentiam obrigados a pagar a seu acionista divino dividendos na forma de virtude pessoal, filantropia e mais reza. Nas fórmulas de sucesso que escreveu já mais velho, Stone classificou a Bíblia como uma espécie de livro de autoajuda.

Segundo o próprio Stone, ele também foi influenciado pelos trabalhos de Horatio Alger. Leu em torno de cinquenta dos livros de Alger quando era garoto e ficou impressionado pela sugestão do autor de que Deus recompensa os virtuosos com dinheiro.

A mãe de Stone trabalhou como costureira por muitos anos e conseguiu poupar um pouco de dinheiro. Quando o jovem Clem estava na adolescência, ela investiu suas economias em uma pequena agência de seguros em Detroit.

Foi uma jogada arriscada. O investimento, na realidade, não comprou nada mais que uma conexão de negócios e uma dose de boa vontade. O negócio da agência era vender apólices de saúde e acidentes de uma única empresa, U.S. Casualty Company of Detroit. Para cada apólice vendida, a agência ficava com uma comissão — e esta era a sua única renda. A agência arcava com todos os custos, exceto aqueles da impressão das apólices e o pagamento das indenizações. Seus únicos ativos eram um escritório pequeno e empoeirado, alguns itens de equipamentos de escritório e a capacidade de sua força de vendas.

A força de vendas — na realidade, a equipe inteira — consistia em uma mulher, a mãe de Stone. Ela não vendeu nada em seu primeiro dia de trabalho. Naquela noite, de acordo com o relato do próprio Stone, ela rezou. E rezou um pouco mais na manhã seguinte. E então ela foi ao maior banco de Detroit, vendeu uma apólice para um dos funcionários, conseguiu uma permissão para dar uma volta no prédio e terminou o dia com 44 vendas. Horatio Alger teria adorado aquela mulher.

A agência prosperou. E, no verão antes do segundo ano do ensino médio, o jovem Clem saiu à rua para tentar a sorte como vendedor.

Sua mãe o instruiu a ir a um determinado prédio de escritórios e visitar todos os andares, um a um. Ele estava com medo. Mas os dias de jornaleiro voltaram à mente de Stone e, enquanto tremia na calçada do lado de fora do prédio, ele relembrou algumas das fortes palavras de estímulo nas quais havia buscado coragem na época. Uma frase era: "Quando não há nada a perder e muito a ganhar tentando, tente." Outra era: "Faça agora!"

E ele fez. Stone marchou prédio adentro. Se o tivessem expulsado, ele estaria preparado para voltar como havia voltado ao restaurante anos antes para vender jornais. Ele não foi expulso do local. Stone seguiu de escritório em escritório. A frase "Faça agora!" continuava martelando em sua cabeça. Cada vez que deixava um escritório sem uma venda que provasse seu esforço, Stone se via com medo de bater na porta do próximo e enfrentar a rejeição seguinte. Na realidade, antes de o dia ter terminado, ele havia desenvolvido a técnica de *correr* para o próximo escritório a fim de não dar tempo de o pânico tomar conta e derrotá-lo.

Ele vendeu duas apólices aquele dia. Não foi um dia de sucesso nestes termos, mas foi altamente bem-sucedido em relação ao que ele estava começando a aprender sobre si mesmo e à arte de vender.

Um bom vendedor, como já observamos, tem a misteriosa habilidade de estimular a si mesmo. Em situações nas quais a maioria das pessoas reduziria o ritmo e desistiria — situações em que muitas pessoas nem se colocariam —, o vendedor de alguma maneira segue em frente em alta velocidade. De algum poço profundo de otimismo, confiança, esperança ou de simples vigor mental, o vendedor retira qualquer coisa que o ajude a superar o medo da hostilidade e rejeição que ele possa encontrar no próximo escritório.

O jovem Clem Stone sentou-se no fim daquele dia com alguns dólares de comissões na conta de sua agência e decidiu que não havia sido um dia tão ruim assim no fim das contas. Ele sabia que tivera a coragem de superar o medo, e havia desenvolvido uma técnica que o ajudava nisso. Com sorte, Clem pensou, ele poderia um dia tornar-se um bom vendedor.

Ele vendeu quatro apólices no dia seguinte e seis no dia posterior. Sua carreira estava lançada.

Stone continuou a vender seguros de saúde e acidentes para sua mãe durante aquelas férias e no tempo que passava fora da escola. Ele aumentou sua média de vendas para dez apólices por dia, depois 15, depois vinte. E todo o tempo ele estava analisando a si mesmo. Por que estava tendo sucesso? Stone por fim decidiu que era porque ele tinha algo chamado Atitude Mental Positiva. Ele passou o resto da vida tentando explicar essa atitude para outras pessoas. Algumas vezes ele conseguiu, outras não.

Então, certo dia na escola, Stone foi mandado à sala do diretor para discutir alguma leve infração das regras. O diretor resmungou que o jovem Stone estava desperdiçando muito dinheiro dos contribuintes ao ocupar o tempo dele, que recebia um alto salário.

Subitamente ocorreu a Stone que ele, um estudante no segundo ano do ensino médio, estava ganhando mais dinheiro por dia trabalhado do que o diretor. Assim Stone largou a escola naquele momento. (Mais tarde ele completou o ensino médio e começou, mas não terminou, a graduação em direito.)

Ele andou por todo o estado de Michigan vendendo seguros para a agência da mãe. Sua média de vendas passava ligeiramente de trinta apólices por dia e, em algumas cidades, chegou a quarenta. Sua AMP, o que quer que ela fosse, parecia estar funcionando perfeitamente.

Com 20 anos, Stone mudou-se para Chicago, estabeleceu sua própria agência de seguros (onde trabalhava sozinho) e a chamou de Combined Registry Company. Ele estava determinado a fazer com que a empresa estivesse à altura de seu grandioso nome. Stone mentalizou, recitou frases de autoajuda para si mesmo e carregou a sua AMP até a exaustão. E, no seu primeiro dia de negócios, Stone prospectou a North Clark Street do início ao fim e vendeu 54 apólices.

Após esse dia, dificilmente poderia haver muita dúvida na cabeça de alguém de que a agência nova iria crescer. Não havia dúvida alguma na cabeça de Stone. Ele vendeu apólices em toda a Chicago e depois em outras cidades do estado de Illinois, cada vez mais se aprimorando nos negócios. Em Joilet, Stone teve uma média de mais de setenta vendas por dia e houve um dia maravilhoso em que ele alcançou o quase inacreditável total de 122 vendas. Com base em um dia de trabalho de oito horas, isto corresponde a uma venda a cada quatro minutos.

Stone estava obviamente fazendo alguma coisa certa. Ele havia começado vendendo duas apólices em seu primeiro dia como vendedor. Após aproximadamente quatro anos de autotreinamento e auto-encorajamento, ele havia alcançado totais que pareciam impossíveis. Enquanto isso, o retorno dos clientes estava fluindo a um ritmo cada vez mais rápido: as pessoas renovavam suas apólices, e a agência de um homem só estava arrecadando comissões sem nenhum esforço de venda da parte de Stone.

O momento havia chegado, ele sentia, de contratar um ou dois vendedores. Em anos posteriores, Stone enunciou um princípio a respeito desse crescimento inicial de um negócio. Esse preceito, despido de seus adornos da AMP, é simples e aparentemente sensato: não tente fazer um negócio crescer rápido demais no começo. Estabeleça-o de forma sólida no início, fazendo todo ou a maior parte do trabalho você mesmo. Hoje em dia, Stone acredita que, se tivesse tentado multiplicar sua agência contratando um monte de vendedores antes que o empreendimento estivesse pronto para absorvê-los, ele poderia ter fracassado. A agência não teria como sobreviver com as comissões deles. Da maneira que ocorreu, a agência havia alcançado um estado de saúde radiante, vivendo somente das comissões pessoais de Stone. Ela estava agora em uma posição para absorver outros vendedores e sustentá-los, talvez sem lucro em um primeiro momento, enquanto eles aprendiam o negócio.

Stone colocou um anúncio nos classificados de um jornal de Chicago: "Oportunidade excepcional para ganhar..." Ele recebeu um monte de respostas de cidades por todo o estado de Illinois. Stone contratou várias pessoas. Respostas também vieram de Indiana, Wisconsin e outros estados nos quais a agência dele não estava autorizada a fazer negócios então. Ele imediatamente escreveu para a companhia de seguros cujas apólices ele estava vendendo e pediu permissão para vender nos outros estados. A empresa estava feliz com o volume de negócios que ele estivera trazendo. "Claro", disse a empresa, "vá em frente".

Stone foi em frente. Ele contratou alguns homens em Wisconsin e Indiana. Depois começou a colocar anúncios de emprego em jornais de outros estados. Expandiu sua força de vendas nas direções leste, sul e oeste. Logo, Stone estava colocando anúncios de emprego para vendedores em revistas de circulação nacional, e ao fim dos anos 1920 ele tinha mais de mil homens operando de costa a costa. Ele nomeou diretores de vendas em cada estado para ajudá-lo a gerenciar os vendedores, e depois dirigentes nacionais auxiliares para assisti-lo na administração de todo o exército de sua sede em Chicago.

Ele ainda não tinha nem 30 anos.

A agência de Stone parecia ter embarcado em um curso de eterna multiplicação. Mas então a Grande Depressão assentou seu peso enorme sobre o país. Muitos negócios pequenos e médios foram esmagados. Por algum tempo, parecia que o negócio de Stone poderia estar entre eles. O exército de mil homens encontrou uma resistência a vendas cada vez maior. As pessoas não tinham dinheiro para comprar seguro-saúde ou de acidentes, e aqueles que o tinham estavam inclinados a poupá-lo para os dias ainda mais turbulentos que pareciam se encontrar à frente. O outrora enorme volume de vendas da agência havia minguado como gelo derretendo em um dia de verão. O moral da força de vendas afundou em um desespero total.

Sentado em seu escritório em Chicago, W. Clement Stone refletiu sobre esses problemas e terminou acrescentando alguns princípios novos para seu código de sucesso. Um deles era uma declaração generalizada sobre tempos difíceis. Seu sentido era o de que, se você abordar a adversidade de uma maneira determinada e otimista, sempre poderá encontrar uma vantagem nela. Outra prescrição tinha a ver com a arte de vender especificamente: "As vendas dependem da atitude do vendedor, e não do potencial cliente."

E, a fim de provar para seus chefes de departamentos de vendas desanimados que esses princípios não eram meros clichês, Stone levantou-se de sua mesa, colocou seu chapéu e saiu em uma viagem de vendas pelo estado de Nova York. Nas profundezas da Depressão, ele vendeu tantas apólices por dia quanto vendera nos tranquilos anos 1920.

"Estão vendo?", disse ele.

Eles viram, mas não tinham tanta certeza sobre o que fazer com isso.

Stone, no entanto, sabia. Era óbvio para ele que teria de inocular em seus vendedores o remédio para o sucesso com múltiplas finalidades: a AMP. Tendo construído seu negócio nos anos em que a economia se encontrava em alta na década de 1920, quando qualquer um podia vender quase qualquer coisa, ele não tinha prestado muita atenção aos vendedores individuais e métodos e atitudes de venda. Ele os havia simplesmente contratado — pelo correio, em muitos casos —, dera-lhes alguma literatura padrão sobre vendas de seguros para estudar e os soltara na rua. A maioria se saíra toleravelmente bem naqueles anos dourados de dinheiro excedente. Mas agora, enfrentando um teste real, eles estavam sucumbindo.

Então Clement Stone lançou sua primeira campanha de treinamento de vendas. Ele começou enviando boletins para seus escritórios de vendas enunciando princípios gerais da AMP e dando dicas específicas sobre a arte de vendas. Simultaneamente, ele embarcou em uma viagem de 18 meses pelos Estados Unidos. Stone conversou com seus preocupados vendedores e os acompanhou em viagens de vendas. Ele mostrou como ele, o mestre, realizava sua arte. *A atitude do vendedor, e não do potencial cliente.*

Muitos dos vendedores estavam cansados e desencorajados demais para absorver os princípios de Stone. Diversos largaram o emprego. A força de mil homens reduziu-se a menos de duzentos, mas estes duzentos estavam agora bem treinados e completamente ligados à AMP. Em meados dos anos 1930 eles estavam produzindo um volume de vendas maior para a agência de Stone do que os mil haviam produzido antes. Ao fim daquela década, Clem Stone era um milionário.

Ele decidiu agora que poderia ser agradável e lucrativo estabelecer a própria seguradora em vez de apenas vender as apólices de outras empresas. Olhando à sua volta em busca de uma maneira viável de conseguir realizar esse fim, Stone encontrou o que parecia ser uma situação perfeita. A Pennsylvania Casualty Company, que um dia fora uma organização próspera, havia se metido em diversos problemas causados pela Depressão e suspendera as operações. Sua proprietária, a Commercial Credit Company de Baltimore, queria vendê-la por 1,6 milhão de dólares, exatamente o valor dos ativos líquidos da extinta empresa.

Stone não estava muito interessado nos ativos líquidos. O que chamou sua atenção foi um ativo não líquido e potencialmente muito mais valioso: a Pennsylvania Casualty, embora tivesse cessado suas atividades, ainda era proprietária de licenças válidas para vender seguros em 35 estados.

"Faça agora!", Stone disse a si mesmo. Na manhã seguinte, após ter ficado sabendo dessa situação, ele estava em Baltimore com seu advogado para ver o pessoal da Commercial Credit. Em uma forma condensada, a conversa seguiu mais ou menos assim:

STONE: Eu gostaria de comprar sua empresa de seguros.

COMMERCIAL CREDIT: Tudo bem. Vai lhe custar 1,6 milhão de dólares. Você tem esse dinheiro?

STONE: Não, mas posso pegar emprestado.

COMMERCIAL CREDIT: De quem?

STONE: De vocês.

Foi uma jogada audaciosa. Porém, como apontou Stone de maneira bastante razoável, a Commercial Credit estava no negócio de emprestar dinheiro. É verdade que a transação proposta tinha uma qualidade peculiar: a Commercial Credit deveria vender uma propriedade para um comprador que, no pagamento, simplesmente daria à empresa seu próprio dinheiro de volta. No entanto, não era uma transação impossível de ser conceber e, após alguns resmungos iniciais, a Commercial Credit topou o negócio.

Esta foi a fundação do império atual de Clem Stone. A pequena companhia de seguros original evoluiu passo a passo para se tornar a gigante Combined Company of America atual, presente em todo os Estados Unidos e no exterior (volume de vendas de 1970: 213 milhões de dólares) e tem aproximadamente 5 mil vendedores, todos inoculados com AMP em doses regulares. (Em reuniões de vendas, todos ficam de pé e gritam: "Estou me sentindo fantástico!") A maioria está confortavelmente rica. Na última contagem, mais ou menos vinte deles eram milionários.

Enquanto desenvolvia a Combined Insurance, Stone se envolvia em outros empreendimentos lucrativos. Em meados da década de 1950, um jovem brilhante chamado Leonard Lavin chegou até ele com um pedido para um empréstimo. Lavin queria começar uma pequena empresa de cosméticos. Stone ouviu o pedido e considerou-o louvável, pois sua compra da Pennsylvania Casualty havia lhe ensinado que uma maneira de se ficar rico é usar o que ele chama reverentemente de DDO — *Dinheiro dos Outros*. Ele deu uma breve e paternal aula para o jovem Lavin sobre os benefícios em negócios de pegar empréstimos de modo inteligente. Stone, então, arquitetou um esquema no qual tanto ele quanto Lavin usariam DDO. Em vez de colocar diretamente o próprio dinheiro, Stone garantiu um empréstimo bancário de 450 mil dólares a Lavin. Em troca, Stone ficou com um quarto da participação acionária na empresa que o jovem criaria.

A empresa que Lavin formou foi a Alberto-Culver, uma das instituições com o crescimento mais extraordinário dos anos 1960. A participação acionária de Stone, que ele havia adquirido sem realmente gastar um centavo do próprio bolso, alcançou um valor de aproximadamente 30 milhões de dólares ao fim daquela década.

Enquanto isso, Stone partira para outro empreendimento. Ele estava entrando no mercado editorial.

Em 1960, atuando mais por zelo missionário do que por qualquer necessidade de ganhar dinheiro, ele colaborou em um livro chamado *O sucesso através de uma atitude mental positiva*. Seu coautor foi o falecido Napoleon Hill, que anteriormente havia acertado em cheio com um best-seller de autoajuda chamado *Pense e enriqueça*. O livro de

Stone e Hill vendeu mais de 250 mil exemplares. Encantado em ver a fé da AMP sendo disseminada tão bem, Stone escreveu outro livro em 1962 cobrindo substancialmente o mesmo assunto: *O sistema de fazer sucesso que nunca falha*. Este livro também foi comprado por milhares de leitores com pretensões de tornarem-se magnatas.

Para seguir difundindo a fé, Stone fundou uma revista chamada *Success Unlimited*, que foi estabelecida como uma subsidiária de suas operações de seguros. A revista contém artigos escritos por e sobre homens bem-sucedidos, um tratado de autoajuda ocasional do próprio Stone, doses maciças de AMP e uma ampla coleção de anúncios do tipo "abra o próprio negócio" colocados por redes de franquias e outros investimentos. A revista é bastante impregnada da moralidade cristã protestante e da filosofia política de direita do próprio Stone (um artigo recente resmungava sobre a liberalização atual das leis de pornografia, por exemplo), mas, de certa maneira, ela evita o tom enfadonho de sermão que poderia ser esperado de uma publicação dessa natureza. Muitos leitores se surpreenderam ao descobrir que se tratava de uma revista interessante, informativa e diretamente útil na busca da riqueza.

O passo final de Stone no mundo editorial foi comprar uma editora em meados dos anos 1960. A editora original dos seus best-sellers, a Prentice-Hall, era dona de um selo chamado Hawthorn Books, que não estava ganhando dinheiro algum, e a Prentice ficou feliz em livrar-se dele. Stone promoveu uma fusão com outros negócios no segmento editorial que havia comprado — entre eles a velha editora de livros didáticos Appleton-Century-Crofts — e rapidamente quadruplicou o volume de vendas da Hawthorn. Hoje, embora a Hawthorn seja um mero saco de amendoins comparada à seguradora gigante Combined Insurance e ao empreendimento Alberto-Culver, ela gera dinheiro. E proporciona a Stone um púlpito a partir do qual ele pode pregar a AMP.

Algumas das outras atividades de Stone são menos fáceis de explicar em termos dos principais caminhos de sua vida. Por um tempo ele ajudou a financiar os estudos de percepção extrassensorial do Dr. Joseph Banks Rhine, na Duke University. Ele também está envolvido com uma organização excêntrica chamada Foundation for the Study of Cycles, que acredita que muitos fenômenos cíclicos como períodos de alta e de baixa na economia, manchas solares, o tempo e taxas de suicídio podem estar inter-relacionados.

Mas a AMP seguirá sempre como o maior interesse de Stone. Ele gosta de falar de homens famosos a quem deu exemplares de seus livros. Um deles é Richard Nixon (para cujas campanhas eleitorais Stone foi um importante contribuinte em dinheiro).

O presidente leu seus livros? A Casa Branca diz que sim. Ele usa a AMP, e ela o ajuda? A Casa Branca não faz qualquer comentário a respeito.

5

É possível ensinar como criar uma fortuna?

CLEMENT STONE, o homem extraordinário cuja odisseia financeira examinamos há pouco, é interessante não somente por sua personalidade e monumental riqueza, mas também por sua filosofia. Stone acredita que as pessoas podem aprender a se tornar ricas.

Ele passou grande parte da vida tentando codificar e articular os princípios que acredita levarem ao sucesso no sistema capitalista. Stone escreveu livros sobre o assunto e tem uma revista dedicada a isso. Stone ensina esses princípios a seu enorme corpo de estudantes cativo — seus empregados. Ele acredita que as lições podem ser aprendidas por pessoas comuns, como eu e você.

Mas será de fato possível aprender estas lições — sentar, ler, ouvir, absorver e por fim sair armado com uma fórmula infalível de como tornar-se magnificamente rico? Ou a ideia do ensino de como gerar uma fortuna é perda de tempo? Uma tentativa bem-intencionada, mas infrutífera, de mapear o que não pode ser mapeado? Um brilhante embuste?

Uma coisa, pelo menos, parece razoavelmente certa: mesmo se ignorarmos a questão se o acúmulo de riqueza pode ser ensinado ou não, as escolas e as universidades tradicionais não o ensinam. Passei 16 anos na escola e na universidade e, até onde consigo me lembrar, não aprendi nada diretamente relevante à questão de enriquecer. Hoje, meu filho, um calouro na universidade e um rapaz razoavelmente esperto, sabe bastante sobre muitas coisas, mas pouco, por exemplo, sobre o mercado de ações. Ou sobre como os negócios crescem pegando dinheiro emprestado. Ou sobre os vários caminhos que um homem pode tomar a fim de capitalizar sobre uma invenção ou uma ideia comercial. Estes são assuntos que se espera que aprendamos simplesmente mantendo os olhos e ouvidos atentos *após* termos terminado a educação formal.

Realmente, é extraordinário como poucos dos muito ricos frequentaram a universidade ou mesmo se preocuparam em terminar o ensino médio. Clement Stone abandonou a escola especificamente porque a considerou irrelevante para sua meta autoimposta de ganhar dinheiro. Howard Hughes tinha dinheiro e tempo disponível para estudar na universidade, mas dispensou a ideia, considerando-a um desperdício de quatro bons anos. William Lear nem chegou ao ensino médio. Se quaisquer verdades gerais podem ser extraídas da vida destes homens, uma delas parece ser que uma educação formal nas escolas norte-americanas ensina pouco ou nada a respeito de como gerar uma fortuna.

Talvez seja esta a razão por que cursos para se alcançar o sucesso e livros do tipo "como ficar rico" encontram um mercado pleno de estudantes. Uma ausência é sentida. As pessoas saem da escola ou universidade, tentam aqui e ali por alguns anos, descobrem que não estão ficando ricas como haviam imaginado em seus sonhos de juventude e sentem-se compelidas a buscar a parcela de educação que lhes falta.

Um dos livros de autoajuda de Clement Stone traz o título inebriante de *O sistema de fazer sucesso que nunca falha*. A promessa sugerida neste título pode não ser literalmente realizada. *Nunca* é uma palavra extrema. No entanto, somente a promessa, realizada ou não, pode gerar sonhos tão belos, um alto-astral tão eufórico e duradouro, que o custo do livro certamente pode ser contado como modesto em relação ao valor recebido. Um litro de gim ou alguns coquetéis de alta qualidade custam mais caro, no fim das contas. E se o "sistema de sucesso" realmente funciona ou não nos termos sob os quais é apresentado, somente a euforia — a esperança, o otimismo — pode tornar-se o estímulo que finalmente direciona o estudante para o sucesso. A não ser que você seja otimista a respeito de uma iniciativa de negócios, você nunca a levará adiante. Uma vez lançada, ela poderá fracassar. Mas se a iniciativa nunca for lançada, suas chances de sucesso são nulas. O otimismo é inegavelmente um ingrediente necessário em qualquer tipo de fórmula de geração de fortuna e pode ser o principal.

O otimismo é, na realidade, o artigo mais evidentemente valioso com o qual os professores da fortuna lidam. Nem todos sustentam sem reservas que vendem sistemas que "nunca falham". A maioria é de certa maneira mais tímida. Eles vendem sistemas que "quase nunca...", ou "nunca, se usados conforme foram ensinados...", ou "nunca, desde que você seja paciente...". Eles não oferecem garantias de seu dinheiro de volta. Você nunca poderá apresentar uma prova de fracasso final sobre a qual basear uma ação por quebra de contrato. (Você está deitado em seu leito de morte aos 92 anos, completamente quebrado. "Seu maldito sistema não funcionou!", você murmura, segurando as lapelas de seu professor com mãos trêmulas. "Que pena, é chato mesmo quando isso acontece", diz ele. "Se você pudesse tentar mais uma vez no ano que vem...") Ah, mas o que você realmente comprou foi otimismo. Esta é a principal matéria que os professores da fortuna — alguns de maneira bastante inteligente — ensinam.

Vamos passear pelos bosques desta academia peculiar e dar uma olhada em algumas aulas.

Horatio Alger

Falando estritamente, Horatio Alger não era um professor da fortuna no sentido moderno da frase. Ele não oferecia um curso por correio. Seus livros não traziam títulos que continham palavras como: "O sistema do sucesso que" ou "Como alcançar". No entanto, ele via a si mesmo como um professor, e muitos homens em anos subsequentes o categorizaram desta maneira. Clement Stone, por exemplo, alega ter se inspirado e começado as primeiras formulações vagas do próprio sistema de sucesso quando leu um monte de livros de Alger quando garoto.

Horatio Alger foi, na realidade, o vovô de todos os professores de sucesso capitalista. Seu próprio nome é um clichê usado para descrever a ascensão de um homem humilde até a grande riqueza. "A história dele é a de um Horatio Alger" poderia ser dito (e realmente tem sido dito milhões de vezes) a respeito de Clement Stone e da maioria dos outros homens que você encontrará neste livro. O clichê, exatamente como um cavalo velho, está cansado e merece ser levado para o campo onde possa morrer em paz. Mas, antes de darmos uma última palmadinha afetuosa em sua anca e o deixarmos seguir seu caminho, vamos ver de onde veio o velho cavalo e quais corridas ele correu.

Horatio Alger, Jr., nasceu em Rever, Massachusetts, em 1834. Seu pai era um reverendo unitarista e com certeza rigidamente carola. Ele pregou para o garoto sem parar, fez com que ele memorizasse praticamente a Bíblia inteira, deixou-o tão cheio de murmúrios religiosos que os garotos na escola chamavam-no de Santo Horatio. No entanto, enquanto metade do jovem Horatio estava lutando para obedecer e emular o pai devoto, a outra fervilhava com a típica rebelião da juventude. O resultado, à medida que ele se aproximou da idade adulta, foi uma personalidade dupla, do tipo bipolar, mais tarde criada na ficção por Robert Louis Stevenson em *O estranho caso do Dr. Jekyll e Mr. Hyde*.

Desde então, psicanalistas têm especulado se Alger era esquizofrênico. Quem sabe? O fato é que ele passou grande parte da vida adulta — até ter ficado velho e a chama ter se extinguido — indo e voltando entre a devoção e altas folias. Em um ano ele seria o próprio modelo de seu pai clérigo: um homem amargo, severo e de olhar frio, que parecia achar que qualquer forma de divertimento era contra a vontade de Deus. No ano seguinte, ele abruptamente se transformaria na versão do século XIX de um indivíduo sexualmente promíscuo — ou, como se dizia naqueles dias, um devasso libertino e degenerado.

Primeiro ele foi para a escola de teologia, preparando-se obedientemente para o ministério (como seu pai queria). Alger se sustentava trabalhando como professor particular e vendendo artigos acadêmicos e motivadores para jornais e revistas. Após se formar, em vez de ser ordenado e ir trabalhar como reverendo, ele subitamente desapareceu e reapareceu em Paris. (Onde conseguiu o dinheiro? Ninguém sabe.) Ele fez o que jovens norte-americanos em Paris sempre fizeram: bebeu, jogou, manteve companhia com jovens damas pouco inibidas, dormiu até o meio-dia e geralmente desafiou a boa e velha ética protestante.

E, de maneira abrupta, ele retornou a Massachusetts com 30 anos, foi ordenado reverendo e pregou fervorosamente contra tudo o que havia terminado de fazer em Paris.

Dois anos mais tarde, Alger largou o ministério, foi para Nova York e fez tudo o que tinha condenado em púlpitos de igrejas e que não fazia muito em Massachusetts.

Então veio um período de relativa calma. Havia um lado generoso e de bom coração da psique dividida de Alger, e, enquanto rondava as ruas de Nova York à noite, ele percebeu os grandes números de crianças perambulando, aparentemente sem uma casa. Questionando o próprio destino, ele começou a fazer perguntas a respeito de várias instituições de caridade que haviam sido estabelecidas para dar moradia, alimentação e educação para estas crianças. Uma destas instituições, Newsboys' Lodging House, ficava perto do cortiço esquálido onde ele vivia, e Alger criou o hábito de passar ali sempre que sentia vontade de conversar com alguém. Ficou amigo do superintendente, começou a fazer serviços variados pelo lugar — como ler histórias bíblicas e sobre outros assuntos para os garotos à noite, dar aulas particulares para alguns deles, pregar para eles — e terminou sendo uma espécie de faz-tudo intrometido e superintendente não pago.

Enquanto isso, Alger estava ganhando seus parcos recursos como jornalista. Desde seus dias em Paris, ele nutrira o sonho de escrever um grande romance sobre o amor, a morte, a verdade, a humanidade e coisas grandiosas desse tipo. Certa noite, conversando com o superintendente do local, ele especulou sobre o que poderia vir a ser a vida de todos estes meninos de rua quando adultos. Eles se dariam todos mal? Ou alguns deles, talvez através da prece, da parcimônia, do esforço, da honestidade, da coragem, da perseverança e de outros atributos admirados da ética protestante, ascenderiam à riqueza material? Seria inconcebível que um deles pudesse um dia vir a ser o presidente? Ou um grande comerciante? Ou...?

E assim nasceram os famosos livros de Horatio Alger. O primeiro foi uma história chamada de *Ragged Dick*. Alger a vendeu para uma revista, e ela acabou sendo devorada igualmente por garotos e pais. Uma editora de Boston imediatamente encomendou com Alger mais livros sobre o mesmo personagem, seguindo o sobe e desce das aventuras de Dick desde a infância em um orfanato de uma cidade até se tornar um jovem adulto começando a vida nos negócios. Esta série foi seguida por dúzias mais, incluindo *Luck and Pluck* e *Tattered Tom*. Alger seguiu sua carreira, escrevendo bem mais de cem livros, com aproximadamente 20 milhões de exemplares vendidos durante sua vida.

O sucesso impressionante dos livros de Alger é difícil de explicar hoje em dia. Todos seguiam essencialmente a mesma fórmula: um menino de rua triunfa sobre a adversidade aplicando as regras da Bíblia. Uma simples coincidência o ajuda em sua ascensão (um homem rico que aparece no momento mais difícil sempre pode ser esperado), mas a inferência é a de que estes lances de sorte acontecem para nosso jovem herói porque ele os merece: trabalha duro, reza muito, tem pensamentos puros. Os livros oferecem pouco no sentido de um grande momento narrativo ou suspense, e quanto à caracterização, ela simplesmente inexiste. Todo Ragged Dick e Tattered Tom é o modelo perfeito da meninice americana honrada, corajosa, forte e com sangue nas veias, enquanto os vilões são uma agregação má, ardilosa e desprezível de patifes que já andaram sorrateiramente um dia pelas ruas. O passatempo deles é fechar orfanatos.

Todo livro de Alger é assim. Quando você leu um, leu todos. No entanto, milhões de pessoas compraram um livro depois do outro.

Sociólogos, economistas e outros especularam desde então a respeito das razões por trás desta popularidade. Uma suposição provável é a de que o tipo de história de superação da pobreza de Alger somente naquele momento (meados do século XIX) começou a parecer possível nos Estados Unidos. Poucas vezes antes em toda a história do mundo existiu uma conjuntura de nação, sociedade e economia na qual massas de pessoas pobres e de classe média poderiam sonhar seriamente a respeito da possibilidade de ficarem ricas. Os holandeses aproveitaram uma conjuntura assim no início do século XVII, mas tudo fora por água abaixo um século depois. Desde então, e através da maior parte da história antes disso, um homem nascido pobre não podia fazer muita coisa além de se resignar com seu destino. Se você nasce pobre, morre pobre: esta era a vontade de Deus. Lutar contra isso era inútil. Alguns indivíduos de sorte ficaram ricos, mas a porcentagem era tão pequena, e as probabilidades contra o homem médio, tão grandes, que sonhar com isso era considerado ridículo por todos.

Mas agora, muito de repente, um novo lugar chamado Estados Unidos havia surgido diante do olhar espantado do mundo. Esse país existira por um longo tempo sem chamar muita atenção. Era amplamente considerado — e, na realidade, por um século foi — um lugar vasto e vazio, pontilhado por vilarejos rurais. Seus habitantes eram pobres e não tinham chance alguma de se tornarem outra coisa. Porém, no início da Revolução Industrial, enquanto o resto do mundo não estava olhando, este país enorme no meio do nada havia se tornado um colosso econômico. E não apenas isso

— havia se tornado o tipo de lugar no qual homens pobres podiam ficar ricos.

As pessoas chamavam esse lugar de a "terra da oportunidade". Entre os milhões de indivíduos presos à pobreza da Europa havia muitos no fim do século XIX que chegaram a acreditar que as ruas de Nova York ou Boston eram pavimentadas com ouro de verdade. Obviamente, os Estados Unidos não eram tão ricos. Realmente, muitos dos imigrantes maltrapilhos que chegaram aos milhares no país com tamanha esperança não apenas fracassaram em ficar ricos, como ficaram ainda mais pobres. Porém, o sonho de ganhar uma fortuna foi realizado um número suficiente de vezes para se manter vivo. Andrew Carnegie imigrou da Escócia, chegou a Nova York com menos de um dólar no bolso e evoluiu para tornar-se o fundador multimilionário da U.S. Steel. John D. Rockefeller, o magnata do petróleo, começou sua carreira como assistente escriturário mal pago e passando fome em um escritório de expedição de mercadorias de Cleveland. O pai de Joseph P. Kennedy fugiu da fome na Irlanda, desembarcou em Boston com a barriga vazia e completamente desprovido de qualquer ativo mundano, conseguiu com seu próprio esforço ascender para uma faixa de classe média e viu o filho tornar-se um multimilionário.

Histórias da vida real como estas faziam as lorotas de Horatio Alger parecerem críveis. As pessoas liam os livros dele para reforçar suas esperanças e seus sonhos. Alger estava dizendo: "Estão vendo? É isso que pode acontecer com as pessoas na América."

Ele também estava dizendo outra coisa que poderia ser ainda mais interessante para alguns. Por séculos, as principais religiões do Ocidente estiveram tentando convencer as pessoas de que a virtude é a própria recompensa — que, na realidade, a pobreza é preferível à riqueza, tendo em vista que dinheiro demais inevitavelmente leva à dissolução e à danação. O dinheiro era concebido para ser a raiz do mal. Um homem sábio não trabalhava pelo dinheiro, mas pelo trabalho em si. O trabalho era purificador. O suor era sagrado aos olhos do

Senhor. Milhões de pessoas afundadas na pobreza foram forçadas a engolir esta filosofia, pois este era o único consolo que tinham. Um homem poderia pensar: "Eu talvez esteja passando fome, mas graças a Deus sou divino!"

E agora Alger entrara em cena com uma visão diferente. Ele sugeriu que o dinheiro e Deus conviviam sem problemas, e avançou mais ainda. Alger pregou que Deus recompensará a virtude com dinheiro. Para ficar rico, disse ele, tudo o que você precisa fazer é combinar a virtude com um certo grau de perspicácia básica nos negócios. O pagamento será em dinheiro.

Era uma nova maneira magnífica de ver as coisas. Alger não era o criador dessa ideia, é claro, apenas um de seus principais porta-vozes. Os criadores eram os próprios empresários que estavam construindo o que viria a ser a maior potência econômica do mundo. Homens como Rockefeller, Carnegie e J.P. Morgan sinceramente acreditavam que o acúmulo de capital era uma atividade correta, algo como a reza. Na realidade, alguns deles acreditavam ser guardiões divinamente apontados do dinheiro da nação. Graças ao caráter honrado deles, Deus os havia escolhido para serem grandes acumuladores de dinheiro. Era o trabalho deles cuidar deste dinheiro para o bem-estar de homens menos prudentes e menos virtuosos.

Horatio Alger, pregando esta nova religião financeira, tocou um nervo em milhões de pessoas. Ele deu a elas uma dose estonteante de otimismo. Alger assegurou-lhes que elas poderiam ficar ricas simplesmente desenvolvendo os atributos estabelecidos na Bíblia, mais algumas outras coisas como parcimônia, coragem (a disposição de assumir um risco de negócio) e perseverança.

O próprio Alger, no fim das contas, fracassou em aplicar a própria fórmula no que você poderia chamar de um sucesso incrível. Os direitos autorais de seus livros lhe proporcionaram uma renda formidável, mas ele nunca pareceu ter dominado a virtude da parcimônia. Parte do dinheiro foi gasto na forma de doações generosas para a Newsboys' Lodging House e para órfãos e crianças rejeitadas que

Alger adotou extraoficialmente como filhos, dando-lhes tudo, exceto seu sobrenome. (Ele não casou e, até onde se sabe, não chegou a ter filhos.) O resto do dinheiro simplesmente desapareceu em consequência do bom e velho esbanjamento. Alger apreciou vinho e mulheres em Nova York, Paris, São Francisco e outros lugares pecaminosos, onde o dinheiro de um homem pode ser desperdiçado rapidamente. Por fim, velho e cansado, ele se arrastou de volta para a tranquilidade verde do interior de Massachusetts e se mudou para a casa da irmã, onde morreu em 1899, sem um tostão.

A AMP mágica

A filosofia da Atitude Mental Positiva de Clement Stone é em parte derivada do velho mestre Horatio Alger — e sem dúvida seria aprovada por ele sem reservas. Os livros de Stone aconselham o magnata aspirante a observar todas as virtudes bíblicas. Stone não explica claramente o que essas virtudes têm a ver com a AMP, mas ele não deixa dúvidas de que as considera absolutamente necessárias para o sucesso nos negócios.

Em *O sistema de fazer sucesso que nunca falha*, ele lista o que chama de "quatro causas básicas do fracasso". Estas são: "sexo ilícito, álcool, trapaça e roubo". Determinados empreendedores altamente bem-sucedidos que você encontrará mais tarde neste livro — homens com um gosto desenvolvido por um bom trago e mulheres da vida — se interessariam em ficar sabendo que eles estiveram nutrindo as sementes do fracasso durante sua vida adulta. Mas Stone enuncia as próprias crenças como se estivesse enunciando fatos básicos e demonstráveis. Ele *sabe* que sexo ilícito fará com que seu negócio desabe sobre sua cabeça pecaminosa. Clem Stone pensa realmente positivo.

"Se você quiser resultados", diz ele em outra parte do livro, "tente rezar." Mais uma vez, ele deixa de explicar a relevância da devoção para a AMP, mas ele claramente *sabe* que está certo.

Esta é a natureza dos livros, artigos, discursos e palestras motivadoras para os vendedores de Stone. Eles são uma mistura peculiar e muitas vezes confusa de chavões populares, advertências carolas e exortações da câmara de comércio. Deus e o dinheiro estão de certa maneira equacionados. O tom é sempre de convicção total. Teorias e suposições são colocadas como fatos. Conjeturas que poderiam ser discutidas são apresentadas de tal maneira que uma discussão é claramente desencorajada. Nenhuma pergunta é bem-vinda.

E, no entanto, em meio a tudo isto, como um diamante em uma tigela de aveia fria, encontra-se a pedra preciosa da AMP. Você tem de comer a aveia antes de encontrar a pedra, e mesmo então ela exige uma limpeza considerável antes que você possa ver precisamente do que se trata. Mas ela pode ser uma pedra preciosa legítima no fim das contas. Muitos dos principais vendedores de Stone, embora admitindo enjoar-se às vezes dos clichês que são forçados a ouvir todo dia, insistem em que a AMP é uma fórmula genuína e funcional para o sucesso.

O que ela é? Basicamente é um tipo de autossugestão. De certa maneira, é similar à fórmula do psicoterapeuta Émile Coué para se livrar da doença psicossomática. Você repete interminavelmente a declaração: "Todos os dias e de todas as maneiras eu estou ficando cada vez melhor." Após repeti-la por semanas, meses ou anos, com sorte você passará a acreditar nela. Seu corpo (segundo a teoria) responde à mente, e o resultado final é que você realmente fica melhor.

Por esta razão, a ideia é chamada de Atitude Mental Positiva. Você começa o caminho para o sucesso repetindo lemas para si mesmo — "automotivadores", como Stone os chama. Você os recita todas as manhãs e noites e eventualmente durante o dia. Eles começam flutuando em torno da superfície de sua mente por um tempo. Então, após um número suficiente de repetições, eles começam a se depositar como sementes regadas. Firmam-se nas profundezas, prendem-se à terra no fundo, criam raízes e tornam-se componentes integrais de sua psique. Daí em diante você mal precisa pensar a respeito deles. Em meio a uma situação de negócios, o automotivador correto vai se impor e automaticamente o guiará na direção do sucesso.

Alguns lemas:

"Faça agora!"

"O sucesso é alcançado e mantido por aqueles que continuam tentando."

"Vá aonde você teme ir."

"Quando há muito a ganhar e nada a perder ao tentar..."

E assim por diante. Piegas? É claro. Extraordinariamente óbvio? Sim. No entanto, é preciso admitir que homens bem-sucedidos realmente obedecem a estas regrinhas, não importa que elas sejam ou não articuladas desta maneira, na forma de lemas. O sexo ilícito talvez não leve necessariamente ao fracasso empresarial, mas a relutância em tentar um empreendimento capitalista certamente leva. Da mesma maneira a procrastinação — recuar da ação, deixar de "fazer agora". Assim como o medo do desconhecido, da rejeição, do risco necessário.

O ponto de Stone é que a maioria das pessoas deixa de desenvolver todos os automotivadores úteis naturalmente à medida que chega à idade adulta. Elas deixam de desenvolver o hábito "faça agora", por exemplo. Confrontadas com uma oportunidade assustadora, elas tendem a recuar. Vacilam. A oportunidade evapora-se diante de seus olhos. Elas culpam então um destino maldoso por seu azar. Este tipo de experiência, repetida incessantemente por sua vida, confirma para elas a crença de que nasceram perdedoras. Elas podem chorar a respeito da situação ou rir dela, mas o fato permanece e elas creem ser destinadas ao fracasso.

Um homem com esta atitude incapacitante enraizada em sua psique, aponta Stone, obviamente não terá sucesso (exceto com muita sorte). Tendo em vista que ele deixou de desenvolver os automotivadores certos naturalmente em seu amadurecimento até a idade adulta, é necessário implantá-los nele de forma artificial através da técnica de repetição de lemas. Estes podem ser piegas, mas eles representam hábitos úteis que o homem precisa trocar pelos destrutivos. Se a técnica funcionar, ele eventualmente alcançará um ponto onde sua reação imediata a uma situação será "Faça agora" em vez de "Ah, quem sabe semana que vem...".

Esta é a base da AMP. Ela é válida? Custará a você pouco dinheiro para comprar um dos livros de Stone e descobrir.

Você pode se sentir cético mesmo após estudar o que o homem diz. É fácil zombar de Clem Stone, de seus clichês populares, seus moralismos evangelizadores, suas abotoaduras chamativas e seu arcaico bigode Ronald Colman. Por outro lado, é bastante difícil discutir com um homem que veio do nada e conquistou 400 milhões de dólares.

O homem do décimo múltiplo

Paul J. Meyer é um multimilionário de Waco, Texas, que administra uma escola de fortuna chamada Success Motivation Institute. Vale a pena dar uma breve olhada em Meyer e sua instituição pela simples razão de que o SMI talvez seja o mais bem-sucedido de todos os institutos de sucesso. Ele é certamente o mais bem-sucedido de todos aqueles que são negociados publicamente (você pode comprar as ações fora da bolsa de valores, se quiser) e que publicam dados de vendas e lucros. O valor dos livros, discos e outros materiais de cursos vendidos pelo SMI chega a 20 milhões de dólares ao ano.

Paul Meyer é um homem alto, magro, atlético e cortês em seus 40 e poucos anos com uma ligeira semelhança com Gregory Peck. Ele não parece ou age de maneira nem um pouco parecida com W. Clement Stone, mas em determinados pontos-chave as carreiras desses homens têm sido extraordinariamente similares.

Assim como Stone, Meyer começou sua carreira adulta como vendedor de seguros. (Meyer tinha 20 anos na época; Stone havia começado na adolescência.) Também como Stone, ele começou com uma carteira vazia e nenhuma vantagem perceptível sobre qualquer outra pessoa. Na realidade, o jovem Meyer começou com o que parecia uma grande desvantagem: ele sofria de gagueira. O problema de fala não era severo, mas era suficientemente perceptível para deixar empregadores em potencial nervosos. Meyer foi várias vezes avisado de que vender seguros provavelmente não era sua praia.

Algum traço de temperamento inato o levou para esse negócio de qualquer maneira. Diferentemente de Stone, Meyer não tentou nesse estágio do jogo reduzir a vida a uma fórmula. Ele não compôs códigos de regras para si mesmo, não recitou lemas para o espelho. Seria mais preciso dizer que, em um primeiro momento, Meyer simplesmente seguiu em frente descobrindo o caminho, como a maioria de nós faz — tateou no escuro, pegou algumas ideias e descartou outras sem aderir a qualquer plano formal ou padrão. E subitamente ele se viu fazendo um sucesso extraordinário. Ele vendeu mais seguros do que pareceria possível — vendeu-os quase tão rápido quanto a empresa conseguia imprimir as apólices. Com 27 anos, Paul Meyer era um milionário.

Por quê? Como ele havia conseguido?

Estas foram as perguntas que ele fez a si mesmo. E, quando achou que tinha as respostas, Meyer fundou o SMI, em 1959, para ensinar os segredos a outras pessoas.

O princípio básico do SMI — se é possível resumi-lo — é que todo mundo está preso ao mundo da própria imaginação. Sua imaginação, em outras palavras, descreve os limites do que você pode fazer ou vir a ser. Exceto por pura sorte — ganhar inesperadamente um prêmio de loteria de 1 milhão de dólares, por exemplo —, você nunca consegue ir além dos horizontes que são severa e claramente delineados em sua mente. Se você vê a si mesmo como um assalariado com uma renda média, diz Meyer, e se acha absurdo pensar em si mesmo como qualquer outra coisa, as chances são de quase 100% de que você realmente não será qualquer outra coisa.

O principal objetivo dos cursos de fortuna do SMI é expandir os horizontes internos estreitos que, na teoria de Meyer, podem limitar a vida dos homens. *Expandir* pode ser uma palavra fraca demais. O SMI não tenta meramente ampliar os horizontes de seus estudantes, mas explodi-los.

Meyer acredita que o sucesso chegou a ele quando seus próprios horizontes detonaram. Em algum ponto ele parou de pensar em si mesmo como um jovem pobre com um problema de fala. Ele pensou: "Eu *poderia* me tornar um milionário." Quanto mais ele ponderava esta espantosa opção (como com os lemas de Stone), menos ridícula ela parecia. Em algum momento, ele foi capaz de levar a si mesmo absolutamente a sério no papel de milionário em potencial. Ele estava então em uma posição para planejar, com fria deliberação, simplesmente como iria chegar lá. Como Meyer levava sua autoimagem a sério, ele era capaz de levar o plano a sério. E por Deus...

Bem, antes que nos animemos demais, seria aconselhável considerar algumas verdades. Primeiro, o que funciona para um homem pode não funcionar para outro. E, segundo, só porque um homem pode fazer uma coisa, não quer dizer necessariamente que ele possa ensiná-la.

A abordagem do SMI pode realmente funcionar para algumas pessoas. Da mesma maneira que Clement Stone pode apontar com orgulho para os vendedores que se tornaram milionários sob sua tutela, Meyer também produz um rol de honra de ex-alunos similarmente recheado de milionários. Impressionante. No entanto, uma pergunta sempre vai pairar no ar: esses estudantes laureados não poderiam ter se tornado milionários de qualquer maneira, sem nunca ter descoberto a AMP ou o SMI?

A pergunta não pode ser respondida. No fim das contas, cada homem tem de decidir por si se ele pode se beneficiar do ensino da fortuna.

Talvez você não venha a ser um multimilionário, mas pelo menos é improvável que venha a se chatear. Os cursos do SMI (você os recebe pelo correio: gravações, material impresso, formulários autoperfuráveis para preencher) têm algo do efeito de drogas que expandem a mente. O principal objetivo é aumentar sua rotação até que as rodas dentadas e volantes internos estejam gritando incandescentes nos eixos. O slogan registrado do SMI enuncia que o objetivo do instituto é "motivar as pessoas para seu potencial absoluto". Como um carro velho, você tem o óleo trocado, recebe uma graxa nova e o tanque é enchido com uma gasolina de alta octanagem — então o pedal do acelerador parece afundar, de tão macio.

Como uma ilustração da técnica de explosão de horizontes de Meyer, considere o conceito do que ele chama de Décimo Múltiplo. "As pessoas não se dão conta", diz ele, "de que a distância de pensar muito pequeno para pensar muito grande é, na realidade, uma distância menor — apenas alguns passos." Ele pede aos ouvintes para pensar em mil dólares. Não é uma soma enorme. A maioria dos norte-americanos de renda média acumula esta quantia, em propriedade ou em dinheiro, relativamente cedo na vida. Para a maioria de nós trata-se de uma soma *concebível*.

Mas para a maioria de nós a soma de 1 milhão de dólares — mil vezes mil — é inconcebível. É isto que Meyer quer dizer com horizontes restringidos. Pois ele aponta que você precisa apenas dobrar mil dólares dez vezes para ter mais de um milhão (1,24 milhão de dólares, para ser preciso).

Na realidade, ele acrescenta, você pode começar pensando ainda menor se isto o deixar mais à vontade. Comece com dez centavos. Se você começou no primeiro dia de um mês de 31 dias e dobrou o montante todos os dias, você terminaria o mês com mais de 100 milhões de dólares. (Você quer precisão? Muito bem: 107.374.182,40 dólares.)

Estes são pensamentos inebriantes. O SMI é este tipo de lugar. Como indicam os números de vendas, sua abordagem atraiu uma grande quantidade de estudantes ansiosos em aprender. Obviamente há muitos que acreditam que a geração de uma fortuna pode ser aprendida e o SMI pode ensiná-la.

Estudantes não são os únicos a nutrir esta crença. Aparentemente, ela é compartilhada por muitos observadores de fora. Quando o

SMI abriu seu capital, em 1969, suas ações ordinárias saltaram em três meses de uma oferta de 15 dólares para um *bid* de 48 dólares e um *ask* de 50 dólares.

Mesmo aqueles que poderiam ser considerados competidores de Meyer parecem convencidos de que a abordagem do SMI é realizável. Um dos acionistas do SMI, e ex-membro de seu conselho de diretores, é um homem que passou anos pregando um evangelho de sucesso diferente.

Ele é um homem, entretanto, cuja principal doutrina é a de que a geração de fortunas pode ser ensinada — e ele é obviamente um homem que acredita em apostar naquilo que afirma. Ele é W. Clement Stone.

6

O mercado de ações: como jogar

DE TODOS OS SONHOS DE FORTUNA no mundo, fazer uma grande jogada no mercado de ações é sem dúvida o mais comum. Este desejo antigo, grandioso e intoxicante é comum em todas as nações capitalistas com um sistema de bolsa de valores privado, e às vezes existe até em nações comunistas que não têm mercados de ações próprios. Turistas russos parecem fascinados por Wall Street, e, na realidade, alguns cidadãos soviéticos mais ricos investiam secretamente no mercado através de intermediários em bancos suíços e norte-americanos. Exemplares do *Wall Street Journal* com uma semana de atraso parecem circular em Moscou juntamente com outras publicações proibidas. O magnetismo do mercado de ações é tão universal e tão forte que um russo vai arriscar tudo para entrar nesse jogo — vai arriscar não somente ir à falência, como você e eu poderíamos, mas também ser preso e cumprir uma pena na prisão.

Qual é a fonte deste magnetismo? Obviamente, parte dele encontra-se na atração quase irresistível de que você terá uma chance de 50% de vender algo por mais do que pagou. Mas não é só isso. O mercado de ações oferece uma promessa a mais — ou parece oferecer —, de que empilhar dinheiro por este caminho é ridiculamente fácil.

Esse é o problema. *Parece fácil.*

Existem milhares de outros tipos de empreendimentos que oferecem a nós, pobres cidadãos oprimidos e crivados de impostos, mordidos pela inflação e com renda média, uma chance de ficarmos ricos. Veja o comércio varejista. Qualquer proprietário de uma loja faz essencialmente o que um especulador de ações espera fazer: comprar barato e vender caro. Alguns varejistas, como alguns especuladores de ações, ficam ricos. No entanto, o comércio varejista parece muito mais difícil e complicado do que o mercado de ações. Para se estabelecer como um varejista, você precisa do local da loja, de mercadorias, de uma caixa registradora e de várias outras coisas. A corrida de cavalos, por outro lado, em um primeiro momento, parece mais fácil. Mas todo mundo sabe que a corrida de cavalos é — isso, sussurre as palavras pavorosas — *um jogo de azar*! E todo mundo sabe que as chances são mínimas de se ganhar dinheiro com jogos de azar. Portanto, a corrida de cavalos é um caminho tão fácil para se ganhar fortunas quanto o comércio varejista.

Porém, o mercado de ações — ah, o mercado de ações é outra história. Como todos os corretores e executivos da bolsa constantemente nos asseguram, a negociação de ações é um *investimento*, não um jogo de azar. É isso que eles nos dizem, e é isso em que quase todo mundo parece acreditar. Além disso, trata-se pura e simplesmente do fato de que colocar seu dinheiro no mercado — entrar no jogo — *é* fácil demais, muito mais fácil do que abrir um comércio ou fazer uma aposta no hipódromo. Tirar o dinheiro, ou pelo menos tirá-lo completamente, é outra questão. Mas o processo de começar, de se estabelecer no negócio da especulação de ações, não oferece dificuldade alguma. Um rápido telefonema para um corretor e você está dentro. Não há barreiras baseadas em raça, religião, origem nacional, idade, sexo, aparência física, educação, condição social ou inteligência. Qualquer um pode participar desde que tenha o investimento em dinheiro exigido.

O jogo em si, uma vez que você esteja estabelecido nele, também parece fácil. Tudo o que você precisa fazer é comprar ações quando elas estão baratas e vendê-las quando estão valorizadas. Não é nem um pouco complicado. Não é necessária uma longa educação, apenas a capacidade de realizar uma simples aritmética. Não há textos didáticos a serem lidos. Não há provas a serem feitas. Nada a aprender além daquela única e simples regra: compre baixo, venda alto.

Como parece fácil, ó Deus, como parece fácil.

O fato triste e desconcertante é que poucas pessoas chegam a ganhar muito dinheiro no mercado de ações. O jogo não é nem um décimo tão fácil quanto parece. Mas este fato nunca parece vir a público — ou, se ele vaza ocasionalmente, é logo negado como mero pessimismo vazio. A aparência exterior do mercado nunca muda. Ele continua parecendo a maior barbada da Terra, o jogo de dinheiro mais fácil de todos. E o sonho continua.

Nós vamos examinar agora alguns homens que tornaram o sonho real. Deve ser enfatizado que estes homens são de uma estirpe muito, muito rara. Para ganhar 100 milhões de dólares no mercado de ações, você precisa ser uma pessoa bastante extraordinária, e os homens que você está prestes a encontrar o são. No entanto, talvez possamos nos permitir uma pitada de otimismo no fim das contas. Por mais raros que esses homens possam ser, ainda são homens. Não deuses, não feiticeiros, não supercomputadores — simplesmente homens. E o que um homem pode fazer outro também pode. Então você ou eu... talvez.

Existem basicamente três maneiras de se ficar rico no mercado de ações. Você pode jogá-lo — isto é, comprar e vender ações. Este é o caminho que a maioria das pessoas escolhe, e é a base do sonho comum da grande jogada de mercado. Ou você pode vendê-lo. Em vez de negociar as ações em si, você pode ganhar dinheiro como corretor, consultor ou outro intermediário, vendendo ações e esquemas de ações (e também a ideia de que o mercado é uma barbada para os milhões de investidores ingênuos que estão sempre girando em torno da bolsa de valores). Ou, terceiro, você pode usar o mercado. Você faz isso criando empresas ou empresas fantasmas, conseguindo que as pessoas comprem ações nestas empresas e manipulando o fluxo de dinheiro resultante de maneira que parte dele termine em seu bolso.

O terceiro método será discutido de maneira mais aprofundada em outra parte do livro, onde estudaremos o truque maravilhoso de ficar com o dinheiro dos outros. O exemplo que contemplaremos então (Capítulo 15) será James Ling. Como você verá, ele é reconhecido como um dos grandes mestres desta terceira abordagem ao mercado de ações.

Enquanto isso, a primeira e a segunda abordagens ocuparão nosso olhar surpreso neste capítulo e no próximo: as abordagens do investidor de mercado e do vendedor de mercado.

Um dos mais bem-sucedidos investidores de mercado ainda vivo, e talvez o mais francamente simpático, é um homem chamado Joseph Hirshhorn. Ele veio de baixo e ganhou mais ou menos 100 milhões de dólares fundamentalmente apostando em ações de mineração. Parte de seu charme se encontra no fato de que ele mesmo admite que foram apostas. Existem muitos rótulos bacanas que ele poderia aplicar a si mesmo se quisesse inflar a própria importância e polir sua imagem, como os empresários com frequência gostam de fazer. Ele poderia chamar a si mesmo de "banqueiro de investimentos", ou um "prospector de recursos naturais", ou qualquer um dos diversos outros nomes que soassem grandiosos. Mas não, Joe Hirshhorn nunca seria formalista a esse ponto. Ele para ali, encara-o com candura nos olhos, este homem absurdamente rico, e diz que é um especulador.

O repórter da *Fortune* Emmet John Hughes visitou o cativante Hirshhorn e escreveu este relato fascinante e divertido dos primeiros dias e triunfos iniciais do grande especulador.

Joseph Hirshhorn: 100 milhões de dólares*

Por Emmet John Hughes

Joseph Herman Hirshhorn... 1,66 metro de altura, parado no topo reluzente do mundo que ele fez por e para si mesmo. Hirshhorn parece

---

* Reimpresso da edição de novembro de 1956 da revista *Fortune* com permissão especial. Copyright © 1956 da Time Inc.

um pouco com Al Smith, seu jeito de andar lembra o de Groucho Marx e ele pensa (conforme o próprio espera) como Bernard Baruch. Hirshhorn é bilíngue: fala o inglês adequado, mas é fluente no inglês cheio de sotaque falado no Brooklyn. Ele é um judeu imigrante, nascido em uma das regiões mais pobres e perigosas do Brooklyn, que veio a se transformar em um ágil veterano de muitas batalhas em Wall Street e na Bay Street de Toronto. Ao mesmo tempo em que ficava rico, Joseph Hirshhorn ajudou a tornar o hemisfério ocidental consideravelmente mais seguro naquele que é um dos minerais estratégicos mais vitais, o urânio. "Urânio, ah, o urânio!", Joe foi ouvido entusiasmando-se certa vez. "Ele tem *sex appeal!*"

A carreira incerta e cheia de reviravoltas que Joseph Hirshhorn descobriu ser a distância mais curta entre a pobreza e a fortuna zigezagueou até o clímax em 1955. O cenário foi o da despretensiosa suíte de Joe no 19º andar do prédio Nova Scotia, do Toronto Bank, em cujas paredes estão penduradas pinturas abstratas, paisagens, naturezas-mortas (apenas uma parte de sua coleção avaliada em 1 milhão de dólares de arte norte-americana contemporânea), um retrato de Lincoln e um aforismo emoldurado: *A imaginação é a primeira lei da criação.* Para a ocasião, uma torta estava pousada sobre a mesa de Joe. O glacê verde e cor-de-rosa proclamava: *Rio Tinto-Hirshhorn e pluribus unum.*

Fazendo sombra ao lado de Joe estava a elegante figura britânica de Roy Williams, dono da Rio Tinto Mining Company do Canadá, uma nova descendente da venerável Rio Tinto Company da Grã-Bretanha, de 83 anos, na qual os Rothschilds têm uma grande participação. À medida que a torta era cortada, Joe suspirava e dizia: "Eu sempre vou te amar, sempre." Ele negociara havia pouco seu patrimônio na Rio Tinto em uma enorme troca de propriedades de mineração canadenses — urânio, ouro, ferro, cobre, adquiridos através de um período de duas décadas a um custo de aproximadamente 4,8 milhões de dólares — por aproximadamente 31 milhões de dólares em ações e debêntures da Rio Tinto, assim como a presidência do conselho da empresa canadense.

Por trás do momento feliz encontram-se três anos de trabalho girando em torno de uma faixa de terra cujo nome parece destinado a fazer frente à região de Klondike em lenda: Blind River. O nome pertence corretamente a uma cidadezinha madeireira junto à ferrovia Canadian Pacific Railroad ao longo da margem norte do lago Huron. Mas o nome é usado agora para cobrir toda a região sul da bacia Algoma, uma vastidão de lagos pequenos e matas de pinheiros, a qual, até Hirshhorn ter aparecido, havia sido um cemitério para as esperanças de muitos garimpeiros de olhos famintos.

No início de 1952, Joe ouvira pacientemente Franc R. Joubin, um homem magro e erudito que recentemente havia se tornado o diretor superintendente do grupo de consultores técnicos das minas de Joe. A teoria de Joubin era a de que os muitos testes de ensaio feitos em amostras de minério da superfície da área de Algoma (todos foram ruins) haviam sido enganadores e de que a prospecção profunda de diamantes descobriria vastos veios de urânio.

Finalmente, em 1953, Joe adiantou 30 mil dólares para Joubin começar a prospecção de diamantes. Dois meses depois, Joubin e Joe faziam o maior achado de urânio fora da África, uma descoberta que levou Joe ao negócio arrebatador com a Rio Tinto.

A história completa por trás destes eventos é bem mais antiga do que três anos. Ela volta meio século e para um mundo bastante diferente — para um vilarejo na Lituânia, na realidade onde Joseph Herman Hirshhorn nasceu em 1899, o décimo segundo de 13 filhos. Seu pai morreu durante sua infância. Ele tinha 6 anos quando, após uma viagem de trem e na terceira classe de um navio, que passava por Liverpool e Ellis Island, Joe desembarcou para juntar-se à sua mãe e ao resto da família em um cortiço no bairro do Brooklyn. "Eu cresci em um buraco", Joe se lembra. "E tive sorte — alguns de meus amigos de rua foram parar na cadeira elétrica."

Joe precisou de menos de 24 horas após desembarcar nos Estados Unidos para receber sua primeira lição em finanças. Alguns garotos do bairro ensinaram-no a jogar dados. Joe, embora não soubesse falar inglês, pegou a ideia rápido o suficiente para vencer, e seus "professores" tiveram de bater nele para recuperar suas perdas. A mãe, Amelia, suportou um tipo mais sistemático de punição em uma fábrica minúscula e com péssimas condições de trabalho, onde trabalhava 12 horas por dia, seis dias por semana, recebendo um salário de 12 dólares por semana. Com estes recursos, ela mudou sua ninhada para um cortiço ligeiramente mais espaçoso na Humboldt Street.

Em todo o cenário desolador se destaca uma memória flamejante: um incêndio de grandes proporções que destruiu o cortiço da Humboldt Street. Alguns moradores dos andares superiores morreram nas chamas — ou empalados na cerca abaixo. Os Hirshhorns sobreviveram, mas Amelia foi levada para o hospital enquanto seus filhos se espalharam pelo bairro para se virar da melhor maneira possível. "Eu sobrevivi graças ao lixo", diz Joe. "A pobreza tem um gosto amargo. Jurei que nunca mais a viveria de novo."

Na primavera de 1911, a turma do sexto ano da escola pública 145 saiu em uma excursão a Staten Island. Joe partiu com seus colegas, mas não chegou à ilha. À medida que o grupo serpenteava pela Broad Street em Lower Manhattan, indo na direção da barca, Joe viu uma cena — o fantástico e tumultuado New York Curb Market. Ele passou o dia observando-o de olhos arregalados. "Ele me deixou completamente fascinado", lembra. "A sinalização como os sinais de surdos-mudos entre as calçadas e as janelas, os corretores com seus chapéus coloridos. Decidi que voltaria para lá um dia. Três anos mais tarde, voltei — ainda sem saber que diabos era tudo aquilo."

Joe tinha 14 anos quando voltou ao Curb. O *timing* parecia um pouco equivocado. Sua mãe certamente achou isso, pois essa foi uma das raras ocasiões em que ela lhe deu um tapa — por abandonar impetuosamente um emprego de 20 dólares por semana em uma joalheria para ir à Broad Street e à Wall Street. Pelo visto a mãe estava certa, lembra-se Joe. "Era 1914. Ambas as bolsas estavam fechadas e quando cheguei ao Curb, havia todos esses caras sentados por ali jogando cartas, e quando disse a eles o que eu queria, riram de mim. Eles disseram: 'Diabos, garoto, nós mesmos estamos procurando por trabalho.'"

Não seria a única vez que Joe entraria em uma situação realmente por baixo. Ele pacientemente mourejou pelos escritórios da parte baixa da Broadway até que, trabalhando andar por andar pelo prédio Equitable no número 120, encontrou um emprego na Emerson Phonograph Company como office boy e operador da mesa telefônica na hora do almoço (para o qual ele treinou a si mesmo em 24 horas na companhia de telefonia um pouco acima na mesma rua).

Um começo assim era menos do que espetacular, mas foi suficiente. Os nomes dourados nas portas do prédio Equitable — nomes que soavam grandiosos como Guggenheim e American Smelting and Refining — sinalizavam pelo menos uma proximidade com o mundo que ele estava procurando. Joe logo descobriu que o gerente geral da Emerson, um sujeito chamado Richard D. Wyckoff, também era editor da *Magazine of Wall Street* e tinha um escritório com um registrador de cotações da bolsa de valores. "Então, após seis meses", lembra-se Joe, "tomei coragem e fui falar com Wyckoff que eu não queria ser um office boy, queria ser corretor." Sua ousadia valeu a pena: duas semanas depois, Joe estava desenhando gráficos de ações para Wyckoff a 12 dólares por semana.

Os três anos seguintes significaram uma educação em todos os sentidos, desde os nomes importantes na sociedade de Nova York, passando pelos meneios traiçoeiros dos gráficos de ações. Durante todo esse tempo a economia de Hirshhorn (dez centavos por dia para o bonde, nove para o almoço, seis para gastar à vontade e o resto para a mãe) era suplementada por 12 dólares semanais extras ganhos como mensageiro da Western Union, correndo diariamente das 18 horas às 2 horas. Joe ficou com os pés tão machucados de bolhas que, após largar o emprego, ele nunca mais voltou para buscar seu último pagamento quinzenal. (Recentemente, Joe lembrou ao presidente da Western Union que ele ainda lhe devia 24 dólares.) Para compensar sua perda de renda, Joe devotou o tempo livre para desenhar mais gráficos de ações para a velha firma de Wall Street de Cyrus J. Lawrence & Company.

Aos 17 anos, Joe seguiu por conta própria, partiu para a primeira grande tacada e sua primeira rude lição. Ele tinha, para começo de conversa, uma soma de 255 dólares. Dentro de um ano, como corretor no Curb, fora capaz de comprar suas primeiras roupas finas, além de uma casa em Long Island para a mãe. No entanto, o armistício chegou, e Joe se achou esperto demais. Ele teimosamente comprou Lackawanna Steel em queda no período que se seguiu à paz. "Eles me limparam, levaram tudo, restaram 4 mil dólares." Mas, como Joe gosta de dizer: "É claro que eu cometi erros, muitos — apenas um mentiroso diria que nunca cometeu —, mas nunca cometi um erro com o qual não aprendi alguma coisa." Ele aprendeu nessa ocasião: "Nunca, mas nunca, compre uma ação em queda a não ser que você tenha informações privilegiadas e esteja por dentro do que realmente está acontecendo."

Os anos 1920 viram Joe ficar rico. Em 1922, ele se casou com Jennie Berman, do Brooklyn, que lhe daria quatro filhos. Em 1924, ele largou o Curb para negociar títulos não listados, primeiramente em uma sociedade de vida curta e um ano mais tarde em sua própria empresa: J.H. Hirshhorn & Cia. Em 1928, Joe Hirshhorn, estritamente um corretor de uma corretora, estava realizando lucros na faixa de 200 mil dólares ao mês.

Mais memorável do que chegar a estas alturas, entretanto, foi o recuo na ponta dos pés de Joe diante do precipício que se encontrava logo à frente. Na resplandecente primavera de 1929, quando ele estava pensando em pagar mais de 500 mil dólares por um assento na bolsa de valores de Nova York, qual impulso o fez recuar da beira do precipício? Joe lembra-se da época desta maneira: "Quando chegou ao ponto em que médicos e dentistas estavam largando seus trabalhos para especular, você sabia que estava tudo fora do lugar. Eu podia ver a Quebra vindo. Nada fazia sentido. Os grandes jogadores pegaram as ações de empresas de serviços públicos e as levaram lá para cima. Fiquei com medo. Vendi tudo que tinha em agosto." Ele saiu com 4 milhões de dólares redondos. A este triunfo geral Joe acrescentou duas notas de rodapé finais: após a Quebra, em dezembro de 1929, ele começou a comprar de novo; depois, nos meses de março e abril seguintes, vendeu seus investimentos, coroando isto com uma sucessão rápida de vendas a descoberto. "Eu ainda era uma criança sem muita experiência — de outra maneira eu teria seguido em frente e feito uma fortuna."

Ele descobriu uma rota diferente para a fortuna: o Canadá. Estivera por lá analisando a situação uma ou duas vezes e ficara muito impressionado com o que ouvira falar sobre o ouro canadense. E, nos primeiros meses de 1933, J.H. Hirshhorn & Company abriu suas portas para ser uma das poucas corretoras em Toronto. Na realidade, foi exatamente no dia em que os bancos fecharam nos Estados Unidos. Mas em Bay Street a diversão e a fortuna de Joe estavam só começando. "Meu nome é oportunidade e estou conclamando o Canadá" era a manchete de um anúncio de página inteira no jornal *Northern Miner* de Toronto de 16 de novembro de 1933. A convocação vigorosa lia:

Canadá, seu dia chegou. O mundo está a seus pés, implorando para que você liberte suas riquezas presas na Mãe Terra (...) Siga em frente até que sua picareta acerte o metal duro, firme e amarelo, até que o grito de "Ouro!" ressoe através da floresta virgem (...) E quanto a nós, acreditamos no futuro deste grande país na medida em que fizemos investimentos na mineração de ouro e outras indústrias e continuaremos a fazê-lo.

Não era o jargão convencional de um corretor, também não era poesia, mas era puro Hirshhorn — uma espécie de grito de acasalamento excitado de um homem que achara o mercado financeiro de seus sonhos. "Eu não sou um investidor", explica Joe. "Sou um especulador. Não estou interessado em blue chips e seus dividendos — eles são ótimos para a vovó e para crianças, mas eu sempre quis a proposição que custa dez centavos e paga dez dólares."

Por um bom tempo, no entanto, o Canadá não foi nem um pouco hospitaleiro para Joe. A sociedade de Toronto ou sua fraternidade de bancos conservadora não conseguiu entender, muito menos gostar, do homem que trabalhava como um robô norte-americano, tagarelava como um mascate do Brooklyn e deixava que seu bom humor explodisse em frases como: "Eu me sinto um criminoso!" Joe também conseguiu provar, enquanto negociava ações por conta própria, que não havia perdido toda a mão para o ocasional erro crasso. Uma especulação temerária na Tashota Gold custou a ele 400 mil dólares. Foi um tombo feio, mas, exatamente como o fiasco da Lackawanna Steel, esse erro teve valor educativo. Nas palavras do próprio Joe, a lição dessa vez era: "A equipe de engenharia não estava certa. Quando ela não está certa, você está em sérios apuros."

Joe resolveu se arriscar, dessa vez na Gunnar Gold. O desfecho foi um lucro animador e uma considerável notoriedade. Ele investiu na Gunnar Gold com os irmãos LaBine, Charles e Gilbert, dois dos mais conhecidos prospectores de minas do Canadá. A princípio, Joe era proprietário de 598 mil *vendor's shares*, que haviam custado a ele menos do que 20 centavos cada um. Em julho de 1934, três meses após a Gunnar Gold ter sido colocada na bolsa de valores de Toronto, as ações da empresa haviam subido extraordinariamente para 2,50 dólares. Nesta mesma época, Joe começou gradualmente a se desfazer de suas ações. Próximo do fim de outubro, como o comissário de valores mobiliários de Toronto relatou após uma investigação subsequente, Joe "decidiu retirar todos os investimentos que tinha do mercado". O clímax veio na manhã de 31 de outubro, quando a Gunnar mergulhou no espaço de duas horas de um preço de abertura de 1,43 dólar para 94 centavos.

O relatório do comissário teorizou:

O processo de manipulação ocorre através da compra e da venda para criar na mente do público a impressão de grande atividade nas ações (...) Isto o Sr. Hirshhorn conseguiu fazer com grande habilidade (...) O manipulador pode permanecer no centro de suas operações cercado por telefones e, através daquilo que se costuma chamar de um "esquema de três ou quatro vias", pode comprar e vender ações sem que os corretores que estejam comprando e vendendo saibam que a manipulação está acontecendo.

Mas, tendo em vista que a prática de conspiração de manipulação de ações é proibida pelas leis de Ontário e que Joe havia operado sozinho, o comissário concedera que Hirshhorn "não cometera nenhum ato criminal". Quanto ao lado da história de Joe, ele nega que tenha manipulado a Gunnar Gold. "Eu estava na Europa", explica ele. "Quando voltei, vi que o preço estava baixo, e não gostei do que vi: então comecei a vender."

Foi em 1936 que apareceu o que Joe chama de um "bilhete realmente premiado". O nome deste bilhete era Preston East Dome Mines. O negócio estabeleceu a fama de Joe como um financiador de investimentos de longo prazo, provou que ele era melhor do que os investidores mais espertos de Bay Street e marcou seu crescimento e transição de um especulador puro a um promotor criativo.

A Preston East Dome era uma empresa de mineração de ouro formada no início do século no presságio auspicioso de um grande achado de ouro na área de Porcupine, na região norte de Ontário. Um fogo havia varrido a área, destruindo as instalações da empresa; a Preston East Dome estava sem fundos, e seus certificados de ações, vendidos por menos de cinco centavos na bolsa de valores de Toronto, eram usados por seus desanimados proprietários como fichas em jogos de pôquer. Todos tinham perdido a esperança de ganhar alguma coisa com a Preston, exceto um geólogo chamado Douglas Wright. Conhecendo a reputação de Joe Hirshhorn como um sujeito esperto nos negócios, Wright foi até o escritório de Joe para contar sua história de novo. Joe gostou dela e investiu 25 mil dólares em um programa de prospecção. Em poucos meses o ouro foi encontrado — a apenas oito metros de um velho poço.

À medida que as ações da Preston começaram a subir, os céticos escaldados zombaram dos relatos do achado, e os "bandidos" de Bay Street acharam que haviam encontrado um alvo fácil. A ação (eles convenceram a si mesmos) certamente vai cair de novo, tornando-a uma ocasião interessante para vendedores a descoberto. Eles venderam. Joe comprou. Ele continuou comprando até ser proprietário de grande parte de toda a capitalização da Preston. O preço da Preston continuou a subir — passando a marca dos 2 dólares. Os vendedores a descoberto estavam de mãos amarradas. A vítima que haviam escolhido lhes dera uma surra cara e humilhante.

A mina, presidida pelo velho amigo de Joe, o divertido advogado de Toronto William H. Bouck, estava gerando lucros anuais de 2,5 milhões de dólares em meados de 1950. Joe conseguiu vender criteriosamente um número suficiente de suas ações com preços em elevação a ponto de ficar em determinado momento com 500 mil ações, as quais, na realidade, não haviam lhe custado nada. Ele vendeu uma parcela dessas ações com um belo lucro, e (...) quando colocou o restante de suas ações da Preston no negócio com a Rio Tinto, elas estavam avaliadas a 7,55 dólares cada.

Graças a esses bilhetes premiados, Joe, através dos anos 1930, se viu presente em um mundo ainda mais distante da memória amarga do Brooklyn. Ele agora rodava um circuito de dois apartamentos e três casas — os apartamentos em Toronto e Nova York, casas em Great Neck (Long Island), Miami e Poconos. Para suavizar as horas passadas estudando balanços corporativos, ele instalou um Capehart em todas as casas e comprou para si sete pianos. Em Poconos, mais especificamente na fazenda de 190 hectares Huckleberry Hill, ele construiu uma fantástica casa provincial francesa com quadras para jogos, uma piscina, rebanhos de vacas Guernsey e quartos grandes o suficiente para acomodar qualquer turma de amigos de escola que seus filhos quisessem trazer para casa. "Ela foi construída de coração, aquela casa", Joe se lembra. "Mas eu era o único judeu em um raio de quarenta quilômetros. As pessoas chamavam a casa de 'o castelo na montanha'. Deixavam-nos sozinhos." Finalmente, em 1947, Joe vendeu a fazenda Huckleberry Hill para a família Kress por 100 mil dólares — menos de um terço do que ela havia custado a ele.

Enquanto isso, outros problemas abalaram a mão que tinha o toque de Midas. Em 1945, Joe foi multado em 8,5 mil dólares pelo governo canadense por não ter a documentação necessária para deixar o país com dinheiro (especificamente 15 mil dólares). "Foi um erro idiota", admite ele. Naquele mesmo ano, o casamento de Joe terminou em divórcio. Ele é absolutamente honesto a respeito deste infortúnio. "Para fazer o que eu fiz, você tem de trabalhar, você tem de trabalhar como um louco. Sempre fui casado com meu trabalho. Para fazer o que eu fiz, você tem de fazer sacrifícios. Sacrifiquei minha família, minhas relações com minha esposa e meus filhos." No tumulto emocional que se seguiu ao divórcio, ele encontrou dois apoios: uma psicanálise continuada e um segundo casamento (que também ocorreu em 1945), com a pintora moderna Lily Harmon. Joe acredita que a análise aumentou muito a compreensão que tinha de outras pessoas e de si mesmo. Ele permaneceu casado com Lily por nove anos. No início de 1956, eles se divorciaram. Vários meses depois, Joe estava casado de novo, com Brenda Hawley Heide, de Nova York.

Através de todos esses anos turbulentos, Joe seguiu avançando em um zigue-zague inabalável. Algumas pessoas viam algo repreensível nos zigue-zagues. A mineração notoriamente exerceu uma atração irresistível sobre trapaceiros baratos procurando dinheiro fácil, a cambada vasta e venal que levou Mark Twain a descrever uma mina de ouro como um buraco grande com um mentiroso na outra extremidade. O garoto bom de papo do Brooklyn estava em um negócio no qual o próprio sucesso era muitas vezes uma prova de trapaça, especialmente no julgamento amargo daqueles que haviam fracassado. Inevitavelmente, muitos dos riscos que Joe correu com seu próprio dinheiro e o de outras pessoas — uma lista de apostas na mineração com nomes como Anglo Rouyn, Armistice, Aquarius, Calder Bousquet — provaram-se longe das expectativas. No entanto, ele nunca abandonou uma empresa. Quando, por exemplo, o ouro da Anglo Rouyn se esgotou, Joe passou a prospectar cobre com a empresa em Saskatchewan (a Anglo Rouyn era uma das maiores propriedades no negócio da Rio Tinto).

O veredicto sobre Hirshhorn ouvido hoje em dia nos gabinetes da Comissão de Valores Mobiliários de Ontário é o de que seu financiamento tem sido judicioso, seus conselhos geológicos são os melhores e sua consultoria legal é responsável e respeitada. Tirando a penalidade por exportar dólares canadenses durante a guerra, Joe teve apenas um problema com a lei. Em 1950, o procurador geral do estado de Nova York, Nathaniel Goldstein, que Joe conhecia desde a infância, foi à imprensa avisar ao público para manter distância de uma oferta de ações de uma empresa chamada American-Canadian Uranium Company, na qual Hirshhorn estava envolvido (...) Goldstein submeteu os fatos à Comissão de Valores Mobiliários e Câmbio, mas o órgão não encontrou razões para realizar uma audiência pública.

Nos anos 1940, o empreendimento mais feliz de Joe envolveu uma empresa norte-americana, Mesabi Iron, proprietária de grandes jazidas de taconito. "Quando eu comprei ações da Mesabi", conta ele, "ninguém sabia o que era taconito, eles achavam que era uma doença ou um novo produto para limpar a pele. Eu sabia o que era, e sabia que seria um grande negócio." Começando a comprar aos poucos e entrando e saindo da ação através de um período de anos, no fim das contas Joe lucrou 1.550.000 dólares. Como demonstra esta história, Joe não precisa estar dentro de uma empresa para fazer um bom lucro.

Enquanto isso, entretanto, ele conseguiu perder mais de 300 mil dólares em um empreendimento de mineração de ouro nas Filipinas. Joe se viu enredado em uma confusão de leis nacionalistas e restrições de câmbio e aprendeu outra lição: "Tenha certeza de que você conhece todos os fatos antes de mergulhar em um empreendimento estrangeiro."

Foi no fim da década de 1940 que Joe se interessou pela primeira vez por urânio, que veio a se provar mais fascinante do que qualquer coisa que ele havia tocado em sua vida. Ele estava lendo sobre o escudo pré-cambriano do Canadá e o significado da vibração do detector de radiação. Nos anos 1949 e 1950, Joe comprou os direitos de concessão sobre 750 quilômetros quadrados de terras com jazidas de urânio na região do lago Athabasca, nordeste de Saskatchewan. Foi um tributo à capacidade de financiamento de Joe que Rix Athabasca, como esta empresa foi chamada, tornou-se a primeira mina produtora de urânio do Canadá operando com capital de risco privado. Não muito tempo depois, ele contratou Franc Joubin para dirigir a Technical Mine Consultants — sua organização-chave de exploração de minas, que estava supervisionando mais de vinte empresas que Joe havia adquirido.

O acadêmico Joubin estava lutando com um enigma: o que havia embaixo daquela bacia coberta de mata em Ontário chamada Algoma que provocava uma vibração tão misteriosa nos detectores de radiação? Era uma área bastante explorada. Uma tropa de garimpeiros e geólogos havia passado por seus hectares cheios de empreendimentos. Todos tinham visto seu detector saltar com força de tempos em tempos. Todos tinham tirado amostras para análises da superfície, que era onde o urânio supostamente estaria, e toda amostra tinha quantidades desprezíveis de urânio. Todos haviam se conformado com uma explicação: as leituras do aparelho tinham de vir em sua maior parte do tório, para o qual não havia mercado. Esta teoria em grande parte satisfez Joubin, mas ele começou a ler sobre a lixívia de terras com urânio onde o enxofre está presente, e isto lhe deu uma ideia. Certo dia, Joubin decidiu testar uma velha amostra de minério de Algoma para tório — e descobriu que havia muito pouco. Ele teve certeza então que sabia a resposta: a chuva, a neve e o enxofre na terra haviam lavado a radioatividade em afloramentos na superfície na bacia, e os detectores haviam vibrado a verdade a respeito das grandes jazidas de urânio *abaixo* da superfície. Ele tentou persuadir uma dúzia de empresas de mineração e patrocinadores diferentes para fazer um teste de prospecção definitivo. Todos recusaram a proposta como sendo algo sem sentido. Então Joubin foi até Joe.

Quando, no início de 1952, Hirshhorn ouviu Joubin explanar sua teoria, Joe já tinha algum conhecimento de geologia. Mas, como ele mesmo diz: "Eu comprei porque confiava no homem que estava falando comigo. É isso que conta para mim. Eu não peço conselhos à minha avó ou a uma cartomante."

A prospecção começou no dia 6 de abril de 1953. Joe investiu 30 mil dólares nisso. Joubin desfrutou de um acordo que era padrão em suas negociações com Joe (uma opção de comprar uma participação de 10% do negócio). Neste caso, os 10% de Joubin fariam dele um multimilionário. As amostras de minério foram enviadas a Vancouver para serem analisadas. Em uma manhã de sábado de maio, um envelope volumoso em formato ofício foi deixado na mesa de Joubin. O relatório era de que das 56 amostras, cinquenta continham urânio. Com um largo sorriso, Joubin exclamou para um amigo: "Aquele Joe é um sortudo!"

Além deste ponto, entretanto, sorte não seria o suficiente. Uma organização que se movesse rápido era necessária para reivindicar mais concessões, e Joe buscou dinheiro e efetivo de mão de obra com seu sucesso da década de 1930, a Preston East Dome, na qual seus 10% de ações ainda o faziam o maior acionista na empresa. Joe reuniu-se com o presidente da Preston, William Bouck, com um mapa da área de Algoma. Bouck traçou rapidamente uma linha a lápis através do mapa e propôs que tudo abaixo daquela linha pertenceria a uma companhia de Hirshhorn recém-formada, Peach Uranium; os custos e lucros de tudo acima da linha seriam divididos meio a meio entre o próprio Hirshhorn e a Preston East Dome. A maioria dos homens treinados para reivindicar a área ao norte seria fornecida por Preston.

O especulador agora começou a operar como um general dirigindo uma enorme manobra secreta. A área a ser reivindicada estava cheia de caçadores e veranistas, além de ficar próxima tanto de uma importante autoestrada quanto de uma ferrovia da Canadian Pacific, e o risco de a operação ficar conhecida era enorme. Geigers, barracas, sacos de dormir e toneladas de alimento tiveram de ser reunidos com o menor ruído possível. Para não chamar a atenção, Hirshhorn e seus colegas compraram licenças de mineração em locais espalhados por todo o estado de Ontário. Bases foram estabelecidas em pontos espalhados, até mesmo em South Porcupine, 320 quilômetros acima de Blind River. Advogados foram deixados de prontidão para redigir petições de concessões tão logo os grupos de prospecção encontrassem o caminho pela mata.

Quando os hidroaviões da expedição decolaram de South Porcupine, eles se dirigiram para o norte, depois viraram para a direção sudoeste, para Algoma, e ali deixaram na mata parte dos quatro grupos de prospecção, que ainda não sabiam exatamente onde estavam. Por seis semanas, as equipes serpentearam ao longo de um curso em Z de 145 quilômetros, cobrindo aproximadamente 22 mil hectares. Bay Street foi tomada de surpresa. Joe e seus amigos haviam conseguido secretamente para si uma das concessões mais fabulosas da história canadense.

Como muitos desejos maravilhosos, o triunfo do Blind River colocou, para Joe, um velho problema: agora que ele tinha as concessões, o que faria com elas? Duas décadas de especulação tinham-no envolvido em operações por todo o Canadá — petróleo e imóveis, ouro, cobre, minério de ferro ("Em mineração, eu não tenho favoritos; eu prospectaria granito se desse lucro."). Blind River, no topo de tudo isso, era, de certa maneira, um excesso. Obviamente, o momento pedia que se fizesse um balanço, no sentido mais completo — Joe deveria passar um pente fino em todas as companhias que possuía, somando-as e reunindo-as em uma ordem que fizesse sentido. Joe havia chegado ao ponto de certo dia deixar cair um rolo de milhares de dólares no chão de seu escritório e nem sentir falta deles. Esse tipo de coisa poderia ter sérias consequências. Joe estava ficando exausto tentando manter um olho em toda a sua fortuna.

Como era de seu costume, Joe buscou a ajuda de um especialista — em Nova York, com o advogado Sam Harris, que se tornou seu conselheiro mais íntimo; e em Washington, com o distinto ex-secretário de Estado, Dean Acheson, que descobriu que as empresas New Jersey Zinc e Phelps Dodge poderiam estar interessadas em assumir as propriedades e problemas da Algom. Após analisar testes de prospecção e gráficos de projeções de custos, as duas empresas ofereceram comprar uma participação de dois terços na Algom, mas a um preço tão baixo que a oferta foi rejeitada — como Acheson se lembra com desagrado: "Era cedo demais para o Natal." Em novembro de 1945, entretanto, o Natal chegou para Joe na maneira de um negócio — na forma da Rio Tinto Company, de Londres. A Rio Tinto tinha acabado de vender a maior parte de seus grandes investimentos espanhóis em cobre, enxofre e piritas de ferro, e estava especialmente interessada em um investimento em urânio. Esta notícia chegou através de uma informação confidencial internacional a Sam Harris, que não perdeu tempo em insistir com seu cliente que aproveitasse a chance de reunir os pedaços de seu império disperso em uma pilha organizada.

Logo ficou claro que os interesses a longo prazo tanto de Joe quanto da Rio Tinto cruzavam-se caprichosamente: a empresa queria o controle permanente sobre todo o império de mineração canadense, e Joe ainda precisava de um pacote corporativo para seus investimentos. As negociações foram complicadas e atrasaram pela necessidade que Joe tinha de conseguir uma decisão tributária favorável do Tesouro norte-americano regulando a transferência de seus ativos para uma sociedade estrangeira. Dean Acheson teve sucesso em conseguir esta decisão. O resultado foi a Rio Tinto Mining Company of Canada. Neste novo e elegante receptáculo, Joe largou os títulos e as ações que tinha de 46 companhias de mineração canadenses diferentes (uma das quais era em si um pacote de 17 companhias anteriores). Apesar de Joe não ficar com o controle de voto, ele era proprietário da maior fatia de ações (55%).

Ocorreram alguns momentos memoráveis durante os longos meses de negociação que jogaram o Hirshhorn do Brooklyn em uma sala cheia de aristocratas financeiros de Londres. Enquanto personalidade, Joe conquistou por completo seus colegas britânicos permanecendo absoluta e obstinadamente ele mesmo. Em conversas com Roy Wright da Rio Tinto, ele largaria despreocupadamente seus pés nos móveis, mascaria seu charuto apagado sem parar e interromperia com calma o discurso britânico terminando-o com algo do tipo: "Vamos parar com a conversa fiada e chegar logo a uma conclusão?" Quando o nobre presidente da Rio Tinto, o conde de Bessborough (recentemente falecido), aconselhou de maneira solícita que Joe diminuísse o ritmo e conservasse sua energia, Joe voltou-se para ele e disse: "Olha, conde, eu tenho bastante saúde." Quando todo o encontro improvável desses homens concluiu-se, prevaleceu um respeito mútuo e afetuoso. "Aqueles ingleses, eles são *maravilhosos!*", essa era a estimativa de Joe. Conforme disse um dos executivos da Rio Tinto: "O Sr. Hirshhorn é chamado apenas de promotor, e às vezes as pessoas acham que a palavra *promotor* denota algo ruim. Mas onde estaria o Canadá sem promotores? Há pessoas que tentarão menosprezá-lo, mas, de certa maneira, ele é um grande homem."

Hirshhorn é mais impressionante quando — com um charuto apagado preso entre os lábios cerrados, toalha de mão segura firmemente, pronta para uma testa suada — estende o braço para o telefone. Para qualquer corretor, o telefone é uma ferramenta indispensável do negócio. Para Joe, é como um órgão físico vital, certamente mais valioso, por exemplo, do que um rim, uma glândula qualquer ou mesmo incontáveis frascos de sangue. Isto não é inteiramente figurativo. Seu filho Gordon se lembra de uma noite em 1947 quando ele e sua irmã foram chamados para ver o pai em um hospital de Nova York, onde ele se encontrava gravemente doente com peritonite. Joe estava saindo da anestesia, ambos os braços presos debaixo de equipamentos para transfusão e alimentação intravenosa. Quando as crianças entraram na ponta dos pés no quarto, a escuridão branda foi fendida com um grito: "Tirem essa maldita coisa do meu braço, preciso dar um telefonema." Os filhos deixaram o quarto silenciosamente, tranquilizados.

O telefone é onde Joe trabalha. Ele toca os botões das linhas como um pianista, e o ritmo do seu "Ã-hã... Ã-hã... Ã-hã..." anasalado é o pulso do escritório inteiro. Ao telefone, sua fala rápida revela o bom senso e humor do homem. Para um sujeito que o incomodava: "Não estou interessado, meu amigo, não estou interessado. Não quero ganhar mais dinheiro, está me entendendo? Dê esse dinheiro para outra pessoa, por favor." Para um pedido de caridade: "Ok, ok, ok, entendi a ideia. Quanto você quer? Só me diga isso... Cem? Vou dar 150 então." Ao pedirem sua opinião sobre um executivo: "Ele é fantástico, de primeira — ele assumiu a empresa quando ela era simplesmente um sanduíche de mortadela e a transformou em um filé." Sobre um tipo diferente de executivo: "Ele sabe tanto sobre o mercado quanto eu sei sobre latim. Ele é maluco, e também um imbecil." A respeito de uma proposta interessante: "Estou com você nessa, coloque-me no seu time, garoto. Eu quero arrumar o mundo também, apenas me dê um martelo e uns pregos e me diga o que precisa ser feito... Ã-hã... Sim... Claro... Entendi... Você é maravilhoso. Você, meu amigo, é *maravilhoso*."

"Nunca vi meu pai completamente sério por vinte minutos", conta seu filho Gordon. Mas grande parte disso é uma terapia planejada, o substituto de Joe para o remédio que outros executivos encontram nos campos de golfe durante o dia ou na mesa de pôquer à noite. Às vezes, seu lado brincalhão pode se soltar bastante, como quando ele inicia uma reunião de conselho cantarolando alguns compassos de "I'm in the Mood for Love" e saindo com um passo de sapateado. Mas a qualquer momento a piadinha errada pode lhe custar algumas centenas de milhares de dólares. Ele não é um homem que para de pensar quando abre um sorriso.

A química do sucesso é sempre difícil de analisar. No caso de Joseph Hirshhorn apenas alguns elementos podem ser claramente isolados. Joe, irrepreensivelmente articulado, oferece sua própria fórmula concisa: "Tempo, coragem e dinheiro — você só precisa disso." Aplicada a si mesmo, a fórmula não joga uma luz deslumbrante. Ele não teve mais tempo do que a maioria dos outros de sua idade, e, para começo de conversa, ele tinha muito menos dinheiro que muitos. O elemento "coragem" contou. Joe sempre foi um estranho para o pânico.

No momento certo ele estava exatamente no lugar certo — isto é, no Canadá, que pela última década derramou tamanha riqueza de sua terra rochosa, e Toronto, que, com menos de um décimo do número de membros que a bolsa de valores de Nova York, negociou ano passado quase 135% mais ações.

Joe aprendeu a contratar homens bons e, como observa um de seus auxiliares:

"Ele nunca tenta ser mais inteligente do que seus especialistas." Quando fala com seus advogados, ele pergunta coisas a eles, não *informa* coisas a eles. Mais importante ainda, Joe tem sabido como negociar com os mineradores de maneira sábia e amigável. Eles gostam dele. Confiam nele. E assim, quando laboriosamente deixam a mata de volta para a cidade grande para relatar uma descoberta e buscar financiamento, é bem provável que seu primeiro destino seja o prédio do Bank of Nova Scotia.

Joe sempre foi o lobo solitário, desdenhoso do caminho gasto da matilha. Seus métodos administrativos são heterodoxos, não devem nada a Wharton ou Harvard. Um de seus auxiliares de escritório diz queixosamente: "A qualquer momento ele pode pedir para que eu leve uma calça para lavar e ainda buscar uma encomenda na volta." Dean Acheson, elogiando os métodos de negócios de Joe, oferece uma nota histórica: "Frequentemente, Joe me lembra Harry Truman em seus primeiros dias na Casa Branca. O Sr. Truman achava um erro napoleônico tomar decisões rápidas e quase nos enlouquecia até que fossemos capazes de convencê-lo de que poderia haver algum mérito na opinião considerada."

Nunca houve um plano mestre para o curso de ação de Joe. Simplesmente havia o incentivo para ação, a paixão do especulador de nascença. "Apenas para testar meu discernimento — é isso que me dá prazer", explica Joe. "O dinheiro não importa, não depois do primeiro milhão. E como poderia? Você não pode usar mais do que duas camisas por dia ou comer mais do que três refeições." Como especulador, Joe prega apenas alguns axiomas que ele colocou em prática. Como, por exemplo: "Não me diga o quanto eu posso ganhar, mas quanto eu posso perder." Mas, além disso, de acordo com um de seus amigos, há nele uma "paixão pela descoberta", um fervor em fazer alguma coisa a partir de nada. "Não estou interessado no segmento industrial ou manufatureiro", explica Joe. "Trata-se de um segmento muito competitivo, não verdadeiramente criativo... Não, eu não tenho muita consideração por Wall Street — ela é parasítica. O que ela *cria*? Mais *recursos* — aí é outro papo. Aí você está no mundo dos Harrimans e dos Huntingtons, e dos homens que realmente *construíram* alguma coisa. Então olhe para Blind River. Foram necessários meros 30 mil dólares para começar os trabalhos — e agora há 4, talvez 8 bilhões de dólares em riqueza ali. Mas isso não é tudo. Vinte mil pessoas estarão ganhando a vida ali até o fim do ano que vem. Há ferrovias, moinhos, casas, escolas. O todo funciona. É novo, nasceu há pouco. E fico feliz que ajudei a construir isso."

Joe não é um negociador fácil. Ele dá a mesma atenção minuciosa para uma nova proposta de mineração, as estimativas de seu arquiteto para uma casa nova ou a conta do jantar. Enquanto isso, está sempre pronto para fazer doações para a Universidade de Columbia, o Manhattan College, a Biblioteca Truman ou o hospital em Blind River. Sua generosidade é bem escondida às vezes. Quando subsidiava jovens artistas, Joe evitava cuidadosamente a publicidade. Quando se arriscava em um empreendimento promissor novo, ele verificava que todos em seu escritório — até o ascensorista — tivessem uma chance de compartilhar do negócio. Quando seu segundo casamento não gerou filhos, Joe acrescentou duas crianças adotadas aos quatro filhos do primeiro casamento. E, se provava não ser muito generoso com seu tempo em relação a essa família, Joe conseguia encontrar uma hora para examinar os problemas lamentáveis de algum minerador com problemas na hipoteca ou um fazendeiro que encontrou Joe uma vez na vida em algum lugar qualquer e achou que ele talvez soubesse de uma maneira para tirá-lo de uma confusão terrível.

Ele despreza a parafernália mais visível dos muito ricos. Iates particulares e aviões lhe parecem despropósitos. (O seu Cadillac dirigido por um motorista é uma questão de absoluta autopreservação. Como observa um amigo: "No ritmo que ele leva a vida, se Joe dirigisse ele estaria morto na direção em uma questão de horas.") Ele gosta de simplicidade, e quando pensa nas pessoas ricas ou importantes que admira, Joe diz, de forma despretensiosa: "Que mãe maravilhosa aqueles garotos Ford devem ter — eles são ótimas pessoas. Realmente legais. Simples."

Mesmo os amigos mais próximos de Joe não têm uma ideia clara de seus prováveis passos futuros. Quando ele partiu recentemente para um descanso de vários meses na Europa, Gordon Dean só poderia fazer a seguinte observação: "Eu sei que o seu navio vai atracar em Gibraltar. Não me surpreenderia se ele voltasse com o próprio Rochedo."

A história que você leu há pouco capturou Joe Hirshhorn no auge de sua carreira. Ele continuou a desenvolver empreendimentos de mineração e especular em torno do mercado de ações desde então, mas seu ritmo desacelerou.

Entre seus principais lances no fim da década de 1950 e nos anos 1960 estavam uma prospecção de petróleo e gás natural no Ártico e um empreendimento de mineração de estanho na Inglaterra. "Mas eu passo cada vez menos tempo envolvido no trabalho nos últimos anos", confessa Hirshhorn, hoje com 70 e poucos anos. "Eu passo a maior parte do tempo no que você chamaria de meu hobby — a arte."

O Museu Hirshhorn, em Washington, D.C., possui cerca de 3 mil esculturas (a maioria europeias) e 6 mil pinturas (a maioria norte-americanas). Este é o principal fascínio na vida de Joe no momento. Neste sentido, ele é diferente da maioria dos outros homens ricos que você encontrará aqui. A maioria acumula riqueza compulsivamente. Eles seguem ganhando dinheiro através de suas vidas, muito tempo depois de terem acumulado mais do que poderiam possivelmente gastar. Alguns têm passatempos e outros, interesses não ligados aos negócios, mas estes interesses seguem de forma secundária ao trabalho principal de acumular fortuna. Hirshhorn seguiu o outro caminho: seu passatempo tornou-se mais importante do que seu negócio.

E, no entanto, ele não foi capaz de se aposentar completamente. Os muito, muito ricos nunca se aposentam. Em quase qualquer dia da semana você encontrará Joe Hirshhorn em seu escritório de Nova York ou de Toronto. Ele não consegue ficar longe. "Eu não tenho mais uma máquina imprimindo a movimentação do mercado à minha volta", diz ele, "mas mantenho contato com o mercado de ações. Tenho de manter. Eu gosto da ação. Sentiria muito a falta dela se a deixasse de lado."

Joe é viciado no mercado de ações. Ele foi capaz de reduzir sua dosagem de certa maneira, mas nunca estará realmente livre. O vício é reconhecidamente incurável.

7

O mercado de ações: como vender

A ABORDAGEM ESPECULATIVA DE JOE HIRSHHORN para o mercado de ações é extremamente — até assustadoramente — arriscada. O fato de ele ter saído dela vencedor não altera o fato de que Joe operou muitas vezes a partir de posições de alto risco. Um passo em falso, um golpe de azar, e ele poderia ter sido esmagado em um instante. Há milhares de homens que tentaram transformar ações de ouro e urânio canadenses em uma fortuna como Hirshhorn fez e não conseguiram. Muitos estão falidos. Muitos amaldiçoam o dia miserável em que colocaram seus primeiros dólares no negócio.

Agora, vamos olhar para outro garoto pobre do Brooklyn, que tomou um caminho de certa maneira mais seguro para uma grande jogada no mercado — o caminho do vendedor. Bernard Cornfeld topou com o grande trabalho de sua vida por puro acidente. Anteriormente ele tivera pouco ou nenhum interesse no mercado de ações. Como observou um amigo, era provável que Cornfeld nunca tivesse visto um certificado de ação antes ou sabido de nada sobre o mercado ou mesmo se importado com ele. Porém, quando ele finalmente tropeçou nesse mercado, meio adormecido, e entrou em ação, ele olhou em volta e viu algo que o deixou completamente desperto. O que Cornfeld viu e o que desenvolveu para si mesmo depois de algum tempo foi um sistema absolutamente à prova de falhas para se ganhar dinheiro no mercado de ações. O sistema não dependia de especulação alguma. Ele dependia de vender a ideia especulativa para outras pessoas.

Não durou muito. Após alguns anos, esse incrível sistema começou a dar errado. Pode haver algum tipo obscuro de justiça poética neste fato, pois de certa maneira parece que nada tão bom deveria ser permitido que durasse para sempre. A moralidade puritana do mundo nunca permitiria isto. O esquema "fique rico rápido" perfeito pertence ao mundo dos sonhos, não à vida real. Mas, embora o sistema de Cornfeld não tenha durado muito, seu brilho e esplendor fascinaram o olhar de empresários mundo afora.

O sistema poderia funcionar somente no ambiente caloroso, acolhedor e eufórico de um mercado em alta duradouro. As pessoas em geral tinham de estar otimistas em relação às ações a longo prazo; o sistema precisava daquele ambiente como uma semente precisa de umidade para germinar. O início e a metade dos anos 1960 foram perfeitos sob esse ponto de vista, e Cornfeld tinha a combinação tríplice imbatível que torna os homens ricos: ele estava no lugar certo, na hora certa e com a ideia certa. O ambiente que dava vida a esta situação desintegrou-se no fim dos anos 1960 e não tem sido hospitaleiro desde então. Porém, se outro mercado em longa alta se desenvolver e se mantiver mais tarde nesta década, o sistema de Cornfeld (ou um sistema similar) poderá ser usado novamente. Se o próprio Cornfeld não usá-lo (ele ainda tem apenas 40 e poucos anos), alguém inevitavelmente o fará.

A história que você está prestes a ler não é apenas a história de um homem complexo e interessante. Ela é também, de certa maneira, uma receita para o futuro sucesso de alguém.

Bernard Cornfeld: 150 milhões de dólares

Pense em uma borboleta. Ela passa a maior parte da vida como uma lagarta, rastejando entre as folhas, feia, indesejada, sem ser notada. A luta parece ser demais para ela, pois, depois de algum tempo, ela a abandona. A lagarta se embrulha em um casulo, retirando-se da vida, em um estado de solidão melancólico. E então subitamente emerge como uma borboleta. Por alguns dias gloriosos de verão, ela voa de flor em flor debaixo do sol, um traço de cor absolutamente vivo, surpreendendo o olhar com seu brilho. Sua vida inteira a levou para este breve clímax de alegria. "Valeu o esforço?", a borboleta pode se perguntar, mas ela rapidamente desaparece e não é mais vista.

Assim foi com Bernard Cornfeld. Ele começou como ninguém em particular — um homem comum, como eu e você, suando para pagar as contas e os impostos, trabalhando duro para se manter em uma faixa inferior perigosa da classe média baixa. E então, nos anos 1960, seu breve e brilhante verão chegou. Ele tornou-se o rei internacional do negócio de fundos mútuos e um reconhecido príncipe da alta sociedade global.

Ninguém chegou um dia ao ponto de dizer que ele pertencia ao grupo de "pessoas bonitas". *Bonito* não era uma palavra que poderia ser aplicada com precisão a Bernie Cornfeld. Ele era um homem de estatura mediana, de certa maneira gorducho e com um rosto arredondado acentuado pela calvície precoce. Mas, em todos os outros aspectos, ele era um membro destacado dessa classe supremamente rica, visível e de vida boa. Cornfeld tinha chalés na Suíça e apartamentos grandes decorados em Paris, Londres e Nova York. Ele vestia ternos franceses feitos sob medida e sapatos italianos nos estilos mais caros que a moda podia produzir. Cornfeld deixou crescer uma barbinha rala certa vez, mas ela não conseguiu aprumar ou alongar seu rosto redondo como uma lua. Ele viajava para toda parte com um pequeno bando de borboletas fêmeas menos importantes, também brilhantemente coloridas: damas jovens de pernas longas e minissaias, de nacionalidades variadas, a maioria delas dez ou vinte anos mais jovens do que ele.

E então o verão terminou tão abruptamente quanto havia começado. O império entrou em colapso, e Bernie Cornfeld nunca mais foi visto.

Ele caiu fora com dinheiro no bolso, é claro. Quanto? A pergunta é difícil de se responder. O próprio Cornfeld nunca ofereceu qualquer esclarecimento sobre a questão. Havia uma série de palpites, mas isso é tudo o que realmente são — palpites. Para estabelecermos um palpite médio, digamos que o patrimônio líquido de Cornfeld hoje seja de provavelmente algo em torno de 50 milhões de dólares. No auge de sua fortuna, ele tinha facilmente 150 milhões.

Os números específicos podem estar equivocados, mas a generalidade está correta. Bernie Cornfeld é muito, muito rico aos 44 anos de idade. Ele era muito, muito rico antes dos 40, na verdade. Ele provou mais uma vez o que outros homens presentes em nossa galeria de ouro provaram: que mesmo nesta era de impostos, custos altos e outras barreiras aparentes, ainda é possível ir financeiramente de lugar nenhum para algum lugar de maneira bastante rápida.

Vamos ver como ele conseguiu isso.

Bernard Cornfeld nasceu na Turquia no dia 17 de agosto de 1927. Seus pais eram judeus provenientes da Europa central, com uma boa educação e moderadamente ricos. Quando Bernie estava no ensino fundamental, eles se mudaram para os Estados Unidos, impelidos em parte por uma maré crescente de antissemitismo que logo engoliria a maior parte da Europa. Eles se estabeleceram em um bairro de Nova York pouco atraente, mas amigável, o Brooklyn. O pai, produtor teatral e ator, morreu pouco tempo depois. O único sustento da família daí em diante veio da mãe, que ganhava duramente a vida como enfermeira enquanto relembrava glórias passadas na Europa. O jovem Cornfeld cresceu então em uma atmosfera de refinamento intelectual miserável.

Diferentemente de muitas das outras pessoas com dinheiro que nós encontramos e ainda vamos encontrar nesta galeria, Bernard Cornfeld parece ter sido um estudante perfeitamente satisfatório na escola. Ele formou-se no ensino médio com uma média boa, serviu na marinha mercante norte-americana durante e depois da Segunda Guerra Mundial, entrou na Brooklyn College e saiu de lá com um diploma em psicologia.

"Ninguém na época poderia prever que o velho Bernie se tornaria um multimilionário", diz Tom Pinker, um publicitário de Nova York que conheceu casualmente Cornfeld na época de faculdade. "Na realidade, ele com frequência falava como se odiasse dinheiro. Era um daqueles malucos que queriam mudar o mundo no campus. Sabe, sempre indo a encontros políticos esquisitos e tagarelando sobre o socialismo, tributação negativa e coisas desse gênero. Por Deus, acho que ele nem sabia como um certificado de ação era."

Após a faculdade, Bernie Cornfeld derivou por uma série de trabalhos insignificantes, óbvia e admitidamente incerto quanto ao curso que sua vida deveria tomar. "Às vezes, acho que o dinheiro é a resposta", ele confessou certa vez para uma namorada, "e, às vezes, acho que o dinheiro é uma ilusão." Por algum tempo parecia que ele iria dar as costas para o dinheiro e seguir o ímpeto de reformar o mundo que havia exibido na faculdade. Cornfeld foi trabalhar para uma organização sociocultural judaica na Filadélfia como uma espécie de conselheiro de jovens.

"Esse era o tipo de trabalho que todos nós pensamos que Bernie terminaria fazendo", relembra Tom Pinker. "A maioria de nós estava mais interessada em dinheiro e segurança do que ele. Nós éramos a geração silenciosa, talvez você se lembre — a geração que levou chumbo grosso e passou dificuldades na guerra. Tudo que desejávamos da vida era um emprego firme com aumentos garantidos, seguro de saúde e um plano de aposentadoria. Não era comum naqueles dias para um garoto de faculdade ir fazer trabalho social da maneira que a garotada faz atualmente. O trabalho social não pagava o tipo de dinheiro ou oferecia o tipo de segurança que estávamos procurando. Mas Bernie não era um de nós nesse sentido. Ele não parecia querer dinheiro. Ele estava indo na direção oposta do restante das pessoas. É estranho quando você pensa nisso, pois foi ele que acabou se dando bem."

Bernard Cornfeld, assistente social. O estágio do casulo.

É difícil dizer o que realmente aconteceu com ele emocional e intelectualmente naquele casulo, quais transformações ocorreram em sua mente em desenvolvimento. O próprio Cornfeld tentou analisar as transformações de uma maneira lógica, mas nem ele nem outros conseguiram fazer isso. Pode ser que esta parte da história de Cornfeld não possa ser contada em termos racionais. Pois é um fato curioso que algumas das mudanças mais significativas na vida de um homem podem originar-se das circunstâncias mais triviais — de circunstâncias externas que não têm nada a ver com os pontos fortes e pontos fracos de um homem, suas esperanças e seus temores, suas dores e seus tormentos internos. Um homem pode derivar para o acontecimento mais colossal de sua vida sem querer e sem nem mesmo saber para onde está indo. (Para uma discussão mais completa deste fato surpreendente, ver o Capítulo 10, sobre sorte.) Algo assim parece ter acontecido com Bernard Cornfeld em 1954.

Por nenhuma razão que o compelisse em particular, ele deixou a Filadélfia, foi para Nova York e conseguiu um emprego como vendedor de fundos mútuos. Era um emprego fácil de conseguir — e esta é certamente uma razão para ele o ter aceitado. Um psicólogo com uma experiência em assistência social não podia escolher de uma grande gama de oportunidades de trabalho naqueles dias pragmáticos. Poucas empresas tinham qualquer uso para um homem assim. Mas fundos mútuos, então crescendo vigorosamente no mercado em alta do pós-guerra, estavam desesperadamente vasculhando o mercado em busca de vendedores. Quase qualquer um que soubesse falar inglês e sorrir era convidado a entrar, passava por um rápido curso de treinamento e era devolvido para vender ações do fundo para um público aparentemente ilimitado de pessoas ingênuas. Desse modo, o jovem assistente social entrou para o negócio de fundos mútuos.

E desse modo, sem um planejamento perceptível de longo prazo e nenhuma fanfarra ou consciência de que qualquer coisa muito incrível tivesse acontecido, Bernard Cornfeld lançou-se ao grande trabalho de sua vida.

Um fundo mútuo é uma organização que, para o enriquecimento mútuo de seus acionistas, recolhe dinheiro deles, coloca o dinheiro em um *pool* e o investe — normalmente em ações. Se os investimentos forem bons, o *pool* aumenta — assim como a participação de cada investidor. Ao tentar empurrar participações em fundos para o público, os vendedores normalmente enfatizam dois pontos: (1) que um pequeno investidor pode comandar uma diversidade maior de ações ao fazer parte de um fundo do que poderia ao comprar ações individuais sozinho, e (2) que ele tem a vantagem do que é chamado portentosamente de "administração profissional do dinheiro".

O que o investidor pequeno nem sempre se dá conta é quanto isto irá custar a ele.

A comissão do vendedor, taxa de administração, taxa de desempenho e outras cobranças podem chegar a 10% do que o investidor coloca no fundo. Desse modo, se ele investir mil dólares, cem dólares (ou até mais) desaparecerão rapidamente, e ele é deixado com ações valendo novecentos dólares ou menos. Este valor de novecentos dólares é o que ele vai receber se decidir que cometeu um erro e escolher cair fora. O valor por ação do fundo terá de subir em mais de 11% antes que o pobre-diabo possa ao menos empatar o investimento, quanto mais realizar um ganho de capital.

Na verdade, ele pode se sair ainda pior do que isso. O vendedor sortudo pode vendê-lo sob um chamado plano contratual sob o qual o investidor envia um montante estabelecido por mês por um número estabelecido de anos. ("Veja como você pode acumular!", entusiasma-se o vendedor, exibindo gráficos coloridos maravilhosos com linhas acentuadas como um Everest ascendendo para o infinito.) O que o vendedor deixa de explicar é que o plano contratual é "carregado na frente", significando que toda ou a maior parte da comissão do vendedor para todo o acordo de cinco ou dez anos será tirada dos pagamentos do primeiro ano. Se o acionista decidir retirar seu dinheiro antes ("É um direito seu", assegura-o o vendedor, fazendo disso uma virtude), ele pode descobrir que seus investimentos reais valem apenas 50% ou 75% do dinheiro que ele colocou no fundo.

Para ser justo, é preciso que seja dito que muitos investidores tiveram sucesso em fundos mútuos — especialmente investidores que foram inteligentes ou tiveram sorte o bastante para entrar no início de mercados em alta e que foram então inteligentes ou tiveram sorte o bastante para seguir no fundo por um tempo considerável, e desse modo superaram as comissões e taxas. Administradores de fundos mútuos obviamente preferem que seus acionistas ganhem dinheiro em vez de perderem; é uma boa propaganda e torna o trabalho dos vendedores mais fácil. Mas Bernard Cornfeld foi apresentado ao negócio por vendedores-professores que o viam a partir de um ângulo especial. Não fazia qualquer diferença para eles se um determinado cliente ganhasse ou perdesse. Eles, os vendedores, ganhavam todas as vezes que um novo investidor era trazido para o fundo.

O que os vendedores tinham, no mercado em alta dos anos 1950, era um sistema 100% infalível para se ganhar dinheiro no mercado de ações. Não existem muitos sistemas assim. Nenhum sistema que depende de investimentos no mercado é infalível. A maioria, na realidade, oferece chances um pouco melhores do que metade de chance de sucesso. Os vendedores, no entanto, estavam na posição adorável de realizar um ganho todas as vezes que o dinheiro de outra pessoa fosse investido.

As coisas não são tão fáceis para vendedores de fundos hoje em dia. Com o colapso do mercado de 1969-70, agora temos plena consciência de que preços de ações podem cair muito e de forma bem rápida — e, uma vez lá embaixo, podem permanecer lá por um bom tempo. No entanto, em meados da década de 1950 muitas pessoas acreditavam que o Mercado em Alta Permanente Final havia chegado para valer. Vendedores de fundos não precisavam se esforçar muito para convencer as pessoas de que seu dinheiro poderia crescer mais rápido no mercado de ações do que em uma conta de poupança — e não apenas mais rápido, mas com a mesma segurança. Todos sabiam que não haveria mais guerras, depressões ou mercados em baixa de grande consequência ou duração. Colocar seu dinheiro em um fundo mútuo, os vendedores podiam argumentar (de maneira bastante razoável — pelo menos era esta a impressão que se tinha

108

na época), era o mesmo que colocá-lo em um banco com uma taxa de juros anual quase garantida de aproximadamente 20%.

Não, não era difícil para um vendedor encontrar clientes naquela época. E o jovem Bernard Cornfeld deve ter pensado: "Há quanto tempo isso vem acontecendo? Por que não entrei nesta mais cedo?" Ele mergulhou em sua recém-descoberta profissão com espanto e prazer.

O empregador dele naqueles primeiros dias em Nova York era um fundo mútuo chamado IPC — Investors Planning Corporation. (Mais tarde, uma das empresas de Cornfeld compraria a IPC.) Seus colegas na empresa se lembram dele como um vendedor competente, mas não brilhante. Cornfeld ganhava um bom dinheiro para um jovem da época — o suficiente, de qualquer maneira, para pagar um carro e um bom apartamento em Manhattan, assim como uma oferta interminável de garotas. Mas ele parecia não estar colocando o coração e a alma no trabalho. Tendo aprendido até este ponto sobre o negócio dos fundos, Cornfeld queria aprender mais. Quanto mais ele aprendia, mais fascinado ficava.

Logo acima do nível baixo dos vendedores ele via mundos além de mundos. Havia os vendedores supervisores, que tiravam uma porcentagem das comissões dos vendedores abaixo deles; e havia executivos distritais e nacionais, que tiravam uma porcentagem das porcentagens dos vendedores supervisores; e lá no topo havia os organizadores do fundo, que tiravam uma porcentagem de todos. Cornfeld, naqueles primeiros dias em Nova York, passava quase tanto tempo aprendendo sobre a engenharia financeira dos fundos quanto passava vendendo.

Ele havia finalmente se encontrado em termos da profissão, mas não em termos do ambiente. Nova York o deixava insatisfeito por uma série de razões. Por um lado, a competição entre os vendedores de fundos na cidade era selvagem. Ele achava que poderia haver outras áreas do mundo menos lotadas de competidores. Além disso, Cornfeld ainda era um jovem solteiro com vontade de conhecer outros lugares. Ele tinha visto um pouco do mundo com a marinha mercante e se sentira atraído pelo romance de terras estrangeiras. E assim, no fim de 1955, ele foi para Paris (com a benção da IPC, mas com a ajuda apenas do próprio bolso) para ver o que poderia ser feito quanto à venda de ações de fundos mútuos por lá.

No fim das contas, havia muito a ser feito. A maioria dos governos europeus proibiu-o de vender para seus cidadãos, pois não queriam que o escasso capital fosse drenado para os Estados Unidos. Então Cornfeld olhou em volta e descobriu o mercado de expatriados norte-americanos. A Europa, naquela época, estava cheia de tropas, diplomatas e empresários norte-americanos, a maioria dos quais designados para trabalhar no exterior por longos períodos com suas famílias. Seus salários norte-americanos rendiam bastante na economia europeia, que estava dando sinais de melhora, mas ainda ficava bem atrás em relação aos Estados Unidos pós-guerra passando por um *boom* econômico. Essas pessoas tinham um monte de dólares sobrando. Muitos deles tinham lido sobre o excelente momento pelo qual Wall Street passava, mas, estando longe da ação, não tinham uma maneira conveniente de investir seu dinheiro em ações norte-americanas. Cornfeld ofereceu a eles essa maneira.

Ele vendeu ações da IPC suficientes para demonstrar que um mercado grande e rico para fundos mútuos norte-americanos existia no exterior. Então ele cortou relações com a IPC e voltou sua atenção para um fundo mútuo que considerava muito mais interessante e vendável: o Dreyfus Fund. Era uma versão inicial — talvez o antepassado e arquétipo — dos fundos especulativos que saltariam para proeminência nos anos 1960. Em vez de ficar satisfeito com uma valorização de capital lenta e constante, o Dreyfus Fund foi atrás das grandes jogadas — e vendia suas ações nesta base. Uma de suas jogadas mais famosas foi a Polaroid. O fundo comprou esta ação quando ela estava vendendo a um pouco mais de trinta dólares no final dos anos 1940. Até onde qualquer pessoa sabia então, a ação não era promissora. Mas o palpite de Jack Dreyfus sobre ela provou-se brilhantemente certo. Suas ações originais, após numerosos desmembramentos, eventualmente dispararam em valor para mais de 6 mil dólares a ação.

Cornfeld escreveu para o Dreyfus Fund, ofereceu algumas estatísticas suculentas sobre o mercado que havia descoberto na Europa e pediu para ser indicado como o negociante europeu comissionado do fundo. Dreyfus, não tendo um operador europeu em tempo integral e não tendo nada a perder, concordou.

Cornfeld deu à nova empresa o nome grandioso de Investors Overseas Service (IOS). Ele começou vendendo ações do Dreyfus Fund sozinho — uma operação de um homem só. Depois, ele passou a recrutar outros vendedores um a um para trabalhar sob a sua supervisão. A combinação era a padrão para hierarquias de fundos: Cornfeld ficava com aproximadamente um quinto da comissão de cada vendedor em cada venda.

Em um primeiro momento, a força de vendas da IOS era pequena o suficiente a ponto de permitir que a equipe inteira — incluindo Cornfeld — pudesse se apertar no carro dele. Eles dirigiam para alguma cidade, se estabeleciam em um hotel mediano (se houvesse algum), e vendiam o fundo Dreyfus na base da força aérea norte-americana local durante o dia. Então experimentavam a bebida e as garotas locais durante a noite. Gradualmente, a força ficou grande demais para esta técnica errante e com variados interesses, e de qualquer maneira, Cornfeld já estava ganhando o suficiente com sua participação nas comissões dos vendedores para não precisar mais vender pessoalmente. Ele estabeleceu uma combinação de apartamento-escritório em Paris e concentrou-se em recrutar novos vendedores, abrir novos territórios e erguer o negócio. Quando o governo francês reclamou que ele estava vendendo ilegalmente para cidadãos franceses e começou a incomodá-lo, Cornfeld mudou a operação para a Suíça.

No fim dos anos 1950, a IOS tinha quase cem vendedores perambulando pela Terra em seu nome. Eles não estavam somente na Europa, mas começavam a se espalhar para outras partes do mundo onde havia concentrações de norte-americanos com dinheiro: África, Índia, América do Sul. A força de vendas estava crescendo demais para Bernie Cornfeld administrá-la sozinho; dessa forma, ele estabeleceu níveis intermediários na hierarquia. Alguns dos vendedores originais foram promovidos para supervisores, com a autoridade para recrutar e treinar as próprias equipes de vendedores em vários países e regiões — além de, é claro, autoridade para extrair participações das comissões destes vendedores. Com o tempo, cada um destes supervisores desenvolveu uma equipe tão grande a ponto de terem de estabelecer níveis de subsupervisão abaixo deles mesmos, e alguns desses supervisores eventualmente designaram subsupervisores.

Cada nível dava sua mordida do dinheiro que os compradores de ações acreditavam estar sendo investidos no mercado de ações. A mordida final, é claro, ia para o espaçoso bolso de Bernard Cornfeld. Em 1960, aos 33 anos, sem ter investido nenhum valor importante do próprio dinheiro, ele havia feito de si mesmo um milionário.

E agora Cornfeld estava pronto para dar o arriscado passo final em sua escalada ascendente no segmento dos fundos mútuos. Ele estava pronto para organizar o próprio fundo.

"Era muito fácil estabelecer um fundo mútuo naqueles anos", disse um banqueiro de Zurique, agora em Nova York, que começou a fazer negócios com a IOS mais ou menos naquela época. "Você não conseguia fazê-lo facilmente nos Estados Unidos, Suíça ou qualquer país com leis estritas de proteção aos investidores. Mas se pudesse escolher qualquer outro país cujas leis fossem mais flexíveis, tudo o que realmente precisava era um endereço permanente, os nomes de alguns bancos e diretores que soassem importantes para colocar no folheto da empresa, e uma boa impressora que pudesse produzir certificados de ações que parecessem caros. Então, você saía na rua, coletava o dinheiro e o investia em praticamente qualquer ação que chamasse sua atenção."

O primeiro fundo mútuo de Cornfeld foi chamado International Investment Trust (IIT). Ele foi incorporado em Luxemburgo, um país minúsculo que enfatiza o "livre" em "livre-iniciativa". No entanto, o endereço permanente do fundo e sua sede operacional real permaneceram na Suíça com o resto da IOS. Os vendedores experientes e agressivos de Cornfeld foram capazes de passar aos investidores potenciais a impressão de que esta nova IIT era uma organização baseada na Suíça, de grande porte e sólida como uma rocha. As ações venderam como ações da moda para um mercado em alta. Após 12 meses, a IIT tinha em torno de 3,5 milhões de dólares de dinheiro de outras pessoas para investir, e o tamanho do fundo continuou a crescer até que ele finalmente alcançou quase 750 milhões de dólares.

Cornfeld há muito estava irritado pela restrição de vender apenas para cidadãos norte-americanos. Vários governos estrangeiros haviam reclamado no fim dos anos 1950 que os vendedores da IOS (talvez sem a benção de Cornfeld) estavam secretamente eludindo esta restrição — estavam, na realidade, vendendo cotas do fundo Dreyfus em quantidade para cidadãos de outros países através de vários subterfúgios bancários e de troca de moedas. Cornfeld decidiu então tentar levantar estas restrições, país por país. Ele foi às autoridades monetárias de cada país e disse, na prática, o seguinte: "Vocês estão preocupados com o capital deixando o país, certo? Ok, vou lhes dizer o que vou fazer. Meu fundo novo, IIT, investirá parte de seu dinheiro em ações de seu país. Em troca, vocês têm de me deixar vender cotas para seus cidadãos."

À medida que esta negociação era concluída em um país depois do outro, a carteira de ações da IIT tornou-se altamente diversificada. As ações compradas variavam de *blue chips* suíças, holandesas e norte-americanas sólidas a obscuras empresinhas e empreendimentos especulativos espalhados mundo afora — empreendimentos que nenhum fundo norte-americano regulamentado teria permissão para tocar. Nem todos estes investimentos provaram-se acertados. As cotas da IIT, originalmente oferecidas a cinco dólares, perderam em torno de 25% de seu valor de mercado nos primeiros dois anos de operação e não conseguiram voltar aos cinco dólares até o quarto ano. Mas os vendedores de Cornfeld obviamente não salientavam este fato quando discutiam a IIT com clientes em potencial, e estes clientes continuaram a comprar cotas novas, e o tamanho bruto do fundo continuou a crescer sem parar.

Assim, Cornfeld promoveu-se de supervendedor a administrador de fundos. Sua renda pessoal não fluía mais fundamentalmente de comissões de vendas, mas de fontes ainda mais ricas. Ele agora dispunha de taxas de administração (calculadas como porcentagens do valor total do fundo), taxas de desempenho (calculadas sobre o crescimento trimestral em valor por cota, se algum), assim como diversas corretagens e outras mordidas que um operador de fundo alerta pode extrair das vastas somas sob seu controle.

Se operar um fundo era bom, Cornfeld e seus principais assessores chegaram à conclusão de que operar mais de um provavelmente seria melhor ainda. Em 1962, eles geraram o que pode ter sido a mais brilhante de suas ideias. Era o Fund of Funds.

O nome sonoro, ligeiramente bíblico, era um negócio de gênio. A ideia por trás do FOF também era altamente vendável, apesar de que ela não fazia grande sentido quando você a analisava tranquilamente depois de o vendedor ter ido embora. O FOF foi estabelecido e promovido como um fundo mútuo que investiria fundamentalmente em outros fundos mútuos.

"Veja bem", o vendedor diria, "você investe em um fundo mútuo para ter diversidade e administração profissional, certo? Então se investir no Fund of Funds, você consegue as duas coisas *duas vezes*. Não há como perder".

Você poderia, na realidade, perder muito facilmente. Em primeiro lugar, você pagou duas séries de taxas — uma diretamente para o Fund of Funds, a outra indiretamente para os fundos nos quais o FOF investiu. Em segundo lugar, o discurso da venda foi baseado em dois pressupostos inteiramente injustificados.

Primeiro pressuposto: a administração profissional e a diversidade oferecidas por um fundo mútuo protegerão automaticamente investidores contra perdas quando o mercado azedar. Como ficou demonstrado com uma clareza pungente no fim dos anos 1960, isso simplesmente não é verdade. Fundos mútuos foram por água abaixo em 1969 e 1970 junto com todo o resto.

Segundo pressuposto: você pode confiar que um esquema do tipo fundo mestre ou fundo dos fundos escolherá aqueles fundos que se sairão melhor em um mercado em baixa — ou pelo menos, através de sua diversidade, escolherá um grupo de fundos no qual a maioria se sairá bem em tempos difíceis. Isto já havia sido demonstrado como sendo uma mera ilusão em 1929, quando camadas de empresas de investimentos, erguidas umas sobre as outras no estilo de um fundo dos fundos, vieram todas abaixo juntas em uma única quebra espetacular. Como um dirigente da Comissão de Valores Mobiliários e Câmbio dos Estados Unidos colocou em 1971: "Se um único fundo mútuo não pode garantir que vá escolher as ações certas, por que uma pessoa deveria supor que um superfundo poderia garantir a escolha dos fundos certos?"

Entretanto, a lógica de certa maneira falha por trás do Fund of Funds fez sentido para milhares e milhares de pessoas, e os vendedores da IOS ficaram ricos rapidamente. E Bernard Cornfeld ficou mais rico.

O Fund of Funds foi incorporado no Canadá como uma subsidiária da matriz, IOS. Por que o Canadá? Porque as leis de valores mobiliários canadenses eram amigáveis para este tipo de empreendimento. A lei dos Estados Unidos especificamente barra qualquer empresa de investimentos negociada de forma pública como um fundo mútuo de ser proprietária de mais do que uma porcentagem pequena das ações de qualquer outra empresa de investimento pública. A lei foi escrita para evitar uma repetição do efeito de reação em cadeia desastroso de 1929, no qual a primeira camada de fundos afunda sob a segunda camada, a qual por sua vez afunda sob a terceira camada. A lei canadense nos anos 1960, entretanto, não tinha proibições contra a abordagem de fundo de fundos. Um fundo podia ser proprietário de uma porção considerável de outro.

Não havia nada que impedisse que o FOF comprasse cotas de fundos mútuos norte-americanos nos mercados internacionais abertos. E assim o Fund of Funds, na primeira fase de sua notável carreira, concentrou-se em investir em fundos quentes de Wall Street que eram conhecidos e admirados por investidores mundo afora.

A segunda fase veio quando Cornfeld e seus colaboradores tiveram uma ideia intrigante: suponha que a IOS estabelecesse alguns fundos novos de sua propriedade, e suponha que o Fund of Funds fosse então comprar suas cotas. Desta maneira, a IOS poderia arrecadar duas séries de taxas de administração e desempenho — uma para a primeira camada de fundos, a outra para o FOF.

Isto levou a uma noção mais intrigante ainda. A lei norte-americana contra fundos de camadas múltiplas aplicava-se somente a empresas de capital aberto — isto é, empresas cujas ações fossem vendidas ao público. Mas uma empresa de capital fechado poderia comportar-se como bem entendesse em relação a isso. Se a IOS fosse estabelecer um fundo com apenas um acionista (a saber, o FOF), isto preencheria a definição de uma *empresa de capital fechado*. Um fundo de capital fechado desta natureza poderia operar sem interferências legais nos Estados Unidos — realmente, poderia se estabelecer bem em Wall Street, o centro das ações. Para a IOS, há muito tempo com acesso negado a Wall Street e ao resto dos Estados Unidos, a noção era extremamente atraente.

E assim, um a um, fundos IOS de capital fechado passaram a existir. Eles investiam em todo tipo de ações, de *blue chips* a especulações arriscadíssimas; eles investiam em imóveis (uma área de investimento na qual pesadas restrições são impostas sobre fundos de capital aberto nos Estados Unidos), assim como na exploração de petróleo ártico e diversos outros empreendimentos, alguns mais prudentes do que os outros. Gradualmente, o FOF deixou de ser o que havia sido criado para ser — um superfundo investindo em outros fundos mútuos. Ele tornou-se, em vez disso, uma espécie de empresa controladora operando uma série de empreendimentos que eram, em última análise, administrados por um grupo central de sujeitos espertos.

Bernard Cornfeld estava agora, em meados e fim dos anos 1960, gozando do auge de seu breve verão. "A estrutura da IOS havia se tornado tão enorme e complicada", diz um banqueiro de Zurique que é amigo de Cornfeld, "que quase ninguém conseguia entendê-la. Toda vez que eu achava que a havia compreendido, uma nova peça apareceria e eu teria de desfazer o quebra-cabeça de novo para encaixar a peça nova nele. Mas apesar de poucos homens saberem exatamente onde se encontrava toda a riqueza de Cornfeld ou exatamente como ela se encaixava, quase todo leitor de jornais no mundo ocidental conhecia o assistente social de rosto arredondado do Brooklyn que havia se tornado improvavelmente rico".

Cornfeld aparecia em balneários famosos, como Acapulco, e saía na imprensa simplesmente por aparecer por lá. Fotógrafos lutavam para tirar fotos das pernas do famoso pelotão de minissaias com o qual ele viajava. Cornfeld dava enormes festas e parecia encantado quando a *Life* ou a *New Yorker* enviavam repórteres para cobri-las. "Ele agia às vezes como um moleque na faculdade contando vantagem sobre todas as mulheres que havida namorado", diz o banqueiro de Zurique.

Warren Avis, o milionário que fundou o Avis Rent a Car System, é dono de um barco em Acapulco e ocasionalmente era convidado para as festas de Cornfeld. Avis é um sujeito sério e não se interessa muito por esse tipo de ocasião, mas uma noite deu um passeio até onde Cornfeld morava apenas por curiosidade. Quando viu que a festa estava se degenerando em uma orgia e que havia repórteres presentes, ele deu meia-volta e foi embora. "Eu disse para Bernie", relembra, "que ele devia baixar a bola. Ele havia se estabelecido como um financista internacional, administrando milhões de dólares de outras pessoas. Parecia a mim que ele estava projetando uma imagem completamente errada. As pessoas esperam que um financista seja uma pessoa discreta, sóbria, prudente".

A imagem pública de Bernie Cornfeld como um festeiro internacional pode realmente ter contribuído para o fim abrupto de seu verão. Certamente não o ajudou.

Os problemas começaram no fim dos anos 1960 quando algumas das especulações menos prudentes começaram a dar errado. Não eram problemas sérios em um primeiro momento, mas eles foram agravados por alguns problemas de custos e de administração interna — por absoluta má administração, acionistas infelizes acusaram mais tarde. O resultado foi uma dolorosa escassez monetária.

Em parte para levantar recursos, a IOS decidiu abrir seu capital em 1969. As ações da empresa controladora, até então de propriedade privada de Cornfeld e seus colaboradores e vendedores, foram oferecidas para o público a dez dólares por ação. Isto não apenas levantou recursos para a empresa, como também possibilitou que Cornfeld e seus colegas caíssem fora do negócio em graus variados. Anteriormente, eles haviam sido acionistas privados em uma empresa cujas ações não eram negociadas em mercado público algum. Eles podiam vendê-las somente se encontrassem compradores privados — o que poderia ser difícil. Mas agora as ações eram negociadas publicamente, e Cornfeld e seus homens podiam vender tantas ações quanto o mercado estivesse interessado em absorver — e podiam sair do negócio com dinheiro.

Aqueles que venderam suas ações logo em seguida se deram bem. Aqueles que as seguraram na esperança de que o preço de mercado aumentaria muito acima dos dez dólares, logo se arrependeram. Pouco tempo depois de as ações da IOS terem sido lançadas publicamente, os mercados de ações do mundo tropeçaram, caíram bruscamente, recuperaram-se por um curto período e então quebraram.

Ah, desgraça! Toda a estrutura da IOS desabou deixando os acionistas horrorizados. O valor de mercado das especulações confusas do fundo afundou um a um. Alguns investimentos foram completamente arrasados, reduzidos a um zero categórico.

Uma década antes, compradores dos vários fundos mútuos da IOS haviam sido assegurados pelos vendedores de que seu dinheiro cresceria por algo como 20% compostos ao ano. Agora se via que essas promessas haviam sido — colocando a questão de forma gentil — exageradas. As pessoas que em 1960 haviam comprado o primeiro fundo IOS, IIT, descobriram ao fim de 1970 que seu dinheiro havia crescido em torno de menos de 3% ao ano através da década. Elas teriam se saído muito melhor colocando o dinheiro em uma poupança. As pessoas que haviam comprado cotas do FOF quando o superfundo foi lançado teriam se saído muito melhor deixando seu dinheiro embaixo do colchão. As cotas foram emitidas a dez dólares cada em 1962. Oito anos mais tarde, elas valiam menos de oito dólares.

Ninguém em sã consciência queria mais comprar cotas do fundo IOS. Na realidade, hordas de acionistas do fundo queriam vendê-las o mais rápido possível. Os vendedores que haviam sido ricos um dia não conseguiam mais ganhar um centavo. Os dias de glória tinham acabado. A IOS começou a desmoronar.

Um grupo de diretores e acionistas importantes reuniu-se em 1970 para buscar freneticamente um bode expiatório e escolheram Bernie Cornfeld. Acusando-o de uma administração grosseiramente equivocada e outros problemas, eles o expulsaram da companhia que ele havia fundado. Cornfeld fez diversas tentativas de recuperar o controle. Quando estas fracassaram, ele desapareceu de cena.

Cornfeld saiu da companhia menos rico do que ele fora um dia. Mas ele não era de forma alguma um homem pobre. De acordo com a estimativa oficial de Zurique, o valor de seu patrimônio pessoal quando ele saiu da IOS era de aproximadamente 50 milhões de dólares. "Ele certamente tem o suficiente", disse um banqueiro de Zurique, "para sustentá-lo para o resto de seus dias no estilo bastante esbanjador que ele gosta."

Os diretores que o culparam pelo colapso da companhia não estavam completamente justificados em sua ação. É fato que o próprio Cornfeld havia realizado grande parte da engenharia básica nesta estrutura enorme e instável. No entanto, dúzias de outros homens ajudaram, e não era justo culpar somente Cornfeld. Expulsá-lo certamente não solucionou os problemas da companhia. A IOS continuou a despencar após o ex-dono original tê-la deixado. A companhia terminou o ano de 1970 divulgando um prejuízo assombroso de 60 milhões de dólares.

As cotas da IOS, emitidas a dez dólares cada em 1969, afundaram até atingirem o ponto mais baixo de 38 centavos em 1971. Na realidade, elas eram virtualmente invendáveis. No momento em que este livro está sendo impresso na gráfica, grupos antagônicos de acionistas ainda estão melancolicamente buscando maneiras de ressuscitar a companhia destroçada.

E Bernie Cornfeld? O garoto pobre do Brooklyn que começou tudo parece ter caído fora da companhia para sempre. Talvez ele esteja contente com isso. Talvez ria secretamente dos esforços para reviver a IOS. Por outro lado, talvez ele deseje estar na empresa, ajudando. Talvez ele sinta falta da ação.

Ele não é tão visível quanto costumava ser. Cornfeld aparece de vez em quando em seus lugares favoritos, como Genebra e Acapulco. Mas ele aparece sem chamar a atenção e muitas vezes sem ninguém. Cornfeld ronda o mundo sozinho, uma figura isolada e recolhida. Seus velhos amigos às vezes sentem pena dele.

Mas talvez não haja uma razão de verdade para sentir pena de Bernie Cornfeld. Ele é com certeza rico em termos monetários. Não tão rico quanto poderia ser, mas suficientemente rico para ser reconhecido como um sucesso financeiro importante. E ele também tem outra forma de riqueza para aproveitar. Cornfeld tem um tesouro de vinte anos de memórias mais ricas do que a maioria dos homens conseguiria acumular em vinte vidas.

8

A abordagem de espalhar sementes

A MAIORIA DOS HOMENS ricos que visitamos até o momento foi, até certo ponto, composta de especialistas. Cada um conquistou sua fortuna predominantemente em uma única indústria ou um único tipo característico de empreendimento. Apesar de ter possivelmente vagueado em outros territórios em vários períodos de sua vida, cada um foi atraído de maneira contínua de volta para seu campo fundamental — o campo em que ele sentia ter o maior conhecimento, no qual se sentia mais confiante e mais confortável. Este campo fundamental é o campo com o qual o mundo associa o homem e pelo qual o rotula. Assim, Clement Stone, embora tenha experimentado e vadeado (e, às vezes, mergulhado de cabeça) em muitos empreendimentos durante o curso de uma vida ocupada, ele ainda é inescapavelmente rotulado como um homem dos seguros. Conrad Hilton é inequivocamente um homem de hotéis, William Benton um homem da propaganda, e assim por diante.

Agora veremos um tipo diferente — um homem a quem um rótulo pronto, como os citados acima, não se aplica. Este tipo de homem não se apega a uma única indústria ou a um único mecanismo identificável de controle. Sua abordagem é a de espalhar sementes em todas as direções. Algumas dessas sementes murcham e morrem. Outras amadurecem e se transformam em árvores enormes. O homem torna-se rico. E, no fim das contas, revendo o todo, nem ele (e tampouco qualquer outra pessoa) consegue encontrar um rótulo com o qual descrever os meios pelos quais sua riqueza foi acumulada.

Você não consegue dizer dele: "Ele era um homem assim e assim" ou "Ele ganhou esta fortuna neste ou naquele negócio". Você só consegue murmurar: "Ele é... hum, rico."

Um homem assim é Howard Hughes.

Howard Hughes: 1 bilhão de dólares

De certa maneira poderia ser argumentado que Hughes não pertence ao grupo que reunimos aqui. Todos os homens cujos retratos analisamos até o momento em nossa galeria de ouro foram homens que lutaram a partir de juventudes humildes, se não absolutamente pobres. Eles começaram como você e eu — homens sem vantagens econômicas em particular, exceto os magníficos pensamentos que orbitavam dentro de seus crânios. É isto o que os tornava interessantes. Neste sentido, Howard Hughes não é um de nossos homens, pois ele começou com uma bela herança.

No entanto, há pelo menos duas razões sólidas para incluir Hughes apesar deste fato que o desqualifica. Por um lado, ele é tão monumentalmente rico que é difícil ignorá-lo, não importa quais regras de qualificação você possa estabelecer. Ele é um dos dois ou três homens mais ricos dos Estados Unidos — e, até onde se sabe, do mundo. Ignorá-lo seria algo como olhar para uma lâmpada de arco de altíssima potência e dizer: "Tudo bem, ela não está ali, veja todas aquelas lindas luzinhas ali embaixo."

Por outro lado, pode-se dizer de maneira razoável de Hughes que ele fez a maior parte de sua riqueza colossal sozinho, com o próprio cérebro e a própria força de vontade. Portanto, a vida dele pode nos ensinar algo. Ele não se tornou um dos homens mais ricos do mundo simplesmente se sentando sobre a fortuna de seu pai e observando os dividendos empilharem à sua volta. A herança dele não foi tão grande assim, no fim das contas — aproximadamente 500 mil dólares em valor estimado. Howard Hughes, quando começou sua extraordinária carreira nos anos 1920, era apenas um de milhares de filhos e filhas texanos cujos pais haviam ficado ricos no *boom* de petróleo do estado. A maioria destes filhos e filhas não chegou a lugar nenhum em particular — caíram, na realidade, no esquecimento. Seus nomes não trazem à memória nenhuma lembrança hoje em dia. O jovem Howard Hughes tomou um caminho distintamente diferente. Ele não via o capital do pai como uma almofada sobre a qual poderia se sentar e engordar, mas como um saco de sementes que poderiam frutificar — contanto que alguém tomasse a iniciativa de sair mundo afora e as semeasse.

Howard Hughes fez isto. A mata que ele plantou continha muitas árvores peculiares e fascinantes.

Trata-se de um fato esclarecedor a respeito de Howard Hughes que, durante a maior parte da sua vida, ele não teve nada que lembrasse um escritório central.

Ele conduzia seus negócios de telefones públicos, quartos de hotel, onde quer que estivesse. A maior parte das informações que ele precisava para administrar seus empreendimentos desconcertantemente diversos — informações que um homem de negócios sistemático médio armazenaria em arquivos —, ele guardava em sua cabeça. Seus empregados e mesmo seus colaboradores próximos raramente sabiam onde ele estava em um dia qualquer. Ele se lançava entre seus vastos empreendimentos sem nenhum planejamento ou um cronograma formal, o que irritava e confundia seus executivos de atuação mais metódica.

Se quisesse entrar em contato com Hughes, você ligava para um número de telefone e era conectado a uma mesa telefônica que, em vários estágios de sua carreira, poderia estar em Hollywood, Las Vegas ou Houston. Você transmitia o recado a uma secretária. Algumas semanas poderiam se passar. Finalmente, se Hughes quisesse falar com você, ele retornaria a ligação, talvez de uma cidade vizinha, talvez do outro lado do mundo. A chamada poderia vir à 1 hora da manhã. Hughes não consideraria isto importante. Poderiam ser 4 horas da manhã onde ele estava.

As estruturas formais do mundo de negócios não significavam nada para Hughes: suas cadeias de comando, seus documentos, seus horários. Ele trabalhava quando queria trabalhar, às vezes até por 36 horas seguidas. O acesso de trabalho poderia acometê-lo tão facilmente em um fim de semana quanto em um dia de negócios padrão, tão facilmente após a meia-noite como das 9 às 17 horas. "Ele era o tipo de homem", disse um assessor de imprensa de Hollywood que o conheceu em seus dias de produtor de filmes, "que quebrava todas as regras ensinadas pela Harvard Business School — exceto a que diz que você deve ganhar dinheiro."

Hughes muitas vezes pareceu um sujeito extremamente transtornado, desmiolado até. A impressão é equivocada. Howard Hughes pode ser um gênio. Ele tem uma mente que se alimenta de problemas tão avidamente quanto um cão se alimenta de carne. Quando um problema foi engolido e digerido, Hughes sai à procura de mais. Sua amplitude de interesses é enorme. Ele é curioso a respeito de tudo. Sua mente é imensamente retentiva, capaz de estar interessada em uma dúzia de assuntos ao mesmo tempo. Ele jamais poderia se satisfazer em operar apenas um negócio, pois sempre haveria outro no horizonte que atrairia a sua atenção e demandaria, por sua própria presença, que ele o atacasse com seu cérebro. Por isso, Hughes nunca teve um escritório central. Sua curiosidade, sua fome por fatos e experiência em primeira mão eram tão grandes que ele não poderia deixar que outros homens administrassem partes de seu império enquanto ele se sentava e contava dinheiro em um palácio centralizado. Como a atriz Catherine Hepburn colocou uma vez: "Hughes nunca estava em lugar nenhum, ele estava sempre a caminho de algum outro lugar."

Hoje, com quase 70 anos, Hughes aparentemente diminuiu o ritmo de certa maneira. Ele nunca fala com a imprensa e envolve todos os movimentos que faz de modo cuidadosamente sigiloso; então é difícil saber a qualquer momento onde ele está. Mas ele parece passar parte de seu tempo no Caribe e parte em Las Vegas, onde é proprietário de investimentos em imóveis fabulosamente valiosos. Ele pode estar se sentindo velho e cansado. Talvez algumas de suas lesões em acidentes aeronáuticos (os quais ele sofreu vários em sua vida) foram agravadas com a idade e o estejam incomodando. Por outro lado, talvez este hiato aparente em sua vida não seja nada mais do que um período de reflexão e reorientação. Ele pode estar planejando novas e audaciosas iniciativas em outras linhas de negócios.

A vida de Howard Hughes é uma lição sobre como ficar rico através da diversidade. A diversidade é, naturalmente, uma técnica tradicional de determinados investidores prudentes do mercado de ações. Ela também é uma técnica para operar uma corporação. (Sujeitos da Harvard School of Administration, com sua propensão para acrescentar sílabas desnecessárias, geralmente referem-se a isto como "diversificação"). A ideia é ter muitas coisas acontecendo para você e desse modo ter a lei das médias a seu lado. Uma coisa pode fracassar, mas outras, com sorte, serão bem-sucedidas.

A técnica não é infalível, e há alguns que a consideram uma bobagem. Certamente, ela pode ser levada longe demais. Seus negócios podem se tornar tão diversos que você tem muito pouco tempo para devotar a qualquer um deles, e alguns ou todos entram em colapso. (Mesmo Hughes parece ter exagerado em determinado ponto.) A diversidade tampouco é — mesmo a diversidade moderada — o prato favorito de todas as pessoas. Existem alguns homens, como Hughes, cujas mentes são capazes de trocar de um campo de pensamento extraordinariamente diferente para outro sem se confundirem ou sentirem-se pressionados — na realidade, que ficam entediados e impacientes quando negados a oportunidade para esse tipo de troca. Há outros homens, como Conrad Hilton, que se sentem mais confortáveis e efetivos quando podem concentrar-se em um feixe de pensamentos pequeno e estreito. Nenhum deles é necessariamente superior ao outro, mas ambos são diferentes e não parecem operar bem no ambiente do outro. Cada homem tem de reconhecer como a própria mente funciona melhor. Se você quiser o caminho para a riqueza de

Howard Hughes, primeiro tenha certeza de que você tem o tipo de cabeça de Hughes.

Howard Hughes nasceu em Houston no dia 24 de dezembro de 1905. Seu pai era um prospector e especulador de petróleo — não um sujeito notavelmente bem-sucedido nestas atividades até então. Mas havia uma ideia valiosa na cabeça do velho Hughes, que se concretizou quando o jovem Howard era ainda uma criança aprendendo a andar. Era uma ideia para um novo tipo de equipamento para prospecção de petróleo — um equipamento que, se funcionasse, cortaria através da rocha dura muito abaixo da superfície da terra e desse modo abriria enormes reservatórios de petróleo que até o momento eram inalcançáveis.

Funcionou. O velho Hughes patenteou o equipamento e fundou uma empresa para fabricá-lo e arrendá-lo. O empreendimento desenvolveu-se na pequena, mas próspera, Hughes Tool Company.

O velho Hughes morreu em 1924, quando Howard tinha 18 anos. A herança, da qual a Hughes Tool era a principal componente, foi avaliada em um pouco mais de 600 mil dólares. Sob o testamento do pai, o jovem Howard ficou com três quartos das ações da empresa, com o quarto restante indo para uma série de parentes.

A lei, sob circunstâncias normais, reluta em deixar menores terem direito a voto nos casos em que eles herdam uma participação controladora sobre uma empresa. Presumia-se que o jovem Howard Hughes seguiria o padrão usual nestes casos: permitiria que suas ações fossem administradas por algum tipo de *trust* com direito a voto até que ele chegasse aos 21.

"A maioria dos adolescentes escolheria este caminho", disse um banqueiro de Nova York que trabalhou com Hughes anos mais tarde. "Afinal de contas, por que não? Que diabos, ele só precisaria esperar mais três anos. Além disso, a economia estava em alta na época, e a empresa ia bem. Ela estava caminhando sozinha. O garoto poderia presumir que os dividendos seguiriam empilhando e o valor de suas ações seguiria valorizando-se. Qualquer adolescente normal ficaria feliz em esperar três anos e gastar o dinheiro sem precisar trabalhar de verdade. Mas este garoto em particular, este Hughes — ele não era um garoto normal."

Realmente, ele não era. Curiosamente, até aquele momento, ele não havia dado muitos sinais de ser uma pessoa extraordinária. Dúzias de biógrafos entrevistaram seus professores de escola e amigos de infância na esperança de encontrar peculiaridades, mas as buscas não davam em nada. As pessoas que conheceram Hughes durante sua juventude podem apenas dar de ombros de maneira impotente e dizer: "Ele era apenas... Você sabe, um garoto comum."

Como muitos dos muito ricos que encontramos e ainda encontraremos neste livro, Hughes foi um sujeito que floresceu tardiamente. Exceto por um certo brilhantismo em matemática e ciências físicas, ele era um estudante medíocre. Gostava de mexer em um aparelho de rádio amador e outros equipamentos em seu tempo livre, mas até onde qualquer um pudesse se lembrar, não apresentava nenhuma inventividade em particular. Tampouco Hughes demonstrava qualquer espírito empreendedor notavelmente impactante. Ele também não vendia jornais nas ruas ou fazia qualquer outra coisa que Horatio Alger consideraria interessante mencionar. Socialmente, Hughes era também bastante apagado. Garotas pareciam não se interessar por ele, e esta ausência de paixão era retribuída. (Fotografias de Hughes no fim de sua adolescência mostram um rosto infantil que estava apenas começando a assumir uma beleza masculina, mas ele era alto demais para seu peso, desajeitado, desastrado e tímido.) Realmente, Hughes parece ter se arrastado indistintamente em torno das margens exteriores da sociedade adolescente. Ele era um daqueles jovens calados, fantasmagóricos, que passam pela escola sem deixar nenhuma marca em particular. Eles vão à aula, fazem seu trabalho desinteressante e voltam para casa. Anos mais tarde as pessoas dizem: "Não faço a menor ideia de quem era esse cara! Ele realmente estudou *comigo*?"

Mas subitamente, com 18 anos, por razões que nem Hughes (tampouco qualquer outra pessoa) tenha explicado de maneira satisfatória, o garoto calado pegou fogo.

Ele decidiu que não queria passar três anos esperando. Para a surpresa de todos (especialmente dos parentes que eram proprietários dos 25% restantes das ações da Hughes Tool), ele buscou a justiça e argumentou que era competente para ter direito ao voto de suas próprias ações. Uma lei raramente invocada do estado do Texas permitiu que o tribunal concedesse a Hughes seu poder de voto se ele apresentasse um caso razoável. Ele apresentou.

"Eu gostaria de sugerir, Sr. Hughes", disse o juiz ao dar o veredicto, "que o senhor contrate homens mais velhos para ajudá-lo a carregar o fardo de sua nova responsabilidade por alguns anos. Sua educação não deve ser interrompida. O senhor deve seguir em frente até a universidade."

Hughes consentiu educadamente, mas não tinha intenção de voltar para a sala de aula. Ele estava impaciente em testar-se contra o mundo real. Assim como muitos outros em nossa galeria de ricos, ele nunca chegou a ter um diploma universitário. Mas Hughes seguiu outra parte da sugestão do juiz: ele procurou homens capazes para ajudá-lo a administrar a Hughes Tool.

"Apesar da idade imatura", diz John Keats na biografia *Howard Hughes*, "apesar de seu nervosismo desajeitado, sua aparência de melancolia abstraída e sua vida um tanto solitária, o jovem era um raro juiz de pessoas." Acomodado no escritório de seu pai na Hughes Tool algumas semanas após a decisão do tribunal, Hughes entrevistou homens que estavam buscando um emprego na contabilidade. A pessoa que ele contratou era Noah Dietrich. Este homem duro e brilhante rapidamente tornou-se o principal executivo de Hughes e, pelas próximas três décadas, administrou-a e aos outros empreendimentos de Hughes quando o chefe estava longe fazendo outra coisa — o que era o caso na maior parte do tempo.

O jovem Hughes já estava começando a formular uma metodologia de negócios. "Ele tratava um negócio como um relógio", disse um conhecido banqueiro. "Ele começaria desmontando-o para ver como funcionava, e então o remontaria e mexeria nele até vê-lo funcionando bem. Por fim, Hughes daria corda ao relógio e o largaria e esqueceria. Ele somente voltaria ao aparelho após isso se este quebrasse ou precisasse de corda."

Assim foi com a Hughes Tool. O jovem proprietário estudou o negócio cuidadosamente, mexeu nele, ajustou uma parte ou outra. Ele despediu alguns homens e contratou outros, como Dietrich. Hughes comprou as ações de seus parentes para que pudesse ter controle absoluto. E por fim, com Dietrich no comando e tudo correndo tranquilamente e o dinheiro entrando, Hughes caiu fora.

Um tipo diferente de negócio havia chamado sua atenção e capturado sua curiosidade incansável: filmes.

Um ator amigo de Hughes, sabendo da riqueza dele, abordou-o com uma ideia de um filme e pediu a ele que o financiasse. Hughes concordou em investir aproximadamente 50 mil dólares. O filme foi um fracasso miserável, mas Hughes extraiu algo de alto valor dele: uma educação. A curiosidade era tanta que ele não fora capaz de ficar em Houston, um espírito anônimo, enquanto o filme estava sendo feito em Hollywood. Ele havia observado e participado de todo o processo, das primeiras discussões do roteiro à edição final do filme.

A experiência o deixou completamente entusiasmado. Parecia a Hughes que, com sorte e administração, o dinheiro poderia ser ganho em Hollywood tão facilmente quanto no Texas. Pouco a pouco, ele começou a investir em empresas de Hollywood de vários tipos, incluindo um estúdio, um laboratório que estava fazendo experiências com filmes a cores e outro que tentava produzir filmes falados. (Naquela época o público assistia somente a filmes mudos.) A organização corporativa por trás de todas essas especulações tornou-se cada vez mais complexa. Na maioria dos casos, a Hughes Tool tornou-se a principal acionista e/ou credora de cada empreendimento novo na terra do cinema, mas a presença da companhia de ferramentas era nebulosa, e havia muitos em Hollywood que não sabiam exatamente quem era este jovem impetuoso recém-chegado ou de onde ele tirava esta fonte de capital aparentemente sem fundo.

Os três próximos filmes de Hughes, após o primeiro fracasso, foram sucessos financeiros. Os críticos os consideraram vazios, grosseiramente comerciais e rasos, mas Hughes não parecia se importar — um fato que deixava os críticos ainda mais irritados. Este jovem outrora solitário, que em sua adolescência parecia estar aprendendo muito pouco sobre as pessoas, tinha de alguma maneira desenvolvido um sentido quase infalível dos gostos do público por humor, sexo, violência, sangue e outros itens vendáveis da indústria cinematográfica. Seus filmes eram projetados para pegar as pessoas pelas entranhas, não fazer cócegas no intelecto. "Isto é um negócio", dizem que Hughes retrucou certa feita para uma jovem intelectual com ares de artista que o criticava durante uma festa em Hollywood. "A finalidade de um negócio é ganhar dinheiro. Se acontecer de ele ser arte também, isto seria secundário e acidental."

O quinto filme de Hughes foi um épico assombrosamente caro chamado *Hell's Angels*, abordando a luta aérea na Primeira Guerra Mundial. O filme foi produzido em um primeiro momento como um filme mudo a um custo de mais de 1 milhão de dólares. Exatamente quando estava para ser lançado, os filmes falados abruptamente conquistaram a imaginação do público. Para o horror de seus conselheiros financeiros, incluindo Noah Dietrich, Hughes jogou fora o filme inteiro e começou-o do zero como um filme sonoro. A atriz principal original havia sido uma europeia que mal falava inglês; então ele contratou uma estrelinha loira obscura chamada Jean Harlow. Alguns diziam que ela não sabia atuar. No entanto, sabia falar inglês e cada gesto seu gritava a língua universal do sexo.

Hughes trabalhou no filme pessoalmente, mudando com frequência de função à medida que voava da elaboração do roteiro para a direção, para a cenografia e para a edição. Ele muitas vezes trabalhava mais de 24 horas sem parar nem para uma soneca. "Nunca vi um homem que pudesse se concentrar tão intensamente por tanto tempo", disse Jean Harlow, que parecia estar amorosamente interessada em Hughes, mas que nunca foi retribuída. (Sendo um jovem rico e moderadamente bonito, Hughes gozava de uma vida sexual interessante e diversa entre as estrelas de cinema. Mas ele não se envolvia frequentemente com as atrizes que estrelavam seus próprios filmes. Tal era sua capacidade de concentração que Hughes via estas damas em particular como propriedades estritamente de negócios. O cabelo loiro claro e olhos ardentes de Jean Harlow faziam-no pensar em dinheiro, não sexo.)

Hell's Angels foi lançado em 1930. Os críticos caíram em cima do filme, como sempre. Porém, mais uma vez, o barômetro mental de Hughes havia medido o clima das emoções do público com uma precisão extraordinária. O filme tornou-se um enorme sucesso, e Jean Harlow tornou-se uma estrela de fama mundial, cujo nome era sinônimo de libido feminina. Hughes havia colocado mais de 3 milhões de dólares no filme. Ele veio a render algo em torno de 8 milhões.

Enquanto isso, a Hughes Tool vinha funcionando sem solavancos. Ela agora fabricava não apenas perfuradores para prospecção de petróleo, como também uma crescente variedade de outras ferramentas e equipamentos. O valor de suas ações não podia ser avaliado com precisão, tendo em vista que elas nunca haviam sido negociadas em um mercado público, mas seu valor certamente havia subido bruscamente sob as mãos capazes de Dietrich e as atenções ocasionais do jovem proprietário quase sempre ausente. As propriedades de Hollywood estavam similarmente subindo em valor à medida que Hughes investia em empreendimentos ainda maiores em busca de lucros gigantescos.

Ao fim de 1930, Hughes chegou a seu 25º aniversário. Ele havia herdado meio milhão de dólares aos 18 anos. Seu patrimônio líquido agora girava em torno de 25 milhões de dólares em uma estimativa conservadora.

E novamente sua atenção estava derivando para um novo segmento de negócios.

Ele havia dado corda na Hughes Tool como um relógio e se afastado dela, e a empresa seguira em frente sem problemas. Ele havia então dado corda em uma série de empreendimentos de Hollywood e eles estavam agora operando de forma contínua. Deixando-os sob o comando de administradores escolhidos a dedo, Hughes começara agora a se afastar deles exatamente como ele havia deixado a Hughes Tool.

Qual negócio havia chamado a atenção de seu olhar curioso? Aeronaves.

Hughes aparentemente havia ficado fascinado pelos aviões durante a filmagem de *Hell's Angels*. Ele havia enchido os pilotos e mecânicos de perguntas, havia observado com um assombro infantil como os aviões eram desmontados para serem reparados, havia tomado até aulas de voo e conseguido uma licença de piloto. "Sua mente é como um maldito sótão!", disse um ator que atuara em um papel menor como piloto. "Ele segue armazenando coisas ali. Nunca vi um sujeito fazer tantas perguntas."

Logo após *Hell's Angels* ter sido finalizado, Hughes começou a se ausentar de Hollywood por longos períodos de tempo. Ele se ausentaria por um mês, retornaria por alguns dias para conferir se seus relógios ainda estavam andando, então desapareceria de novo. Ninguém sabia para onde ele ia. Quando perguntado por alguma explicação, Hughes dizia apenas: "Ah, estive viajando."

Na realidade, este homem incrivelmente faminto por conhecimento estava ocupado aprendendo mais sobre aviões. Usando um nome falso, ele havia ido secretamente para o Texas e conseguido um emprego como copiloto de uma pequena companhia aérea.

Os salários das companhias aéreas naquela época eram baixos. O jovem milionário, cuja coleção crescente de negócios estava rendendo então mais em um dia do que ele poderia ganhar em um ano como copiloto, obviamente não precisava do dinheiro. Apesar de nunca ter se dado ao trabalho de explicar seus motivos para ninguém, parece evidente que Hughes tinha apenas uma razão para aceitar este emprego secreto: ele queria aprender.

Quando sentiu que havia aprendido o suficiente, ele largou o emprego. Nos anos seguintes, Hughes comprou para si uma série de aviões privados e estabeleceu uma pequena oficina de serviços e reparos na Califórnia para manter as máquinas em boas condições de voo. Mas serviços e reparos básicos não eram interessantes o suficiente para Hughes. Ele era um faz-tudo compulsivo: Hughes tinha de modificar seus aviões, aumentar a potência dos motores, brincar com sua aerodinâmica. A oficina de reparos rapidamente transformou-se em uma planta de reconstrução. Voando seus próprios aviões reconstruídos, Hughes começou a vencer corridas aéreas. Um Lockheed reconstruído, com Hughes nos controles, deu uma volta ao mundo e ganhou manchetes em 1938. Eventualmente, outros proprietários de aviões estavam procurando o milionário e perguntando se ele faria alguma mexida nos aparelhos para eles. Desse modo, a outrora oficina de reparos cresceu para tornar-se uma operação pequena, mas rica, que eventualmente veio a ser chamada de Hughes Aircraft Company.

Enquanto isso acontecia no fim dos anos 1930, Hughes prospectava a indústria da aviação para um possível investimento. A indústria era jovem e não muito saudável. A Grande Depressão havia retardado — na realidade, quase parado — o crescimento que começara em meio à euforia dos anos 1920. A maioria das companhias aéreas estava desesperada, sem clientes e sem dinheiro. Se alguém fosse burro o suficiente para querer comprar uma companhia aérea, ele poderia escolher de um sortimento considerável de empresas caídas e empobrecidas no balcão de negócios.

Hughes estava convencido de que alguém, algum dia, ganharia muito dinheiro dos serviços de companhias aéreas intercontinentais. Ele achou que poderia muito bem ser ele. E assim, por uma soma de dinheiro avaliada na faixa dos 10 a 15 milhões de dólares, Hughes comprou aproximadamente 75% das ações ordinárias emitidas em poder do público de uma organização pequena, mas (acreditava ele) promissora, chamada Transcontinental and Western Airline.

O nome pode tê-lo atraído. Mais tarde, ele o mudou para Trans World, refletindo os horizontes em expansão da pequena companhia, mas mantendo as iniciais que eventualmente tornar-se-iam uma das marcas mais conhecidas do mundo. (Quando Hughes finalmente vendeu suas ações da TWA em 1966, o monte de dinheiro que ele ganhou chegou a consideravelmente mais de meio bilhão de dólares. Subtraindo o imposto sobre ganhos de capital de longo prazo, seu lucro no negócio foi presumivelmente algo em torno de 400 milhões de dólares.)

Quando chegou a Segunda Guerra Mundial, Howard Hughes vivia em um vaivém entre tantos negócios que alguns provavelmente sofreriam. Naquele momento, talvez ele estivesse excessivamente diversificado. Havia muitos homens no governo federal que reclamavam que este era realmente o caso. A Hughes Aircraft Company envolveu-se em diversos contratos de design e desenvolvimento para aviões de guerra de vários tipos, gastou milhões dos dólares governamentais, mas terminou sem produzir um único aeroplano utilizável para o esforço de guerra. Oficiais militares frustrados bradavam que a principal razão era o hábito que Hughes tinha de desaparecer.

Sempre que os executivos e engenheiros da companhia de aviação precisavam da aprovação de Hughes a respeito de uma decisão-chave ou de sua assinatura em um documento, ninguém conseguia descobrir onde ele estava. Telefonemas desesperados eram feitos para a sede em Hollywood ou para a Hughes Tool no Texas, e a adorável jovem ao telefone prometia passar a mensagem adiante, e dia ou semanas mais tarde, Hughes ligava de Nova York ou Toronto ou alguma cidade remota que ninguém nunca ouvira falar a respeito. Enquanto isso, o trabalho com as aeronaves tinha parado de maneira alarmante, e os engenheiros e responsáveis pelos contratos públicos militares corriam em círculos chorando impotentes de raiva.

O negócio do cinema saía-se melhor. Seguindo o sucesso incrível de *Hell's Angels* no início dos anos 1930, Hughes produziu um filme de gângsteres igualmente bem-sucedido chamado *Scarface — A vergonha de uma nação*. Este filme foi feito em uma época em que Hughes estava começando a se envolver com o negócio de aviões. Houve uma parada na operação de Hollywood pelos próximos anos. Então, abruptamente, em meio à Segunda Guerra Mundial, quando todos presumiam que Hughes estava tão ocupado com problemas aeronáuticos e os contratos de defesa de sua empresa de ferramentas, tão ocupado que não conseguia nem encontrar uma hora para si mesmo, ele mergulhou no que seria um dos seus sucessos mais colossais em Hollywood.

O filme foi chamado de *O proscrito*. Como o próprio Hughes reconheceu, mal dava para perceber a trama no filme: apenas mais um filme sobre o Velho Oeste lidando com Billy the Kid. Mas a estrela era uma jovem mulher, até então desconhecida, que estivera trabalhando como uma obscura modelo fotográfica até ser vista pelo olhar certeiro de Hughes. Seu nome era Jane Russell.

Como atriz, a Srta. Russell — colocando a questão de maneira caridosa — deixava a desejar. Ela tinha um rosto bastante tedioso. Quando lutava para expressar a paixão ardente que Jean Harlow havia conseguido tão bem, ela parecia estar entediada ou sofrendo de dispepsia. Sua voz tinha uma qualidade irritantemente mecânica. Mas a atriz tinha algo que compensava muito adequadamente todas essas desvantagens: fartos seios que nunca haviam sido expostos antes ao olhar atento do público cinéfilo.

Como um dos próprios assessores de imprensa de Hughes colocou um ano depois: "Ela tinha apenas duas vantagens. Qualquer uma das duas provavelmente seria o suficiente."

Alguns dos consultores de cinema de Hughes, observando os testes de elenco iniciais de Jane Russell, argumentaram veementemente contra contratá-la. Mas Hughes havia aferido o humor do público com uma precisão excepcional. Os tabus sexuais estavam sendo flexibilizados e, na realidade, estavam rompendo na turbulenta sociedade em tempos de guerra. O público em geral começava a falar de sexo como um tipo de entretenimento, um meio de escapar das duras realidades da guerra. A atitude solenemente grave com a qual o assunto havia sido tratado no passado agora era motivo de riso. Além disso, milhões de homens estavam indo para o combate, e as mulheres, deixadas para trás, estavam mudando para a visão de que a pessoa tinha mais é que aproveitar as aventuras sexuais enquanto ainda tinha chance, pois a próxima oportunidade poderia não aparecer por um longo tempo ou talvez não surgir jamais. Por razões que os psiquiatras ainda estão discutindo a respeito, essas atitudes em metamorfose encontraram uma expressão ostensiva em uma nacional obsessão atordoante pelos seios femininos.

O proscrito não foi de forma alguma um filme pornográfico — certamente não pelos padrões de hoje em dia e nem por aqueles dos anos 1940. O único elemento a respeito do qual os puritanos da época poderiam objetar era a tendência da câmera de se deixar (pelo que pareciam ser desnecessariamente longos períodos de tempo) sobre o magnífico busto da Srta. Russell. Hughes instruiu seus assessores de imprensa a se passarem por puritanos ofendidos. Eles ligavam para a polícia e outras autoridades em cidades onde o filme estava sendo exibido demandando que os cinemas fossem fechados em nome da decência. O clamor público conseguido foi tão grande que o filme ficou famoso no mundo todo.

Ele era apenas um *western* comum. Hughes, através de sua gestão especialista do filme, tornou-o talvez o maior sucesso de bilheteria em toda a história do cinema até então. Calcula-se que o lucro com o filme através dos anos tenha chegado a algo em torno de 15 milhões de dólares.

A maioria dos outros empreendimentos de Hughes foram similarmente lucrativos durante os anos 1940 e 1950. Apesar de sua empresa aeronáutica ter fracassado sem jamais produzir um avião de guerra que o governo norte-americano quisesse comprar, ela se manteve ocupada durante e depois da guerra produzindo torres de artilharia para aviões, peças de metralhadoras e outros armamentos. A Hughes Tool continuou a crescer durante a guerra e também no *boom* dos tempos de paz que se seguiu, e em 1950 seu patrimônio líquido estimado era ao menos quinhentas vezes o que havia sido quando o adolescente Hughes a herdou.

A TWA passou por tempos difíceis após a guerra, assim como quase todas as companhias aéreas do mundo. Hughes queria que ela se tornasse uma importante transportadora intercontinental. Outra companhia aérea em crescimento, Pan American, nutria a mesma ambição. As duas lutavam ferozmente por rotas. Elas ofereciam passagens a preços ridiculamente baixos, concediam todos os tipos de concessões financeiras para vários governos nacionais e municipais. A TWA perdeu tanto dinheiro em 1946 que o preço de suas ações (ajustando para desmembramentos subsequentes) caiu de mais de 50 dólares para menos de quatro.

Hughes, hospitalizado em 1946 após o acidente de uma aeronave experimental, foi instado a vender suas ações da TWA antes que ela se desvalorizasse completamente. (Ele as comprara a um valor equivalente de menos de dois dólares.) Hughes recusou-se. Ele poderia gozar do conforto da diversidade: apesar de um de seus empreendimentos estar sofrendo, ele não precisava entrar em pânico. Ele também compreendia a posição bastante interessante em que as ações da TWA se encontravam no momento. Como ele era proprietário de 78% das ações da empresa, não sobrava muito mais para ser negociado no mercado público. Se a TWA se recuperasse um dia de seus males financeiros e começasse a ter lucro (o que Hughes tinha certeza que eventualmente aconteceria), o montante pequeno de ações disponíveis seria procurado por um grande número de compradores. O preço poderia subir extraordinariamente então.

Na realidade, foi precisamente isso que aconteceu. Outros investidores que viram o quadro como Hughes aproveitaram uma gloriosa carona ladeira acima. Quando Hughes vendeu suas ações em meados de 1966, cada ação estava sendo negociada na faixa dos cem dólares.

(Os *warrants* das ações da TWA ofereceram uma barbada ainda melhor durante quatro curtos anos na década de 1960. Se você tivesse investido mil dólares em *warrants* da TWA no momento certo em 1962 e caído fora no momento certo em 1966, você teria terminado com algo em torno de 26 mil dólares. Ninguém a não ser o corretor de Hughes sabe com certeza se o milionário ou suas empresas investiram nestes *warrants*, mas a maior probabilidade é de que tenham investido.)

Seria de se pensar que Hughes tinha coisas suficientes para fazer no fim dos anos 1940. Ele estava ocupado tratando da TWA, fazendo experiências com aeronaves novas, negociando contratos novos para a Hughes Tool, fazendo mais filmes e planejando diversos outros investimentos como uma compra dos estúdios e salas de cinema da RKO. No entanto, aparentemente isto não era o bastante para o multimilionário. Ele de repente mergulhou em um novo segmento: a eletrônica.

Tanto a Hughes Tool quanto a Hughes Aircraft estavam rondando o segmento de produtos eletrônicos. Hughes, estimando que o negócio cresceria nas décadas seguintes, fundou então uma companhia de produtos eletrônicos como uma subsidiária da Hughes Aircraft. E mais uma vez Hughes demonstrou sua capacidade impressionante de escolher as pessoas certas para os trabalhos que ele queria ver executados. Entre aqueles que Hughes contratou para a equipe da alta administração da empresa incipiente estavam Charles B. ("Tex") Thornton, um administrador inteligente que acabaria se tornando o principal arquiteto do poderoso conglomerado chamado Litton Industries, e os Drs. Simon Ramo e Dean Woolridge, brilhantes jovens cientistas que mais tarde fundariam suas próprias cadeias de empresas.

A jovem companhia eletrônica, com sua jovem administração brilhante, chamou a atenção logo de saída. O exército, a força aérea e até a NASA contrataram a pequena organização para desenvolver equipamentos para miras de armamentos, radares, sistemas de navegação de mísseis e dispositivos espaciais de todos os tipos. Em meados de 1950, as vendas da empresa estavam ocorrendo na inacreditável faixa de meio bilhão de dólares ao ano.

O espantoso Howard Hughes, enquanto isso, partira em mais uma tangente. Ele ficara fascinado pela cidade de Las Vegas. As razões para este fascínio não são claras, e Hughes caracteristicamente nunca ofereceu esclarecimento algum. Talvez, sugeriram alguns observadores, ele estivesse atraído pelo caráter transitório do povo da capital do jogo. A cidade tem apenas uma pequena população de residentes permanentes; todo o resto está a caminho de algum lugar ou indo para outro. Hughes, que nunca teve uma sede ou mesmo uma casa permanente, pode ter se sentido confortável nesta sociedade de outras pessoas errantes. De qualquer maneira, ele começou a comprar hotéis, cassinos e vastos terrenos dentro e no entorno da cidade.

Esta pode ter sido a gota d'água — o passo que finalmente transformou a diversidade em caos. Pois, de uma hora para outra, todo o colossal e diversificado império de Hughes começou a desabar. Seus administradores, seus empregados e os clientes mais importantes de suas empresas, todos começaram a reclamar que ele estava tornando-se mais fantasmagórico ainda do que antes. Ninguém nunca sabia onde encontrá-lo. Hughes marcava reuniões com as pessoas e não cumpria o combinado. Ele deixava de retornar telefonemas. O que ocorrera com a Hughes Aircraft durante a guerra agora começava a acontecer através do domínio do milionário: um a um os projetos paravam porque o chefe não estava lá para assinar contratos, autorizar compras ou tomar decisões importantes.

Na TWA a tempestade de protestos tornou-se tão extrema que Hughes foi finalmente forçado a vender suas ações. O mesmo aconteceu na RKO, cujos empregados e acionistas reclamavam que eles estavam perdendo dinheiro porque Hughes não autorizava a empresa a fazer um número suficiente de filmes. Os principais administradores da nova companhia de produtos eletrônicos de Hughes perderam a paciência e se demitiram — primeiro Thornton, então Ramo e Woolridge. Na Hughes Tool a situação tornou-se insuportável até para o fiel Noah Dietrich, o homem que havia sido o parceiro financeiro mais próximo de Hughes por mais de 30 anos. Dietrich pediu demissão, e sua partida parecia sinalizar o fim de uma era.

Hughes desapareceu em uma aposentadoria que mais lembrava um estado de limbo. Ele ainda tinha suas vastas participações acionárias na Hughes Tool e na Hughes Aircraft (agora quase exclusivamente uma companhia de produtos eletrônicos) e tinha um monte de participações acionárias menores em outras companhias. Mas ele não tentava mais usar estas participações acionárias para controlá-las. Hughes era simplesmente um acionista sem rosto como você e eu poderíamos ser — apesar de que em uma escala monumental, é claro. Ele também tinha suas terras em Las Vegas e seus hotéis, assim como uma montanha de dinheiro.

O valor total dos ativos conhecidos de Hughes foi diversamente estimado de 900 milhões de dólares a 1,5 bilhão. Vamos deixar por 1 bilhão. Nossa possibilidade de estarmos certos parece tão boa quanto qualquer outra.

Trata-se absolutamente de uma conjetura, é claro. Quase qualquer coisa que você possa dizer a respeito deste homem é necessariamente invalidada por um componente de palpite, pois Hughes raras vezes confirmou ou negou quaisquer relatos a seu respeito. Quando ele sai deste limbo para confirmar ou negar algo, o efeito final tem sido apenas o de aumentar o mistério que o cerca.

Isto aconteceu no início de 1972, quando dois editores de Nova York propuseram lançar o que eles diziam ser um livro autobiográfico sobre Hughes — uma obra que diziam ter sido ditada em grande parte pelo próprio bilionário. Hughes, ou um homem alegando ser ele, conclamou uma conferência de imprensa telefônica na qual negou ter autorizado qualquer autobiografia desta natureza e denunciou o livro como uma fraude.

O livro era autêntico ou não? A voz no telefone era a voz de Hughes ou não? Ninguém sabia — exceto Hughes e talvez alguns auxiliares de confiança.

Talvez as duas palavras mais descritivas que possam ser ditas sobre Howard Hughes sejam, no fim das contas, "ninguém sabe".

9

Garimpeiros e perfuradores

COMO TODOS SABEM, há uma quantidade enorme de tesouros escondidos debaixo da terra: ferro, ouro, urânio, petróleo, diamantes — uma coleção variada e fabulosa. Mas são tesouros apenas quando trazidos para a superfície.

Se todas estas *commodities* românticas estivessem soltas na superfície, onde qualquer tolo pudesse pegá-las, elas seriam baratas. Mas não são. Elas estão escondidas. Encontrá-las e trazê-las para cima exige trabalho, dinheiro e uma disposição de correr um alto risco. Homens que se dedicam a esse tipo de empreendimento têm o direito de receber bem, e o mundo sempre se certificou de que isso acontecesse — quando foram bem-sucedidos.

O prospector de tesouros mais rico do mundo é o empresário do petróleo Jean Paul Getty. A história dele é um manual didático de como ficar improvavelmente rico encontrando uma *commodity* valiosa debaixo da terra e levando-a para lugares onde ela pode ser colocada em uso.

Pode ser argumentado que Getty, assim como Hughes, está fora do lugar nesta galeria. Getty tinha um pai rico. Mas, como você verá na história a seguir, isto deu ao jovem Getty poucas — se alguma — vantagens extraordinárias. Trata-se de uma concepção equivocada popular que o velho Getty encaminhou seu filho nos negócios com vários milhões de dólares e que o jovem J. Paul simplesmente investiu esta bolada suculenta e passou o resto da vida sentado como Buda enquanto grandes montanhas verdes de dinheiro cresciam à sua volta. Não foi assim.

Os fatos são bastante diferentes. Quando o velho Getty morreu, ele deixou para o filho apenas meio milhão de dólares. Esta quantia teve pouco efeito sobre a fortuna subsequente do rapaz. J. Paul Getty já havia ganho milhões de dólares sozinho.

Diferentemente de Howard Hughes, Getty é um homem franco e conversador. Ele gosta de contar a própria história, pois acredita que a história traz em si lições para os jovens que estão começando sua longa escalada. Getty é editor contribuinte para negócios e finanças da *Playboy*, e 34 artigos seus apareceram na revista. Além disso, ele escreveu três livros. Getty obviamente tem algum prazer na carreira subsidiária de escritor. Houve uma época em sua juventude em que Getty pensou que talvez quisesse ganhar a vida como escritor, e este antigo sonho parece não tê-lo deixado ainda. Ele produz um tipo de prosa clara, forte e direta. Vamos prestar atenção enquanto ele relembra sua carreira extraordinária nas próprias palavras.

J. Paul Getty: um bilhão de dólares*

por J. Paul Getty

Após muitos meses infrutíferos de prospecção de petróleo em Oklahoma, eu finalmente fiz a perfuração inicial de meu primeiro poço de teste não muito distante de Stone Bluff, uma cidadezinha no condado de Muskogee, no início de janeiro de 1916.

No dia 2 de fevereiro, o removedor — o equipamento que removia a rocha de formação do buraco perfurado — trouxe para cima uma quantidade de areia betuminosa. Isso indicava que estávamos próximos dos estágios finais da perfuração. As próximas 24 horas provariam se o poço era um produtor ou se estava seco.

---

* Publicado originalmente na revista *Playboy* sob o título "How I Made My First Billion". Copyright © 1961, 1965, 1966 por *Playboy*.

Eu ainda era muito jovem e bastante imaturo. Meu nervosismo e minha excitação alcançaram níveis intoleráveis. Eu me tornei mais um estorvo do que uma ajuda para os homens em minha equipe de perfuração. Para sair do caminho deles e relaxar um pouco, fiz uma retirada estratégica para Tulsa, a cidade mais razoável nas proximidades. Decidi esperar lá até que a operação de perfuração estivesse completa e os resultados fossem conhecidos. Em Tulsa, J. Carl Smith — um amigo que era consideravelmente mais velho e muito menos ansioso do que eu —, se apresentou como voluntário para ir até o local da perfuração e supervisionar o trabalho por mim.

Não havia telefones na área remota onde meu poço estava sendo escavado. A única linha entre Stone Bluff e Tulsa raramente funcionava. Portanto, J. Carl Smith prometeu voltar para a cidade no último trem vindo de Stone Bluff no dia seguinte e me informar sobre os últimos acontecimentos.

No dia seguinte — o dia frio e tempestuoso de 3 de fevereiro de 1916 —, eu estava na estação ferroviária de Tulsa andando de forma nervosa de um lado para outro. Fiquei lá por mais de uma hora, naquela plataforma de passageiros varrida pelo vento, antes de o trem parar na estação. Incontáveis segundos depois, a figura familiar de J. Carl Smith emergiu de um dos vagões. Seu rosto estava radiante, e meu coração disparou de esperança.

"Parabéns, Paul!", ele exultou quando me viu na plataforma. "Colocamos o poço para funcionar esta tarde. Está produzindo trinta barris!"

Automaticamente presumi que ele queria dizer trinta barris ao dia, e meu entusiasmo desapareceu instantaneamente. Trinta barris ao dia — ora, isto era um mero gotejamento comparado aos poços jorrando petróleo que outros empresários do setor estavam extraindo na época.

"Sim, senhor", J. Carl abriu um largo sorriso. "Estamos tirando trinta barris *por hora*."

Trinta barris *por hora*!

Isso fazia diferença, uma diferença enorme. Isso significava que o poço estava produzindo 720 barris de petróleo cru diariamente. Isto também significava que eu entrara para o negócio do petróleo — e para ficar.

Sendo o filho de um empresário do petróleo bem-sucedido, eu havia sido exposto às vantagens do negócio desde minha infância. Meus pais, George F. e Sarah Getty, e eu visitamos pela primeira vez o que era então o território de Oklahoma em 1903, quando eu tinha 10 anos. Chegando lá, meu pai, um próspero advogado de Minneapolis, achou impossível resistir à atração da corrida de petróleo de Oklahoma, que estava então no auge. Ele formou a Minnehoma Oil Company e começou a procurar por petróleo.

Meu pai, um homem que subira na vida graças ao próprio esforço e que havia conhecido a pobreza extrema na juventude, tinha uma capacidade praticamente ilimitada para o trabalho duro, e também um talento excepcional para descobrir petróleo. Após organizar a Minnehoma Oil, ele supervisionou pessoalmente a perfuração de 43 poços de petróleo, dos quais 42 provaram ser produtores.

Passei por um aprendizado duro e valioso trabalhando como peão e assistente de ferramentas nos campos de petróleo em 1910 e 1911, mas não investi no negócio do petróleo por conta própria até setembro de 1914. Eu havia retornado recentemente para os Estados Unidos após estudar na Universidade de Oxford, na Inglaterra, por dois anos. Minha intenção original era entrar no serviço diplomático norte-americano, mas posterguei este plano a fim de tentar minha sorte como um operador independente — um prospector de petróleo — em Oklahoma.

A época era favorável. Aquele era um período de fartura para a indústria petrolífera norte-americana em pleno crescimento. Um espírito pioneiro bravo e lutador ainda prevalecia nos campos de petróleo. A grande corrida do petróleo continuava com um vigor inquebrantável e recebeu um ímpeto a mais pela guerra que havia irrompido na Europa naquele ano. Cidadezinhas primitivas ligadas ao *boom* do petróleo pontilhavam o interior de Oklahoma. Muitas traziam nomes dos tempos do Velho Oeste como aqueles das quatro cidades *"right"*: Drumright, Dropright, Allright e Damnright.

As ruas e as estradas não eram pavimentadas — rios de barro e argila moles na primavera e no inverno, e trilhas sulcadas e endurecidas pelo sol, sempre envoltas em nuvens altas de poeira vermelha ou amarela no verão. Calçadas de madeira instaladas à frente dos estabelecimentos e salões de jogos mais prósperos eram vistos como o último grito em termos de melhorias cívicas.

A atmosfera era idêntica àquela que os historiadores descrevem como prevalecendo nos campos de petróleo da Califórnia durante a corrida do ouro de 1849. Em Oklahoma, a febre era encontrar petróleo, não ouro, e era uma epidemia. Havia poucos que estavam imunes ao contágio.

Fortunas estavam sendo ganhas — e perdidas — diariamente. Não era incomum para um prospector de petróleo sem um centavo, com apenas uma broca sobrando e sem dinheiro ou crédito com o qual comprar mais, perfurar mais trinta metros e descobrir um poço que o fez um homem rico. Um arrendamento que vendia por algumas centenas de dólares uma tarde às vezes aumentava em valor cem vezes ou mesmo mil vezes na manhã seguinte.

Por outro lado, havia homens que investiram tudo o que tinham em arrendamentos e operações de perfuração apenas para descobrir que eles não tinham nada para mostrar por seu dinheiro e esforços, a não ser alguns buracos tristemente secos. Arrendamentos comprados no pico de seu valor um dia provavam ser absolutamente sem valor no dia seguinte. Tudo não passava de um jogo gigantesco e emocionante por apostas assombrosas, e eu mergulhei no turbilhão esperançosamente. Eu não tinha capital próprio; meu orçamento pessoal era de cem dólares ao mês. Meu primeiro ano foi qualquer coisa, menos lucrativo. Achados de petróleo estavam sendo divulgados regularmente, e outros prospectores de petróleo encontravam poços ativos e grandes produtores, mas a fortuna parecia me escapar.

Então, no fim do outono de 1915, metade da participação em um arrendamento de petróleo próximo de Stone Bluff no condado de Muskogee estava sendo oferecido para venda em um leilão público. Eu inspecionei a propriedade e a achei altamente promissora. Eu sabia que outros operadores independentes estavam interessados em obter o arrendamento, e isso me preocupava. Eu não tinha muito dinheiro à disposição — certamente não o suficiente para concorrer com os preços que os empresários do petróleo mais antigos e estabelecidos seriam capazes de oferecer. Por esta razão, pedi para meu banco que um de seus representantes fizesse a oferta para mim na venda sem revelar minha identidade como o licitante real.

De maneira bastante surpreendente, este estratagema um tanto transparente conseguiu alcançar a finalidade à qual eu me propunha. A venda, realizada na cidade de Muskogee — sede do condado —, foi acompanhada por diversos operadores de petróleo independentes, ansiosos em obter o arrendamento. A aparição inesperada do conhecido banqueiro que fez a oferta por mim deixou nervosos os prospectores de petróleo. Eles presumiram que se um banqueiro estava presente no leilão, isto só poderia querer dizer que alguma companhia de petróleo grande também estava interessada na propriedade e preparada para ganhar de todas as ofertas. Os independentes decidiram taciturnamente que seria perda de tempo fazer uma oferta e, no fim das contas, assegurei o arrendamento por quinhentos dólares — uma pechincha!

Logo depois, uma corporação foi formada para financiar a perfuração de um poço de teste na propriedade. Eu, como prospector de petróleo sem capital próprio, recebi uma participação modesta de 15% na corporação. Reuni uma equipe de perfuração de primeira, e eu e meus homens trabalhamos para erguer a torre de madeira necessária e apressar as operações de perfuração em si. Fizemos a perfuração inicial para o poço no início de janeiro de 1916. Permaneci no local noite e dia até que a perfuração entrasse em seus estágios finais. Então, como já relatei, achei impossível aguentar a tensão nervosa e fugi para Tulsa, onde meu amigo J. Carl Smith me trouxe a notícia de que o poço estava operando com uma produção diária inicial de 720 barris.

O arrendamento sobre a propriedade foi vendido para uma companhia produtora de petróleo duas semanas depois disso, e ganhei 12 mil dólares como minha participação dos lucros. A quantia não era muito impressionante quando comparada com as somas enormes que outros estavam ganhando, mas foi o suficiente para convencer-me de que eu deveria — e iria — permanecer no segmento como um prospector de petróleo.

Meu pai e eu havíamos previamente formado uma parceria. Sob seus termos, ele me proporcionaria o financiamento para qualquer exploração e perfuração que eu conduzisse e supervisionasse para a parceria. Em troca, ele receberia 70% dos lucros, enquanto eu receberia os 30% restantes. Após meu primeiro sucesso, nós incorporamos a parceria e, em maio de 1916, formamos a Getty Oil Company, na qual recebi uma participação acionária de 30%.

Muitos relatos fantasiosos — e inteiramente errôneos — da relação de negócios entre nós apareceram na imprensa. Contrário ao que disseram algumas reportagens publicadas, meu pai não me estabeleceu nos negócios dando dinheiro de presente diretamente para mim. George F. Getty rejeitava quaisquer ideias de que o filho de um homem bem-sucedido deveria ser mimado, ou ter a vida facilitada, ou receber dinheiro como um presente após ele ser velho o suficiente para ganhar o próprio sustento. Meu pai *realmente* financiou algumas de minhas operações iniciais — mas sempre recebendo 70% dos lucros. Quanto a compras de arrendamentos, operações de perfuração ou outras iniciativas que conduzi por conta própria, financiei estas com meu dinheiro. Meu pai não proporcionou o dinheiro para meus empreendimentos de negócios privados, nem compartilhou dos lucros que recebi deles.

Incidentalmente, há outro equívoco popular. Gostaria de corrigi-lo de uma vez por todas. Foi dito que meu pai me legou uma fortuna enorme quando faleceu em 1930. Na realidade, ele me deixou 500 mil dólares em seu testamento — uma soma considerável, admito —, mas mesmo assim uma parte muito pequena de sua fortuna. Foi um troco de herança. Meu pai estava absolutamente consciente de que eu já ganhara vários milhões de dólares sozinho, e deixou a maior parte de seu patrimônio para minha mãe.

Após o pai e eu termos incorporado nossa parceria em 1916, segui direto em frente prospectando e perfurando em busca de petróleo. Meu entusiasmo não foi refreado quando meu segundo poço revelou-se um buraco seco. A esta altura a prospecção de petróleo estava em meu sangue, e continuei a comprar e vender arrendamentos e a perfurar poços. Normalmente, eu atuava como meu próprio geólogo, conselheiro legal, superintendente de perfuração, especialista em explosivos e até, ocasionalmente, como peão e estivador. Os meses que se seguiram foram extremamente felizes. Na maioria dos casos, os financiamentos comprados foram vendidos com lucro, e quando eu perfurava uma propriedade, achava petróleo mais frequentemente do que não.

Não havia segredos, não havia fórmulas mágicas por trás destes sucessos. Eu operava praticamente da mesma maneira que quase todos os prospectores de petróleo — com uma importante exceção. Naqueles dias, a geologia não conquistara ainda uma aceitação muito ampla nos campos de petróleo. Muitos empresários zombavam abertamente da ideia de que algum "nerd" poderia ajudá-los a encontrar petróleo. Na melhor das hipóteses, a vasta maioria dos empresários no negócio do petróleo era cética a respeito da geologia como uma ciência prática e colocava pouca fé nos relatórios dos geólogos. Eu estava entre os poucos que acreditavam nela. Estudei o assunto avidamente em cada oportunidade que tive e apliquei o que aprendi em minhas operações.

O operador independente tinha de possuir algum conhecimento básico e habilidade. Ele também precisava de homens confiáveis, leais e experientes em suas equipes de exploração e perfuração. Mas, além dessas coisas, acredito que o fator mais importante que determinava se um prospector de petróleo teria sucesso ou fracassaria — se ele conseguiria um poço produtor ou terminaria com um buraco seco — era simplesmente sorte.

Havia alguns que não consideravam isso sorte, entre eles T.N. Barnsdall, um dos grandes pioneiros do petróleo de Oklahoma. O multimilionário Barnsdall frequentemente expunha sua teoria favorita sobre o que ele achava que fazia a diferença.

"Não é sorte", ele mantinha resolutamente. "Um homem tem o faro para o petróleo ou não tem. Se ele tiver, sente o cheiro da coisa mesmo quando ela está a mil metros debaixo da terra!"

Talvez. Mas de minha parte duvido bastante. Pessoalmente, nunca fui capaz de farejar a presença de um lençol de petróleo subterrâneo. Tampouco me lembro de já ter sentido o arrepio extrassensorial de um radiestesista ao caminhar sobre um local de perfuração em potencial. Ainda acho que meus sucessos iniciais ocorreram fundamentalmente devido à pura sorte.

Entretanto, para que não fique a impressão que prospectores de petróleo tinham pouco a fazer a não ser esperar que a roda da fortuna girasse e então colher os lucros, deixe-me dizer que o negócio do petróleo nunca foi fácil. Ele sempre implicou em trabalho — trabalho duro — e sempre foi repleto de inumeráveis armadilhas financeiras, especialmente no começo. Poços explodiam às vezes, e os lucros — e muitas vezes o capital — eram devorados com uma velocidade assustadora pelos esforços dispendiosos para extinguir os incêndios resultantes. Buracos secos, falhas de equipamentos e quebras em períodos cruciais, disputas e brigas judiciais a respeito de arrendamentos e direitos de prospecção — estes eram apenas alguns poucos problemas da miríade que frequentemente drenavam os recursos financeiros de um operador independente até um ponto bem abaixo da marca de perigo.

Além disso, todos que operavam independentemente, como eu, se viam muitas vezes enfrentando a competição e oposição pesada das grandes companhias de petróleo. Algumas destas empresas enormes nem sempre seguiam as Regras do Marquês de Queensberry quando travavam uma briga legal ou financeira para sufocar um operador independente que parecia estar crescendo demais ou muito rápido.

Prospectores de petróleo desenvolvem traços e técnicas que os capacitam a permanecer operando e fazer mais do que meramente manter sua posição contra os gigantes da indústria do petróleo. Nós nos tornamos flexíveis, adaptáveis e versáteis — peritos na improvisação e inovação — porque, afinal, *tínhamos* de fazê-lo para sobreviver. Por exemplo, as grandes empresas empregavam vastos números de especialistas e consultores, pessoal administrativo e de escritório, abrigando-os em escritórios grandes e caros. Nós, os independentes, encontrávamos nossos especialistas entre os trabalhadores de campos de petróleo veteranos e durões que formavam nossas equipes de prospecção e perfuração, ou contávamos com nosso próprio discernimento e experiência para solucionar os problemas à medida que eles surgiam. Fazíamos nossa própria administração e trabalho burocrático — mantendo ambos a um nível mínimo. Quanto aos escritórios, estes — mais frequentemente desta maneira do que não — viajavam conosco nos automóveis sujos de lama que dirigíamos de um local de perfuração para outro.

Em meu próprio caso, como falei antes, tive sorte — muita sorte. Fiz muitos negócios lucrativos e encontrei vários poços produtores nos meses após ter encontrado petróleo pela primeira vez no lote Nancy Taylor. A Getty Oil Company prosperou. Fui nomeado um dos diretores da companhia e eleito seu secretário, mas isso não significou que troquei minhas roupas de trabalho por um terno. Independentemente de meus novos títulos pomposos, o trabalho ainda era feito nos campos de petróleo — e junto às máquinas de perfuração. Meu papel nos negócios da empresa seguia o mesmo de sempre: eu comprava e vendia arrendamentos de petróleo, e prospectava e perfurava em busca do material.

À medida que a riqueza da Getty Oil Company aumentava, ocorria o mesmo com meu dinheiro em proporção com minha participação de 30% na empresa — e eu também estava embarcando em empreendimentos lucrativos por conta própria. Todas essas coisas me mantinham muito ocupado — ocupado demais para prestar mais do que uma atenção superficial para quanto dinheiro eu estava realmente ganhando. Então, certo dia, parei e fiz uma avaliação detalhada de minha situação financeira. De repente, me dei conta de que avançara bastante na direção da conquista do que eu havia me proposto a realizar em setembro de 1914. Eu havia construído as fundações de um negócio na indústria de petróleo norte-americana.

Eu ainda não fizera 24 anos, mas havia me tornado um operador de petróleo independente bem-sucedido. E ganhara meu primeiro milhão de dólares. Era um milionário!

Até então, minha vida havia sido devotada fundamentalmente em meu amadurecimento, na obtenção de uma formação e no estabelecimento de um negócio. Assim, aos 24 anos, percebi que havia ganho dinheiro suficiente para sustentar quaisquer exigências pessoais que porventura eu tivesse em um futuro próximo. Tomei a decisão repentina e teimosa de deixar o trabalho completamente de lado depois disso e buscar divertir-me e aproveitar a vida.

Minha decisão foi influenciada — pelo menos em parte — pelo fato de que havia uma guerra na Europa. Apesar de os Estados Unidos ainda não terem ingressado na Primeira Guerra Mundial, eu tinha certeza de que a participação norte-americana no conflito era inevitável. Eu já havia preenchido as inscrições oficiais para servir na força aérea — minha primeira escolha — ou na infantaria quando e se os Estados Unidos declarassem guerra. Eu tinha certeza de que seria apenas uma questão de tempo até eu receber minhas ordens, e queria relaxar e me divertir antes que elas chegassem.

Meus pais e eu havíamos escolhido Los Angeles para ser nosso lar permanente desde 1906. Eu havia frequentado a escola e a faculdade em Los Angeles antes de ir para Oxford e então, mais tarde, começara minha carreira profissional nos campos de petróleo de Oklahoma. Eu amava a Califórnia e a vida extremamente agradável, informal e relaxada que prevalecia por lá naquela época. Desse modo, era natural que eu escolhesse Los Angeles como o lugar para aproveitar o dinheiro que ganhara nos campos de petróleo.

"Ganhei minha fortuna, e vou me aposentar", anunciei suavemente para meus pais chocados.

Nem minha mãe e tampouco meu pai gostaram da decisão que tomei. Ambos haviam trabalhado muito duro em suas próprias juventudes. Logo depois de casados, minha mãe continuou a trabalhar como professora de escola para ajudar a prover meu pai com o dinheiro que ele precisava para pagar a universidade de direito. Ambos acreditavam firmemente que um indivíduo tinha de trabalhar para justificar sua existência e que uma pessoa rica tinha de manter seu dinheiro trabalhando para justificar sua existência. Meu pai tentou inculcar em mim a ideia de que o dinheiro de um empresário é um capital para ser investido e reinvestido.

"Você tem de usar o dinheiro para criar, operar e construir negócios", argumentou ele. "A sua riqueza representa trabalhos em potencial para inúmeras pessoas — e ela pode produzir riqueza e uma vida melhor para muita gente também, assim como para você."

Temo que não tenha dado muita atenção a ele — naquela época. Mais tarde me daria conta da verdade do que ele dizia, mas primeiro eu tinha de tentar as coisas do meu jeito. Eu tinha um Cadillac conversível novo fantástico, roupas boas e todo o dinheiro que possivelmente precisasse. Havia decidido que iria me divertir, e com estes pré-requisitos não encontrei dificuldade alguma em mergulhar completamente no remoinho de diversão e festa do circuito sul da Califórnia — Los Angeles — Hollywood. Apesar de os Estados Unidos terem entrado na guerra, minha convocação fora postergada em um primeiro momento, adiada por complicações burocráticas, e finalmente fui informado que meus "serviços não seriam necessários".

Consequentemente, passei os anos da Primeira Guerra Mundial brincando e me divertindo.

Levou um tempo para acordar para o fato de que eu estava apenas desperdiçando meu tempo e que estava entediado. Ao fim do ano de 1918, eu estava absolutamente farto de tudo aquilo. No início de 1919, voltei ao negócio do petróleo — nem um pouco envergonhado pelo sorriso "eu avisei" que recebi de meu pai quando o informei que, tendo me aposentado aos 24 anos, eu estava saindo da aposentadoria aos 26!

Em 1919, a atenção dos empresários do petróleo já estava mudando de Oklahoma para o sul da Califórnia, onde novas áreas produtoras estavam sendo descobertas e desenvolvidas. Uma nova corrida do petróleo importante ia acontecer, e eu estava entre aqueles que queriam fazer parte dela desde o início. Meu empreendimento de prospecção de petróleo inicial no sul da Califórnia foi um fracasso. Perfurei meu primeiro poço californiano em Didier Ranch, perto de Puente, mas o poço provou-se um buraco seco.

A sorte que havia me seguido em Oklahoma havia tirado uma folga breve, mas não havia me abandonado. Tentativas subsequentes foram consideravelmente mais bem-sucedidas. Perfurei vários poços em Santa Fe Springs, Torrance, Long Beach e outras áreas no sul da Califórnia, e a maioria deles provou-se ser de produtores, alguns deles produtores sensacionais. Eu passava a maior parte do tempo no campo trabalhando nos equipamentos de perfuração com meus homens. Este hábito, formado em Oklahoma, rendeu muitos dividendos generosos e inesperados. Não tenho dúvida de que eles resultavam da reação das equipes de perfuração à presença de um chefe trabalhador no local de trabalho. Os homens sentiam que eles eram parceiros do chefe em um esforço mútuo, em vez de meramente empregados de uma corporação administrada por executivos que não viam nunca e que provavelmente nunca haviam colocado os pés em uma plataforma de perfuração em suas vidas. A moral — e a produção — disparavam como resultado.

Isso era importante, pois com poços novos sendo perfurados às centenas por todo o sul da Califórnia, havia uma escassez aguda de trabalhadores de campos de petróleo experientes. Os administradores de recursos humanos da maioria das grandes companhias disputavam arduamente entre si para encontrar a força de trabalho necessária para suas operações. Eles tentavam superar desesperadamente uns aos outros com ofertas no mercado de mão de obra, oferecendo incentivos e benefícios especiais para qualquer um que tivesse alguma experiência de trabalho em um poço de petróleo.

A maioria dos veteranos se ressentia da implicação de que eles tinham de ser subornados com presentinhos para realizar um dia honesto de trabalho. Eles preferiam assinar com operadores independentes que não ofereciam barbadas extras, mas que falavam honestamente e trabalhavam lado a lado com eles nos locais de prospecção.

Nunca vou esquecer a vez que comecei a prospectar em uma propriedade não muito distante do local onde uma importante companhia de petróleo estava perfurando um poço. Levando seu programa de incentivos aos empregados a extremos absurdos, a empresa havia projetado e construído o que seus assessores de imprensa descreveram excitadamente como a última palavra em termos de instalações de perfuração.

Toda a torre de perfuração era aquecida com vapor até o bloco de coroamento. Um acesso de cascalho caprichosamente arrumado levava até o local. Havia chuveiros quentes para os homens e mesmo uma lavanderia que lavava seus uniformes enquanto eles esperavam! No início de uma tarde, logo após eu ter iniciado o trabalho de perfuração, um peão já com cabelos grisalhos apareceu no poço e anunciou que queria ver o chefe. Quando fui apontado para ele, o sujeito não desperdiçou palavras ao me pedir um emprego.

"Você está empregado agora?", perguntei.

"Sim", veio a resposta com um tom amargo.

"Onde?"

"Do outro lado", respondeu o peão, indicando com a cabeça o poço de perfuração de luxo. Informei a ele que não havia confortos caseiros disponíveis para minha equipe. E acrescentei que não conseguia entender por que ele iria querer deixar um trabalho que oferecia tamanhas mordomias por um em uma operação relativamente primitiva.

"Eu estou naquele poço há cinco meses", resmungou o peão de maneira infeliz, "e só chegamos a mil e poucos metros de profundidade!" Eu ri. Mil e poucos metros de profundidade em cinco meses era um ritmo ridiculamente lento para uma perfuração feita no tipo de solo encontrado naquele campo em particular.

"Quanto tempo você acha que eu levarei para chegar a essa distância?", perguntei.

"Pelo que posso ver, mais ou menos dez dias", respondeu o veterano com um largo sorriso. "É por isso que eu preferiria trabalhar para o senhor e não para aquela empresinha do outro lado..."

Ele ganhou o emprego e permaneceu em minha folha de pagamento por muitos anos. Como uma nota de rodapé para a história, eu poderia acrescentar que meu poço foi perfurado em tempo recorde e provou-se ser um bom produtor. A "última palavra" em poços de perfuração conseguiu um buraco seco e foi abandonada.

Outro bom exemplo do que um trabalho em equipe próximo, assim como a confiança mútua entre o chefe e sua equipe podem conseguir, pode ser encontrado na história de como meus homens e eu apreciamos o problema "insolúvel" de um determinado arrendamento de petróleo.

O arrendamento encontrava-se em uma pequena faixa de terreno em meio a uma floresta de poços de petróleo no rico campo de Seal Beach, Califórnia. Por algum acaso feliz, o arrendamento havia sido esquecido pelas empresas que estavam operando naquela área. Uma companhia na qual eu tinha uma participação substancial adquiriu o arrendamento, mas estava prestes a descartá-lo como uma perda sem volta. Todos concordavam que nada poderia ser feito com a propriedade. Em primeiro lugar, era um terreno que mal passava da área de piso de uma casa pequena. Em segundo, a única passagem proporcionando acesso a uma estrada era uma faixa de terra com centenas de metros de comprimento, mas menos de um metro de largura. Era impossível conseguir levar as provisões e equipamentos para a propriedade de caminhão nesta via estreita. Mesmo se fosse possível, o terreno do tamanho de um selo não acomodaria uma torre e a plataforma de perfuração. As empresas proprietárias dos arrendamentos em propriedades adjacentes recusaram-se a conceder qualquer direito de passagem por seus poços, pois se um poço produtor fosse descoberto, ele poderia diminuir a produção de seus próprios poços, tendo em vista que ele estaria bombeando petróleo do mesmo lençol.

"Esqueça aquele arrendamento", aconselharam-me os sócios com quem discuti a questão. "Você nunca vai conseguir perfurar um poço ali, nem em 1milhão de anos."

Teimosamente, insisti que deveria haver uma maneira. Coloquei o problema para os homens em quem eu tinha a maior confiança, os membros de minhas equipes de perfuração. Eles me ouviram, e sua reação foi a mesma que a minha. Eles consideraram que era um desafio irresistível.

"Vamos até lá dar uma olhada, chefe", grunhiu um peão durão. "Vamos dar um jeito, não se preocupe." Vários homens e eu fomos analisar a situação em primeira mão, e descobrimos que ela parecia absolutamente irremediável.

"Acho que poderíamos perfurar o poço com uma torre menor", ponderou o peão após pensar um pouco. "Se você conseguisse alguém para projetá-la e construí-la, poderíamos tentar fazê-la funcionar, mas não sei como vamos fazer para trazer tudo o que precisamos da estrada..."

O obstáculo colocado pela passagem limitada parecia insuperável, até que minha mente começou a trabalhar a sugestão do peão a respeito de uma torre de perfuração menor. Se nós podíamos perfurar com uma torre menor, então por que não poderíamos solucionar nosso problema de transporte com uma ferrovia menor? Era a solução perfeita: um trilho estreito e um vagão ou dois sobre os quais traríamos a torre "bebê" desmontada, assim como as provisões e equipamentos da estrada para o local de perfuração.

Obstinação teimosa? Um desejo de provar que éramos capazes de conseguir o que todo mundo considerava impossível? Sim. Mas tanto a pequena torre quanto a ferrovia foram feitas. A primeira foi transportada em partes sobre a segunda e montada à mão sobre a faixa de terra microscópica. O poço foi perfurado — e encontramos petróleo.

Lembro-me de outros achados memoráveis nos anos 1920. Entre eles está o que fiz no chamado Athens Field, nos subúrbios da região sul de Los Angeles. Adquiri o terreno em questão por um pouco mais de 12 mil dólares. Como eu estava operando inteiramente por conta própria e sabia que estaria exigindo bastante de meus recursos em dinheiro disponíveis antes de completar o primeiro poço, escolhi atuar como meu próprio superintendente de perfuração. Entre os homens que contratei para a equipe estavam três dos profissionais mais competentes na indústria do petróleo: Walter Phillips, Oscar Prowell e "Spot" McMurdo. Nós completamos o primeiro poço no dia 16 de fevereiro de 1925, a uma profundidade de aproximadamente 1.450 metros para uma produção diária inicial de 1.500 barris. Pouco tempo depois, coloquei em operação o segundo poço no local para uma produção inicial de 2 mil barris por dia. Nos nove anos seguintes, os dois poços na propriedade de Athens dariam um retorno de mais de 400 mil dólares — lucro líquido acima de todos os custos e gastos.

Ainda mais espetacular é a história do Cleaver Lease, em Alamitos Heights, que comprei com um cheque pessoal por 8 mil dólares em outubro de 1926 de um homem que o havia comprado por 4 mil dólares apenas alguns dias antes e que queria fazer um lucro rápido.

Perfurei pela primeira vez o poço número 1 no dia 21 de fevereiro de 1927, e subsequentemente perfurei três outros poços na propriedade. Todos provaram-se produtores excepcionais, produzindo um total de mais de 17 mil barris diariamente. Entre 1927 e 1939, o retorno líquido nos poços do Cleaver Lease chegou perto de 800 mil dólares — um lucro de 10.000% sobre meu investimento original. Entretanto, poucas semanas após o primeiro poço ter começado a produzir, eu não estava somente próximo de perder uma fortuna, como também próximo de perder o próprio arrendamento. Há duas histórias por detrás deste aparente paradoxo. Uma ilustra o que o prospector de petróleo médio passava quando enfrentava determinadas companhias de petróleo importantes. A outra prova, que embora algumas grandes companhias não tivessem escrúpulos a respeito de sufocar um operador independente, outras estavam prontas e dispostas a deixá-lo trabalhar — e até mesmo a ajudá-lo.

Tão logo eu havia descoberto o poço número 1 em Cleaver — que produzia impressionantes 5.100 barris por dia — saí atrás de um comprador para minha produção de petróleo cru. Para minha consternação, as empresas que procurei se recusaram a negociar comigo. Os motivos por trás deste boicote tornaram-se enfurecidamente claros em poucos dias, quando recebi diversos telefonemas com ofertas para comprar o Cleaver Lease a um preço muito baixo. Os corretores recusavam-se a dar o nome dos interessados que eles representavam.

Àquela altura, eu era um homem experiente na indústria do petróleo. Reconheci todos os sinais clássicos indicando uma manobra de sufocamento bem-organizada. Certos interesses queriam meu arrendamento. Ou eu o vendia a um preço ridiculamente baixo, ou eu seria deixado sem qualquer mercado para o petróleo produzido pelos poços na propriedade.

Incapaz de vender meu petróleo, tinha de conseguir alguma maneira de armazená-lo. As únicas instalações de armazenamento disponíveis na região de Los Angeles estavam em uma refinaria extinta — dois tanques de armazenamento com uma capacidade total de 155 mil barris, que imediatamente arrendei. Neste ínterim, mesmo enquanto eu procurava em vão um comprador para os 5.100 barris de petróleo cru que o meu poço número 1 estava produzindo a cada

24 horas, o poço número 2 chegou a uma produção diária de 5 mil barris. Isto foi seguido rapidamente pelo número 3, que produzia 5.100 barris ao dia, então pelo número 4, o menor da ninhada, que produzia 2.100 barris diariamente.

Esta taxa de produção estava enchendo rapidamente os dois tanques de armazenamento — e eu ainda não conseguira encontrar uma saída para esse problema. Eu sabia que quando os tanques enchessem até o topo, eu não teria outra escolha a não ser fechar minha operação completamente.

É óbvio que eu não estava gerando renda alguma dos quatro poços.

Meus recursos em dinheiro corrente — já levados ao limite devido aos custos de perfuração — diminuíam rapidamente à medida que eu pagava pelo arrendamento dos tanques e pelo transporte em caminhões do petróleo cru por muitos quilômetros para armazená-los. A situação poderia facilmente ter se transformado em um desastre financeiro. Decidi empreender um ataque frontal a uma das maiores de todas as principais companhias de petróleo — Shell Oil. Por uma feliz coincidência, Sir George Leigh-Jones, o então presidente da Shell, estava passando por Los Angeles de visita. Em desespero, apostei alto e pedi uma reunião com ele pessoalmente. Fui informado que ele teria a satisfação de me ver.

Um homem simpático e amigável, Sir George ouviu atentamente o que falei. A expressão cada vez mais severa que ele assumiu à medida que me ouvia foi toda a prova que eu precisava de que sua empresa não fazia parte do boicote e que ele desaprovava profundamente o uso deste tipo de tática. Quando terminei de falar, ele sorriu de maneira tranquilizadora.

"Não se preocupe, nós vamos ajudá-lo", ele me assegurou.

Para início de conversa, a companhia compraria os próximos 1.750.000 barris de petróleo cru produzidos pelos meus poços em Cleaver Lease. Além disso, um oleoduto seria construído para unir meus poços à rede e oleodutos da Shell Oil Company — e o trabalho de construção começaria no dia seguinte.

Sir George e a Shell Company honraram suas palavras. As equipes de trabalho da Shell chegaram cedo e animadas na manhã seguinte nos poços em Cleaver e começaram a colocar o oleoduto. O boicote estava rompido — e o Cleaver Lease estava seguro e gerando lucro para mim!

À medida que a década de 1920 chegava ao fim, a indústria de petróleo norte-americana começou a passar por uma mudança radical. A indústria estava tornando-se rapidamente mais complexa; o custo de encontrar e produzir petróleo aumentava a cada dia. Investimentos de capital muito maiores eram necessários para comprar arrendamentos, máquinas e equipamentos, assim como para financiar a exploração e a perfuração. A maioria dos lençóis de petróleo que se encontravam próximos da superfície em regiões petrolíferas conhecidas havia sido localizada e estava sendo explorada. Era necessário prospectar ainda mais longe e perfurar mais profundamente para encontrar petróleo.

Ocorreram muitas fusões e consolidações de companhias. Alguns operadores independentes estavam sendo deixados na beira da estrada. Outros estavam vendendo seus poços para as grandes petrolíferas. Havia também uma estranha e ameaçadora tendência subjacente perpassando toda a economia norte-americana. A bolsa de valores negociava ações a preços altíssimos, mas havia avisos e presságios de problemas adiante.

Era um período crítico para todos os prospectores de petróleo e um período particularmente difícil para mim. Eu tinha de cuidar de meus próprios interesses nos negócios que cresciam rapidamente — meus arrendamentos, meus poços produtores e minhas companhias. Então, com o passar dos anos, comprei blocos consideráveis de ações nas empresas de meu pai também. Nesta época, ele começou a ter problemas de saúde. E vi que era cada vez mais necessário que eu assumisse um papel ativo na administração dessas empresas.

Em 1929, o mercado de ações quebrou. No ano seguinte, meu pai teve um derrame. Apesar de ter mais de 75 anos, ele lutou contra a morte de maneira brava e implacável, mas a batalha foi perdida em 31 de maio de 1930. Minha mãe e eu tivemos pouco tempo para viver o luto. Tínhamos de manter o funcionamento de seus negócios e suas companhias operando. O governo federal pressionou um acordo rápido em relação aos impostos sobre o espólio. Estas e outras questões demandavam atenção imediata, e foram complicadas pelo fator econômico da depressão que se aprofundava. Muitos me aconselharam a liquidar tudo — vender não apenas os investimentos de meu pai como minhas próprias empresas e participações também.

"A situação no mercado só vai piorar", previam eles. "A economia vai se desintegrar completamente!"

Eu não via as coisas desta maneira. Na verdade, estava convencido que a economia do país era essencialmente sólida — que apesar de haver a possibilidade de as coisas piorarem no futuro próximo, a economia eventualmente daria a volta por cima, mais saudável do que nunca. Eu achava que era o momento de comprar — não de vender.

Muitas ações de companhias de petróleo estavam vendendo por ineditamente baixos; eram pechinchas espetaculares. Comecei a visualizar a organização de um negócio de petróleo completamente integrado e autossuficiente, um negócio que abrangesse não apenas a exploração e produção — as operações nas quais eu estivera envolvido exclusivamente até aquele momento — mas também o transporte, refino e até a venda no varejo.

Nos negócios, como na política, nunca é fácil ir contra as crenças e atitudes defendidas pela maioria. O empresário que for contra a maré da opinião prevalente deve esperar ser obstruído, ridicularizado e amaldiçoado. Assim aconteceu comigo quando, nas profundezas da recessão econômica norte-americana dos anos 1930, decidi fazer compras de ações em larga escala e erguer um negócio de petróleo autossuficiente. Meus amigos e conhecidos — para não mencionar meus concorrentes — achavam que minha orgia de compras iria provar-se um erro fatal. Então, quando anunciei minha intenção de adquirir o controle acionário de uma das sete maiores companhias de petróleo operando na Califórnia, mesmo aqueles que haviam sido meus apoiadores no passado estavam inclinados a acreditar que eu havia perdido a cabeça.

As maiores companhias de petróleo podiam comprar empresas de operadores independentes — e muitas vezes faziam isso. Mas um operador independente comprar uma grande companhia de petróleo? Era uma heresia — uma tentativa de virar a ordem estabelecida de cabeça para baixo!

Mesmo assim, levei adiante meus planos, pois estava olhando para o futuro. As companhias de petróleo que eu controlava ou nas quais tinha participações substanciais estavam engajadas exclusivamente na prospecção e extração do petróleo do chão. Para assegurar mercados para este petróleo e para aquele que seria produzido por novos poços perfurados no futuro, era necessário investir em uma companhia que precisasse de petróleo cru e que também tivesse instalações de refino e distribuição adequadas. Havia apenas sete destas empresas na Califórnia — todas de vulto.

A lista era encabeçada pela Standard Oil Company of California — obviamente um pedaço grande demais para qualquer independente dar uma mordida e digerir. O mesmo valia para a Shell Oil Company. A próxima possibilidade era a Union Oil Company, mas esta empresa tinha suas próprias fontes de petróleo cru. Assim como a General Petroleum Company, a qual, de qualquer maneira, era uma corporação de capital virtualmente fechado, e suas ações não estavam disponíveis para compra. Isso deixava apenas três empresas: Richfield Oil, então com seus bens sob custódia e consequentemente uma opção não muito tentadora; a Texas Oil Company, que tinha um amplo suprimento de seu próprio petróleo cru; e por fim, a Tidewater Associated Oil Company.

A Tidewater Associated parecia a escolha lógica. A companhia atendia apenas metade das necessidades de petróleo cru de suas refinarias a partir das próprias reservas, comprando o resto de outros produtores. A Tidewater também tinha uma boa organização de distribuição, e seus produtos gozavam de uma boa reputação com o público consumidor.

Eu via grandes vantagens em ligar minhas companhias à Tidewater. Minhas empresas — George F. Getty e Pacific Western Oil Company entre elas — teriam um escoamento assegurado para sua produção de petróleo cru e garantiriam uma provisão constante do material para as refinarias da Tidewater. Além disso, com as empresas trabalhando de maneira interdependente, seriam realizadas economias de grande escala. As economias seriam repassadas para o consumidor em preços mais baixos de óleo combustível e gasolina e compartilhados pelos 34.668 acionistas individuais da Tidewater na forma de dividendos mais altos.

Comecei minha campanha na Tidewater em março de 1932 comprando 1.200 ações ordinárias a US$ 2,50 por cota. Nas seis semanas seguintes, aumentei minha participação para 41 mil ações. Quase vinte anos se passariam até que eu chegasse a um controle claro da empresa. Durante este período, minhas companhias produtoras e eu compraríamos milhões em ações ordinárias da Tidewater. Meu palpite não estava errado quando comecei a comprar aos preços deprimidos de 1932. Nos cinco anos seguintes, as ações ordinárias da Tidewater subiram para mais de 16 dólares — e eventualmente cada ação passou a valer muitas vezes este valor.

Não era fácil chegar ao controle da Tidewater Associated Oil Company. Muitos riscos foram assumidos, muita oposição encontrada, duras batalhas legais e de procurações foram enfrentadas. Incontáveis situações críticas se desenvolveram. Muitas vezes eu não sabia como tudo iria terminar.

Minha primeira tentativa de obter uma voz na administração da Tidewater foi feita em maio de 1932. Fui à reunião anual dos acionistas armado com minhas próprias 41 mil ações, além de uma procuração para 126 mil ações individuais. No último momento, a procuração foi revogada. Meus esforços acabaram fracassando. Comprei mais ações e tentei vender minhas ideias para os diretores da

Tidewater. Eles, no entanto, não viam as coisas da mesma forma que eu e se entrincheiraram para uma longa e dura luta. Por quê? Bem, suponho que havia diversas razões. Antes de tudo, eu era um sujeito de fora. Tinha pouca ou nenhuma experiência na atmosfera pomposa das salas de conselhos.

"Paul Getty deveria ficar no lugar a que pertence: em um poço de petróleo", um diretor da Tidewater supostamente disse com desdém quando lhe contaram que eu estava comprando as ações da empresa por todos os lados. Temo que havia outros no conselho menos generosamente dispostos ainda em relação a mim e minhas ambições.

Eu estudara a organização e as operações da Tidewater cuidadosamente e recomendara que a companhia realizasse determinadas mudanças e praticasse certas economias. Estas recomendações, aparentemente radicais demais para o gosto dos diretores conservadores, causaram um ressentimento considerável.

Eu também chegara à conclusão de que grande parte da refinaria da Tidewater estava ultrapassada e logo seria obsoleta. Acreditava que a empresa deveria tomar medidas para modernização e substituição de equipamentos, mas a administração relutava em incorrer em gastos de capital em um mercado recessivo. Os diretores chamavam isto de "cautela necessária". Eu via a questão como falta de visão e mesquinharia.

Em 1933, a participação acionária Getty representava praticamente 260 mil ações da Tidewater — um bloco grande demais para ser ignorado. Fui eleito para o conselho da empresa, mas foi uma vitória vazia. Eu era apenas um entre muitos, e os outros diretores ainda estavam alinhados solidamente contra mim e minhas propostas. Continuei a comprar ações da Tidewater. Resultado: brigas de procurações, ações e contra-ações judiciais. Injunções, liminares e mandados voavam de um lado para o outro. No fim de 1937, a participação acionária Getty era suficiente para obter uma voz na administração. Três anos mais tarde, tínhamos 1.734.577 ações — um pouco mais de um quarto das ações com direito a voto — e muitas mudanças que eu propus estavam sendo implementadas. Em 1951, eu possuía ações suficientes da Tidewater para ter seu controle numérico. (A essa altura o *Associated* havia saído do nome da empresa e o nome *Tidewater* havia sido contraído em uma única palavra). Dois anos mais tarde, com todos exceto um diretor eleito pela participação acionária Getty, a campanha finalmente tinha terminado. Hoje em dia, os ativos da Tidewater passam de 800 milhões de dólares.

Em 1938, afastei-me momentaneamente do negócio do petróleo e comprei o Hotel Pierre em Nova York por US$ 2.350.000, menos de um quarto de seu custo original de 1929-30. Mais tarde comprei várias centenas de hectares de terras em Acapulco, México, onde eventualmente construí o Pierre Marques Hotel na praia de Revolcadero. Estes, contrário a relatos sustentando que sou proprietário de uma cadeia de hotéis, são os únicos de minha propriedade.

Em 1937, como parte da campanha Tidewater, obtive controle de uma empresa conhecida como Mission Corporation. Entre os investimentos da Mission havia uma participação acionária de 57% na Skelly Oil Company, uma importante companhia de petróleo com sede em Tulsa, Oklahoma. Desse modo, com uma sorte inesperada, adquiri o controle acionário em uma companhia com uma renda líquida em 1937 de 6,5 milhões de dólares — e a qual, hoje, tem mais de 330 milhões de dólares em ativos.

Mas esta não é toda a história. Entre as subsidiárias da Skelly Oil estava a Spartan Aircraft Corporation, uma firma de Tulsa envolvida desde 1928 na fabricação de aeronaves e treinamento de pilotos e navegadores. Visitei a planta da Spartan pela primeira vez no dia 7 de dezembro de 1939. Suas operações de fabricação de aeronaves eram bastante limitadas; havia apenas em torno de sessenta trabalhadores empregados na fábrica. A escola de treinamento de pilotos era muito mais ativa. Ela era, na realidade, a maior escola de pilotos particular dos Estados Unidos.

Eu havia retornado não fazia muito de uma viagem à Europa, que já estava em guerra. Eu estava convencido de que os Estados Unidos eventualmente teriam de jogar seu peso na guerra contra o Eixo.

Consequentemente, achei que a Spartan Aircraft teria um papel cada vez mais importante no programa de defesa do país — mas eu não poderia adivinhar então a magnitude da importância que ela estava destinada a ter.

Dois dias após minha primeira visita à Spartan, os japoneses atacaram Pearl Harbor e os Estados Unidos estavam em guerra. Foi no mesmo mês que minha querida mãe morreu. Foi um golpe pesado. Apesar de então eu já ter quase 50 anos, senti a morte tão profundamente como se ainda fosse um menino.

A notícia da guerra estava por todo o noticiário. Não haviam me deixado servir na Primeira Guerra Mundial, e agora eu tinha a esperança de servir no conflito da Segunda Guerra. Eu havia estudado navegação celestial e fora proprietário — em diversos períodos de minha vida — de três iates, entre eles um gigantesco iate de 260 pés e 1.500 toneladas, com uma tripulação de 45 pessoas. Com base nisso, me apresentei como voluntário para o serviço na Marinha dos Estados Unidos. Para meu desgosto, fui firmemente informado, ainda que de maneira educada, que a Marinha não tinha muito uso para um empresário de meia-idade, a não ser que ele estivesse disposto a assumir um trabalho administrativo rotineiro baseado em terra firme. Após esgotar todos os meios à minha disposição, obtive uma entrevista com o ministro da Marinha, Frank Knox, e expus meu caso. Disse a ele que queria uma missão na Marinha e que esta fosse no mar.

"Você se qualifica para uma missão como oficial administrativo ou de provisões", declarou o ministro Knox, "mas uma missão no mar está fora de questão." Ele fez uma pausa e me estudou proximamente. "Compreendo que você é proprietário da Spartan Aircraft Corporation", disse ele após um momento. Confirmei que era.

"As forças armadas precisam de todas as fábricas de aeronaves produzindo em larga escala tão logo seja possível", ele me disse. "O serviço mais importante que você pode prestar para o esforço de guerra é largar todos os seus outros negócios e assumir a administração pessoal direta da Spartan."

Cheguei a Tulsa como o presidente em exercício da Spartan em fevereiro de 1942. Havia um trabalho enorme a ser feito e muito pouco tempo para fazê-lo. As instalações de fabricação — incluindo o espaço da fábrica — tinham de ser expandidas, era preciso adquirir máquinas e ferramentas, recrutar engenheiros e técnicos, assim como contratar e treinar trabalhadores aos milhares. Apesar de atrasos, falta de materiais e contratempos, o pico de produção foi alcançado em menos de 18 meses.

Permaneci no comando ativo e direto das operações da Spartan durante toda a guerra. Antes de ela terminar, a escola de voo da Spartan chegou a treinar 1.700 aviadores novatos naquele período. Até o Dia da Vitória, a fábrica da Spartan — empregando mais de 5.500 trabalhadores no auge — havia produzido uma vasta gama de peças e componentes de aeronaves em subcontratos com as principais companhias aeronáuticas. Entre estes equipamentos estavam 5.800 conjuntos de estabilizadores, ailerons e lemes para bombardeiros B-24; 2.500 conjuntos de berços do motor para caças P-47; centenas de capotas para o bombardeiro de mergulho Curtiss; milhares de superfícies de controle do bombardeiro de mergulho Douglas; asas para caças Grumman Wildcat; cones de cauda para caças P-38 da Lockheed. A Spartan também produziu aviões de treinamento N-1 em regime de contrato principal.

O recorde de produção da Spartan gerou altos louvores das forças armadas — tributos à eficiência e lealdade dos homens e mulheres que haviam trabalhado para a empresa e que fizeram sua parte em ajudar a vencer a guerra.

Eu permaneci na Spartan até 1948 para cuidar da empresa no período difícil de reconversão para a produção em tempos de paz de trailers para moradia. Então, mais uma vez voltei para meu primeiro e maior amor nos negócios — petróleo.

Minhas companhias de petróleo prosperavam e estavam maiores e mais ativas do que nunca, mas era o momento para uma expansão adicional. As reservas de petróleo norte-americanas haviam passado por vastas demandas devido à guerra, e o consumo pós-guerra de petróleo estava subindo bruscamente mundo afora. Prospectores de petróleo ampliavam seus horizontes — para o Canadá, América Central e do Sul, África e Oriente Médio — procurando por novas fontes de petróleo. Instinto, palpite, sorte — chame como você quiser — me disse que o Oriente Médio era a região mais promissora, a melhor aposta, para a exploração de petróleo. Eu quase tinha obtido uma concessão de petróleo na região nos anos 1930, mas havia deixado a chance passar. Agora havia decidido buscar uma concessão para prospectar e perfurar na região e compensar pela oportunidade que eu havia perdido. Em fevereiro de 1949, minha companhia obteve uma concessão de sessenta anos — cedendo uma participação de 50% no resultado para o poder concedente —, na chamada Zona Neutra, uma região desértica árida, virtualmente desabitada e pouco explorada que se encontrava entre a Arábia Saudita e o Kuwait.

A concessão foi dada por Ibn Saud, rei da Arábia Saudita. Em consideração imediata pelo direito de explorar e perfurar poços de petróleo na Zona Neutra, paguei ao governo da Arábia Saudita 12,5 milhões de dólares. Era um risco enorme, e muitas pessoas na indústria do petróleo mais uma vez previram abertamente que eu levaria minhas empresas (e eu mesmo) à falência.

Quatro anos e 40 milhões de dólares foram necessários antes que o primeiro poço começasse a produzir na Zona Neutra. Mas em 1954 pude relaxar e gozar de uma última risada à custa daqueles que haviam profetizado minha ruína. A Zona Neutra havia provado ser uma das propriedades de petróleo mais valiosas do mundo. Poço após poço passara a produzir, e geólogos de petróleo estimaram de maneira conservadora que as reservas provadas em lugares na região coberta por minha concessão excederiam 13 bilhões de barris!

Com esta reserva tremenda e com poços produtores no Oriente Médio e em outros lugares produzindo milhões de barris de petróleo cru anualmente, foi necessário expandir ainda mais em outras direções. Minhas companhias tiveram de construir e comprar refinarias adicionais para trabalhar a enorme produção de petróleo cru. Oleodutos, instalações de armazenamento, projetos de moradia para trabalhadores e inumeráveis outros equipamentos e instalações foram ou estão sendo construídos.

Uma refinaria da Tidewater Oil Company de 200 milhões de dólares foi completada em Wilmington, Delaware, em 1957. Outra refinaria da Tidewater próxima de São Francisco foi modernizada a um custo de 60 milhões. Há uma nova refinaria de 40 mil barris por dia em Gaeta, Itália, e outra com uma capacidade de 20 mil barris ao dia na Dinamarca.

Em 1954 e 1955, a construção começou nos primeiros navios em uma frota de supertanques. Vários destes foram finalizados e estão agora em operação. Este programa de construção de supertanques está prosseguindo aceleradamente. A tonelagem flutuando e sob construção no momento excede 1 milhão de toneladas de peso morto. Entre os navios há supertanques verdadeiramente gigantes deslocando mais de 70 mil toneladas.

Minhas empresas construíram recentemente formidáveis prédios de escritórios em Los Angeles, Califórnia; Tulsa, Oklahoma e na cidade de Nova York — a um custo beirando os 40 milhões de dólares. Independentemente do que eles produzam, os negócios e indústrias de propriedade das participações de Getty são orientados para a expansão constante. A administração está sempre buscando maneiras e meios para aumentar a produção, e projetos em larga escala estão em curso para desenvolver novos produtos e para encontrar aplicações e usos inéditos para produtos antigos. De modo algum as explorações de petróleo e minerais são atividades menores às quais se dedicam minhas empresas, e estão sendo conduzidas energicamente em quatro continentes.

Esta, então, é a história de como escolhi meu caminho para o sucesso e como o trilhei desde meus dias como prospector nos campos de petróleo de Oklahoma, de como construí meu negócio e como fiz minha fortuna. A isto eu gostaria de acrescentar uma nota de rodapé breve, altamente pessoal — e ligeiramente pesarosa.

Por anos consegui — pelo menos como um todo — evitar a publicidade pessoal. Ou, colocando de outra maneira, tendo em vista que não fiz nada para buscá-la ou evitá-la, suponho que seria mais preciso dizer que a publicidade pessoal me evitou. Este estado de anonimato terminou de súbito e para sempre em outubro de 1957, quando a revista *Fortune* publicou um artigo listando as pessoas mais ricas dos Estados Unidos. Meu nome encabeçava a lista, e o artigo rotulou-me um bilionário e o "Homem Mais Rico dos Estados Unidos". Subsequentemente outras publicações me deram o título ainda mais grandiloquente de o "Homem Mais Rico do Mundo".

Desde então, tenho sido assediado por pedidos para revelar exatamente quanto dinheiro tenho. Raramente acreditam em mim quando respondo com toda a honestidade que não sei, que não há como eu *possa* saber. A maior parte de minha riqueza está investida nos negócios de que sou proprietário ou que controlo. Não faço afirmações a respeito da extensão da fortuna que possuo, e realmente não me importo com o tamanho dela.

Hoje em dia minhas empresas estão prosperando, e estão levando adiante programas ambiciosos para ampliarem ainda mais sua expansão. Minha preocupação e meu interesse principais estão em garantir que as companhias que me pertencem continuem a crescer de maneira que possam proporcionar mais emprego e produzir mais bens e serviços para o benefício de todos.

Meus colegas e eu estamos convencidos de que a tendência econômica global é de alta e que apesar dos alarmes e temores abalando nossa era, o mundo está no limiar de uma prosperidade maior do que qualquer outra em sua história. Queremos contribuir com nossa parte para que esta prosperidade aconteça — e para compartilhá-la, juntamente com todos os povos em todos os países mundo afora.

10

Você precisa de sorte
para ganhar 1 milhão?

OS HOMENS NESTA GALERIA usaram diversas técnicas para subir ao topo do monte financeiro. Capacidade de venda, dinheiro emprestado, inovação técnica, a velha e pura audácia — nós observamos e observaremos estas e outras técnicas e abordagens sendo aplicadas. Podemos analisar os meios usados de uma maneira geral, pois cada um é tangível o suficiente de maneira que você possa pegá-lo, virá-lo de um lado para o outro, estudá-lo a partir deste ou daquele ângulo. Parece possível ensinar cada um deles, pelo menos até certo ponto, de um homem para outro.

Agora vamos olhar para outro componente do sucesso cujas qualidades são bastante diferentes: a sorte.

A sorte não pode ser ensinada ou transferida de um homem para outro. Ela não é facilmente analisável. Não é tangível; não há alças convenientes com as quais você possa agarrá-la e examiná-la. Entretanto, de maneira frustrante, ela parece ser uma parte necessária da escalada ao topo de cada homem.

Sorte, o funcionamento totalmente imprevisível de um destino cego e indiferente. Sua presença é mais claramente sentida na vida de alguns homens, é claro, do que em outros. J. Paul Getty credita à sorte por grande parte de seu sucesso. Joe Hirshhorn, o investidor do mercado de ações, precisou dela em grande medida. Muitas de suas jogadas mais bem-sucedidas, embora fundamentadas também em sua sabedoria, ainda dependiam do resultado de eventos futuros que não poderiam ser previstos de maneira realmente clara. Ele vendeu todas as ações que tinha um pouco antes da quebra do mercado em 1929, e mais tarde admitiu que a sorte tivera muito a ver com isso. Centenas de outros homens, menos inteligentes ou menos sortudos, deixaram de vender suas ações — e ninguém sabe seus nomes hoje em dia.

A sorte não é tão evidente nas vidas de outros homens ricos, mas se você olhar com bastante atenção, sempre conseguirá vê-la escondendo-se em algum lugar ao fundo. Clement Stone, por exemplo, parece ter batalhado seu caminho da pobreza para a riqueza somente com o próprio cérebro e força de vontade. Entretanto, em muitos momentos fundamentais de sua vida, o azar poderia tê-lo esmagado da mesma maneira que o fez com outros homens. Em seu primeiro dia como um jovem vendedor assustado, ele conseguiu vender duas apólices de seguro. Suponha, por acaso, que ele não tivesse encontrado os dois cavalheiros generosos que compraram estas apólices. Suponha que seu total de vendas tivesse sido — como ele facilmente poderia ter sido, não fosse um acaso do destino — zero. É concebível que ele poderia ter desanimado e deixado para sempre o negócio da venda de seguros.

Em qualquer momento da vida, ele também poderia ter sido parado por uma doença ou um acidente de automóvel ou qualquer uma de uma centena de outras calamidades. Nenhuma destas coisas aconteceu. E assim Clem Stone seguiu em frente e para cima.

É instrutivo (e de certa maneira assustador) pensar que poderia haver outro vendedor adolescente que começou a vender apólices no mesmo dia que o jovem Clem Stone, na mesma cidade, talvez até no mesmo prédio de escritórios. Este outro jovem poderia ter um talento para vendas igual ao de Stone. Entrando e saindo ao acaso de escritórios bem como o futuro milionário estava fazendo, ele teve a má sorte de não encontrar dois cavalheiros generosos que justamente precisassem de um seguro de saúde e para acidentes. E, assim, este outro jovem abandonou o negócio desgostoso e foi para — vá saber para onde? Ladeira abaixo, talvez. Stone, enquanto isso, achando duas vendas por pura sorte, ganhou encorajamento suficiente para seguir em frente aguçando seus talentos ainda desconhecidos de vendedor e terminou com 400 milhões de dólares em sua conta bancária.

O outro pretendente a vendedor, hoje em dia na casa dos 70 anos, pode estar vivendo em uma aposentadoria apertada e melancólica de algum emprego com salário baixo. Ele pode ainda estar trabalhando por algum dinheirinho por dia para se manter vivo. Ele pode ser morador de rua. Ele pode estar morto.

Mas em vez de apenas imaginar este homem sem sorte, existe alguma maneira que possamos encontrá-lo em carne e osso, falar com ele de verdade e descobrir como foi sua vida? Certa vez, a revista *True* me pediu para fazer exatamente isto. A pauta era encontrar dois homens que tivessem nascido e sido criados no mesmo ano, na mesma parte da mesma cidade, com as mesmas vantagens e desvantagens — um dos quais tivesse subido na vida e outro ido ladeira abaixo. A história era para ser um estudo deste fenômeno elusivo, a sorte.

Era uma pauta fascinante, mas difícil. Eu tinha de abordá-la de trás para frente. Comecei indo ao distrito de Bowery em Nova York, aquele lar deprimente e sujo dos sem teto, indigentes e fracassados. Fui até o Bar Majestic, onde você poderia comprar um copo de vinho por 15 centavos. Paguei alguns dólares e rapidamente ouvi as histórias de vida de todos os homens maltrapilhos e de olhos turvos enfileirados no balcão gasto pelos cotovelos e manchado de bebida. Então fui a uma biblioteca e passei um pente fino na *Who's Who* e outros volumes até que encontrei um homem bem-sucedido que havia nascido e sido criado na mesma cidade e nas mesmas circunstâncias de um dos vagabundos que encontrei no Majestic. Então entrevistei longamente ambos, assim como outras pessoas que pareciam ter algo a dizer sobre a sorte, e aqui está a história.

A teoria e a prática da sorte*

Charles Alexander Wilson e Issur Danielovitch nasceram ambos na região leste de Amsterdam, no estado de Nova York, durante a Primeira Guerra Mundial. Eles foram igualmente dotados com uma alta inteligência. Os pais eram trabalhadores imigrantes, e o status econômico e social das famílias era exatamente igual — em outras palavras, pobre. Eles foram lançados na vida com aproximadamente as mesmas chances de serem bem-sucedidos ou fracassados.

Eles passaram pelas mesmas mudanças sociológicas, os mesmos eventos históricos, as mesmas catástrofes mundiais. Cresceram nos anos 1920 e a Grande Depressão acertou-os em cheio quando adolescentes. Eles foram sugados pelo vórtice da Segunda Guerra Mundial quando estavam nos 20 e poucos anos e foram lançados novamente para fora no *boom* fantástico dos tempos de paz do fim dos anos 1940 e da década de 1950. E hoje são homens de meia-idade no início do outono da vida, olhando para trás para a primavera e o verão, para o fracasso e o sucesso.

Hoje, Charles Alexander Wilson é conhecido por seus amigos como Banana Nose. Ele é um vagabundo de Bowery. Issur Danielovitch é conhecido como Kirk Douglas. Ele é uma estrela de Hollywood e um milionário.

A fortuna os tratou de maneira desigual. Por quê? Seus caracteres são diferentes? É claro. Um tentou mais duro que o outro? Certamente. Há mais ou menos 25 séculos, Heráclito observou que caráter é destino, e filósofos, romancistas e cineastas desde então batem nessa tecla de novo e de novo. Em grande parte um homem faz o próprio destino. Mas isso é tudo? E a sorte, o acaso puro, cego, aleatório,

---

* Originalmente publicado na revista *True* com o título "Who Is the Dame Called Lady Luck?". Copyright © por Fawcett Publications, Inc., e Max Gunther. Reimpresso com permissão.

incontrolável? A sorte teve uma parte nas vidas diversas de Kirk Douglas e Banana Nose Wilson?

Ela teve — uma parte muito importante. Ocorreram eventos na vida de ambos que estavam aparentemente fora de seu controle, eventos que se formaram além do alcance deles e então caíram com tudo sobre suas vidas. Estes eventos ajudaram um homem a alcançar o auge do sucesso — e nocautearam o outro.

Sorte. Ela entra e sai de nossas vidas subitamente, sem ser convidada, inesperada, às vezes bem-vinda e às vezes não. Ela é o insulto supremo à razão humana: você não pode ignorá-la; entretanto também não pode se planejar para ela. Não importa quão cuidadosamente você projete sua carreira, você não tem como saber como o projeto será modificado pelo funcionamento de eventos aleatórios. Você só pode saber que os eventos ocorrerão. Só pode esperar por eles e torcer para que estejam a seu favor.

"Até hoje ninguém descobriu como esquivar-se do azar", diz Sherlock Feldman, de Las Vegas. Feldman vive em um mundo de sorte pura, um mundo no qual as pessoas se expõem deliberadamente à essência destilada dele. Ele é o gerente do Dunes, um dos maiores cassinos de Nevada. De plantão das 2 horas da madrugada até as 10 horas da manhã, ele observa diariamente pessoas que preferem brincar com a sorte em seu estado puro do que dormir. "O próprio fato de que nós simplesmente existimos é uma questão de sorte. Se você quiser assustar a si mesmo ou se divertir — dependendo do seu ponto de vista — descubra como seu pai conheceu sua mãe. Talvez eles tenham se conhecido em uma festa. Talvez seu pai estivesse na festa somente porque ele encontrou ao acaso um amigo na esquina de uma rua naquele dia e o amigo o convidou para aparecer na festa naquela noite. Faltou muito pouco para você não existir."

Feldman, um homem robusto com óculos de armação grossa e um olhar de bom humor melancólico, pensa um bocado a respeito da sorte. "É uma mercadoria estranha", diz ele. "Você pode se tornar realmente supersticioso se não for cuidadoso. As pessoas chegam aqui com patas de coelhos e mapas astrológicos e todo tipo de ideias malucas sobre como elas vão controlar a sorte. Eu rio. E digo: 'A sorte não existe. Não é algo místico; são apenas eventos ao acaso.' Mas então alguém chega e faz algo que é estatisticamente impossível e tenho de dizer: 'Bem, sim, ele teve sorte.'"

Como o turista inocente que apareceu uma noite há pouco tempo — "um cara, nem sei o nome, um sujeitinho de um lugar qualquer". O sujeitinho tinha em torno de cem dólares com ele e estava preparado para perder tudo. Ele disse que gostaria de jogar *craps*. Nunca havia jogado aquilo antes e tiveram de ensinar as regras para ele. Normalmente um jogador de *craps* se considera com sorte se ficar com os dados e seguir vencendo por cinco ou dez minutos, e 15 minutos é considerado *muita* sorte. O sujeitinho de um lugar qualquer ficou com os dados por fantásticas duas horas e quarenta minutos. Quando o jogo incrível terminou, ele tinha ganho algo em torno de 30 mil dólares.

"Como você explica uma coisa dessas?", pergunta Feldman, francamente surpreso. Muitos jogadores veteranos em torno da mesa aquela noite acharam que havia algo acontecendo, embora suas definições do que era esse algo diferissem. Alguns diziam que o sujeitinho estava "quente" — significando, essencialmente, que ele estava temporariamente em uma condição na qual eventos aleatórios eram influenciados a acontecerem a seu favor. Mas influenciado como, por qual força ou agência? Alguns observadores disseram que não sabiam, mas outros falavam de algo chamado "psicocinese" — uma capacidade mental presumida através da qual o próprio jogador amador controlava a queda dos dados. Outros falavam de "precognição", a capacidade do jogador de olhar para o futuro e ver como os dados cairiam. Ainda outros achavam que a sorte resultava de forças misteriosas operando à sua volta, mas não dentro dele, não sob seu controle — forças exercidas pelas estrelas ou outras agências externas que, por razões desconhecidas, estavam dispostas favoravelmente para ele naquela noite em particular.

E alguns achavam que a série vencedora não tinha significado especial algum. Era apenas o encontro de circunstâncias ao acaso; não acontecia por alguma razão em particular, sem qualquer intervenção de forças invisíveis.

Não importa como você defina a sorte, ela existe evidentemente. A expressão *golpe de sorte* existe porque articula uma experiência humana comum. Há dias em que tudo que você toca vira ouro, e há outros dias quando tudo vira... bem, sejamos educados e chamemos de poeira e cinzas. Alguns homens parecem ter consistentemente mais sorte do que outros — de tal maneira e tão continuamente que os amigos do indivíduo abençoado pela fortuna falarão como se a sorte fosse uma parte constituinte de sua bagagem profissional, como a educação. "Aquele maldito sortudo", dirão eles, "ele não dá um fora! O nó de seu cadarço nunca desamarra quando ele está correndo para pegar um avião. Nunca aconteceu de uma garçonete derramar café em suas calças quando ele estava a caminho de uma reunião importante. Quando o carro dele enguiça, ele está sempre a meio quarteirão de uma oficina mecânica. Nunca chove quando ele vai a um jogo de futebol — mas quando ele quer esquiar, sempre neva."

Um dos mais famosos destes homens sortudos foi Jesse Livermore, um especulador do mercado de ações que floresceu no início deste século e cujas apostas estavam consistente e ultrajantemente certas. Se os pontos principais da história de sorte de Livermore não estivessem documentados nos arquivos de Wall Street, provavelmente não acreditaríamos nela. Livermore era filho de um fazendeiro, nascido em Massachusetts, que foi para Boston ainda jovem e conseguiu um emprego como auxiliar administrativo em uma corretora. Ele se tornou fascinado por um tipo de aposta chamada venda a descoberto. Nesta manobra de arrepiar, você vende ações antes de comprá-las. Você torce para que o preço caia antes que tenha de "cobrir" ou entregar as ações. Se o preço cair, você ganha dinheiro comprando as ações por menos do que o montante que já as vendeu. Esta é uma maneira de manipular grandes blocos de ações sem precisar de um grande capital no início do negócio. Você pode fazer lucros enormes sem investir nada do próprio bolso — mas de maneira contrária, é claro, você enfrenta perdas igualmente enormes se o preço da ação subir.

Livermore rapidamente descobriu que tinha uma capacidade excepcional — e que ele nunca a conseguiu explicar completamente — de sentir quando uma ação estava prestes a se desvalorizar. Ele começou fazendo apostas de centavos com colegas de trabalho na corretora de Boston. Livermore apostaria que uma determinada ação cairia na semana seguinte quando todos mais, incluindo investidores veteranos que eram clientes da casa, achavam que ela subiria. Quando as pessoas lhe perguntavam como ele sabia, Livermore só conseguia dar de ombros e dizer: "Acho que foi sorte."

Ele começou a vender a descoberto no próprio mercado de ações. Livermore tornou-se um multimilionário. Ele era tão consistente e extraordinariamente bem-sucedido que os escritores de jornais e revistas da época, e mesmo alguns investidores experientes de Wall Street, acreditavam seriamente que ele tinha o talento da precognição.

Livermore negava isso, mas algumas de suas jogadas bem-sucedidas eram difíceis de explicar de qualquer outra maneira. Numa manhã em abril de 1906, ele adentrou o escritório de uma corretora e vendeu a descoberto vários milhares de ações da Union Pacific. Era uma decisão supremamente temerária de se tomar. O mercado de ações estava em alta, e a Union Pacific era uma das ações mais quentes em termos de crescimento no quadro da bolsa de valores. O gerente da corretora tinha certeza de que Livermore havia se enganado. "O senhor quis dizer *comprar*, não?", perguntou ele. De acordo com observadores, Livermore pegou a papeleta de pedido que ele havia preenchido há pouco, encarou-a com uma expressão ligeiramente desorientada, então lentamente balançou a sua cabeça. "Não", disse ele, "eu realmente quis dizer o que escrevi". E, com um sorriso distante, ele foi embora.

No dia seguinte, Livermore estava de volta. A situação não tinha mudado. Todas as notícias sobre a Union Pacific ainda indicavam esmagadoramente uma situação de alta. A vasta maioria das negociações profissionais, longe de estarem vendendo a ação da empresa a descoberto, a compravam avidamente em margem. Mas Livermore, ainda com aquele ar vagamente desorientado, no entanto estranhamente sereno, vendeu mais milhares de ações a descoberto.

No dia seguinte, 18 de abril, São Francisco foi arrasada por um terremoto. Milhões de dólares em ferrovias e outras propriedades da Union Pacific, assim como incontáveis milhões em receitas em potencial, desapareceram debaixo dos escombros. As ações da empresa caíram como uma pedra. Livermore cobriu suas vendas a descoberto e saiu do negócio 300 mil dólares mais rico.

"De onde você tirou o palpite?", eles o perguntavam mais tarde. Livermore podia apenas dar de ombros de maneira impotente.

No entanto, ele era absolutamente consciente da enorme força exercida pela sorte em sua vida. Às vezes, Livermore se preocupava sobre o que aconteceria se a sorte o deixasse. "Quando um homem viveu pela boa fortuna", ele observou certa vez para um amigo banqueiro suíço, "ele vive com medo. E se a sorte o deixar, onde você vai procurar um novo suprimento?" A sorte de Livermore começou a evaporar durante o *boom* vertiginoso dos anos 1920 — uma época notavelmente ruim para a venda a descoberto. Ele recuperou parte das perdas na década seguinte, mas seu velho faro parecia tê-lo deixado. Em 1940, por razões que nunca ficaram claras — talvez cismando sobre a sorte que o deixara —, Livermore se matou com um tiro.

Kirk Douglas e Banana Nose Wilson, de Amsterdam, Nova York, são dois homens que pensam bastante sobre a sorte. Estranhamente, Wilson parece mais à vontade com sua má sorte do que Douglas com sua boa sorte.

Wilson diz: "Parei de lutar há muito tempo atrás. Pouco me importa. A vida pode me levar para onde quiser. Vou sossegado."

Douglas diz: "Um homem gosta de sentir que tem controle sobre sua vida, mas isso é uma ilusão. O fator X sempre está lá: sorte, ou como você quiser chamá-la. Você pode ter todo o talento do mundo, mas sem sorte não vai a lugar algum. É frustrante porque não é possível controlá-la; você não pode fazer nada a respeito."

Issur Danielovitch era um garoto durão de um bairro durão, sem perspectivas palpáveis de conseguir obter um grande sucesso em atividade alguma. "Eu não estava indo a lugar algum. Não tinha interesse em nada a não ser garotas. Eu era o tipo de cara que, quando crescesse, terminaria como um auxiliar de escritório em uma loja de departamentos de Amsterdam. Mas então este fator X maluco soprou em minha vida pela primeira vez. No ensino médio, por acaso, fui mandado para uma aula dada por uma professora chamada Louise Livingston, e, um dia, ela me pediu para fazer um papel pequeno em uma peça da escola. Não havia uma razão para ela fazer esse pedido; isto simplesmente aconteceu — foi um acaso feliz. Se isto não tivesse acontecido, ninguém fora de Amsterdam saberia meu nome hoje em dia. Mas aconteceu, eu me interessei pelo assunto e Louise Livingston me apoiou ao longo do caminho, e foi assim que começou."

O jovem Danielovitch trabalhou durante a faculdade (em parte como auxiliar de escritório em uma loja de departamentos de Amsterdam) e foi para Nova York tentar entrar para o show business. "Por um bom tempo pareceu como se a sorte houvesse me deixado. Eu vivia em um quartinho sujo em Greenwich Village e trabalhava como garçom em um restaurante da rede Schrafft's. Consegui alguns papéis pequenos na Broadway. Em uma peça, eu era um eco fora de cena — esse era o tipo de sucesso que eu estava tendo. Quando entrei para a Marinha norte-americana em 1942, minha carreira não parecia ter avançado muito mais do que quando havia começado com Louise Livingston."

Mas a sorte estava operando de sua própria maneira secreta. Uma das garotas de que o jovem Kirk Douglas se despediu com um beijo quando foi para a guerra era uma jovem atriz batalhando sua carreira chamada Lauren Bacall. Enquanto Douglas estava no Pacífico, Lauren Bacall gozava da própria temporada de sorte e abruptamente tornou-se uma estrela de Hollywood. ("Sua própria sorte depende da sorte de outras pessoas. É louco assim mesmo.") Ela induziu um produtor de Hollywood a ver Douglas atuando quando ele voltou à vida civil, e sua carreira no cinema começou. "É claro", ele diz, "acho que tenho algum talento. Mas se este acaso feliz da Lauren Bacall não tivesse ocorrido, aonde teria ido este talento? Dúzias de meus amigos tinham talento na época, também, mas você não vê os nomes deles nos filmes hoje em dia. Eles não tiveram a sorte."

Após atuar em alguns filmes obscuros de segunda categoria por algum tempo, Douglas teve um dia um palpite ao estilo de Jesse Livermore. Ofereceram-lhe papéis em dois filmes. Um era uma produção grande e cara, por um estúdio bem-sucedido que poderia lhe oferecer um monte de dinheiro. O outro era uma produção de baixo orçamento de um estúdio pequeno que poderia oferecer apenas um mínimo básico em pagamento. "Por que escolhi o estúdio pequeno? Eu não sabia então, e ainda não sei hoje. Foi um palpite, puro e simples." O filme do pequeno estúdio foi intitulado *O grande ídolo*, e este foi o filme que fez de Kirk Douglas uma estrela.

Um dia em 1958, o produtor Mike Todd convidou Kirk Douglas para voar com ele da Costa Oeste para Nova York. "No último instante, não fui. Havia alguma razão — sorte, talvez você a chame assim. Eu estava com as malas prontas, mas não subi no avião. O avião caiu, matando Mike Todd e todo mundo a bordo."

Sorte. Issur Danielovitch simplesmente a tinha. Charles Alexander Wilson não. Enquanto Danielovitch estava indo para cima, Wilson estava indo para baixo.

Wilson nasceu na mesma parte pobre de Amsterdam. Ele se saiu bem nos primeiros anos de escola; ele se lembra que suas notas ficavam sempre acima de oito. Quando tinha uns 12 anos, seu pai ficou sabendo por acaso de um trabalho mais qualificado em Providence,

Rhode Island, e a família migrou. "Pareceu um lance de sorte para meu pai, porque o salário dele subiu um pouco, mas foi um azar para mim. Eu estava feliz na escola antes, mas de certa maneira nunca me saí bem nas escolas de Providence. Tive umas professoras ruins. Havia uma que zombava de mim por ter um nariz grande, e os garotos seguiram com a brincadeira. Dessa forma, nunca consegui passar de um estranho. Eu era o Charlie Bicudo, o garoto de quem todos riam. Bem, que diabos, esse tipo de coisa incomoda um garoto. Minhas notas despencaram. Acho que daí em diante fui marcado como um perdedor. Eu tinha a psicologia de um perdedor. Mal tinha dado a largada, mas já estava acabado."

Diferentemente do jovem Danielovitch, cujo contato ao acaso com uma boa professora mostrou-lhe o valor da educação, o azarado Charlie Wilson compreensivelmente passou a odiar a escola. Ele largou os estudos antes de terminar o ensino médio. Charlie trabalhava como operário. "De vez em quando, eu tentava um trabalho melhor, mas eu tinha *perdedor* escrito na testa. Provavelmente o que eu fazia era tentar um emprego acreditando que não iria consegui-lo. Eu pedia desculpas para o sujeito por desperdiçar o tempo dele. Naturalmente, ele não me dava o trabalho."

Em 1939, Wilson teve um lance de sorte. Ele conseguiu um trabalho dirigindo para uma pequena transportadora. Ele e o proprietário do negócio passaram a gostar um do outro. O proprietário, um homem mais velho, queria se aposentar e começou a falar sobre passar o negócio para Wilson, como administrador e sócio. Wilson viu uma chance de finalmente ter sucesso, ficou animado com o negócio, estudou os livros da empresa e a economia do negócio de uma transportadora. "Eu ia ser um empresário! Pensei: 'Finalmente consegui!'"

Mas então o país entrou na guerra. Um dos primeiros homens convocados pelo exército de Providence foi Charles Alexander Wilson. Quando ele retornou para a vida civil em meados dos anos de 1940, a pequena transportadora e o proprietário estavam mortos.

Charlie foi de um trabalho para outro. Ele havia aprendido a gostar de uísque no exército, mas não estava bebendo muito ainda. Uma nova chance de alcançar o sucesso passou por seu caminho quando a Firestone Tire and Rubber Company o contratou como almoxarife em 1948. Assim como muitas empresas grandes naquela época, a Firestone tinha ambiciosos planos de expansão para os tempos de paz, mas era impedida por uma carência de jovens tecnicamente treinados. A empresa estava continuamente prospectando em meio a seus empregados sem qualificação para então promovê-los através de cursos e canalizá-los para o que, para alguns, tornavam-se carreiras novas fantásticas. Charlie Wilson, sem educação formal, mas surpreendentemente inteligente, foi um dos que ganharam este empurrão. A Firestone começou treinando-o como recauchutador de pneus, e havia uma conversa de mandá-lo para um curso noturno para completar o ensino médio e depois talvez para uma escola técnica de química. "Mais uma vez achei que tinha conseguido."

E mais uma vez ele estava errado. Um sábado à noite Charlie estava dirigindo um velho Buick 1938 em Nova Jersey, quando o mecanismo de direção quebrou. Ele sentiu a direção girando livremente nas mãos. "Eu estava em uma estrada do interior. Havia apenas uma casa próxima de mim. O resto era campo aberto. O carro poderia ter ido para milhares de direções diferentes e estaria tudo bem. Mas o que acontece? Cristo, o carro foi direto para a casa. Eu bati na parede da garagem, e todo o maldito teto da garagem caiu."

Charlie não se machucou seriamente, mas sua carreira sim. Ele estivera bebendo aquela noite — mas, segundo ele, não muito. "Eu acho que tinha bebido três copos de cerveja, não mais." Ele foi acusado de estar dirigindo bêbado. Ninguém acreditava em sua história sobre o mecanismo de direção; o carro estava destruído demais para produzir alguma prova que o apoiasse. Ele não tinha seguro. O proprietário da casa o processou por vários milhares de dólares pelo dano, e seus salários na Firestone foram penhorados.

183

Este episódio terminou sua carreira brilhante na Firestone. Charlie andou de um lado para o outro por mais um tempo. Certo dia, em 1950, desempregado, faminto e sem esperança, ele passou por um póster de recrutamento do exército que prometia ensiná-lo habilidades e um ofício caso ele se alistasse novamente. "Parecia uma resposta. Aqui estava uma nova chance de aprender algo útil. Já que você não levava tiros em tempos de paz no exército, achei que um homem poderia ganhar sua vida ali como em qualquer outro lugar."

Charlie alistou-se em 15 de junho de 1950. No dia 25 de junho, tropas norte-coreanas invadiram inesperadamente a Coreia do Sul cruzando o paralelo 38, e dois dias depois as forças norte-americanas estavam a caminho da guerra. Alguns meses depois, Charlie Wilson estava na Coreia levando tiros.

"Eu pensei: 'Nada do que eu faço dá certo, que tudo vá para o inferno daqui para frente.' Na Coreia foi onde comecei a beber de verdade."

Saído do exército de novo no fim dos anos de 1950, Charlie retornou para Nova York, torrou todo o soldo e bônus de linha de frente e começou a procurar por um trabalho. "Eu tinha 40 anos. Achei que tinha de conseguir desta vez, ou estaria perdido para sempre. Parei de beber, fiquei completamente sóbrio e comprei algumas roupas decentes. Eu estava realmente determinado a tentar uma última vez."

Mas ele não tinha habilidade alguma para oferecer a um empregador. E um dia, sentado tristemente em um banco de praça examinando os anúncios de emprego em um jornal, Charlie teve o que ele considera agora o pior azar de sua vida já muito azarada. "Estou sentado ali, e um cara aparece do nada e senta ao meu lado. Um vagabundo, maltrapilho, bêbado. Ele diz: 'Desempregado?' Eu respondo que sim, e ele diz: 'Vou lhe dizer onde ir.' Achei que ele falaria de um emprego para mim. Em vez disso, o que ele me disse foi... Bem, foi minha maldição."

O vagabundo contou para Charlie Wilson sobre o Abrigo Municipal de Nova York — "o Muni", como seus hóspedes o chamam —

onde homens indigentes podem conseguir uma refeição gratuita e vales resgatáveis em restaurantes e hotéis na Bowery. "Quando ganhei minha primeira refeição gratuita naquela noite e fui para cama em um dormitório gratuito, simplesmente desisti. Não havia mais pressão. Eu não tinha de procurar mais por um trabalho. Daquele dia em diante, eu estava em um beco sem saída."

Atualmente, Charlie faz seu lar durante o dia no Bar Majestic — um nome bastante inapropriado —, onde o vinho é servido a 15 centavos o copo. Banana Nose, como eles o chamam (e, curiosamente, ele gosta do nome), ainda mantém sua autoestima. Ele se barbeia diariamente, seu cabelo é penteado com capricho e suas unhas estão cortadas curtas e perfeitamente limpas. Suas roupas são velhas, mas estão limpas também. Ele também mantém certo otimismo melancólico. Ele me disse recentemente: "A maior parte das coisas que aconteceram comigo foi provavelmente culpa minha, mas parte disso foi puro azar, e sigo acreditando que minha sorte vai mudar algum dia. A sorte pode mudar, não é?"

Concordei. O rosto feio, mas agradável, de Banana Nose Wilson subitamente se iluminou. "Talvez ela tenha mudado", ele falou, "bem agora quando você apareceu do nada e me abordou. De mil vagabundos, você foi logo me escolher. Ora, isso é sorte, não é?"

Pensei que talvez fosse. Eu havia pago uma refeição para Banana Nose e um maço de cigarros. Ao nos despedirmos, dei a ele dez dólares.

Mas e o que é a sorte? "Você pode ler histórias de casos como estes de várias maneiras", disse o Dr. Jean Rosenbaum, um psicanalista do Novo México que é fascinado pelo que ele chama de "síndrome do perdedor crônico". O próprio caráter de um homem pode ajudar a dar forma à sua sorte, diz o Dr. Rosenbaum, mas a sorte pode ter dado forma a seu caráter para início de conversa. "É muito difícil separar os dois fatores."

"Se você examinar a história de vida de um perdedor crônico", ele diz, "normalmente descobre que ele chamou grande parte dela de má sorte." O Dr. Rosenbaum tivera um paciente, por exemplo, que era propenso a acidentes a um ponto que beirava o ridículo. Ele era um operador de máquinas e havia perdido três dedos em três acidentes diferentes. Ele havia quebrado os dois braços e uma perna diversas vezes. Havia sido escalpelado em outro acidente e quase ficado cego em outro. "Na fábrica onde ele trabalhava, eles o chamavam de Harry Azarado. Por fora parecia que ele era vítima de um azar terrível e quase contínuo. Mas quando ele veio me ver — o homem suspeitava de que fosse o responsável pelo próprio azar, veja bem — descobrimos um fato interessante: não mais do que duas horas antes de cada um de seus acidentes, ele tivera uma discussão com algum supervisor ou outro. Parecia que ele se machucava como uma punição por ter pensamentos ruins sobre uma figura de autoridade!"

Dr. Rosenbaum fez uma pausa. "Então sua sorte era causada por seu caráter. Mas o que dava forma ao seu caráter? De onde vinha esta questão sobre figuras de autoridade? Vinha da infância e de sua relação com o pai — de eventos totalmente alheios à sua escolha. A sorte, veja bem, havia formado seu caráter."

Esta é uma explicação para determinados tipos de sorte. Mas há outros tipos que não podem ser explicados facilmente desta maneira. O tipo que Sherlock Feldman vê no Dunes, por exemplo. "Nós temos perdedores crônicos por aqui, também", diz Feldman. "A lei das médias diz que todo mundo deveria vencer de vez em quando, em um jogo honesto — mas há pessoas que quase nunca vencem. Por quê? Vai saber."

A história mais tocante de Feldman diz respeito a um homem de olhar triste que entrou no Dunes certa noite e ficou perto de uma mesa acompanhando um jogo de roleta. Ao ver que alguém havia deixado cair uma nota de cinco dólares debaixo da mesa, ele gritou: "Tem uma nota de cinco no chão!" O crupiê ouviu mal em meio ao ruído e achou que o homem havia dito: "Cinco no quatro!"* Assim,

---

* Infelizmente, o sentido se perde na tradução. No original em inglês, as palavras "floor" [chão] e "four" [quatro] têm pronúncias semelhantes, o que causou o engano do crupiê. (*N. do E.*)

o crupiê colocou uma ficha de cinco dólares sobre o número quatro. A roleta girou, o quatro saiu, e o homem de olhar triste ganhou 175 dólares. O crupiê empurrou as fichas para o outro lado da mesa. Chocado, o homem as deixou onde elas estavam — por acaso, no vermelho. A roleta girou novamente, e saiu o vermelho. O homem triste ganhou mais uma vez.

Ele estava tremendo de excitação. "Meu Deus", ele disse para um sujeito ao lado, "esta é a primeira vez na vida que ganhei alguma coisa! Sou o cara mais azarado do mundo. Nunca ganhei um centavo em um jogo de póquer!"

"Bem", disse o sujeito ao lado, "se esta for sua noite de sorte, aproveite."

Ele aproveitou. Apostou na roleta até ganhar mais de 5 mil dólares. Então, incapaz de suportar mais a tensão, juntou suas fichas e foi descontá-las, rindo e cantando.

Uma regra inabalável em Las Vegas diz que se um jogador chama uma jogada sem realmente colocar o dinheiro na mesa, eventualmente ele tem que mostrar que tinha o dinheiro no bolso para cobrir a primeira aposta. De outra maneira, a casa vai se recusar a trocar as fichas por dinheiro. Neste caso, foi exigido do homem triste que ele mostrasse que tinha cinco dólares consigo — o preço da primeira aposta.

Ele tirou sua carteira e olhou dentro. Estava vazia. Sua esposa a havia esvaziado naquele dia para ir às compras e não o avisara.

Uma sorte deste tipo não pode ser facilmente explicada em função do caráter. Da mesma maneira com o tipo de sorte que produz bilhetes de loteria premiados. "Ela aparece do nada, é como ser atingido por um raio", diz Sol Levin, de 62 anos, de Jersey City, Nova Jersey. Levin, um fornecedor de equipamentos dentários que nunca havia ganho nada em uma loteria, comprou cinco bilhetes da loteria do estado de Nova York um dia. As chances de que qualquer um desses bilhetes fosse sorteado eram de aproximadamente uma em mil, e as chances de que dois fossem escolhidos eram microscópicas demais para se pensar a respeito. Mas o quase impossível aconteceu: dois dos bilhetes de Levin foram sorteados, rendendo a ele um total de 400 dólares. "Não era muito dinheiro", disse Levin, "mas mostra que esta coisa chamada sorte existe. De tempos em tempos ela escolhe alguém. Não sei por quê, mas sei — quero dizer, *agora* sei — que ela acontece."

Muitas pessoas acham que sabem por quê. Numerólogos, por exemplo, acreditam que Levin ganhou duas vezes porque seus bilhetes tinham números da sorte. Os dois bilhetes vencedores traziam os números consecutivamente 10, 522, 453 e 10, 522, 454. Se você somar todos os dígitos individuais nestes números, destacam os numerólogos, você chega ao total de 45 — que é considerado por alguns adeptos desta pseudociência mística como sendo um número irresistivelmente sortudo. (Ele é o "número rei", o total de todos os dígitos de zero a nove.)

No entanto, diversas pessoas têm outras explicações para a sorte. "Com qualquer coisa tão inexplicável e incontrolável como a sorte, é simplesmente humano tentar explicá-la e controlá-la", diz o executivo da Penn Mutual Life Insurance, Robert S. Johnson. Quando fora piloto de caça sobre a Inglaterra e a Alemanha na Segunda Guerra Mundial, Johnson tivera mais sorte do que qualquer pessoa poderia explicar racionalmente. "É uma bobagem, mas você faz isso — você se apega a superstiçõezinhas esquisitas."

Johnson derrubou 23 aeronaves alemãs sem nunca ter sofrido mais do que um dano superficial em seu avião e uma lesão menor na perna. Tratava-se de um histórico fantástico no teatro europeu da guerra. No Pacífico, onde os japoneses muitas vezes lutavam com aeronaves inferiores e pilotos treinados apressadamente, não era incomum para os aviadores norte-americanos obterem altos escores. Porém, os aviões e os pilotos alemães eram superiores. Se um norte-americano tivesse uma marca tão alta quanto dez e vivesse para contar a história, era considerado algo extraordinário. Como Johnson sobreviveu?

O caráter deve ter tido algo a ver com isto. Johnson obviamente havia aprendido essa profissão mortal de forma meticulosa, e ele manuseava o avião com grande habilidade e impecável julgamento. Ele não se expunha ao perigo desnecessário e nunca sacrificava a segurança em alguma busca desenfreada pela glória. "Eu não perdia a cabeça em busca de vitórias."

Mas pelo menos alguns pilotos alemães deviam ser tão bons quanto eles. Como Johnson enganava suas balas? Ele quase se desculpa quando fala sobre o assunto. "É uma bobagem... Eu carregava dois amuletos da sorte o tempo todo, uma moeda inglesa e uma faquinha de aço. Eu sabia que era besteira, mas não me sentiria seguro sem eles. E eu chamava meu avião de *Sortudo*. Eu estava tentando explicar e controlar a minha sorte, entende."

Hoje um homem baixo e em boa forma, no alto de seus 45 anos, já um pouco grisalho, Johnson ainda se preocupa com a sorte. "Esta gravata que estou usando hoje me traz sorte. O décimo terceiro dia do mês é geralmente bom para mim..." Bobagem, talvez, como ele diz. No entanto, a sorte — o que quer que ela seja —, salvou sua vida um dia. É compreensível que ele seja relativamente obcecado por pensamentos sobre o assunto. Na realidade, seria estranho se ele não fosse.

Outros estudantes da sorte tentaram exames mais científicos sobre o fenômeno. Talvez o mais famoso seja o psicólogo Joseph Banks Rhine, diretor executivo da Fundação para Pesquisa sobre a Natureza do Homem. Primeiro na Universidade de Duke e agora em sua fundação, o Dr. Rhine passou a maior parte de sua vida profissional buscando a resposta para uma questão: "Existe um elemento de ação mental direta operando em determinados momentos para influenciar resultados em jogos que exigem habilidade e sorte?"

Rhine acredita que sim, mas ainda precisa convencer uma clara maioria de colegas cientistas.

De acordo com Rhine, a sorte pode resultar em parte da precognição, psicocinese e outras manifestações geralmente catalogadas sob o título geral de percepção extrassensorial (ou PES). Rhine, sua esposa e uma série de outros pesquisadores respeitados espalhados pelo país realizaram literalmente milhares de experimentos para descobrir se a PES existe e, em caso positivo, o que ela é e como opera. Geralmente estes experimentos envolveram tentativas de influenciar a jogada dos dados ou adivinhar quais cartas outra pessoa estava segurando. Se essa habilidade realmente existe, ela seria, é claro, útil não apenas na mesa de jogo, mas também no mercado de ações e no próprio jogo da vida. Isto ajudaria a explicar por que Kirk Douglas deixou de subir no avião de Mike Todd (precognição) ou porque nenhuma bala inimiga jamais atingiu um ponto vital no avião ou no corpo de Robert Johnson (psicocinese), ou porque os dois bilhetes de loteria consecutivos de Sol Levin saíram em um sorteio.

Se ela existir, é claro. No entanto, alguns dos experimentos de Rhine parecem mostrar que ela existe. O experimento mais bizarro ocorreu em setembro de 1933. O estudante de teologia Hubert E. Pearce sentou-se em um cubículo na biblioteca da Universidade de Duke e tentou adivinhar quais cartas estavam sendo abertas em outro prédio a cem metros dali. As cartas traziam cinco desenhos diferentes. Desse modo, em uma série média de trezentas tentativas, seria de se esperar que Hubert Pearce conseguisse sessenta respostas certas somente por obra do acaso — uma em cinco. Porém, em uma série incrível, Pearce acertou 119. As chances de isto acontecer ao acaso eram de um quatrilhão para um. Logo, concluiu Rhine, isso provavelmente não aconteceu ao acaso. Portanto, isso deve ter acontecido porque alguma outra força estava operando — PES, sorte controlada.

Era uma conclusão tentadora, mas muitos outros cientistas não a aceitaram. Uma das regras mais rígidas da ciência é a de que um resultado experimental precisa ser repetido, e Hubert Pearce nunca mais foi capaz de fazer o truque de novo (apesar de ele ter realizado uma série de outras tentativas nas quais teve pontuações significativamente mais altas do que você poderia esperar pelo mero acaso).

Sua vida desde então tem sido normal, mas não espetacularmente de sorte. Hoje em dia, Pearce é um pastor metodista em Kansas City, um homem tranquilo que não alega ter quaisquer habilidades de previsão do futuro ou de leitura da mente.

Uma abordagem de certa maneira mais pragmática para as causas da sorte é a do economista A.H.Z. Carr. Carr, que foi consultor econômico dos presidentes Roosevelt e Truman, ficou intrigado com questões a respeito da sorte quando tentou desvendar todas as razões pelas quais as nações ganham ou perdem guerras. Ele desenvolveu teorias sobre a sorte pessoal e as expressou em um livro de 1952, *Como atrair a boa sorte*. O livro rapidamente caiu no esquecimento, mas salientou um ponto interessante.

Você não pode ganhar um jogo sem entrar nele, diz Carr. Isto é óbvio se você está falando sobre pôquer ou o mercado de ações, mas menos óbvio se você está falando sobre a vida em geral. Para atrair situações de sorte, você tem de se posicionar para recebê-las, "expondo a si mesmo da maneira mais completa possível às circunstâncias fluidas da vida". Reduzindo a questão à essência, isto significa simplesmente entrar em contato com o maior número possível de pessoas.

Kirk Douglas chegou a Hollywood porque conhecia Lauren Bacall. Ela era uma entre as várias centenas de pessoas com quem o amável ator buscara travar uma amizade. Ele não tinha como saber de antemão quais destas várias centenas de pessoas poderiam trazer-lhe sorte ou o que esta sorte poderia ser — mas, ao estar em contato com um grande número de pessoas, ele melhorou suas chances. Em comparação, um dos principais problemas de Banana Wilson foi de que ele nunca fez muitos contatos. Conhecendo poucas pessoas, ele tinha relativamente poucas chances de ficar sabendo de um bom emprego, ou ter a sorte de se deparar com uma oportunidade preciosa através de um amigo de um amigo.

"Sim, aquele livro está certo", Wilson me contou um dia enquanto caminhávamos por uma calçada cheia de gente em Nova York.

"A sorte vem na maioria das vezes de outras pessoas. Se eu pudesse viver minha vida de novo, eu teria conhecido muito mais gente. Este é o segredo! Tem de ser isto!"

"Por que não começar hoje?", perguntei. "Você fala como se já estivesse morto, pelo amor de Deus!"

"Você está certo!" A voz de Wilson cresceu com o entusiasmo. "Vou tentar! Pessoas, esse é o segredo! Não existe essa coisa chamada azar!"

No entanto, pouco tempo depois, uma pomba sentada em uma beirada bem acima da calçada esvaziou seus intestinos. O excremento poderia ter caído em qualquer um dos inúmeros pedestres. Mas caiu sobre a manga de Banana Wilson.

"Ah, mas que diabos", disse Wilson.

11

O caminho da tecnologia: a abordagem do "pau para toda obra"

É ÓBVIO QUE UM monte de dinheiro pode ser ganho com avanços na tecnologia. O truque é entrar em cena com a ideia certa no momento certo — aparecer um centésimo de segundo antes que seus competidores o façam com um equipamento, material ou processo novos que o mundo vai querer comprar.

Parece haver duas maneiras básicas de se realizar este truque. Uma é se concentrar de maneira razoavelmente limitada sobre um campo especializado da ciência, aprofundar-se neste campo, sondar suas profundezas e descobrir progressivamente um tesouro abaixo do outro. Se tiver sucesso, você fica conhecido como um mestre daquele campo e virtualmente se torna seu único proprietário. Você vira o proprietário não apenas intelectualmente como em termos monetários também — se você tiver um bom advogado de patentes e um sólido instinto financeiro. Um homem que realizou este feito de uma maneira peculiarmente brilhante foi Edwin Land, e examinaremos sua carreira repleta de sucessos no capítulo seguinte.

A segunda abordagem para a tecnologia é aquela do não especialista. Este tipo de homem não é apegado a qualquer ciência em particular. Em vez disso, ele é apaixonado pela ciência em si — toda ela. Ele é um curioso. Adora desmontar equipamentos e ver como eles funcionam, brincar um pouco com eles para ver se pode melhorá-los. Ele não se importa particularmente sobre quais tipos de equipamentos venham a ser, desde que eles lhe ofereçam a oportunidade de aplicar sua engenhosidade. Diferentemente do especialista, que normalmente precisa de uma educação bastante completa em sua ciência, o não especialista não parece exigir muito no sentido de uma educação normal. Ele pode até ter abandonado a escola porque os livros e o pensamento abstrato o incomodavam: estava impaciente em cair fora e colocar suas mãos em equipamentos de trabalho reais e não abstratos.

William P. Lear, Sr., é um homem desses. Ele é provavelmente mais conhecido como o produtor do Lear Jet, o principal jatinho econômico usado por companhias que buscam reduzir o tempo de viagem para executivos com altos salários. Mas ele meteu suas mãos em dúzias de outros avanços tecnológicos, desde inovações em rádios a tipos novos de motores de carros que não poluem o meio ambiente. Considere sua história, contada aqui pelo repórter perceptivo C.P. Gilmore — que visitou o incansável e animadíssimo Lear por alguns dias e voltou atordoado e sem fôlego.

William Lear: 200 milhões de dólares*

por C.P. Gilmore

Era um problema difícil. O novo sistema hidráulico não estava desenvolvendo pressão suficiente para dar partida na turbina do jato. Um grupo de engenheiros em torno da mesa teorizava sobre onde o problema poderia se encontrar.

Em uma extremidade da mesa grande de nogueira, um homem robusto, de rosto severo e cabelos já um pouco grisalhos, o queixo marcado por cicatrizes antigas e entalhadas, resquícios de um acidente aéreo há alguns anos, estava perdendo a paciência rapidamente.

---

* Originalmente publicado na revista *True* sob o título "Hard-Nosed Gambler in Plane Game". Copyright © 1966 pela Fawcett Publication, Inc., e C. P. Gilmore. Reimpresso com permissão.

"Pelo amor de Deus", gritou ele, "vamos cortar esta masturbação mental e *tentar* alguma coisa."

Pela maior parte da vida, William P. Lear, Sr., lendário pioneiro da aviação e eletrônica, inventor, magnata, piloto, multimilionário e um sujeito extrovertido que gosta de aparecer, tem tentado coisas. A maioria delas foi um sucesso. Através dos anos, Lear revolucionou o segmento da aviação inventando ou melhorando uma ampla gama de instrumentos de voo — de pilotos automáticos a localizadores automáticos de direção. O velho Majestic, primeiro rádio produzido em massa para uso doméstico, foi ideia dele. Assim como o primeiro rádio de um automóvel. Lear detém mais de cem patentes e é responsável por dezenas de inovações nos segmentos eletrônico e de aviação.

Com nada além de uma educação primária, uma energia ilimitada e uma vontade impetuosa de vencer na vida, ele ergueu um negócio que lhe dá 100 milhões de dólares ao ano, Lear, Inc., e acumulou uma vasta riqueza. Então aos 60 anos, uma idade em que a maioria dos homens está começando a olhar para o tabuleiro de um jogo em busca de maiores emoções, ele vendeu a empresa e jogou toda a sua fortuna, reputação e prestígio em um negócio novo e arriscado no qual os especialistas afirmavam que ele fracassaria: construir jatos.

Os especialistas estavam errados. Bill Lear tinha conseguido de novo. Hoje em dia, o jato de Lear, produzido em sua planta em Wichita, é o artigo mais quente na aviação privada, e ele ergueu um novo império corporativo.

Lear juntou suas diversas fortunas sendo um homem completo. Apesar da falta de educação formal, ele é um especialista em cada fase do negócio, do financiamento à engenharia, e muitas vezes chega a soluções para problemas que desafiaram os especialistas. Quando surgiu o problema com o sistema hidráulico, por exemplo, Lear ouviu os engenheiros em torno da mesa e percebeu que eles estavam equivocados. Enquanto ainda teorizavam, ele decidiu que um bico menor em um determinado ponto no sistema resolveria o problema. E de fato resolveu.

Toda a abordagem de Lear em relação aos aspectos do segmento de aviões a jato é única. A maioria dos construtores de aviões executivos luxuosos (na realidade, pequenas companhias aéreas) usados pelos principais executivos norte-americanos está convencida de que os empresários, com milhões em fundos da companhia para gastar, querem luxo. A maioria dos aviões no mercado, consequentemente, é opulenta o suficiente para um marajá. "Esta é a abordagem do veleiro real", diz Lear, que segura você pelo cotovelo para enfatizar suas opiniões. "Alguns desses caras acham que os empresários querem comida quente, um bar com direito a balcão, um banheiro espaçoso, um sofá para deitar, um teto alto e tudo mais, incluindo torneiras de água quente e fria em um avião. Quem precisa disso? No meu avião você leva uma hora de Detroit a Nova York, duas horas de Nova York a Miami. Bem, deixe-me lhe dizer uma coisa desses veleiros grandes e lentos. Após duas horas, mesmo um avião cheio de garotas não é um bom substituto em comparação ao meu."

Para os padrões de um veleiro real, o jato elegante de oito passageiros é pequeno — não há espaço para caminhar. ("Você também não consegue ficar de pé em um Cadillac", intervém Lear. "Um homem de tamanho médio sentado em meu jato tem 71 centímetros de espaço para cabeça. Qualquer um com uma cabeça de mais de 71 centímetros deveria comprar outro tipo de avião.") Não há opções nos equipamentos. Ele é disponível em apenas uma cor, branca. Onde a maioria dos produtores de aviões deixa que os clientes "projetem o painel" — isto é, escolham quais instrumentos, equipamentos de rádio e navegação, e por aí afora, que eles querem instalados — a Lear não oferece escolha alguma. O avião vem com um sistema eletrônico integrado, composto em sua maior parte de desenvolvimentos da Lear.

Mas seu tamanho menor e suas acomodações espartanas dão a ele duas vantagens extraordinárias. Primeiro, voando em cruzeiro a 915 km/h (ele já operou a 1.015 km/h em voo nivelado), o jato facilmente supera a concorrência em velocidade de voo, assim como supera um F-100 Super Sabre em subida até 10 mil pés. E segundo, comparado aos aviões com os quais compete, ele é barato — o preço em meados dos anos de 1960 era de 595 mil dólares por uma aeronave completa. Aviões similares de outros fabricantes eram vendidos por muito mais do que 1 milhão de dólares.

Quando Lear anunciou em 1963 que fabricaria um novo avião a jato, especialistas da área receberam a notícia com desdém. Eles salientavam que o segmento de aviação já estava cheio e a competição era dura. Praticamente as únicas empresas vendendo jatos executivos com sucesso eram as velhas fabricantes de aeronaves estabelecidas como a North American, Lockheed e Beech. Além disso, Lear estava completamente equivocado com sua ideia de um jato "foguete". "Eles diziam que eu nunca o fabricaria", lembra-se Lear, "que se eu o fabricasse, ele não voaria; que se ele voasse, eu não conseguiria vendê-lo. Bem, eu o fabriquei, ele voou e eu o vendi."

No início dos anos 1960, pesquisas de mercado realizadas pelas principais companhias aéreas mostravam que trezentos jatos executivos seriam vendidos até 1970. Lear previu 3 mil. "Eles não fazem as perguntas certas quando fazem pesquisas", diz ele. "O segredo está em perceber um mercado antes que haja qualquer prova de sua existência. Se você tivesse dito em 1925 que fabricaríamos 9 milhões de automóveis por ano em 1965, alguém que trabalha com estatísticas teria dito que eles encheriam cada estrada nos Estados Unidos e, alinhados um atrás do outro, dariam a volta no país 11 vezes. Pesquisas não prestam. Eu faço minhas próprias pesquisas na cabeça."

Com base em suas pesquisas mentais ou alguma outra fonte não divulgada, Lear previu que seu jato seria um campeão de vendas. "Venderemos os jatos como bananas, aos cachos", disse ele. Hoje em dia o gracejo está se tornando realidade. Uma companhia recentemente fez um pedido de dez jatos, outra quatro; outras compraram dois e três cada. "Acho que estes pedidos qualificam-se como cachos", diz Lear. Uma das vendas recentes da companhia foi para Frank Sinatra, que não havia comprado um cacho de jatos ainda, mas estava seriamente considerando comprar outro.

O sucesso habitual de Lear não acontece simplesmente ao acaso. Ele é um sujeito prático, não um teórico. Possui uma fé absoluta de que terá sucesso em qualquer iniciativa que tomar. Lear não conta com a fé para realizar o trabalho, no entanto. Ele trabalha sete dias por semana. ("Até no Natal", reclama a Sra. Lear.)

Ele passa os dias indo de um departamento para o outro (frequentemente com seu cachorro favorito, um poodle pequeno preto chamado Jet, trotando atrás dele) conferindo cada detalhe da fabricação e projeto do avião, ordenando mudanças, fazendo melhorias. "Este avião será como o fusca", diz ele. "Em dez anos ele parecerá o mesmo. No entanto, voará mais rápido, pousará mais devagar, usará menos combustível e será mais confiável."

Em um avião, o peso equivale ao desempenho; um avião mais leve (para uma determinada potência) pode voar mais rápido, transportar mais coisas, ir mais longe. O peso, consequentemente, é a paixão de Lear. Então, quando ele passa pela mesa de um engenheiro, automaticamente pega uma peça e a ergue para julgar o peso dela.

"Quanto?", pergunta ele.

"Três avós."

"Livre-se de uma", ordena e segue em frente.

"Avó" é o "learês" para uma libra. A história começou um dia quando um engenheiro estava tentando convencer Lear a aprovar o projeto para uma peça e protestou que ela pesava apenas quatro libras. "Você não sabe que eu venderia minha avó para poupar apenas *uma* libra?", respondeu ele. Assim, o nome pegou.

Lear odeia burocracia e raramente escreve memorandos ou cartas. Ele prefere métodos mais diretos. Há pouco tempo, ele pensou em uma maneira melhor para conectar uma biela em um sistema de controle para proporcionar uma ação melhor. Na maioria das companhias, uma ideia como esta iria para a engenharia para avaliação, onde o plano seria debatido e finalmente aprovado. Especificações seriam estabelecidas, planos seriam traçados. Eventualmente, protótipos seriam feitos para testes. Meses após a ideia original, a mudança poderia ser ordenada, novos desenhos seriam feitos, e a parte alterada iria para a produção.

Mas não na Lear Jet. Quando Lear pensou na mudança, ele caminhou até a área que produzia a biela de controle, chamou o operário de produção mais próximo, pegou a peça que ele queria modificar, desenhou várias linhas diretamente sobre ela e explicou como ele queria que o sistema fosse montado. "Ligue para mim quando você tiver terminado", Lear falou e foi embora. Uma hora mais tarde, examinou o mecanismo de controle, aprovou-o e o enviou para o departamento de engenharia com instruções de que todos os desenhos fossem modificados para conformarem-se à nova peça. No dia seguinte, a nova peça estava sendo instalada nas aeronaves. "A paciência", diz Lear, "nunca foi uma de minhas virtudes. Quando decido fazer uma mudança, quero que todo desenho na planta seja modificado dentro de uma hora."

Ele aplica a mesma técnica a quase qualquer problema. Quando o primeiro protótipo de jato dele estava em seu programa de teste de voo, Lear e os engenheiros decidiram mudar a forma do bordo de ataque da asa para proporcionar melhores características de estol. Na maioria das fábricas de aeronaves, uma reconstrução importante como esta seria um trabalho de seis meses começando com um desenho novo e ferramentas novas. Custaria centenas de milhares de dólares.

Lear decidiu fazer a mudança no fim da tarde de uma sexta-feira e mandou produzir moldes para indicar a forma nova. Ele ligou para um dos melhores chapeadores de Wichita e disse a ele para pegar suas ferramentas e ir até a companhia. Lear pediu para o chapeador espalhar um composto de cura rápida sobre o bordo de ataque e depois lixá-lo e raspá-lo até a forma apropriada. A peça estava finalizada no dia seguinte de manhã cedo e a um custo de 48 dólares pela mão de obra. O avião voou com a nova asa antes do meio-dia de sábado. Ele provou que estava certo, e as asas de produções subsequentes foram modificadas para conformarem-se.

Encontrei Lear pela primeira vez durante um feriado. Um dos executivos dele me recebeu no aeroporto de Wichita e me deu uma carona até a fábrica do outro lado do campo de pouso. Encontramos Lear no departamento de engenharia. A maioria das luzes estava desligada; as marcações das pranchetas para desenho, arranjadas em fileiras arrumadas, estavam cobertas. Lear estava sozinho na vasta sala, curvado sobre uma prancheta, fazendo mudanças em um desenho. Ele voara de Los Angeles em um Lear Jet alguns minutos antes e, durante o voo, havia pensado em uma melhoria no equipamento de trava para manter o assento do piloto no lugar. Ele explicou a ideia para mim — era uma maneira de fazer a função com peças mais leves e em menor número — e terminou o desenho. Então ele rabiscou: "Me procure a respeito disso. WPL", e colocou a cobertura de volta na prancheta. Descemos para o andar de baixo, onde ele reuniu vários executivos que estavam trabalhando (apesar do feriado), e ouviu os relatórios sobre o que acontecera enquanto ele esteve fora. Lear deu uma passada no departamento de eletrônica, conferiu pessoalmente um localizador automático de direção que havia falhado em seu voo e que ele pedira para ser removido do avião. Antes de o dia ter terminado, ele passou por meia dúzia de outros departamentos, deu uma entrevista para um repórter de uma revista de aviação e examinou rapidamente uma pilha de papéis sobre sua mesa. Eram oito horas quando a Sra. Lear nos encontrou na fábrica e saímos para jantar.

Mais tarde naquela noite, quando o carro de Lear dobrou no acesso de sua casa, ele foi cercado por um bando de cachorros pulando e latindo. Lear saltou do carro com uma sacola de restos de carne que ele havia trazido do restaurante. Rindo e conversando com seus cinco cachorros, ele começou a atirar os pedaços de carne.

Lear vive em um subúrbio rico e coberto de árvores de Wichita. Sua casa, grande e agradável, mas definitivamente não na categoria de mansão, poderia ser de propriedade de um médico moderadamente bem-sucedido ou de um pequeno empresário. Há uma empregada, uma combinação de cozinheira e caseira. A Sra. Lear serve o jantar — e mesmo refeições da companhia — sozinha. Um pátio espaçoso embeleza os fundos da casa, mas não há uma piscina de tamanho olímpico ou outro sinal de riqueza extraordinária.

Lear, na realidade, parece de fato preferir uma vida relativamente simples. Quando ele e sua família estavam vivendo na Europa alguns anos atrás, Lear se encheu do esplendor baronial da mansão próxima a Genebra que ele alugara. Lear comprou um terreno e construiu uma casa modesta ao estilo norte-americano, à qual ele chamou de Le Ranch.

Quando os cachorros haviam sido alimentados após nossa chegada, Lear foi até o gabinete de estudo, serviu-se de um drinque e se entregou ao que talvez seja seu único passatempo: tocar órgão. Ele decidiu começar a tocar órgão há um ano, então comprou um instrumento e um guia de instruções. Hoje em dia, apesar de nunca ter tido uma aula, Lear toca como se estivesse ensaiando há anos.

O dia de Lear começou na manhã seguinte às 7h30, quando assumiu seu lugar na ponta da mesa do café da manhã. Em um minuto ou dois, seu bacon e ovos fritos estavam diante dele — Lear é servido antes de qualquer um em sua casa, os outros homens em seguida, as mulheres por último — e ele havia passado os olhos pelo jornal. Enquanto cortava um ovo, ele pegou o telefone ao lado do prato. O primeiro de vários telefonemas foi um bate papo de vinte minutos com o gerente de uma fábrica que ele abriu recentemente em Detroit para fabricar unidades de aparelhos de som estéreo para automóveis.

Após o café, entramos em seu Cadillac, e Lear deu a partida no motor. Ele dirige sempre, descobri mais tarde. Mesmo quando fomos recebidos no aeroporto em outras cidades, ele sempre dirigiu, não importa de quem fosse o carro.

Na fábrica, Lear foi a pé de seu carro até o departamento de eletrônica para ver como o trabalho estava progredindo no localizador de direção que ele havia testado na noite anterior, então se dirigiu para seu escritório. Enquanto tirava o paletó, ele gritou para sua secretária para colocar no telefone o presidente da companhia eletrônica que fez o localizador de direção. "Coloque-o em minha linha privada" ele disse enquanto caminhava até o banheiro executivo. "Não desperdiço um minuto", e abriu um largo sorriso enquanto fechava a porta e começava a conversa.

Quando Lear retornou do banheiro, dois executivos haviam espalhado uma série de anúncios propostos sobre uma grande mesa de reuniões para sua aprovação. Um alto executivo de uma das maiores corretoras do país estava ao telefone esperando para falar com ele. Lear olhou de relance os anúncios por trinta segundos. "Não temos mais fotos?", resmungou ele e pegou o telefone enquanto um dos publicitários corria para consegui-las. Lear falava ao telefone e ao mesmo tempo apagava partes de um dos anúncios e os reescrevia. Quando desligou o aparelho, ele havia reescrito a cópia, encurtando-a severamente e escolhido uma foto nova. "Um anúncio não é um folheto", ensinou aos seus publicitários. "Qualquer pessoa que tenha tempo para ler todas estas palavras, tem tempo demais. Não estou interessado nesse tipo de pessoa."

"Não sou um artista", ele me disse, quando seus assistentes partiram com o anúncio aprovado, "mas consigo ver o que não presta. Isto significa que eu escrevo os anúncios e trabalho no layout, também."

Lear cuida similarmente dos detalhes de vendas, finanças, compras, produção, eletrônica, motores, interiores e uma dúzia de outras áreas envolvidas na produção e venda de aeronaves. Durante a hora seguinte, um fluxo constante de empregados encheu o escritório para falar com o chefe sobre detalhes nestas e em outras áreas. Ele teve uma dúzia de conversas ao telefone, uma regateando com um negociante de materiais excedentes de São Francisco a respeito do preço de alguns motores eletrônicos. Ele soava como se tivesse feito seu treinamento em um bazar no Cairo.

Lear toca em frente um show de um homem só e raramente deixa outra pessoa tomar uma decisão. "Eu digo que se eles colocarem metade do dinheiro, poderão tomar metade das decisões." Apesar de sua tendência de dominar o ambiente, entretanto, Lear irradia simpatia. Ele é totalmente sincero e direto. Quando satisfeito, ele o demonstra. Mas Lear pode ser completamente intolerante, também, e não se importa — como coloca um sujeito — de "sangrar seus empregados na frente de testemunhas". Certo dia, um engenheiro apareceu no escritório de Lear para discutir um problema para o qual ele não encontrava solução. Normalmente, não há situação que deixe Lear mais satisfeito do que solucionar problemas que tenham desafiado seus engenheiros. Mas este dia ele não queria ser incomodado. "Se eu tiver de ir até lá e solucionar este problema sozinho, então por que diabos preciso de você?", gritou Lear.

Um executivo que estava no escritório tentou amenizar a situação. "Não fique nervoso, Bill", disse ele.

"Quem está estressado?", berrou Lear em um tom de voz que poderia ser ouvido em estados vizinhos e fez as secretárias por toda a fábrica ficarem de pé.

"Qual o problema, Bill?", perguntou um empregado que estava passando atraído pelo ruído.

"O problema", respondeu Lear com um tom de voz capaz de sacudir janelas, "é que há uma quantidade enorme de idiotia à minha volta."

Engenheiros incapazes de aguentar o humor de Lear e sua insistência em aprovar cada detalhe deixaram a empresa aos bandos. "Quando você trabalha para Bill Lear", um deles falou, "você trabalha por cinquenta centavos ao dia e tudo o que conseguir suportar."

"Tudo o que ele tem em torno dele hoje em dia", resmungou outro, "é um monte de caras que só sabem dizer sim."

Se esse julgamento está certo ou não, não há discussão a respeito do fato de que Lear não é o homem mais fácil no mundo de se interagir. Obtuso como um aríete e quase tão insistente quanto, ele fez alguns inimigos. A maioria de seus rivais nos negócios recusa-se a comentar sobre ele, mesmo privadamente. "Bem, aquele desgraçado é único", resmungou um, recusando-se a ser citado por nome ou elaborar mais a questão.

Mesmo os altos executivos de Lear têm seus problemas. Quando ele ainda era o presidente do conselho da Lear, Inc., a companhia de equipamentos eletrônicos que tinha um lucro de 100 milhões de dólares ao ano que ele vendeu para começar a Lear Jet, decidiu que precisava de alguma liberdade das responsabilidades gerenciais do dia a dia para trabalhar em projetos que o interessavam particularmente. Então ele colocou como presidente um executivo chamado Richard Mock. Não foi uma experiência totalmente feliz. "Ele estava sempre deixando inesperadamente o laboratório com alguma ideia nova que ele queria colocar em produção naquele instante", reclamou Mock, frustrado. "Tão logo nós colocávamos um item novo em produção, ele queria melhorá-lo. Ou então começava a tirar engenheiros de seus trabalhos para ajudá-lo a fazer outra coisa. Eu passei grande parte do tempo tentando evitar que ele tirasse a companhia do curso original."

Lear parece ter um talento em deixar as pessoas fora de si. No fim dos anos 1950, ele partiu para a Europa para estabelecer várias plantas novas, assim como a linha Lear de equipamentos eletrônicos. Enquanto ele estava longe da sede da empresa, uma divisão sua desenvolveu um instrumento aeronáutico novo chamado de LTRA-7, uma combinação de transmissor, receptor e equipamento de navegação. Lear voltou, testou o equipamento, decidiu que não era bom e cancelou o programa inteiro. Tendo em vista que a linha de produção já estava pronta, a companhia teve um belo prejuízo. "A única coisa errada com o LTRA-7", disse um engenheiro amargurado, "foi que Bill Lear não o inventou. Ele não conseguiria suportar a ideia de nós estarmos fazendo algo bem-sucedido sem ele."

Nos primeiros anos, Lear dividia seu tempo entre a fábrica, então em Long Island, e o Stork Club em Nova York. Lá, em sua mesa de sempre (que ele chamava de seu "escritório noturno"), Lear tornou-se famoso pelas belas dançarinas que normalmente o cercavam. Ele se casou quatro vezes. Sua esposa atual é Moya Olsen, filha do comediante Ole Olsen da famosa dupla Olsen e Johnson. Ele tem três filhos de casamentos anteriores; ele e Moya têm quatro. Quando jovem, Lear gozava da reputação de ser um conquistador e ainda gosta de brincar com isso. "Esse cara está escrevendo a história de minha vida amorosa", ele dizia às pessoas enquanto eu estava com ele. "O único problema é que ele não consegue encontrar um papel de asbesto para imprimi-la."

Apesar destas declarações, Lear parece ter se acalmado e, hoje em dia, é um pacato homem de família. Ele frequentemente leva a esposa e os filhos (que, apesar de a maioria ser adulta, ainda mora com os pais) juntamente em suas muitas viagens. Lear é obviamente orgulhoso de seus filhos e gosta de inserir na conversa que Bill, Jr., é um piloto de testes.

O estilo original e que chama a atenção de Lear não é novidade; na realidade, é a sua marca registrada de toda a vida. Meio século antes, ele gazeava as aulas para andar com sua bicicleta pelas ruas em busca de motoristas com o motor afogado. Lear oferecia ajuda. "A maior parte dos problemas era no sistema elétrico naquela época", ele relembra. "Normalmente os carbonos no distribuidor deixavam de funcionar. Eu carregava um pedaço de carbono de bateria no bolso. Quando encontrava um carro com o motor afogado, tirava este pedaço do bolso, cortava um pedaço que encaixasse e fazia o motor pegar." Lear aprendeu uma importante lição destes encontros. "Invariavelmente eles me davam um tapinha na cabeça e diziam: 'Obrigado', e iam embora. Então fiquei esperto. Quando o motor estava funcionando, eu dizia: 'Só um minuto, quero fazer um ajuste melhor.' Então eu tirava o carbono fora e começava a ir embora. Eu insistia em ser pago antes de colocar o carbono de volta." Daquele ponto em diante, Lear colocou um preço em cada trabalho seu.

Seu primeiro emprego em turno integral veio aos 13 anos. Ele conseguiu um emprego como mecânico de automóveis a seis dólares por semana, mas logo ficou fascinado por voar e pelo rádio, os dois campos que seguiriam seus interesses pelo resto da vida. Até que então, Lear largou seu emprego por um não pago como mecânico no aeroporto Grant Park em Chicago.

A carreira de piloto de Lear não começou de maneira auspiciosa. No seu primeiro voo de curta duração, o biplano antiquado que ele estava voando capotou durante o pouso e lançou Lear de cabeça no chão.

Ele, no entanto, estava também se tornando um tipo de especialista no campo emergente do rádio. "Eu trabalhava como engenheiro de rádio. Naquela época era o mesmo que ser um restaurador de rádios metido a besta." Lear logo se viu contratado por uma empresa que construía eliminadores de bateria, retificando circuitos que permitiriam que rádios operassem na corrente doméstica. O alto-falante dinâmico, essencialmente o mesmo equipamento encontrado nos rádios hoje em dia, tinha sido colocado em uso recentemente, substituindo os alto-falantes do tipo pescoço de ganso. Lear sugeriu para a companhia que ela deveria construir um novo tipo de rádio usando o alto-falante dinâmico. A companhia seguiu a sugestão e produziu o Majestic. Milhões foram vendidos, e o rádio tornou-se comum nos lares norte-americanos.

Pouco tempo depois, Lear descobriu uma maneira de produzir bobinas de rádio um pouco menores e formou a Radio Coil and Wire Company para fabricá-las. Como um produto derivado, ele produziu um rádio compacto — para a época — que funcionava com a bateria de um carro e instalou-o em um veículo. Ele levou a ideia para Paul Galvin, presidente de uma empresa pequena de Chicago. Após duvidar se rádios em carros seriam práticos, Galvin decidiu fabricar um lote de teste das unidades. Pouco tempo depois, o nome da companhia foi mudado para Motorola.

Lear, agora conhecido como o "garoto prodígio" do rádio, rapidamente se cansou do negócio de rádios para automóveis e vendeu sua participação acionária na Motorola. "Eu queria estar em algum negócio que envolvesse voar e aviões", ele se lembra. "Então fui para o aeroporto Curtis Reynolds em Chicago e comecei a fazer rádios para aeronaves. Então, perto do natal de 1933, eu e minha equipe de seis ou sete pessoas partimos para Nova York. No dia 1º de janeiro de 1934, abrimos o negócio. E, em uma sexta-feira, 13 de abril, eu estava falido."

"A coisa mais extraordinária a respeito de Bill Lear", falou um de seus velhos amigos, o veterano escritor de aviação Devon Francis, "é que ele tem confiança absoluta de que será bem-sucedido em qualquer coisa que fizer. Então, quando ele foi à falência, não ficou paralisado de preocupação. Ele simplesmente decidiu conseguir algum dinheiro. Ele disse a si mesmo: 'O que será que alguém está precisando?'" A ideia que ele teve foi produzir um rádio de banda múltipla de uma maneira mais simples do que havia sido feito antes. Lear levou essa ideia para a RCA e a vendeu por 250 mil dólares. "Ele não ficou nem um pouco surpreso quando a RCA a comprou", declarou Francis. "Afinal de contas, fora para isso que ele pensara o produto."

Talvez o maior triunfo de Lear tenha sido o piloto automático F-5, que ele projetou e construiu em 1949 para os caças a jato norte-americanos. Antes do F-5, pilotos automáticos eram grandes demais para caças, apesar de serem amplamente usados em bombardeiros. Consequentemente, os pilotos chegavam muitas vezes exaustos na área de alvo, após horas de voo e navegação precisa. Além disso, muitos aviões e pilotos foram perdidos na Segunda Guerra Mundial quando o tempo fechava e os pilotos eram incapazes de encontrar o caminho de volta para casa.

O equipamento de Lear, um pouco maior do que uma lancheira, não apenas podia fazer o avião voar a seu destino, como podia captar sinais de terra e pousar a aeronave em condições de visibilidade zero. Por todo esse trabalho, Lear ganhou um grande contrato com o governo para produzir as unidades e também venceu o Troféu Collier de 1950, um prêmio concedido em anos anteriores a grandes nomes da aviação como Orville Wright, Glenn Curtis e o general Hap Arnold.

A FAA, a agência reguladora de aviação dos Estados Unidos, incidentalmente, nunca aprovou qualquer sistema de pouso cego, incluindo o de Lear, para ser usado por companhias aéreas norte-americanas. Pilotos militares têm usado o sistema de pouso cego de Lear há 15 anos. No início dos anos 1960, a Air France equipou os Caravelles com pilotos automáticos Lear e realizou mais de 1.200 pousos "sem as mãos" em tempo com visibilidade zero e com passageiros a bordo. "A FAA", diz Lear com sua franqueza característica, "é um tormento para o progresso da aviação."

No fim dos anos 1950, a Lear, Inc., havia se tornado uma das principais fabricantes de equipamentos eletrônicos aeronáuticos no país, e ele se mudou para a Europa para começar a produção lá e impulsionar os negócios de seus produtos. Foi então que ele ficou sabendo pela primeira vez do P-16, um jato de suporte para operações em terra projetado na Suíça. Dois de seus protótipos haviam caído, e o projeto fora abandonado. Lear, entretanto, estava convencido de que o avião era confiável e que o problema havia sido um mau funcionamento de sistemas. Ele contratou a mesma empresa de engenheiros para fazer o projeto aerodinâmico básico de um jato executivo e partiu para o desenvolvimento de uma ligeira modificação do P-16 com esta finalidade.

Apesar de Lear estar ansioso para começar a produção, o conselho de administração da Lear, Inc., se opôs fortemente contra o que os fabricantes de aeronaves chamam de "negócio de funilaria". Lear, com a bênção do conselho, vendeu sua participação acionária de 23% na empresa e partiu para o negócio de jatos sozinho. (As ações de Lear foram compradas pela Siegler Company e as duas companhias logo em seguida realizaram uma fusão criando a Lear-Siegler Corporation, ainda hoje uma gigante no segmento de equipamentos eletrônicos aeronáuticos.) Lear estabeleceu uma fábrica na Suíça, mas rapidamente frustrou-se pela recusa da Europa de andar no ritmo dele e pelas dificuldades em conseguir peças feitas nos Estados Unidos. No início de 1963, Lear fechou a fábrica inteira e a mandou para Wichita. "Nós não sabíamos o que levar", diz ele, "então levamos tudo." Com o benefício do tratamento Lear de alta velocidade, o primeiro avião saiu da linha de montagem em outubro.

Em geral, fábricas de aeronaves fazem o primeiro modelo de um avião novo à mão e não constroem as ferramentas e gabaritos caros necessários para produção em massa até que testes tenham confirmado a adequação do projeto. Lear estava tão confiante no projeto que construiu os gabaritos primeiro. Então lançou-se à produção antes da certificação da FAA, outro procedimento arriscado. Se mudanças importantes tivessem sido necessárias, ele poderia ter ido à falência. Mas mudanças não foram necessárias, e a aposta deu certo. Lear estava vendendo aviões vários anos antes do que teria sido possível com técnicas de construção convencionais. "Com esta abordagem, ou você está muito certo ou muito errado", diz Lear. "Eu estava certo."

A crise mais séria ocorreu em junho de 1964. Um inspetor da FAA, realizando um voo de teste no avião, dispôs os comandos de maneira incorreta e provocou um acidente com o primeiro avião de Lear na decolagem. Os dois pilotos conseguiram deixar a aeronave em segurança, mas o avião foi totalmente destruído pelo fogo. "Nós não tínhamos outro avião instrumentado", diz Lear, "então perdemos um tempo valioso." Se o avião já não estivesse em produção e não houvesse outra aeronave pronta para ser equipada com instrumentos, o atraso poderia ter sido fatal.

Mesmo com o segundo avião já construído, a vida da empresa não foi fácil por um tempo. Lear, apesar de sua reputação em eletrônica, nunca havia construído aviões antes e como o design que ele escolhera era fora do comum, os bancos recusaram-se a emprestar-lhe dinheiro. Ele investiu toda a fortuna que tinha — algo em torno de 11 milhões de dólares — no projeto, tomou emprestado com *trusts* da família como garantia e chegou a empenhar seu avião pessoal. Finalmente, ele conseguiu descolar um plano de financiamento para continuar em operação.

Apesar dos problemas financeiros, Lear realizou o impossível. Seus competidores e críticos ficaram chocados quando ele ganhou a certificação da FAA 18 meses após ter começado suas operações em Wichita.

Hoje, com a produção do Lear Jet relativamente sob controle, Lear começou a procurar por outras coisas para ocupar seu tempo. Ele decidiu produzir unidades de reprodução de fitas cassete para automóveis e estabeleceu uma fábrica em Detroit. "Com o Lear Jet se dando bem", disse ele, "eu tinha de encontrar algo para fazer no meu segundo turno." A Sra. Lear sorriu. "Na verdade, o problema era que ele estava chegando ao ponto em que tinha um pouco de tempo livre", disse ela.

Qualquer que seja a razão, a incrível confiança de Lear apareceu novamente quando ele estabeleceu a produção da fábrica em 100 mil unidades novas de aparelhos de som sem ter recebido um único pedido para eles. "Aparelhos de reprodução de fitas cassete serão a próxima grande jogada", comenta Lear. "Vou estar na posição de um homem com um barco cheio de salva-vidas seguindo um navio que com certeza afundará. Não terei dificuldade alguma em vendê-los."

Os negócios, para Lear, são a vida e o ar que ele respira. Ele investe sua energia neles com grande entusiasmo. Ainda não completamente ocupado com os jatos, os aparelhos de som e os poços de petróleo, Lear há pouco tempo comprou metade da participação acionária no novo sistema de antenas de TV comunitário de Nova York.

Ele é um dos últimos empreendedores 100% valentes, uma espécie em extinção na vida corporativa de trabalho em equipe de hoje em dia. "Lear é um solitário", diz um amigo. "Ele é diferente, um gênio inventivo." Ele também é — e isto é dito menos frequentemente — um homem feliz. Lear tem sua vida arranjada da forma que ele a quer. "Não há nada que eu preferiria estar fazendo ao que estou fazendo agora", diz ele, satisfeito. "Se alguém me oferecesse 160 milhões de dólares por minha companhia — mais ou menos o que ela vale hoje — com a condição de que teria de me aposentar, eu cuspiria no olho da pessoa. Para mim, o melhor da vida é o exercício da inventividade — no design, nas finanças, na aviação, nos negócios. E é isto que estou fazendo."

E está fazendo de maneira bem-sucedida também. Apesar das opiniões da indústria aeronáutica de que Lear estava fazendo tudo errado, a Lear Jet hoje em dia é claramente líder no segmento altamente competitivo dos jatos executivos.

Paradoxalmente, no entanto, à medida que os problemas financeiros que outrora ameaçaram afundar a jovem empresa de Lear desaparecem e sua operação parece fadada a ser um sucesso extraordinário, ele demonstra os velhos sinais familiares de inquietação. Para esse milionário, a graça está na ação do jogo. Quando ele é vencido, Lear se entedia.

Tão logo seu jato executivo original estava firmemente estabelecido, Lear decidiu que era o momento de projetar um novo jato. O que ele fez. O avião novo, chamado de Model 40, é um verdadeiro "saveiro real" em suas versões executivas, mas também foi projetado para o uso em transporte aéreo. Ele competirá com o Douglas DC-9, o Boeing 737 e jatos pequenos similares. A nova aeronave de Lear foi projetada para acomodar 28 pessoas na versão para transporte aéreo e ser vendido por 1.5 milhão de dólares completamente equipado, em torno de metade do preço que a competição está cobrando.

Então Lear tem um novo projeto, dores de cabeça suficientes e nenhum tempo livre. Ele está feliz de novo. O dinheiro vai empilhando, mas Lear não poderia estar mais desinteressado. "Que diabos", disse ele, "só vou poder usar um caixão."

Não muito tempo depois de o repórter C.P. Gilmore ter feito este relato animado que você leu há pouco, o atilado e imprevisível Lear partira em um novo curso: carros movidos a vapor.

Ele acreditava que a energia a vapor, que já parecera altamente promissora um dia, mas que perdera seu lugar para a gasolina no início do século XX, poderia ajudar a solucionar o problema da poluição do ar que surgiu para atormentar os fabricantes de carros no fim dos anos 1960. Então Lear investiu aproximadamente 10 milhões de dólares em um novo empreendimento chamado Lear Motors e passou para um pequeno grupo de engenheiros a tarefa de desenvolver um motor a vapor para automóveis que fosse barato, eficiente, potente, leve e não poluente.

No momento em que escrevo estas linhas, eles ainda estão trabalhando neste projeto. Eles têm um velho Dodge sedã com uma caldeira no bagageiro, mais uma série de outras conversões experimentais. Eles também estão trabalhando em um sistema de propulsão para automóveis ainda mais inovador, e que em determinados aspectos parece ainda melhor. Esta é a chamada transmissão de turbina a vapor, na qual um fluido especial é aquecido para produzir gás em alta pressão e o gás jorra através de um bocal para girar a roda de uma turbina. Este tipo de motor, assim como o motor a vapor, tem a vantagem inerente de produzir menos gases de exaustão poluidores e outras emissões do que um motor de combustão interna a gasolina padrão.

Hoje, perto dos 70 anos, Bill Lear não demonstra mais sinais de estar parando do que demonstrava quando o repórter Gilmore o visitou. Ele ainda busca a perfeição. Ele ainda vocifera com as pessoas que se mexem devagar demais para seu gosto. Ele ainda demonstra a inclinação de construir uma coisa hoje e testá-la amanhã, em vez de passar meio ano mandando projetos para cima e para baixo dentro da cadeia de comando de engenharia da empresa.

"Eu não ficaria surpreso", observou um executivo de Detroit não muito tempo atrás, "se a Lear Motors crescesse um dia a ponto de rivalizar com a General Motors."

12

A rota da tecnologia:
a abordagem do especialista

SE VOCÊ TIVESSE COMPRADO as ações da Polaroid Corporation na época certa no fim dos anos 1930 e as vendido no momento certo no fim dos anos 1960, você teria multiplicado seu dinheiro em mais de 2 mil vezes. Colocando a questão de outra maneira, cada cem dólares que você investiu teriam chegado, em uns trinta anos, a mais de 200 mil dólares.

Este é o tipo de empresa da qual são feitos os sonhos em Wall Street. Especuladores continuamente pesquisam o mercado de novas emissões para encontrar uma companhia que repita este desempenho monumental. Eles caçam eternamente por uma firma desconhecida em algum lugar no meio do nada, uma empresa de que ninguém goste hoje, mas que todos vão amar no futuro. Alguns caçadores altamente especializados que se engajaram nesta busca através dos anos dizem que o segredo é procurar por um homem, não por uma empresa. Procure um inovador técnico, um homem com uma ideia. Então invista nele, não importa quão pouco convidativo pareça o balanço da companhia que este homem criou.

A primeira onda de investidores que colocaram seu dinheiro na Polaroid fazia exatamente isto. A companhia iniciante tinha pouco a oferecer em termos de retornos financeiros imediatos. Mas a Polaroid tinha Edwin H. Land.

Diferentemente de Bill Lear, Land é um especialista. Ele passou sua vida estudando a luz, como ela afeta os materiais, como eles a afetam, como o olho reage a ela, como estes efeitos podem ser usados na prática. Essa tem sido sua paixão empolgante desde que ele deixou a faculdade. Era uma paixão tão grande, na realidade, que ele deixou a faculdade sem completá-la. Assim como Bill Lear (e assim como muitos outros homens em nossa galeria), ele estava tão impaciente para começar a trabalhar que não podia suportar passar qualquer tempo mais em sua educação formal. O resultado provocativo é o de que Edwin Land, reconhecido mundo afora como um dos cientistas vivos mais brilhantes, não tem nem mesmo um diploma universitário.

Um dos estudos mais compreensivos deste homem brilhante, complexo e incrivelmente rico foi escrito aproximadamente há uma década pelo repórter da *Fortune* Francis Bello. A história de Bello cobre as partes mais interessantes da vida de Land, da infância da Polaroid, em 1937, à gloriosa fase adulta como uma das empresas mais quentes na história de Wall Street. Após a história de Bello terminar, atualizaremos brevemente os sucessos de Land até os dias de hoje.

Edwin Land: 500 milhões de dólares*

por Francis Bello

Se um homem da Renascença estivesse vivo hoje, ele poderia achar que administrar uma corporação norte-americana era a saída mais recompensadora para seus múltiplos e prodigiosos talentos. Nela, este homem poderia ser um cientista, artista, inventor, construtor e estadista, e através dela poderia obter a atenção do rei. Seria uma companhia estimulante. Talvez não fosse a maior do mundo, pois o tamanho em si não significaria nada para ele. Mas seria provavelmente a companhia de crescimento mais rápido que um homem ainda no auge de sua vida poderia ter criado a partir do nada. (Ele desdenha-

---

* Reimpresso da edição de abril de 1959 da revista *Fortune* com permissão especial. Copyright © 1959 da Time Inc.

ria, é claro, de comprar o trabalho de outros homens.) Seria uma empresa criada de acordo com a imagem que este homem tinha em mente, moldada por ele em cada detalhe significativo, produzindo algo — a corporificação de seu gênio — que seria único em todo o mundo. Ele reuniria à sua volta colegas extraordinários, selecionados com todo o cuidado, que compartilhariam de suas paixões e seus entusiasmos, que criariam e construiriam com ele.

Este homem, na verdade, existe. Ele é Edwin H. Land e sua companhia é a Polaroid Corporation de Cambridge, Massachusetts, que produz a famosa câmera de 60 segundos.

Primeiro, o homem: um inventor e cientista extraordinariamente talentoso, proprietário de 240 patentes (na última contagem), Land tem exercido os cargos de presidente, conselheiro e diretor de pesquisa da Polaroid desde que criou a empresa em 1937. A empresa foi fundada com a invenção de Land do primeiro material polarizador do mundo — um tipo de filtro de luz — logo familiar para quase todos na forma de óculos escuros. Em polarizadores e suas aplicações, Land ganhou 96 patentes, e no negócio de polarização, a Polaroid ainda não tem competidores substanciais. O amplo conhecimento de Land, suas teorias iconoclastas e provocativas de educação e sua ampla competência científica, renderam-lhe uma indicação como professor visitante na Escola para Estudos Avançados da MIT.

O produto: a Polaroid construiu a maior parte de sua reputação atual, e 96,6% de suas vendas em torno da câmera de sessenta segundos que Land inventou e anunciou em 1947. Ninguém conseguiu ainda desenvolver um instrumento ou processo competitivo. Evidentemente, as 238 patentes norte-americanas da Polaroid em fotografia de "um passo" — 122 delas trabalho do próprio Land — protegeram não somente o processo comercializado pela Polaroid, como todos os outros desenvolvimentos práticos também.

A empresa: de vendas de 1,5 milhão de dólares em 1948, o ano em que a câmera Land foi introduzida, a Polaroid deu um salto para 65 milhões de dólares em 1958 (e para quase 400 milhões em 1968).

Em 1956, as ações da Polaroid eram vendidas por 12 dólares a ação (ajustado pela distribuição de ações). Em 1959, custava em torno de cem dólares — ou aproximadamente cinquenta vezes os lucros de 1958 — para comprar uma parte da revolução que a Polaroid criou na fotografia. Ao fim dos anos 1960, estas mesmas ações, ajustando pelos desmembramentos, valiam mais de seiscentos dólares.

A Polaroid avançou com uma velocidade impressionante na indústria fotográfica. Ela superou a Bell and Howell, que tinha vendas em 1958 de 59 milhões de dólares. A Eastman Kodak, é claro, está em primeiro lugar, com vendas de um pouco mais de 800 milhões (67% fotográficas) e a General Aniline and Film (Ansco) está em segundo lugar com aproximadamente 140 milhões. Se as vendas não fotográficas da General Aniline fossem excluídas — e elas só podem ser estimadas — a Polaroid quase certamente emerge como segundo lugar na indústria. [Estas colocações passaram por diversas mudanças desde que o artigo foi escrito.]

Em um primeiro momento, a revolução de Land foi ridicularizada por todos os especialistas, as pessoas que sempre sabem por que uma revolução não pode ser bem-sucedida. Estes especialistas incluíam praticamente todos os negociantes de câmeras no país, todos os fotógrafos amadores "avançados" e quase todo mundo em Wall Street. O que os especialistas — e a própria indústria — deixou de levar em consideração em 1948 foi o fato de que a fotografia estava longe de realizar seu potencial de mercado máximo. Na época, aproximadamente um terço das famílias norte-americanas não tinha uma câmera, e muitas das que tinham, não a usavam. A razão deveria ser óbvia. Todos os outros produtos técnicos modernos — de automóveis a aparelhos de televisão — são essencialmente autossuficientes, uma vez que eles tenham recebido a energia ou sinal para funcionarem. E eles produzem seus resultados imediatamente. No entanto, quando as pessoas usavam uma câmera, elas tinham de esperar algumas horas (ou até alguns dias) para ver os resultados. Este era um sério adiamento da gratificação. Como resultado, a fotografia era ativamente procurada como um passatempo por apenas pessoas, que muitas vezes derivavam mais prazer da elegância mecânica de seus instrumentos do que dos resultados que poderiam produzir.

A satisfação de conseguir resultados rapidamente torna os proprietários da câmera Land grandes compradores de filmes. O proprietário típico de uma câmera comum pode comprar de três a quatro rolos de filme por ano. Não é incomum para os proprietários da câmera Land comprarem dez rolos ou mais. Desse modo, a Polaroid vendeu de 15 milhões a 18 milhões de rolos de filme [em 1958], uma receita de 20 milhões a 25 milhões de dólares para a companhia. [No fim dos anos de 1960, as vendas de filmes da Polaroid chegavam a mais de 200 milhões de dólares ao ano.]

Os colegas de Land não conseguem se lembrar de ele ter um dia dado uma ordem. Ele dirige a empresa de maneira sensível e ponderada — e com um prazer imenso e óbvio no que está fazendo. Land administra por persuasão e delegação, acreditando que os homens têm melhor desempenho nos trabalhos que criaram para si mesmos. Sua preocupação mais profunda é a de que nem todos os empregados da Polaroid já o conseguiram, e Land prometeu a eles que isto será modificado o mais rapidamente possível.

Embora Land tenha um conhecimento profundo de cada aspecto de seu negócio — da pesquisa à produção, passando pelo marketing e pelas finanças —, ele não hesita em buscar conselhos sempre que puder encontrá-los. Ele é amigo de alguns dos principais cientistas acadêmicos do país, assim como algumas das mentes mais perspicazes em Wall Street (várias no conselho da Polaroid). Foi característico de Land que, ao começar a trabalhar com fotografia de revelação instantânea, tenha procurado Ansel Adams, um grande técnico, além de fotógrafo, para que este o ajudasse na seleção das qualidades que tornariam excepcionais os filmes Polaroid.

Land trabalha em uma sala alegre repleta de livros no andar térreo de um monótono prédio de três andares — um dos nove prédios espalhados por Cambridge que a Polaroid ocupa completa ou parcialmente. (Ela é proprietária de apenas um deles, além de três fábricas em Waltham.) Uma porta do escritório de Land leva a uma sala contendo fileiras de mesas cheias de pilhas arrumadas de revistas atuais, arquivos de negócios e correspondência; nas paredes há gráficos mostrando a produção da Polaroid, números de vendas e lucros. Outra porta leva diretamente ao laboratório do próprio Land.

Durante todo o dia, os colegas de pesquisa de Land entram e saem do laboratório para trazer-lhe resultados dos experimentos, para discutir um problema ou para deleitá-lo com o relatório de um achado inesperado. Frequentemente Land passa para uma grande sala de projetos atrás de seu laboratório, onde ele está realizando experimentos com o intuito de demonstrar como o olho vê as cores. (Este trabalho lançou uma luz nova incrível sobre a visão de cores, e parece ter subvertido muitos dos conceitos fundamentais que vinham desde Newton.)

Land está absolutamente consciente de que seu papel como criador da Polaroid, chefe e diretor de pesquisa, é difícil — e seria fácil para seu brilho ofuscar, superar e desencorajar seus colegas. Além disso, ele toma cuidado para não estragar o prazer da criação de ninguém mais. "Qualquer homem inteligente", diz Land, "pode terminar a frase de outro. Nós tomamos cuidado para nunca fazer isto." Ele está convencido de que a capacidade de criar e inventar não é rara; na opinião dele, essa capacidade é comum, mas geralmente não é cultivada.

Quando a Polaroid foi fundada, em 1937, ela era uma das pequenas companhias de capital de risco mais empolgantes de seu tempo, mas não dava indício algum de uma câmera. O produto original da Polaroid era uma folha de plástico transparente capaz de polarizar a luz, isto é, de bloquear todas as ondas de luz exceto aquelas vibrando em um único plano. Quando dois filtros polarizadores são colocados um contra o outro e girados, eles atuam como uma "válvula" de luz, controlando o montante de luz passando por eles, da transmissão quase completa à extinção virtual.

O interesse de Land pela polarização começou certa noite, ele se lembra, quando caminhava pela Broadway em Nova York. O ano era 1926; ele tinha 17 anos e era um calouro em Harvard. Subitamente, o jovem Land percebeu que filtros polarizadores poderiam eliminar a luz ofuscante dos faróis e desse modo diminuir o incômodo da direção noturna. Tirando uma licença da faculdade, ele começou a passar de oito a dez horas por dia na biblioteca pública de Nova York lendo tudo o que parecia pertinente para seu novo interesse. À noite, ele realizava experimentos em um pequeno laboratório que tinha estabelecido em um quarto alugado na rua 55 próxima da Broadway. Para levar adiante seu trabalho, ele obteve um acesso secreto — também à noite, através de um corredor e uma janela destrancada no nono andar — a um laboratório de física na Universidade de Columbia.

Em 1928, Land havia aperfeiçoado suas primeiras folhas polarizadoras e buscou aconselhar-se com um jovem advogado conhecido chamado Julius Silver. Silver indicou Donald Brown a Land — então em uma firma de patentes de Nova York e, hoje em dia, vice-presidente e consultor de patentes para a Polaroid. Land não teve dificuldade em obter uma patente básica para seus polarizadores de folhas (que foi emitida em 1934), mas sua ideia de evitar a luz ofuscante dos faróis havia sido antecipada por pelo menos outros quatro inventores cujas aplicações datavam tão longe quanto 1920. Em 1928, a agência responsável pelo registro de patentes ainda não havia decidido qual das várias aplicações seria a aceita, e a reivindicação de Land foi acrescentada às quatro outras, pendendo uma adjudicação final.

Embora cristais naturais capazes de polarizar a luz já fossem conhecidos desde o início dos anos 1800, os primeiros materiais de polarização prática, na forma de uma folha, foram anunciados por Land em uma conferência extraordinária de física em Harvard em 1932.

A relação de Land com Harvard sempre foi incomum, assim como proveitosa. Quando a inspiração para trabalhar com polarizadores lhe ocorreu em 1926, ele deixou a faculdade por três anos. Quando voltou, em 1929, Land trouxe consigo seu polarizador rudimentar (e de patente pendente) e também uma esposa, Terre. Harvard deu as boas-vindas para ele fornecendo um laboratório grande, onde Land e Terre trabalharam por aproximadamente três anos. (A Sra. Land subsequentemente abandonou a pesquisa, devotando seu tempo para criar as duas filhas.) Ao fim dos três anos, Land sentia tamanha urgência em começar a produzir seus novos e melhorados polarizadores que, após dar uma palestra sobre sua invenção, ele pediu uma nova licença à Harvard, apesar de restarem apenas uns poucos cursos entre ele e o diploma. Land nunca terminou a faculdade. Em 1957, entretanto, Harvard concedeu-lhe um título honorário de doutor em ciências.

Em 1932, Land e um jovem professor de física de Harvard, George W. Wheelwright III, criaram o Land-Wheelwright Laboratories para produzir polarizadores e realizar pesquisas. Em 1937, Land organizou a atual Polaroid Corporation. O arranjo financeiro que ele negociou poderia ser motivo de inveja para qualquer inventor jovem — ou até mesmo velho. Land foi apresentado para uma série de investidores influentes de Wall Street, incluindo James P. Warburg, W. Averill Harriman, Lewis Strauss e seus sócios Kuhn, Loeb e membros da gestora de fundos de investimento Schroder Rockefeller. Land, aos 28 anos, causou tamanha impressão neste grupo que eles proporcionaram a ele um capital inicial de 375 mil dólares, deixaram Land com a maioria das ações com direito a voto e o colocaram em completo controle da companhia por dez anos.

O conselho de diretores original da Polaroid incluía, entre outros, Harriman, Strauss, Warburg e Silver. Outro apoiador e membro do conselho original da Polaroid, Carlton Fuller, pediu licença de sua posição como presidente da Schroder Rockefeller em 1941 para ajudar como diretor financeiro. Ele nunca voltou ao seu antigo segmento de mercado. Analistas de investimentos que estiveram ocupados "descobrindo" a Polaroid nos últimos anos se surpreendem frequentemente ao encontrar mãos tão experientes como Fuller e Silver em posições-chave.

No período pré-guerra (1937-41), as vendas da Polaroid subiram de 142 mil para 1 milhão de dólares. Os óculos escuros da Polaroid tornaram-se cada vez mais populares a US$ 1,95 o par; os filtros da Polaroid desfrutaram de uma venda constante para laboratórios científicos e fotógrafos; uma lâmpada de estudos que não ofuscava da Polaroid foi colocada no mercado e vendeu bem. Em 1939, na Feira Mundial de Nova York, a empresa demonstrou filmes tridimensionais completamente a cores — vistos através de óculos da Polaroid.

Enquanto isto, no laboratório, Land e seus colegas haviam desenvolvido um novo e engenhoso sistema de 3D — chamado Vectography — no qual duas imagens de um filme em estéreo são impressas em um registro perfeito, uma no topo da outra, em um único quadro. Como no sistema 3D convencional, os óculos Polaroid eram necessários para ver as duas imagens adequadamente.

Quando Hollywood passou desesperadamente para os filmes 3D em 1953, a indústria adotou o velho sistema estéreo exigindo dois projetores, e era quase impossível manter os filmes sincronizados e em registro. Como resultado, os clientes em geral viam um filme lamentável, e o *boom* do 3D entrou em colapso em pouco mais de um ano. Neste breve período, a Polaroid vendeu quase 100 milhões de óculos para filmes 3D por aproximadamente 6 milhões de dólares.

O que originalmente seduziu os banqueiros de Nova York em financiar a Polaroid, e a principal meta da empresa de 1937 a 1947, foi o sonho de colocar seus filtros polarizadores nos faróis e para-brisas de cada automóvel nos Estados Unidos. Quando dois carros adequadamente equipados chegassem próximos um do outro à noite, nenhum motorista seria cegado pelos faróis; no entanto, para cada um, a estrada à frente estaria claramente iluminada por suas próprias luzes. Obviamente, isto reduziria em muito o incômodo da direção noturna. Embora Land tivesse fracassado em vencer uma patente neste conceito, a Polaroid comprou os direitos de patente em 1938 do homem que havia sido adjudicado o inventor, mas que não tinha um filtro polarizador prático para fazer o trabalho.

Não houve tempo suficiente antes da Segunda Guerra Mundiál para a Polaroid persuadir Detroit a colocar filtros da empresa em todos os carros novos. Então, durante a guerra, a ideia teve de ser abandonada enquanto a empresa produzia equipamentos óticos militares. Em 1945, as vendas da Polaroid alcançaram aproximadamente 17 milhões de dólares. Um ano mais tarde, elas haviam caído abaixo de 5 milhões, e a Polaroid estava contando pesadamente com a adoção de Detroit dos polarizadores de faróis e para-brisas. Finalmente, em 1947, testes extensivos do sistema Polaroid foram conduzidos no campo de testes da General Motors. O sistema passou em todas as exigências de engenharia.

Não obstante, Detroit deixou a Polaroid na mão. A principal razão foi que a indústria disse que não via uma maneira prática para fornecer o novo sistema para os 33 milhões de veículos motorizados então nas autoestradas e acreditava que os motoristas destes veículos seriam prejudicados pelos faróis de certa maneira mais brilhantes que teriam de ser usados nos carros equipados com filtros.

Este foi um sério golpe para Land, especialmente levando-se em consideração que a General Electric havia demonstrado que a luminosidade a mais não aumentava o incômodo já existente. Deveria ser óbvio, de qualquer maneira, que muito poucos dos 33 milhões de veículos na estrada em 1947 (a maioria deles construída antes da guerra) estariam em uso por muito tempo.

Detroit ficou satisfeita em deixar a questão de lado — mas não Land. Ele continuou a pesquisar, e não há dúvida de que ele vai buscar outra audição em Detroit quando se sentir pronto para derrotar qualquer oposição possível.

Em 1947, as vendas da Polaroid foram de 1,5 milhão de dólares e a perda operacional de 2 milhões de dólares. Felizmente, um crédito tributário, baseado na provisão de compensação com lucros passados, cortou a perda líquida para um pouco menos de 1 milhão.

O ano de 1947 teria sido realmente terrível, se Land não tivesse descoberto o seu processo fotográfico de sessenta segundos em fevereiro. Ele poderia agradecer a filha pela inspiração para inventar o processo. Um dia, durante a Segunda Guerra Mundial, quando ele estava tirando fotos dela, a menina perguntou impacientemente quando poderia ver as fotografias. Quando Land explicou que levaria um tempo para revelá-las, ele subitamente percebeu que havia algo basicamente errado com isso. Por que alguém deveria esperar horas, ou mesmo dias, para ver uma foto?

Em 1944, quando conseguia roubar um tempo de uma agenda lotada, Land começou a experimentar maneiras para conseguir uma foto revelada diretamente da câmera que a tirou. Se Land tivesse se dado ao trabalho de perguntar aos especialistas o que pensavam desse objetivo, eles ficariam felizes em lhe dizer para parar de desperdiçar seu tempo.

O que, exatamente, era o problema que Land enfrentava? Teria sido um truque simples apenas revelar um negativo exposto dentro de uma câmera, dentro de um minuto ou dois, quando a temperatura poderia variar de 0° a 40°, com um reagente que poderia ser incorporado ao rolo de filme e manuseado como um material essencialmente seco. Mas isto teria um valor comercial insuficiente. Land tinha de encontrar uma maneira de fazer tudo isso e simultaneamente fornecer os químicos que realçariam os grãos de prata não expostos no negativo, transportá-los através do reagente ativo e depositá-los incólumes sobre uma folha de papel. Ao chegar a este papel, a prata inerte e invisível tinha de ser liberta do cativeiro químico e convertida em prata metálico, desse modo produzindo uma contrapartida positiva exata da imagem negativa. Finalmente, quando tirada da câmera, a cópia positiva tinha de ser essencialmente seca e duradoura — e ela tinha de competir em qualidade com fotografias convencionais nas quais cientistas mundo afora haviam investido mais de cem anos de pesquisa.

Levando tudo isso em consideração, a declaração feita por um dos colegas próximos de Land não parece um exagero. "Eu estaria disposto a apostar", disse ele, "que mil pessoas com Ph.D. não seriam capazes de duplicar o feito de Land em dez anos de trabalho ininterrupto."

Land avançou em uma velocidade inacreditável. Em seis meses, ele havia essencialmente solucionado todos os elementos físicos básicos do processo comercial.

O próprio Land não consegue fornecer uma explicação para o processo inventivo como ele o vivenciou. Ele acredita que a capacidade de criar pode ser a distinção fundamental entre o ser humano e todos os outros. "Você consegue imaginar", pergunta ele, "um macaco inventando a ponta de uma flecha?". Ele fica impaciente com a noção arraigada de que o homem encontrou, na ciência, alguma ferramenta novíssima que "faz" descobertas e invenções. Em vez disso, Land acredita que a capacidade de descobrir e inventar é algo extremamente antigo no homem e que não sabemos nada a respeito disso.

"Acho que é muito importante", diz Land, "trabalhar intensamente por longas horas quando estou começando a ver soluções para um problema. Nestes momentos, competências atávicas parecem surgir do nada. Você está manipulando tantas variáveis a um nível minimamente consciente que não pode ser interrompido. Se for, talvez leve um ano para cobrir o mesmo terreno que cobriria em sessenta horas".

Até 1946 — após anos de trabalho na câmera e no filme — Land nunca tivera mais do que um punhado de assistentes. Devido à guerra, estas eram garotas jovens, brilhantes, sem treino em ciências e quase todas elas, no fim das contas, formadas no Smith College. Desde 1948, sua colega mais próxima no desenvolvimento e melhoria do processo de sessenta segundos tem sido uma bacharela em artes do Smith College chamada Meroë Morse. Filha de Marston Morse, professor de matemática no Instituto para Estudos Avançados em Princeton, a Srta. Morse mais tarde tornou-se a chefe do departamento de pesquisa de filme preto e branco na Polaroid. Land credita a ela muitas contribuições importantes, especialmente as que levaram à impressionante linha de filmes atual.

A química e a tecnologia de se preparar a folha positiva, que produz a foto da Polaroid, é um segredo comercial firmemente mantido. No prédio onde a folha positiva é revestida e onde o revelador do filme é misturado, todos os tambores e garrafas de químicos trazem somente rótulos codificados. (O material negativo, que difere do negativo convencional fundamentalmente por ter uma base de papel, é feito para a Polaroid pela Kodak e a du Pont.)

Com a câmera de sessenta segundos e seu filme de sépia original substancialmente solucionados em 1947, Land procurou colocá-los no mercado o mais rápido possível. O trabalho de projetar a câmera e o maquinário especial necessário para fazer o filme foi dirigido por William J. McCune, agora vice-presidente para engenharia. McCune e alguns colegas infatigáveis — incluindo um talentoso engenheiro mecânico, Otto Wolf — contribuíram com toda uma série nova de invenções para apoiar o trabalho fundamental de Land. Um exemplo: um estudo de obturadores revelou que o tempo até do melhor obturador no mercado era exato apenas até aproximadamente 25%; o grupo de McCune inventou um obturador novo que é exato até mais ou menos 10%.

Tendo em vista que a Polaroid, lá em 1947, não tinha 350 mil dólares para gastar em ferramentas para a câmera, ela procurou por uma empresa terceirizada que assumisse este custo em troca de um contrato para construir a câmera. Uma empresa pequena de Rochester, agora extinta, precisava de trabalho tão desesperadamente que resolveu aceitar o risco, em troca de um pedido de 10 mil câmeras. Este foi o início da política da Polaroid de não produzir nada que ela pudesse comprar fora a um preço aceitável.

Embora confiante no sucesso final, a Polaroid foi friamente objetiva a respeito do problema de introduzir uma câmera completamente nova e sem ter sido experimentada ainda custando de oitenta a noventa dólares. Land e seus colegas tiveram longas reuniões com especialistas em marketing na Harvard Business School e em toda a parte, e num determinado ponto pensaram seriamente em desenvolver uma organização de vendas de porta em porta em todo o país.

Em última análise, ficou claro que os distribuidores varejistas normais teriam de ser usados. Então, para causar a melhor impressão possível sobre os revendedores de equipamentos fotográficos, a Polaroid partiu para contratar alguém que tinha uma reputação extraordinária na indústria. O homem que a Polaroid achou foi J. Harold Booth, vice-presidente da Bell and Howell, com uma ampla experiência de vinte anos nas áreas de engenharia, manufatura e vendas.

Booth entusiasmou-se com a câmera de Land a partir do momento em que ele a viu. Quando Booth juntou-se à Polaroid em 1948 como vice-presidente executivo e gerente geral, ele trouxe para a empresa não somente a sua reputação, como também um grande talento para a promoção. Seu trabalho era vender a câmera sem qualquer organização de vendas que fosse e com um orçamento de propaganda tão pequeno que ele mal parecia adequado para lançar a câmera somente na área de Boston.

Booth e o seu gerente de vendas, Robert C. Casselman, conceberam o plano de oferecer a uma loja de departamentos em cada cidade maior um contrato de exclusividade sobre a câmera nova por trinta dias, desde que a loja anunciasse proeminentemente nos jornais — com apenas uma modesta ajuda da Polaroid — e fizesse uma campanha promocional intensa da câmera por toda a loja.

A câmera foi colocada à venda pela primeira vez em 26 de novembro de 1948, na Jordan Marsh, a grande loja de departamentos de Boston. A demanda foi tão grande que vendedores fora de si venderam inadvertidamente modelos em exibição com peças faltando.

A Polaroid fez uma pausa para recuperar seu estoque exaurido. Então, em janeiro de 1949, Booth fez uma promoção incrível em Miami. Ele raciocinou que câmeras vendidas para veranistas prósperos em Miami logo estariam espalhadas por todos os Estados Unidos, com cada proprietário de uma Polaroid virando um vendedor da câmera. Como parte da sua promoção, Booth forneceu as câmeras Land a uma equipe de garotas bonitas e uma turma de salva-vidas para tirar fotos em piscinas e praias e dá-las de presente para turistas boquiabertos. Em poucas semanas, a maioria das lojas de Miami tinha vendido seu estoque de câmeras Land.

Então a promoção deslocou-se de cidade em cidade. E embora a grande maioria dos revendedores tenha recebido a câmera friamente, as vendas de 1949 da Polaroid dispararam para 6.680.000 dólares, dos quais mais de 5 milhões vieram da nova câmera e do filme.

A primeira e única crise real na fotografia de sessenta segundos surgiu em 1950, quando a Polaroid trocou sua foto em sépia original para uma que era em preto e branco. Em testes de laboratório as fotos novas pareciam pelo menos tão duradouras quanto a sépia, mas seis meses após o filme novo ter chegado aos revendedores, ficou óbvio que um esmaecimento sério das cores ocorria em determinadas condições.

Land concluiu que a imagem em prata estava sendo atacada tanto de cima quanto por baixo por fatores atmosféricos e de umidade. Ele montou duas equipes para solucionar o problema. Ele e Meroë Morse lideraram uma equipe para reconstruir a folha positiva da base para cima. Uma segunda equipe, liderada por Elkan R. Blout, gerente geral de pesquisa começou a procurar um plástico — para ser usado como revestimento da cópia — que fosse praticamente inodoro, secasse rapidamente em um revestimento insolúvel, flexível e transparente, e não amarelasse com a idade. Mais de duzentos polímeros novos foram sintetizados antes das exigências terem sido atendidas. O plástico e o filme novo foram fundidos, e hoje a Polaroid assegura que suas cópias durarão tanto quanto as cópias convencionais. (Este trabalho em equipe entre o que Land chama de "cientistas fotográficos" e os "cientistas químicos" é uma velha história na Polaroid. No atual programa de filmes a cores os químicos estão sonhando e sintetizando uma série de novas moléculas, as quais a equipe fotográfica sob Howard Rogers incorpora em filmes a cores experimentais.)

Muitos revendedores que haviam previsto uma vida comercial curta para a câmera Land acharam que tiveram sua opinião confirmada durante o período em que as cópias esmaeciam. E, realmente, em 1954 e 1955, ocorreu um declínio definitivo na taxa de crescimento da Polaroid. Mas após 1955, a empresa teve três anos de alta expansão com um crescimento nas vendas de 31%, 41% e 36%. Grande parte do crédito para esta virada tem de ir para Robert Casselman, promovido a vice-presidente de vendas em 1956.

O crescimento meteórico da Polaroid desde 1955 pode ser creditado, em parte, aos novos filmes cuja velocidade (equivalente a ASA duzentos e quatrocentos) comparava-se favoravelmente aos filmes convencionais mais rápidos no mercado. Este ano, ou logo no início do próximo, a Polaroid espera introduzir filmes aproximadamente dez vezes mais velozes (ASA 3 mil). Simultaneamente, a empresa vai oferecer um novo obturador "olho eletrônico" que pode ser encaixado na frente de suas câmeras atuais e fornecerá automaticamente as exposições corretas para todas as condições de iluminação na rua.

Land segue desafiando sua equipe de projeto para produzir uma câmera tão leve e compacta que ninguém abrirá mão de ter uma. Ele prevê o dia em que 100 milhões de norte-americanos carregarão câmeras Land tão regularmente quanto carregam carteiras e relógios de pulso. Ele acredita que quando as câmeras de sessenta segundos forem tão práticas assim, todo proprietário acionará o obturador pelo menos uma vez ao dia — no escritório, em viagens ou em casa. Esta visão exuberante implica em vendas de filmes duzentas vezes maiores que a taxa atual da Polaroid.

A câmera de bolso ainda não está à vista, mas a Polaroid trabalha em modelos novos que vão tirar fotos comparáveis em tamanho em relação àquelas tiradas por suas câmeras grandes atuais, mas serão significativamente menores e mais convenientes de usar. Os modelos grandes atuais pesam em torno de dois quilos e são relativamente volumosos. (Modelos pesando menos de meio quilo foram introduzidos nos anos 1960, mas ainda não há uma Polaroid de bolso.)

Land não tem dúvida de que a Polaroid chegará a um tamanho de cinco a dez vezes maior do que ela tem hoje em dia. Mas o que ele deseja apaixonadamente é que a empresa seja conhecida como a primeira fabricante no mundo que reconheceu a dignidade humana de cada empregado durante o dia inteiro. Certa vez, em 1958, Land reuniu seus principais colegas e supervisores. Ele disse: "Acho que seremos magnificamente bem-sucedidos em muito pouco tempo, [mas] se após conseguirmos realizar *apenas* isto, formos apenas outra empresa grande, teremos contribuído mais ainda para o risco de degradação da cultura norte-americana. Um país sem uma missão não pode sobreviver como país. Talvez existam muitas maneiras de se criar esta missão, e muitos grupos desempenharão seu papel, mas eu quero falar a respeito do papel correto da indústria. Acredito que a função da indústria é fazer um novo tipo de produto — algo que as pessoas não pensaram realmente como um produto. Quando você alcançou um padrão de vida alto o suficiente para a maioria das pessoas, para onde você se volta em seguida? Parece-me que só há um lugar para se voltar. A indústria deve voltar-se para a produção de trabalhos diários que valham a pena, que sejam altamente recompensadores e criativos para cada um dos 100 milhões de norte-americanos."

Com o intuito de que a administração soubesse que tinha uma promessa a manter, Land também resumiu suas aspirações em uma festa de Natal da empresa.

"Nós construiremos fábricas novas", prometeu ele, "as primeiras fábricas no mundo que serão projetadas de maneira que as máquinas trabalhem para as pessoas em vez de as pessoas para as máquinas. O que buscamos nos Estados Unidos é uma sociedade industrial onde uma pessoa mantenha no trabalho a dignidade absoluta que tem em casa. Agora, não estou falando nenhum absurdo — não quero dizer que todos vocês serão felizes. Vocês serão infelizes — mas de maneiras novas, empolgantes e importantes. Vocês consertarão isto fazendo algo que valha a pena, e então serão felizes por algumas horas. Alternadamente felizes e infelizes, vocês construirão algo novo, como vocês fazem em casa com suas famílias. Muitas vezes vocês se sentem infelizes a respeito de seus filhos. Mas se orgulham deles. Vocês não abririam mão dos anos esplêndidos de dificuldades envolvidos na criação de um filho. Bem, criar um trabalho deveria ser como criar um filho."

* * *

Edwin Land estava sonhando uma série de sonhos quando o repórter Bello conversou com ele em 1959. A maioria deles tornou-se verdade desde então.

O sonho mais importante foi aquele de desenvolver um sistema funcional, simples e barato para a fotografia a cores instantânea. A Polaroid fez isto no início dos anos 1960. Ao apoiar a invenção com um programa de marketing agressivo, a companhia cresceu a ponto de disputar cabeça a cabeça com sua rival gigante, a Kodak, em vendas anuais.

A Kodak não é mais a líder incontestável na indústria. No momento em que este livro está indo para a gráfica, as vendas e lucros de ambas as companhias estão sofrendo de incômodos da recessão, e as ações das duas estão sendo negociadas na Bolsa de Valores a preços bem abaixo dos pontos altos nos mercados aquecidos dos anos 1960. Ninguém em Wall Street se preocupa em prever qual companhia assumirá a dianteira quando ocorrer o próximo mercado em alta. Como diz um corretor: "As duas são número 1."

No auge do mercado em alta de 1968 e 1969, a participação acionária de Land e de sua família na Polaroid valia mais de meio bilhão de dólares. O preço da ação caiu bruscamente do pico, mas nem de perto tão bruscamente quanto os preços de algumas outras ações glamourosas como a Ling-Temco-Vought (Capítulo 15). No ponto mais baixo do mercado recessivo de 1970, a Polaroid havia caído da faixa de 140 dólares por ação para em torno de 80 dólares. Considerando que muitas ações glamourosas foram arrochadas para um quarto ou mesmo um décimo de seus picos no mercado aquecido, o desempenho da Polaroid não foi tão ruim.

Edwin Land, hoje em dia na casa dos 60 anos, continua fantasticamente rico. Sua companhia incrível ainda está crescendo. É inteiramente concebível que quando Land decidir aposentar-se, sua fortuna terá chegado a mais de 1 bilhão de dólares.

13

Quem disse que não dá para ser feito?

HÁ UM TEMA RECORRENTE nas vidas dos muito, muito ricos. Você deve tê-lo observado — e continuará observando — em nosso passeio pela galeria. Quase todos entre estes homens imoderadamente ricos começaram a carreira contra um fundo de intensa zombaria. O que quer que eles estivessem tentando fazer, os especialistas diziam com enorme confiança que não poderia ser feito.

Edwin Land foi informado que era perfeitamente ridículo pensar em fazer uma câmera que revelasse as próprias fotos. A ideia maluca de James Ling de que ele poderia vender as ações de sua pequena empresa prestadora de serviços para o público gerou gargalhadas por todo o estado do Texas. Hollywood riu fartamente dos investimentos tolos de Howard Hughes no cinema. E a lista segue.

É evidente que é preciso ter um tipo de mente peculiarmente teimosa para tornar-se um dos muito ricos. Você não somente precisa ter uma ideia; é necessário também ter uma fé suprema nesta ideia. A fé tem que ser forte o suficiente para resistir por anos contra a chacota, risadas e meneios de cabeça pessimistas.

É quase uma certeza de que há homens desconhecidos caminhando nas ruas hoje que, por falta desta fé teimosa, poderiam ter se tornado multimilionários. Estes homens talvez tivessem uma ideia que poderia ter gerado uma grande fortuna ano passado ou na década passada. Eles deixaram que especialistas e não especialistas os fizessem desistir dela através da conversa ou do escárnio e agora ninguém sabe os nomes deles. Um dia provavelmente chegará em que algum outro homem será criticado de forma áspera pela mesma ideia, manterá sua fé nela e ascenderá a ponto de merecer um lugar em alguma lista futura dos muito, muito ricos.

Este será um ponto interessante para você ponderar se conceber um dia uma ideia que vá gerar uma fortuna. O ponto é colocado de maneira clara e concisa pelo escritor filósofo John L. Kent no artigo a seguir da revista *Success Unlimited*. Esta revista, você talvez se lembre, é publicada pelo grande e antigo professor do sucesso, Clement Stone.

Eles gostariam de nunca ter dito isso*

por John L. Kent

Se você às vezes fez um julgamento precipitado ou expressou uma opinião que mais tarde provou-se equivocada e se gostaria de nunca tê-la dito, não se sinta mal. Os maiores pensadores, cientistas e empresários do mundo também disseram coisas para publicação que eles mais tarde gostariam de poder apagar da página impressa. Os comentários são normalmente pessimistas.

É claro, há uma explicação lógica. Psicólogos e outros cientistas sociais dizem que qualquer novidade incomoda nosso modo de pensar habitual. Então, inconscientemente, rejeitamos novas ideias e novos equipamentos.

Não há dúvida de que o homem das cavernas que inventou a roda se viu diante de um "Não vai funcionar!" de seus colegas a ridicularizá-lo.

A maioria dos inventores e outras pessoas criativas esperam alguma reação negativa. Mas eles sempre se sentem chocados ao encontrar a oposição dos especialistas.

---

* Reimpresso com permissão da edição de setembro de 1970 da *Success Unlimited*, America's leading Success Magazine, 6355 Broadway, Chicago, Illinois, 60660. Copyright ©. Direitos de reimpressão futuros reservados.

Quando a invenção funciona com sucesso ou a descoberta é provada na prática, estes especialistas — muitas vezes cientistas respeitados e empresários importantes — gostariam de nunca ter dito nada. Devido à sua posição e prestígio, suas palavras foram gravadas. Na tinta preta dos jornais e publicações científicas, suas declarações estão disponíveis para todos verem para sempre no futuro.

O Dr. Vannevar Bush, por exemplo, um importante engenheiro-cientista norte-americano, testemunhou diante de um comitê no congresso em 1945 que um foguete proposto com um alcance de 5 mil quilômetros e trajetória alta equipado com uma ogiva nuclear deveria ser "completamente deixado de lado". Dez anos mais tarde, o míssil balístico intercontinental fez sua estreia. Ele tinha uma ogiva nuclear.

Possivelmente o maior número de declarações equivocadas foi feito por pessoas importantes a respeito do avião. Alguns disseram que ele nunca voaria. Outros, que mais tarde falaram que ele poderia voar, mesmo assim achavam que ele seria de pouco uso. Por exemplo:

Em 1870, o bispo Milton Wright declarou: "O voo é reservado para os anjos. Pensar qualquer outra coisa é uma blasfêmia." Se o nome não lembra você de alguém, ele deveria. O bispo Wright foi o pai de Orville e Wilbur.

Na época que os irmãos Wright estavam experimentando com o seu avião primitivo, um conhecido astrônomo-matemático norte-americano, o professor Simon Newcomb, esclareceu sobre a impossibilidade de voar. Em um importante ensaio técnico ele escreveu:

"A demonstração de que nenhuma combinação possível de substâncias conhecidas, formas de maquinários conhecidas e formas de força conhecidas possam ser unidas em uma máquina prática com a qual o homem voará longas distâncias através do ar, parece ao escritor tão completa quanto é possível que uma demonstração de qualquer fato físico seja."

Em 1910, após observar um show aéreo, Marshal Ferdinand Foch, o líder militar francês, disse: "Veja bem, tudo muito bacana como esporte. Mas o avião não tem uso para o exército."

Em 1922, o Secretário Assistente da Marinha Franklin D. Roosevelt disse: "Trata-se de algo altamente improvável que um avião, ou mesmo uma esquadrilha deles, possa um dia afundar uma frota de navios da Marinha sob condições de batalha."

Tão tarde quanto 1939, o contra-almirante Clark Woodward disse: "Quanto a afundar um navio com uma bomba, você simplesmente não consegue fazê-lo." Dois anos mais tarde: Pearl Harbor...

O longo caminho percorrido por Thomas Edison na busca do aperfeiçoamento e para tornar prática a luz elétrica foi permeado por comentários muitas vezes cáusticos feitos pelos especialistas que viam apenas fracasso. Um editor de um grande jornal metropolitano, ao saber que um artigo otimista sobre os experimentos de Edison foi publicado em seu jornal, repreendeu o articulista da seguinte forma: "Você não sabia que já foi absolutamente demonstrado que este tipo de luz vai contra as leis da natureza?"

Talvez o editor tivesse pouca fé no futuro, mas seria de se esperar que um colega cientista seria mais otimista. Mas este não foi o caso do professor Henry Morton, presidente do prestigioso Stevens Institute of Technology. Em 1897, ele protestou contra o entusiasmo demonstrado por outros cientistas em relação aos esforços de Edison, dizendo: "Todas as pessoas familiarizadas com o assunto reconhecerão que ele é um fracasso evidente."

O desenvolvimento que mais fez para mudar nossa maneira de viver — o automóvel — foi tão ridicularizado quanto o avião, que estava sendo desenvolvido mais ou menos na mesma época. A mera ideia de um veículo autoimpulsionado era motivo de riso — mesmo por pessoas presumivelmente entendidas.

Alexander Dow, presidente da Detroit Edison Company, onde Henry Ford era o engenheiro chefe na época em que começou seus experimentos com o automóvel, ofereceu a Ford uma promoção para superintendente da fábrica se ele deixasse de mexer com o automóvel. Disse ele: "Não faço objeções em relação a experimentos com eletricidade. A eletricidade é o negócio do momento. Mas a gasolina não!"

Chauncey Depew, um importante executivo do segmento ferroviário e presidente do New York Central System de 1899 a 1928, advertiu um parente para não investir 5 mil dólares em ações da Ford porque "não apareceu nada ainda que supere o cavalo".

Os especialistas que duvidaram do automóvel e do avião têm suas contrapartidas em especialistas mais recentes que duvidaram que a viagem espacial seria possível. Considere, por exemplo:

Um alto astrônomo inglês (que permanecerá sem ser nomeado, pois ainda está entre nós) previu no verão de 1956 que o homem talvez nunca vá ao espaço e que a "viagem no espaço é uma grande bobagem". O foguete soviético *Sputnik One* foi lançado um ano depois.

Bem quando os russos estavam aprontando o *Sputnik One* para suas 15 órbitas diárias em torno da Terra, um alto executivo de uma das maiores companhias aeronáuticas dos Estados Unidos (que também permanecerá sem ser nomeado, pois ainda está vivo), previu que o voo espacial tripulado não seria conseguido antes do ano de 1990. Cinco anos mais tarde, John Glenn deu uma volta completa na órbita da Terra em uma espaçonave produzida por — você acertou, a própria empresa do executivo!

Então se há momentos em que você poderia ter... (mordido) sua língua em vez de dizer algumas palavras mal escolhidas, pode consolar-se no fato de que outros em altas posições cometeram erros semelhantes. O que você nunca saberá, entretanto, é o número de oportunidades que você deixou passar porque reagiu desta maneira. Reflita sobre isto e sem dúvida você se lembrará das vezes que "gostaria de nunca ter dito isso".

14

A mágica do "DDO":
1. A rota do empréstimo

OUVE-SE SEMPRE A MESMA conversa em bares mundo afora. Alguém conta uma piada sobre como foi parar no velório de um ricaço, ou o aparelho de televisão no canto revela alguma informação trivial sobre um magnata e seu iate e suas caras companheiras. Os homens, curvados sobre os seus drinques, começam a especular sobre como seria levar a vida de um rico. Então eles riem uns dos outros por terem pensamentos tão grandiosos e fantásticos. Por fim, eles se deixam afundar confortavelmente nos lugares-comuns de sempre. Eles asseguram uns aos outros que seria uma bobagem qualquer um *deles* lutar ou ter a esperança de ser rico.

"Você precisa ter dinheiro para fazer dinheiro", diz o cara no fim do balcão.

"É isso aí", diz alguém de forma mais melancólica, "dinheiro faz dinheiro."

Todos murmuram concordando com as cabeças. Fica acordado de maneira unânime que palavras sábias haviam sido pronunciadas.

O fato é, obviamente, que estes velhos e cômodos chavões de sabedoria popular são uma bobagem absoluta. Eles são fundamentalmente uma desculpa para não tentar. Com raras exceções, os homens muito, muito ricos que estamos visitando neste livro começaram com nada ou quase nada — em alguns casos em condições de verdadeira pobreza. Suas vidas amplamente desaprovam as sabedorias antigas. A verdade é que pilhas monumentais de dinheiro podem ser ganhas por qualquer homem, não importa se ele tiver o dinheiro para começar ou não.

Trata-se de uma verdade inegável que o dinheiro atrai dinheiro — ou pode ser feito para atraí-lo, dada uma administração sólida e um pouco de sorte. Mas ele não precisa ser o dinheiro da própria pessoa. Se você tiver somente um pouco de dinheiro seu, pode usar o de outras pessoas.

A técnica de usar o dinheiro dos outros é tão comum e tem tanto bom conceito entre os muito ricos que ela foi exaltada com iniciais maiúsculas: *Dinheiro dos Outros*. A maioria dos homens que você está conhecendo nesta galeria de ouro usou o DDO em um algum momento de suas vidas. Muitos deles o usaram bem no início de suas carreiras para saírem da pobreza ou de uma condição de empregado modesta para se lançarem nos primeiros passos de uma longa e dura escalada. Você verá o DDO aparecendo sempre de novo, em várias formas e com várias aplicações, enquanto percorremos a galeria. Mas o homem que melhor ilustra a técnica é aquele que estamos prestes a conhecer, um dos muito, muito mais ricos entre os ricos: Daniel Keith Ludwig.

Ludwig começou como um trabalhador assalariado comum, como eu e você. Ele terminou com uma fortuna que foi estimada em até 3 bilhões de dólares. Meus próprios cálculos o colocam na casa de 1 bilhão de dólares. (De certa maneira, parece não haver muita diferença entre os dois números. Ambos fazem a cabeça girar.) Ele conseguiu isto fundamentalmente usando o DDO.

Nós podemos ilustrar o valor do DDO com um exemplo simples e familiar. Digamos que você tenha 10 mil dólares para investir em imóveis. Você encontra um terreno em algum lugar no limite de uma cidade em expansão, uma área onde os valores dos imóveis estão subindo por, digamos, 25% a cada dois anos.

Tudo bem, como é que você coloca o seu dinheiro para funcionar? Você pode tomar a rota dos recursos próprios: você encontra um terreno à venda por 10 mil dólares, e investe todo o seu dinheiro nele. Dois anos depois, você o vende por US$ 12.500. Você ganhou 25% do seu capital inicial.

Foi um belo negócio, mas poderia ter sido muito melhor. Em vez de tomar a rota dos recursos próprios, você usa o DDO. Em vez de um terreno de 10 mil dólares, você encontra uma casa de 40 mil dólares. Você coloca os seus 10 mil de entrada na casa e toma emprestados os 30 mil restantes de um banco sob um contrato de hipoteca padrão.

Agora vamos ver onde você termina. Após dois anos, a casa teve uma valorização de 25%, como o terreno. Ela vale agora 50 mil dólares. Você a vende, paga o banco e sai do negócio com 20 mil dólares. Em vez de realizar meros 25%, você dobrou o seu dinheiro usando o DDO.

A ilustração é exageradamente simplificada, é claro. Ela omite considerações como juros, impostos e taxas de corretagem. Mas não importa como você irá dividi-la, a rota do DDO claramente leva você mais longe do que a rota do dinheiro em mãos.

A desvantagem da rota do DDO, é claro, é que ela envolve um grau maior de risco. Se o mercado imobiliário local desvalorizar-se enquanto você estiver no meio da sua jogada, a rota do DDO deixa você sobrecarregado com o fardo da dívida. Ou você suporta esta dívida até que o mercado melhore ou vende seu investimento com um prejuízo. Com a rota do dinheiro em mãos você escapa deste tipo de problema. Mas, como já observamos e observaremos muito mais vezes neste livro, ficar rico sem correr riscos é virtualmente impossível.

O chamado sistema de margem do mercado de ações é outra ilustração familiar do uso de DDO. Sob determinadas condições, ao se comprar ações listadas, você pode tomar emprestado parte do preço de compra do seu corretor. As regras de margem do mercado de ações são estritas, e há décadas não tem sido legal tomar emprestado uma percentagem tão grande do preço de uma ação como você pode tomar emprestado para comprar um imóvel. Ainda assim milhões de investidores habitualmente compram na margem. Eles obviamente acreditam que mesmo um pouco de DDO é melhor do que nada.

Daniel Ludwig é um homem que concordaria com essa filosofia. Vamos olhar para a sua extraordinária carreira.

Daniel Ludwig: 1 bilhão de dólares

Ele é um homem altamente reservado, este Daniel Ludwig. Vive tranquilamente em uma cobertura em Manhattan, da qual ele geralmente caminha para o seu escritório a algumas quadras dali. Ele está com 70 e poucos anos, de certa maneira incapacitado por uma velha lesão nas costas, e à medida que avança lenta e dolorosamente pela calçada, completamente sozinho, ele poderia ser tomado por um velho pensionista sem fôlego. Ele raramente fala com alguém em sua caminhada diária e é particularmente seco com repórteres que por vezes tentam abordá-lo ao longo de sua rota. Ele não falou com a imprensa por anos.

Mesmo quando fala com eles, sua reserva habitual o impede de revelar tudo. Ludwig deixa de mencionar, ou talvez esconda deliberadamente, todo tipo de informação, do importante ao relativamente trivial. Em 1957, ele concedeu a um repórter da *Fortune*, Dero Saunders, o que a revista disse ter sido a primeira entrevista à imprensa em toda a carreira de Ludwig — e mesmo então ele parece não ter abandonado sua reserva de uma vida inteira. Saunders relatou, por exemplo, que o duas vezes casado Ludwig não tinha filhos. Na realidade, ele tinha uma filha do seu primeiro casamento. Importante? Dificilmente. No entanto, a pequena imprecisão peculiar ilustra o temperamento de Ludwig. Como o próprio Dero Saunders escreveu — de certa maneira, ironicamente — na reportagem de 1957: "A característica mais notável de Ludwig é a sua inclinação de uma vida inteira de manter a boca fechada."

E ele ainda mantém a boca fechada hoje em dia, assim como seus assistentes. Um repórter telefonando para a sede de Nova York de Ludwig será informado educadamente pela operadora que não há um Daniel Ludwig na companhia — pelo menos não na sua lista de ramais. Uma investigação mais aprofundada revelará que a figura espectral respondendo por aquele nome ocasionalmente dá uma passada na companhia, mas ninguém admite saber exatamente quem ele é, o que ele faz ou como pode ser alcançado.

Entretanto, Dan Ludwig existe. Suas pegadas podem ser encontradas mundo afora.

Ele é proprietário da que talvez seja a maior frota de navios privada — maior do que aqueles de Stavros Niarchos ou Aristóteles Onassis. Os fabulosos magnatas da navegação gregos chamam consideravelmente mais atenção do que Ludwig e são muito mais pitorescos, mas em termos de enriquecimento absoluto, Ludwig paira bem acima deles. Sua frota chega perto das 5 milhões de toneladas de peso morto e inclui cinco ou seis dos maiores petroleiros já construídos.

Ludwig também é proprietário direto — ou é o maior acionista — de uma série de empresas de poupança e empréstimo; uma larga coleção de hotéis, prédios de escritórios e outros empreendimentos imobiliários nos Estados Unidos e no exterior; carvão e ferro e outras prospecções de recursos naturais da Austrália ao México; petróleo e refinarias petroquímicas na Flórida e no Panamá.

Ele acumulou esta coleção enorme de negócios em uma atmosfera de silêncio misterioso. Por muitos anos, Ludwig e sua segunda esposa viveram em uma casa sem ostentação na cidade-dormitório de Darien, Connecticut. "Nós quase nunca os víamos", disse um vizinho. "Eles nunca iam a coquetéis na cidade ou algo assim. Ninguém sabia exatamente quem eles eram. Sempre achei que ele era algum tipo de executivo de banco — sabe, um cara assalariado, talvez de nível médio, ninguém muito importante."

No auge de sua juventude, Ludwig era um homem alto, magro e vigorosamente belo. Ele nasceu em junho de 1897 em South Haven, Michigan, uma pequena comunidade junto a um lago. Seu pai era um corretor de imóveis e especulador, confortavelmente bem-sucedido, mas não rico.

O jovem Daniel era fascinado por barcos e navios. Aos 9 anos, ele encontrou um barco a diesel de 26 pés afundado que havia sido abandonado por não valer os custos de ser salvo. Ele o comprou do proprietário por 25 dólares, que ele havia acumulado trabalhando e tomando emprestado do seu pai. Ludwig içou o barco e passou o inverno inteiro consertando-o. No verão seguinte, ele ganhou em torno de 50 dólares fretando o barco. Esta foi a primeira experiência de Ludwig no segmento de navegação, e ele aproveitou cada minuto disso — particularmente o conhecimento que obtivera como lucro.

Seu pai e sua mãe se separaram quando ele ainda era adolescente, e ele seguiu com seu pai para Port Arthur, Texas, uma cidade ligada à indústria de navegação na qual o pai havia encontrado algumas oportunidades no mercado imobiliário. Ainda intrigado por navios, o jovem Dan abandonou a escola no ensino médio para ir trabalhar no cais do porto. Ele perambulou de um trabalho para outro por alguns anos, terminando em uma fábrica de motores marítimos da qual ele era mandado para ajudar a instalar motores de navios em vários portos por todo o país. Ludwig gostava do trabalho, descobriu que era bom nele e começou a trabalhar à noite depois do expediente instalando e consertando motores por conta própria. Com 19 anos, ele tinha mais contratos privados do que conseguia dar conta, então largou o emprego. Seria o último emprego que ele teria.

Através dos últimos vinte anos ocorreram muitos meses em que ele gostaria de ter um emprego. Diferentemente dos outros homens que conheceremos nesta galeria de ouro, Dan Ludwig não desfrutou de um grande sucesso cedo na vida. Ele foi de um empreendimento marítimo para outro, comprando, consertando e fretando barcos, e às vezes ganhava dinheiro, às vezes perdia. Ludwig raramente tinha muito dinheiro para gastar, estava quase sempre endividado e, em várias ocasiões, oscilava à beira da falência. Seus problemas foram agravados quando, aos 29 anos, ele foi ferido por uma explosão de gasolina no compartimento de carga de um velho navio-tanque. "Ele estava lá embaixo", disse um ex-executivo de uma das companhias de Ludwig, "porque dois marinheiros haviam desmaiado com os vapores e Dan desceu para tirá-los de lá." Pelo resto da sua vida após aquela explosão, ele foi atormentado pela dor nas costas. Mas se você lhe perguntasse como ele se machucou, ele simplesmente diria: "Ah, foi um acidente." Um monte de gente presumia que era uma batida de carro. Este era o tipo de cara que Dan sempre foi — nunca disse muito a respeito de si mesmo.

Foi em meados da década de 1930, quando Ludwig estava próximo dos 40 anos, que ele finalmente floresceu tardiamente e começou a erguer a sua fortuna monumental atual. Foi quando ele descobriu o DDO.

Ludwig havia tomado dinheiro emprestado muitas vezes antes, é claro, começando com seu primeiro empreendimento para salvar o barco aos 9 anos. "Mas", disse um executivo do banco Chase Manhattan, "não havia sido o que você chamaria de um empréstimo criativo." Ele não tinha aprendido como usar o dinheiro de outras pessoas como uma alavanca para aumentar a própria potência econômica.

Ludwig chegou à sua fórmula de sucesso dando dois passos fundamentais. O primeiro passo foi dado quando ele queria tomar algum dinheiro emprestado para comprar um velho cargueiro geral e convertê-lo em um navio-tanque. (O transporte de petróleo pagava mais do que carga seca.) Ele procurou vários bancos em Nova York. Eles olharam para o seu colarinho puído e perguntaram o que ele propunha como garantia. Ludwig teve de admitir que tinha pouco em termos de bens materiais. Ele tinha um velho navio-tanque flutuando, entretanto — o navio-tanque no qual ele machucara as costas — e lhe ocorreu que ele poderia ser capaz de fazer um negócio envolvendo o navio.

"Ele apareceu neste banco", disse o executivo do Chase, "e nos disse que tinha este navio-tanque fretado para alguma companhia de petróleo. As taxas de frete que Ludwig recebia eram aproximadamente no mesmo valor que os pagamentos mensais que ele teria de fazer no empréstimo que desejava. Então Ludwig propôs passar o frete para o banco. O banco então cobraria as taxas de frete diretamente da companhia de petróleo, e este dinheiro seria destinado para pagar o empréstimo dele."

Para muitos banqueiros parecia um negócio maluco. No entanto, ele era na realidade tão seguro para o banco quanto quase qualquer empréstimo para um pequeno negócio. Ludwig sozinho talvez não fosse um risco de crédito de quatro A's, mas o crédito da companhia de petróleo era bom. O banco poderia presumir que, tirando catástrofes econômicas imprevistas, a companhia de petróleo manteria fielmente os seus pagamentos de frete sobre o navio-tanque. Mesmo se o novo empreendimento de conversão de navios de Ludwig desse errado, como havia ocorrido com alguns dos seus empreendimentos, o banco continuaria a receber o seu dinheiro, desde que o velho navio-tanque e a companhia de petróleo seguissem bem encaminhados. Na realidade, Ludwig estava elevando sua frágil classificação de crédito usando a companhia de petróleo.

O banco fez o empréstimo nesta base. Ludwig comprou o velho cargueiro que ele queria e o converteu em um navio-tanque. Então fretou o navio e o usou para conseguir outro empréstimo na mesma base, e assim converter mais um cargueiro em navio-tanque.

Isso seguiu assim por alguns anos. À medida que cada empréstimo era pago, Ludwig saía do negócio com o título limpo e claro de um navio. As taxas de frete para aquele navio paravam de fluir para um banco e começavam a fluir para o seu bolso. Sua posição em dinheiro, sua classificação de crédito e seus colarinhos melhoraram rapidamente.

E agora lhe ocorreu uma ideia ainda mais intrigante. Se ele podia tomar dinheiro emprestado sobre um navio existente, porque ele não poderia também tomar dinheiro emprestado sobre um navio ainda não construído?

Este foi o segundo passo gigante no aprendizado dos usos de DDO.

A nova proposição de Ludwig seguia mais ou menos assim: ele projetava um navio-tanque ou algum outro navio para uma finalidade específica. Mesmo antes que a quilha tivesse sido colocada, ele encontrava um cliente que o fretaria quando o navio estivesse pronto. Acenando o contrato de frete, Ludwig entrava em um banco e pedia um empréstimo para construir o navio. O empréstimo seria do tipo com pagamento diferido, sob o qual o banco esperava pouco e nenhuma parte do seu dinheiro de volta até o navio estar realmente flutuando. Uma vez flutuando, as taxas de frete seriam passadas para o banco, e o empréstimo seria pago como antes. Eventualmente, quando toda a transação de anos estava completa, Ludwig saía navegando como proprietário de um navio no qual ele mal tinha investido um centavo do próprio bolso.

Mais uma vez a proposição surpreendeu os bancos. No entanto, mais uma vez ela fez sentido quando examinada cuidadosamente. A classificação de crédito do próprio Ludwig era agora bastante aceitável — e, como antes, ele estava apoiado pelo crédito dos clientes de frete. "Um arranjo de empréstimo desta natureza", disse o executivo do Chase, "é o que nós chamamos de 'papel de dois nomes' — querendo dizer, na realidade, que o pagamento é garantido por duas companhias ou homens diferentes que são mais ou menos independentes um do outro economicamente. Isto é, se um passar por problemas e deixar de pagar o empréstimo, o outro não vai necessariamente estar com os mesmos problemas e, se tudo der certo, honrará a obrigação. O banco, veja bem, consegue uma medida extra de segurança para seu dinheiro."

Ludwig estava agora lançado em sua grande odisseia de criação de uma fortuna. Ele havia começado alugando espaço nas docas e estaleiros de outras pessoas. Agora ele começou a construir as próprias instalações — usando o DDO, é claro. Seu pequeno estaleiro de navios prosperou e cresceu explosivamente durante a Segunda Guerra Mundial, quando o governo norte-americano foi um cliente ganancioso por cada navio-tanque que ele conseguisse construir.

Um *boom* pós-guerra impressionante começou a dar as caras no fim dos anos 1940, e Ludwig saiu à procura de maneiras de expandir o seu negócio. Ele decidiu (assim como muitos outros construtores de navios e operadores de navegação) que os Estados Unidos haviam se tornado um dos piores lugares no mundo para se ter como base de um negócio deste tipo. Custos de mão de obra, preços de materiais e impostos eram todos altos demais, e toda a indústria de navegação estava atolada em um vasto e emaranhado leito de algas de problemas tarifários e outras restrições governamentais. Era o momento, pensou Ludwig, de olhar mundo afora.

No início dos anos 1950, ele encontrou uma possibilidade de negócio tentadora no Japão. Os japoneses, perdedores da guerra e, à época, perdedores econômicos também, tinham um enorme estaleiro naval em Kure — local de nascimento de encouraçados, porta-aviões e outros navios gigantescos. O fim da guerra havia fechado o estaleiro, desempregando milhares de trabalhadores e afundando a região em uma depressão severa, de longa duração e aparentemente incurável. O governo japonês estava ansioso para iniciar algo na região, mas estava andando na ponta dos pés com medo de que Kure pudesse se transformar em um estaleiro naval norte-americano e uma base militar permanente. Quando Ludwig apareceu — um cidadão privado norte-americano com um monte de dinheiro e ainda mais crédito — os japoneses o receberam com toda a alegria. (Diz-se que um dirigente local tinha literalmente lágrimas de alegria escorrendo por suas faces quando ele assinou alguns contratos mais tarde.) Os japoneses rapidamente fizeram um acordo com o norte-americano taciturno. Em troca de algumas concessões fáceis de sua parte — ele tinha de contratar mão de obra japonesa e usar o aço japonês, por exemplo, o que ele queria fazer de qualquer maneira — eles concederam a Ludwig um contrato de arrendamento barato e de longo prazo para o estaleiro de Kure mais uma série de concessões tarifárias e tributárias, assim como outros agrados.

Ludwig passou a construir petroleiros, cargueiros para transportar minério de ferro e outros navios em Kure desde então. Ele construiu navios cada vez maiores; cada geração seguinte conseguia transportar mais carga a uma taxa mais barata por tonelada. Ele vendeu alguns, ficou com outros. À medida que a sua frota se expandia, Ludwig estabeleceu novas companhias mundo afora para operar os navios — companhias incorporadas em nações como a Libéria e o

Panamá, que oferecem a um armador todo tipo de vantagens em termos de impostos, leis trabalhistas e gastos com o registro de navios. A tempo, Ludwig começou a encaixar novas peças na estrutura de seu império global. Ele adquiriu propriedades de mineração e petróleo cujas necessidades de transporte poderiam ser supridas por seus navios. Ele estabeleceu companhias de poupança e empréstimo que poderiam participar no fluxo financeiro que o seu império gerava. Ele acumulou o que certamente deve ser uma das pilhas mais altas de riqueza já conseguidas por um homem.

Um homem? Isto é quase literalmente verdadeiro. Ludwig é o proprietário direto de muitos dos seus empreendimentos e propriedades; ele é o proprietário majoritário da maioria dos outros. Diferentemente de alguns outros homens que encontraremos aqui (ver em particular a história de Jim Ling, Capítulo 15), Ludwig nunca se sentiu atraído pela ideia de financiar os negócios através da venda de ações, quando você levanta dinheiro para um empreendimento vendendo parte ou a maior parte da propriedade e lucros futuros para outras pessoas. Ludwig não queria uma horda de acionistas dizendo a ele o que fazer. Ele sempre preferia seguir em frente tomando emprestado o dinheiro dos outros e mantendo a propriedade para si. Exceto em um negócio privado, nunca foi possível comprar ações em qualquer empreendimento dele.

Ludwig, hoje em dia bem além da idade em que a maioria dos homens se aposenta, talvez no fim das contas se arrependa de ter tocado um show de um homem só por tanto tempo. Parece não haver um sucessor natural para assumir o enorme e complicado império e mantê-lo em funcionamento. Há alguns amigos e assistentes de confiança, mas ninguém entre eles emerge claramente como um herdeiro indubitável. Na realidade, a obsessão de uma vida inteira de Ludwig em manter as coisas em segredo foi tamanha que a maioria dos seus próprios executivos sabe menos sobre o complexo corporativo do que eles gostariam. "Cada executivo é responsável pelo seu pequeno setor", diz uma fonte interna, "e cada homem sabe muito bem que qualquer coisa além do seu próprio setor não lhe diz respeito algum. Ludwig talvez seja o único homem na companhia que realmente sabe tudo que há para saber sobre os negócios".

Os sucessores de Ludwig, quem quer que eles venham a ser, talvez desejassem no fim que o grande tomador de empréstimos tivesse montado a sua colossal estrutura de uma maneira diferente. Mas no momento, uma conquista se destaca: Daniel Keith Ludwig veio de lugar nenhum e fez de si mesmo um dos homens mais ricos na Terra. Contrário aos velhos chavões de bar, aqueles sem nenhum tostão podem um dia chegar lá.

15

A mágica do "DDO":
2. A rota da participação acionária

COMO VIMOS NO CASO de Daniel Ludwig, uma maneira de fazer com que o dinheiro de outras pessoas trabalhe para você é tomá-lo emprestado. Existe outra maneira, e a pessoa que estudaremos em seguida — James Joseph Ling — é um homem que, até alguns anos atrás, era reconhecido como tendo dominado esta maneira. Sua fortuna recentemente entrou em declínio e a comunidade de negócios abandonou o tom de encanto maravilhado com o qual o elogiava antes. Hoje em dia ele é "Ling, o Azarado". Ainda assim, sua conquista não pode ser negada.

Ling usou o DDO para sair do nada e chegar a uma enorme proeminência como o chefe de talvez a companhia de crescimento mais rápido que Wall Street já viu. O empreendimento enorme e complexo começou a apresentar problemas em 1969 e ainda não saiu da lista das companhias em situação crítica no momento em que este livro está sendo enviado para a gráfica. Mesmo assim, alguns investidores de Wall Street acreditam que o feito que Jim Ling conseguiu realizar uma vez, ele pode realizar de novo. Da próxima vez, talvez, ele o fará com um pouco mais de cuidado.

Ling usou o DDO fundamentalmente na forma de dinheiro de ações. Ele tomou emprestado, também, mas foi a rota da participação acionária que o tornou famoso. Vamos ver do que se trata esta rota.

Suponha — para construir um exemplo simples — que você tropeça em uma ideia de um negócio relativamente promissor. Você precisa de dinheiro para dar partida no empreendimento. Você tem pouco ou nenhum dinheiro sobrando. O que você faz?

Como já vimos, você pode tomar emprestado o que precisa. Ou pode seguir a rota da participação acionária. Você procura alguns amigos endinheirados — cinco, digamos — apresenta a sua ideia e pergunta se eles gostariam de arriscar algum dinheiro como coempreendedores. Você salienta a palavra *risco*. Você não está pedindo para tomar o dinheiro emprestado; tampouco está celebrando um contrato para pagá-lo de volta. Os cinco amigos vão se tornar coproprietários do negócio juntamente com você — em outras palavras, acionistas de uma maneira informal. Se o negócio tiver sucesso, cada um colherá sua participação proporcional nos lucros. Se o negócio fracassar, cada um vai se despedir tristemente do seu dinheiro.

Vamos supor que a sua ideia é boa e você é um sujeito persuasivo. Cada amigo coloca 5 mil dólares; então a companhia incipiente está capitalizada com 25 mil dólares. Cada amigo fica (informalmente) com uma ação da empresa. Você também fica com uma ação, apesar de que você mesmo não colocou dinheiro algum. O acordo é que você terá direito à sua participação acionária realizando todo o trabalho — na realidade, você já tem direito a uma parte substancial dela por ter desenvolvido a ideia em primeiro lugar. Você é o homem da ideia e o principal executivo operacional (talvez o único). Os seus cinco amigos têm os seus próprios empregos, com pouca ou nenhuma ingerência na administração do dia a dia do negócio. Eles são simplesmente os capitalistas investidores.

Desse modo, você lançou o seu negócio através do uso do DDO. A sua pequena companhia tem seis acionistas. De agora em diante, você fica com um sexto dos lucros líquidos, se algum ocorrer.

Assim, se o empreendimento for bem-sucedido, você pode seguir em muitas direções diferentes. Pode manter a companhia em poucas mãos se você e os outros acionistas não quiserem sofrer interferências de fora. Ou, se chegar o momento em que você ou eles quiserem colher alguns ganhos de capital em dinheiro, pode ampliar o círculo de acionistas ou até mesmo abrir o capital da empresa. Pode também desmembrar as seis ações originais em dúzias, ou centenas, ou milhares de ações com um valor equivalente, e pode vender parte das ações pelo preço que o mercado suportar. (Se o empreendimento for verdadeiramente bem-sucedido, os investidores originais irão vender suas ações por muito mais do que os 5 mil dólares originais, é claro). Sob as condições certas, você pode criar novas ações, vendê- las para o público e trazer um capital de giro novo para a empresa e ajudá-la a crescer. Ou você pode segurar algumas ações como ações em tesouraria e usá-las no lugar do dinheiro para pagar por outras companhias menores que o seu empreendimento em crescimento talvez queira comprar.

Você pode construir um império desta maneira — construir todo ele, ou quase todo, com o dinheiro dos outros.

Conheça o homem que fez isto.

James Ling: 100 milhões de dólares

Duas coisas a respeito de James Ling impressionam os visitantes logo de saída — seu tamanho e sua energia nervosa. Ele é um homem grande, moreno, com mais de um metro e oitenta de altura e um peso em torno dos cem quilos, e apesar de estar com quase 50 anos, ainda parece em forma e atlético. Há apenas uma ligeira sugestão de um ganho de peso da meia-idade. Ele poderia ter se aposentado recentemente como jogador de futebol americano. Não há dúvida que a ausência de gordura em seu corpo é resultado em parte pela sua constante atividade irrequieta. Ling raramente fica parado e dorme poucas horas, muitas vezes acordando no meio da noite com seu cérebro maquinando ideias novas. A revista *Signature* uma vez sugeriu que Ling tem uma "overdose incurável de adrenalina produtiva". Outros colocaram a questão de outras maneiras. "Ele é incrivelmente competitivo", diz um corretor de Nova York. "Ele adora uma briga por si só. Ling dificilmente bebe, mas eu já o vi quase bêbado com a alegria da competição. Ele torna os negócios algo próximo de um esporte de contato."

Em 1968, o ano de um mercado em alta bastante aquecido, Ling era o presidente e maior acionista da possivelmente mais quente companhia sendo negociada na Bolsa de Valores: Ling-Temco-Vought (LTV, abreviando). A empresa tinha apenas 7 anos. Ela havia sido criada em 1961. Naqueles sete anos, ela havia crescido para tornar-se uma das 15 maiores companhias nos Estados Unidos, e o preço de negociação de suas ações havia subido estratosfericamente de menos de vinte dólares por ação para a faixa de 135 dólares. Ling era uma lenda viva em Wall Street. Seu nome era vinculado aos nomes de outros criadores de companhias e malabaristas de ações lendários como Samuel Insull e Andrew Carnegie.

Dois anos mais tarde, as ações ordinárias da LTV estavam sendo negociadas abaixo dos dez dólares, e a festa tinha terminado. Investidores que haviam sido tolos ou azarados o suficiente para segurar as ações da empresa durante esta rápida jornada ladeira abaixo estavam chamando Ling de vários nomes — nenhum deles amigável. Eles talvez teriam sido consolados se soubessem que Ling, o maior acionista da LTV de todos, havia despencado junto com eles. No auge de sua glória, seu patrimônio líquido estava na casa dos 100 milhões de dólares. Ele ainda é um multimilionário hoje em dia, mas nem de perto tão multimilionário quanto costumava ser.

De certas maneiras a carreira de Ling lembra a de Bernard Cornfeld (Capítulo 7), outro homem que alcançou o topo no fim dos anos 1960, mas fracassou em se manter lá. Ambos foram estropiados pelo mercado recessivo de 1969. Os dois — vá saber? — podem voltar à glória de carona com o próximo mercado em alta. Será interessante observar isso.

Tem sido interessante ver Ling no passado. O espetáculo, às vezes, é fascinante. James Joseph Ling (o nome é bávaro, não chinês como muitos parecem pensar), nasceu humildemente em Oklahoma no início dos anos 1920. Seu pai era um trabalhador nos campos de petróleo. Sua mãe morreu quando ele ainda estava na escola, e eventualmente Ling foi morar com uma tia. Com 14 anos, sentindo que já era grande e esperto o suficiente para batalhar a vida sozinho, ele abandonou a escola e fugiu da tia. Ling nunca completou o ensino médio. Ele passou alguns anos vagabundeando pelo país e, aos 19 anos, chegou em Dallas, onde encontrou um trabalho com um eletricista — e também, incidentalmente, casou-se.

A Segunda Guerra Mundial começou. O jovem Ling, suplementando seu pagamento diurno trabalhando à noite em uma fábrica de aeronaves, ganhou dinheiro suficiente para dar entrada em uma casa pequena. Então, em 1944, ele se alistou na Marinha norte-americana. A Marinha o colocou para trabalhar como eletricista.

De volta da guerra em 1946, Ling decidiu que estava cansado de trabalhar para outras pessoas. Era o momento, ele pensou, de começar o próprio negócio. Ele vendeu sua casa para levantar capital, somou ao lucro algum dinheiro poupado com o salário da Marinha e juntou uma pequena bolada de aproximadamente 3 mil dólares. Com este dinheiro, Ling começou uma empresa de serviços elétricos chamada Ling Electric. Os principais ativos eram o próprio Ling, um escritório alugado e um caminhão usado.

Em um primeiro momento, ele estava vivendo somente de fazer instalações elétricas em casas. O segmento de construção residencial, que havia sido refreado por escassez de materiais e mão de obra durante a guerra, estava começando a aquecer quando a demanda reprimida foi liberada no fim dos anos 1940. O *boom* de construção residencial continuaria quase inabalável, na realidade, através de toda a década de 1950. Mas o jovem empreiteiro mantinha seus olhos e ouvidos abertos e, após um tempo, ele achou que tinha visto um mundo ainda maior a ser conquistado: o mundo da construção industrial e de escritórios — que também estava começando a se aquecer. No segmento residencial, Ling trabalhava por algumas centenas de dólares aqui e algumas centenas ali. Mas no segmento industrial e de escritórios, ele observou com interesse, os contratos de um eletricista eram de milhares de dólares.

Ele trabalhou duro, ganhou alguns contratos de instalações elétricas não residenciais, aprendeu a melhorar seus lucros comprando cabos excedentes baratos do exército e outras provisões. Sua pequena companhia prosperou. No início dos anos 1950, a Ling Electric estava trabalhando bem acima da marca do um milhão de dólares em vendas anuais brutas.

Mas o jovem empreendedor não estava totalmente satisfeito. Por um lado, os impostos o comiam vivo. Como uma empresa com apenas um proprietário, a Ling Electric pagava as taxas de impostos pessoais integralmente. Apesar de um valor bruto de vendas considerável, o dinheiro que Jim Ling levava para casa era meramente o de um assalariado médio. Isto o irritava. A vontade era intensificada pelo fato de que alguns planos de expansão grandiosos estavam começando a fermentar em sua cabeça, e ele não tinha o capital com o qual colocar os planos em vigor.

A maneira de agir, ele raciocinou, era incorporar. Isto aliviaria o problema tributário, para começo de conversa. As taxas corporativas são mais baixas do que as taxas pessoais, e uma corporação tem mais oportunidades para um malabarismo de dinheiro legal do que um contribuinte individual sozinho. Além disso, a incorporação abriria o caminho para a expansão. Como uma corporação, a Ling Electric seria capaz de levantar capital vendendo ações para o público.

Uma prestadora de serviços elétricos querendo tornar-se uma empresa negociada publicamente? Ninguém jamais tinha ouvido falar disso. Quando Ling abordou os corretores e banqueiros de investimentos texanos com essa ideia, eles a acharam bastante surpreendente. Ele não conseguia encontrar ninguém na comunidade de investimentos que estivesse disposto a dar o suporte financeiro para a emissão de ações proposta.

Então ele tomou a iniciativa sozinho. Nem o Texas ou qualquer outro estado tem uma lei dizendo que um prestador de serviços elétricos não poderia emitir ações. A noção pode até ser engraçada, mas ela é perfeitamente legal no que diz respeito à lei. Ling passou pelos passos legais necessários, transformou a Ling Electric em Ling Electric Inc. e obteve autorização para emitir 800 mil ações ordinárias e vender algumas delas para o público.

O arranjo acionário interno da nova corporação foi projetado de maneira que Ling pessoalmente manteve metade das ações. O resto — 400 mil ações — foi oferecido ao público por US$ 2,25 a ação. Ling reuniu um grupo pequeno de amigos para ajudá-lo a vender as ações. Enquanto a comunidade financeira do Texas observava a iniciativa com um assombro absoluto, eles seguiram em frente e venderam as ações de porta em porta e por telefone — exatamente como o jovem e impetuoso Bernard Cornfeld estava mascateando então fundos mútuos na Europa. Para o horror dos investidores conservadores locais, o grupo de Ling chegou a distribuir prospectos na feira Texas State. Eles venderam toda a emissão de ações em alguns meses. Deduzindo as comissões dos vendedores e outros custos, a Ling Electric terminou com aproximadamente três quartos de 1 milhão de dólares em novo capital de giro.

E não apenas isso — nesta manobra audaz, Ling havia estabelecido um novo valor de mercado alto para a sua companhia e para a sua participação acionária nela. Anteriormente, ela era apenas uma organização pequena de valor duvidoso — na realidade, de nenhum valor de mercado conhecido. Se Ling tivesse tentado vendê-la, ele poderia ter encontrado dificuldade em encontrar um comprador. O comprador, olhando para as receitas pessoais crivadas de impostos de Ling, provavelmente não ofereceria mais de 250 mil dólares por ela, se tanto. Mas agora Ling era proprietário de 400 mil ações que estavam avaliadas no mercado de balcão local em quase 1 milhão de dólares — e, em flutuações de mercado subsequentes, passariam com folga deste valor em alguns meses. Ele poderia agora vendê-las a qualquer momento que quisesse e cair fora um milionário.

No entanto, Ling não tinha intenção alguma de vendê-las. Seu plano era construir um império.

Primeiro, ele comprou outra empresa de serviços elétricos, pagando em dinheiro. Isto dobrou o tamanho da Ling Electric; o preço de mercado das ações subiu, e, dessa forma, Ling passou uma posição favorável para comprar outras empresas sem dinheiro. As ações, tendo um valor de mercado crescente e estabelecido, podiam ser usadas em vez do dinheiro. Em uma negociação de troca de ações que usou muito pouco do seu próprio dinheiro ou da sua empresa, Ling agora comprou uma fábrica de produtos eletrônicos e mudou o nome para Ling Electronics. O preço das ações subiu ainda mais. Em seguida, em uma transação acionária similar, ele adquiriu outra fábrica de produtos eletrônicos chamada Altec e mudou o nome de sua companhia para Ling-Altec Electronics.

No fim dos anos de 1950, Ling era mais do que apenas um fenômeno texano. A comunidade de negócios nacional estava começando a prestar atenção nele. O *Wall Street Journal*, que monitora tendências nacionais do seu posto elevado dentro do Dow Jones & Company, virando a esquina de Wall Street, achou que Ling poderia ser uma tendência nacional em 1960 e devotou uma história na primeira página para ele. Naquele ano o patrimônio líquido de Ling foi determinado em 10 milhões de dólares.

Ele havia apenas começado. No fim de 1960, em outra negociação de ações, Ling adquiriu os ativos de uma grande companhia de Dallas chamada Temco Electronics and Missiles Company e novamente mudou o nome da própria companhia, desta vez para Ling-Temco Electronics.

Ling não podia mais ser considerado um pequeno empresário. A sua nova empresa resultante teve vendas de quase 150 milhões de dólares em 1960. Agora ele podia ir à própria Wall Street em busca de ajuda para levantar capital e realizar suas jogadas acionárias. Isto o ajudou no negócio seguinte: a aquisição da Chance Vought Corporation, uma importante fabricante de aeronaves e mísseis.

Não foi fácil fazer sair o negócio, pois a Chance Vought não queria realmente ser adquirida. A administração da empresa lutou contra Ling de maneira implacável e ruidosa — mas isto apenas fez com que Ling apreciasse mais o negócio (e, como um dividendo, trouxe para sua empresa alguma publicidade valiosa). Infelizmente para os administradores da Chance Vought, eles eram proprietários de uma parcela muito pequena das ações de sua própria empresa. Ling não precisou comprar 51% das ações para obter o controle acionário da empresa. Ele conseguiu comprar dois quintos das ações — comprando no mercado aberto e fazendo uma oferta para os acionistas existentes — e isto foi o suficiente. Na primavera de 1961, a companhia de Ling mais uma vez mudou de nome: Ling-Temco-Vought, Inc.

Foi mais ou menos nesta época que a palavra *conglomerado* começou a ser usada em Wall Street. A palavra refere-se a uma companhia que cresce adquirindo outras companhias em diversas linhas de negócios. Alguns destes conglomerados já haviam existido antes — notavelmente a velha American-Marietta Company, hoje em dia parte da Martin Marietta. Mas foi no início dos anos 1960 que este tipo de companhia foi reconhecido e comentado como uma categoria separada e digna de nota. Ela viria a ser uma das categorias mais quentes no mercado de ações em ebulição dos anos de 1960 — e a LTV, elevada à fama pela disputa ruidosa com a Chance Vought, tornou-se o arquétipo.

Jim Ling era um negociante financeiro de reputação nacional. No entanto, ele não deixou que as coisas ficassem como estavam. Seu cérebro fértil havia concebido uma grande maneira nova de usar o DDO.

Ele queria adquirir outras companhias sobre as quais tinha colocado os olhos — companhias grandes, ricas, algumas maiores do que a própria LTV na época. Ele planejou comprá-las, como sempre, seja oferecendo as ações da sua própria companhia como pagamento ou colocando as ações como garantia para os empréstimos. As ações, é claro, valiam o que o mercado dizia que elas valiam. Quanto mais alto o preço de mercado, mais valiosas seriam as ações para os propósitos de Ling — maior seria seu poder de compra. O problema, portanto, era elevar o preço de mercado.

Ele se lembrou do dia em que sua empresa de serviços original havia aberto seu capital. Simplesmente ao vender as ações, ao fazer com que o mercado estabelecesse um valor sobre a pequena companhia, ele havia aumentado vastamente seu valor aparente. Agora Ling se perguntava: será que a mesma coisa poderia ser feita com algumas das partes componentes da LTV?

Através dos anos, ao adquirir outras empresas, a companhia controladora de Ling havia simplesmente as absorvido em si mesma. Elas seguiam operando como antes, mas desapareciam como empresas independentes. Suas ações desapareciam do mercado. À medida que cada uma era absorvida, os acionistas originais entregavam suas ações e recebiam em troca as ações da companhia controladora de Ling. Você não podia mais comprar ações separadamente na Altec, Chance Vought ou as outras; você só podia comprar as ações da LTV, a grande cesta que continha todas elas.

Estas companhias que um dia foram independentes estavam sendo representadas nas declarações financeiras da LTV no que é chamado de seu "valor contábil". O valor contábil de uma empresa é essencialmente uma avaliação de um contador do valor da empresa. Trata-se naturalmente de uma avaliação muito conservadora. Ling achou que havia espaço para melhoria.

Em tempos de economia aquecida, como Ling bem sabia, o mercado de ações quase sempre avalia qualquer empresa sólida a mais do que o seu valor contábil. Isto é, se você pegar o preço de mercado atual das ações da empresa — o preço que os investidores estão dispostos a pagar por elas — e então multiplicar este preço pelo número total de ações emitidas, o número resultante é provável que seja muito mais alto do que o valor contábil calculado pelos contadores da empresa. A razão é que o mercado de ações normalmente derrama uma forte dose de esperança nos cálculos. O preço das ações é baseado não somente no valor atual, perceptível e tangível da empresa, nas também no que os investidores acreditam ou esperam (ou rezam) que ela valerá no futuro. Este elemento de esperança está ausente, é claro, dos cálculos de valor contábil sombrios e severos.

Refletindo sobre estas questões, Ling perguntou-se algumas coisas que poucos construtores de conglomerados antes haviam pensado. Por que manter companhias adquiridas ao seu mero valor contábil? Por que não estabelecê-las como empresas independentes, criar ações para elas, vender algumas destas ações para o público e deixar que o mercado infle o seu valor?

E foi isso que Ling fez em 1965. Primeiro ele dividiu as principais divisões operacionais da LTV em três corporações chamadas LTV Aerospace, LTV Electrosystems e LTV Ling-Altec. Cada uma destas três corporações emitiu suas próprias ações. A companhia controladora, LTV, Inc., manteve aproximadamente 75% a 80% daquelas ações em cada caso. O resto foi oferecido ao público.

O público fez o que Ling achava que ele faria. Os investidores puxaram uma alta dos preços das ações das três corporações recentemente formadas. LTV, Inc., a matriz, com mais de três quartos destas ações, era agora capaz de representar suas companhias adquiridas em termos do valor de mercado em vez do velho e indigesto valor contábil. O valor aparente da companhia controladora foi lá em cima como resultado — e o mesmo aconteceu com o preço de mercado de suas próprias ações.

Foi um exemplo maravilhoso do uso inteligente do DDO. Ling ganhara algo por nada. Todo o negócio fascinante custou a ele quase nada além do gasto puramente administrativo e burocrático envolvido em emissões de ações.

Muitos outros teriam parado aí mesmo. Ling era o proprietário pessoal de centenas de milhares de ações da Linc, Inc., mais milhares e milhares de opções de compra para adquirir mais ações a preços abaixo do valor de mercado. Com o preço das ações da LTV subindo aos céus tão alegremente, a cada dia que passava ele ficava mais rico.

Em algumas semanas, Ling descobriu que ele estava mais de 1 milhão de dólares mais rico no fechamento da negociação na sexta-feira do que ele estivera quando acordou na segunda-feira. Muitos outros teriam descansado.

Mas parece ser uma característica dos muito, muito ricos que o dinheiro em si não os deixa felizes. Ling, em meados de 1960, era suficientemente rico para se aposentar em algum tranquilo Éden de sua escolha. Ele não tinha mais necessidade de trabalhar um dia que fosse em sua vida.

"Mas qualquer um que achasse que ele iria cair fora", disse um de seus executivos de publicidade financeira, "não conhecia o homem. Para Ling o dinheiro é apenas uma maneira de manter o escore. O que ele gosta mesmo é do jogo em si. Ele tem cem quilos de pura agressividade. Se ele fosse forçado a se aposentar, murcharia como as flores no outono."

Em vez de se aposentar, Ling foi atrás da Wilson & Company.

Wilson era uma enorme empresa antiga, uma espécie de conglomerado do seu próprio jeito conservador, com aproximadamente 1 bilhão de dólares em vendas anuais derivadas de três negócios principais: frigoríficos, produtos esportivos e remédios. Em termos de vendas, a empresa era duas vezes o tamanho da LTV. O irreprimível Jim Ling estava determinado a comprá-la.

E como faria isso? Usando o DDO, é claro.

Wilson era o que investidores de Wall Street chamavam de uma empresa subestimada — significando que em relação às suas receitas e em relação a outras companhias em linhas similares de negócios, suas ações estavam sendo negociadas a um preço baixo. As razões eram múltiplas, mas a mais notável entre elas era o fato de que a Wilson sempre fora uma companhia sossegada. Ele não promovia a si mesma ou suas ações tanto quanto a maioria de seus competidores. Investidores não estavam prestando muita atenção nela.

O preço das ações da Wilson era baixo o suficiente de maneira que Ling achou que ele poderia comprar uma participação acionária controladora por apenas 80 milhões de dólares (*apenas* é um termo relativo, é claro). Onde você conseguiria os 80 milhões? Com empréstimos, usando as próprias ações em forte alta da LTV para dar suporte ao seu crédito.

Ling tomou emprestado, comprou algumas ações da Wilson no mercado aberto e conseguiu o resto através de uma oferta de compra para os acionistas existentes. Assim, a Wilson passou a fazer parte da LTV. Mas a LTV tinha uma dívida agora no montante de 80 milhões de dólares, e o problema seguinte de Ling era se livrar deste fardo. Sua abordagem para o problema deixou Wall Street boquiaberta. Talvez tenha sido o uso mais inteligente de todos os usos inteligentes de DDO por Ling.

Ele transferiu a maior parte da dívida para os livros contábeis da Wilson. Isto é, ele formulou a situação de maneira que, tecnicamente falando, o dinheiro era devido por Wilson em vez de pela empresa controladora. Então, como ele havia feito com a própria LTV, Ling dividiu a Wilson em três corporações separadas ao longo das linhas de produtos naturais da empresa — Wilson & Company Meat Processors, Wilson Sporting Goods e Wilson Pharmaceuticals. (Wall Street prontamente passou a chamar estas três companhias de *Meatball, Golfball* e *Goofball*.)* Cada uma destas três companhias novas foi autorizada a emitir as próprias ações. A maior parcela das novas ações tornou-se a propriedade da empresa controladora, LYV, Inc., e o resto foi vendido ao público. O dinheiro trazido pela venda pública foi suficiente para pagar quase toda a dívida que havia sido transferida originalmente para os livros contábeis da Wilson.

Wall Street estava atordoada com o brilhantismo da manobra. Ling havia conseguido adquirir uma empresa gigantesca sem usar, no fim das contas, mais do que alguns punhados do dinheiro de sua própria empresa.

---

* Algo como "Almôndega, Bola de golfe e Bolinha", referente aos segmentos de cada empresa, ou seja: frigoríficos, produtos esportivos e remédios. (*N. do T.*)

Mas o melhor ainda estava por vir. Investidores puxaram uma alta dos preços das ações da *Meatball*, *Golfball* e *Goofball*, motivados em parte pelo conhecimento de que Ling estava no timão. A LTV, Inc., era proprietária de mais de três quartos das ações das três companhias Wilson, e, à medida que os preços das ações subiam, da mesma maneira ocorria com o valor das companhias como registrado nas declarações financeiras da matriz. No fim das contas, as participações acionárias da LTV nas três companhias, em termos do preço de mercado, valiam quase duas vezes o que a antiga Wilson & Company valia antes da aquisição. E mais uma vez, é claro, o preço de negociação da LTV disparou para o alto.

Jim Ling, o ex-vagabundo adolescente, era uma lenda de Wall Street com 40 e poucos anos. Nas bolsas de valores e nos clubes de banqueiros eles estavam prevendo que em seguida ele tentaria comprar a Bell Telephone. Ele planejava dividi-la em várias companhias, assim seguia a história. A primeira seria chamada de Ting-a-Ling, a segunda Ting-a-Ling-a-Ling...

Esta história não era precisa, mas Ling estava preparando outras iniciativas que eram tão surpreendentes quanto. Durante o fim da década de 1960, usando o DDO tão inteligentemente quanto antes, ele trouxe uma companhia depois da outra para a incrível família LTV. Uma era a Greatamerica Corporation, que, por sua vez, era proprietária da Braniff Airways, National Car Rental e uma série de companhias de seguro. Outra era a Jones & Laughlin Steel.

E então vieram 1969 e 1970, os anos de recessão. Era quase esperado que uma empresa como a LTV, construída sobre uma elaborada estrutura de financiamento acionário, experimentaria problemas quando os mercados acionários despencassem. A LTV teve mais do que problemas. Ela quase entrou em colapso.

Ling estava no meio de várias jogadas quando os mercados despencaram. Os preços das ações da matriz e todas suas descendentes despencaram como patos abatidos. Movimentações típicas de Ling que dependiam de preços das ações em alta tiveram de ser abandonados. As dívidas que deveriam ser pagas com estas movimentações não podiam mais ser honradas. Enquanto isso, as receitas operacionais do dia a dia das companhias subsidiárias estavam minguando na desaceleração geral dos negócios. A Braniff caiu em um poço negro de desesperança juntamente com a maioria das outras companhias aéreas. A Wilson Sporting Goods observou seus clientes desaparecerem aos bandos. A estrutura que Ling tinha construído estava desabando debaixo de seus pés.

O preço das ações da LTV havia alcançado a altura estonteante de 135 dólares nos dias gloriosos de 1968. Agora esse valor estava caindo, caindo, caindo como se nunca fosse parar. Finalmente, em 1971, ele veio a parar ruidosamente a uma fração acima de 9 dólares. Enquanto este livro está indo para a gráfica, o preço das ações está oscilando em torno da faixa de 10 a 20 dólares. Ninguém parece querê-las mais. Ela quase nunca mais entra para a lista das ações "mais ativas" e em muitos dias poderia competir de maneira bem-sucedida para inclusão entre as menos ativas. Na opinião de alguns não tem valor algum.

A corrida terminou.

Por ora, pelo menos.

16

Mercado imobiliário: construindo grande

Há aproximadamente vinte anos, um escritor chamado Thomas Ewing Dabney completou uma biografia do magnata dos hotéis Conrad Hilton. Tendo em vista que Hilton tinha então 60 anos, Dabney tinha todo o direito de acreditar que ele havia pego seu personagem no fim ou próximo do fim da história. Afinal de contas, raciocinou Dabney, podemos esperar de um homem que chega aos seus 60 anos com milhões de dólares em sua conta bancária que ele diminua o ritmo e se prepare para sua aposentadoria, certo?

Errado. O título que Dabney escolheu originalmente para a sua biografia foi *O homem que comprou o Plaza*, referindo-se ao Plaza Hotel de Nova York, um dos principais pontos de encontro da alta sociedade mundial. O livro estava pronto para ir para a gráfica quando Hilton fez uma jogada ainda maior, a maior da sua carreira até então: ele comprou o Waldorf-Astoria Hotel de Nova York. Se o Plaza era a rainha entre os hotéis, o Waldorf era a imperatriz. Dabney e seu editor tiraram apressadamente o livro da gráfica, acrescentaram um capítulo novo e mudaram o título para *O homem que comprou o Waldorf*.

Não muito tempo depois de o livro ter sido publicado, Conrad Hilton tornou obsoleto seu atormentado biógrafo mais uma vez. Desta vez ele comprou a cadeia inteira de hotéis Statler. Pagou 110 milhões de dólares por ela. Até onde alguém soubesse, esta fora a maior transação imobiliária na história.

Conrad Hilton, hoje com mais de 80 anos, ainda não parece pronto para se aposentar enquanto este livro é enviado para a gráfica. É possível que ele ainda nos torne obsoletos, como fez com Dabney.

Hilton é um homem que obviamente adora seu trabalho. Como outros que conhecemos e conheceremos nesta galeria, ele não é atraído pela ideia da luxúria ociosa. Há muito tempo ele acumulou mais dinheiro do que poderia concebivelmente gastar. Hilton poderia ter se aposentado nos anos de 1940 e vivido daí em diante em conforto régio, nunca mais precisando se mexer, vivendo à toa na beira de uma piscina ou sentado em uma poltrona. Mas ele não conseguia ficar do lado de fora do jogo.

Seu jogo era o mercado imobiliário — especificamente hotéis. Hilton comprou, construiu, administrou, mexeu, vendeu e manipulou hotéis como gigantescas peças de xadrez. Ele fez tudo isso fundamentalmente através do uso inteligente de DDO — uma técnica que estudamos nos dois capítulos anteriores.

A história a seguir não diz de onde ele veio ou como ele começou nos negócios; então vamos fazer um esboço breve de seu período de formação aqui. Conrad Nicholson ("Connie") Hilton nasceu no Novo México no dia de Natal de 1887. Seu pai teve uma série de negócios típicos de uma cidade pequena, incluindo um hotelzinho de segunda. Estes negócios tinham seus altos e baixos. Eles estavam passando por um período cíclico de baixa quando o velho Hilton morreu, e a herança do jovem Conrad foi de uns 2 mil dólares. Somando esta herança com um pequeno bocado de dinheiro que ele tinha juntado sozinho, o jovem rapaz partiu em busca de sua fortuna com mais ou menos 5 mil dólares em seu nome.

Ele estava interessado em bancos de cidades pequenas. Hilton e seu pai haviam sido sócios acionistas em um banco minúsculo (capitalização: 30 mil dólares) que eles haviam organizado em sua própria cidade. Tendo um conhecimento aprofundado do funcionamento de um banco e conhecendo vários banqueiros antigos do Novo México, o jovem Hilton sabia que ele podia fazer seu montinho de capital inicial ir bem longe. Ele poderia usá-lo como uma base para tomar empréstimos. Se encontrasse uma propriedade comercial que ele quisesse comprar, ele podia oferecer os seus 5 mil como entrada e ir aos bancos por dezenas de milhares mais.

E assim ele saiu atrás de um banco pequeno para comprar. No fim das contas, Hilton não comprou um banco. Ele comprou um hotel.

O tom coloquial do relato a seguir é do próprio Hilton, lembrando de sua carreira para um entrevistador da *Nation's Business*.

Conrad Hilton: 100 milhões de dólares*

Quando o governo de Porto Rico escreveu para uma meia dúzia de executivos de hotéis lá nos anos de 1940 perguntando se eles estavam interessados em construir um hotel em San Juan, Conrad Hilton começou sua resposta: *"Mi estimado amigo."* Ele delineou entusiasticamente suas condições na língua falada na ilha.

Escrever em espanhol foi um grande acerto e ajudou a persuadir a agência porto-riquenha de que ele deveria operar o hotel. Ele também colocou sagazmente os termos que estabeleceriam o padrão para o que é agora uma rede internacional de hotéis altamente rentável.

Conrad N. Hilton é um sonhador que faz seus sonhos tornarem-se realidade. Em 1919, com seus fundos limitados presos com alfinetes ao forro de seu casaco, ele foi para o Texas e fez sua primeira compra de um hotel.

Hoje em dia, o Sr. Hilton é presidente do conselho de administração da Hilton Hotels Corporation e presidente da Hilton International Company, assim como de seu conselho. Por volta de 67 hotéis, de Trinidad a Tel Aviv, atualmente tremulam a bandeira Hilton. Ele agora tem mais hotéis no exterior do que nos Estados Unidos.

---

* Copyright © *Nation's Business* — a Câmara do Comércio dos Estados Unidos. Reimpresso com permissão.

Operações domésticas tiveram vendas de 187 milhões de dólares ano passado, enquanto que a International Company vendeu 94 milhões de dólares.

Conrad Hilton era conhecido como o homem que comprou o Waldorf — o símbolo máximo da estatura de um homem de hotel. Então, em 1954, ele adquiriu os hotéis Statler em uma transação imobiliária sensacional que custou sete vezes o valor pago pelo estado da Louisiana.

Um exemplo da criatividade de Hilton em fazer o melhor uso de seus bens foi a criação do quarto Williford, de 840 metros quadrados no enorme Conrad Hilton Hotel em Chicago. Ele conseguiu o quarto dividindo outro cômodo pela metade — horizontalmente. Ao construir um piso novo a meio caminho entre o piso original e o teto muito alto, ele produziu outro quarto altamente necessário literalmente do nada.

Ainda o anfitrião alto, de postura ereta e cortês, Conrad Hilton analisou sua extraordinária saga de sucesso em uma entrevista com a *Nation's Business* em seu gabinete elegante em Beverly Hills. A seguir, a sua história:

> *Sua primeira experiência no segmento hoteleiro ocorreu quando seu pai tinha uma espécie de hotel-pensão no território do Novo México, não é?*

Esta foi uma experiência bastante limitada. Havia oito crianças na família, e meu pai seguia acrescentando quartos à medida que a família crescia. Então, quando saímos de casa para estudar, ele viu que tinha alguns quartos à disposição e estabeleceu este hotel. Mas o primeiro hotel que eu tive foi em Cisco, Texas — o Hotel Mobley.

Meu pai foi um colonizador pioneiro na pequena cidade de San Antonio, Novo México. Acho que no início, sua propaganda consistia de um garrafão de uísque. Talvez tivesse um rolo de chita para acompanhar. De qualquer maneira, ele era um homem muito trabalhador, e com o que ganhou, forneceu provisões e equipamento para este sujeito que minerava carvão em troca de uma participação nos seus lucros.

Então ele tinha esta mina de carvão, e aos poucos, nesta pequena comunidade, meu pai estava dando emprego praticamente para todo mundo: as pessoas nas minas de carvão, as pessoas para transportar o carvão. Ele comprava a produção dos agricultores, ele tinha a loja, ele tinha os correios, e eventualmente nós tínhamos um banquinho e este hotelzinho.

Este foi um dos seus primeiros sonhos: ser um banqueiro? É isto mesmo?

Sim, mas após o término da Primeira Guerra Mundial, meu pai morreu, e eu não sabia o que fazer.

Um velho amigo, Emmett Vaughey, estava muito doente em Albuquerque, e fui até lá para vê-lo. Lembro-me de suas palavras muito bem. Ele disse: "Não estarei neste mundo por muito mais tempo. O bom Senhor me levará logo, mas se você for para o Texas, ganhará uma fortuna."

Bem, este conselho — quase uma ordem — de um homem prestes a morrer impressionou-me muito, e decidi segui-lo.

E assim foi — ainda sem saber o que queria fazer, se queria tentar um banco ou o quê. Fiz uma primeira parada em Wichita Falls, Texas, e entrei em um banco para vê-lo e o proprietário disse: "Eu não lhe venderia este banco por valor algum."

Bem, quando eu falo sobre comprar um banco, tinha de ser um banco pequeno, é claro. Eu não tinha muito dinheiro; na realidade, eu tinha em torno de 5 mil. Mas eu tinha crédito.

O sujeito em Wichita Falls falou: "Por que você não segue para o sul para aqueles campos de petróleo? Tem uma cidade crescendo muito na região, e acho que você poderia encontrar um banco por lá."

Então cheguei a Cisco, Texas, em meio a um *boom* de petróleo, e encontrei um banco à venda por 75 mil dólares.

Eu pensei: "Bem, é perfeito para mim." Conferi com um banqueiro no Texas que eu conhecia de outros tempos. Ele estava em El Paso, e grande parte do trabalho que fiz no meu banco foi com ele.

Ele disse: "Seu tolo maldito! Vá em frente e compre o banco. Trata-se de um bom negócio. Conte comigo para todo o dinheiro que você não tem."

Então voltei para Cisco, e enviei para este sujeito um telegrama: "Quero comprar o banco." Eu estava sonhando alto. Esta seria a pedra fundamental do meu império bancário no Texas. Eu estava até impaciente demais para barganhar. Ele me enviou um telegrama de volta. "Preço subiu. Não aceitarei menos do que 80 mil." Eu estava furioso. Aqui, contra todo meu instinto e anos de experiência regateando e negociando quando trabalhava com o meu pai, eu havia chegado ao preço pedido, e ele o havia aumentado.

Aquela noite fui para este hotelzinho, o Hotel Mobley, e lá encontrei um alvoroço: tudo estava ocupado e havia uma fila enorme de pessoas esperando para conseguir uma cama por oito horas. Eles giravam as camas três vezes em 24 horas. Apresentei-me ao proprietário do hotel, e disse: "Você parece estar fazendo bons negócios."

Ele respondeu: "Estou me saindo bem, mas eu poderia ganhar mais dinheiro nos campos de petróleo."

Eu disse: "Você venderia este hotel?", tentando não parecer ansioso demais.

Ele respondeu: "Talvez o venda daqui a algum tempo."

Então eu disse para mim mesmo que iria comprar este hotel. E comprei.

Bem, foi assim que comecei.

Então era uma cidade agitada, eles estavam girando aquelas camas bem rápido, e o senhor olhou para os livros e decidiu que esta era uma boa proposta, certo?

Eu vi que era um negócio muito melhor do que um banco. Eu não estava com o hotel nem 24 horas quando decidi: é isto que eu quero fazer. Esta é a minha vida.

O senhor decidiu ali mesmo?

Ali mesmo eu decidi que não queria fazer outra coisa. Isto foi em 1919. Com certeza o banqueiro que aumentou o preço em 5 mil dólares me afastou do segmento bancário. Mas o que realmente me fez tomar esta decisão foi ir lá e ver o alvoroço, ouvir o proprietário me contar tudo sobre as vendas que ele estava fazendo, como os trens estavam chegando à noite e o dinheiro que estava ganhando. Quando ele me mostrou os livros, calculei que poderia ter todo o meu dinheiro de volta em um ano.

Nós não tínhamos imposto de renda na época; então que grande negócio eu estava fazendo!

Imagine recuperar o seu dinheiro hoje em dia em um ano. Atualmente, você tem de calcular recuperá-lo em vinte anos. É este o tempo que custa com os impostos e os valores de mão de obra. Então o negócio do hotel não é tão lucrativo hoje em dia como era naquela época.

Eu aprendi alguns princípios fundamentais para se operar hotéis no velho Mobley.

Quais eram eles?

Eu vi, pelo hotel todo, que não estávamos conseguindo o que deveríamos do espaço. Então eu o modifiquei, e mantive isto como uma regra pelo resto da minha vida, descobrir qual é o melhor uso que posso fazer do espaço. Veja bem, você pode perder ou ganhar o seu dinheiro — tudo depende de saber o que seu público quer. Você tem de saber disso e proporcionar a este público o máximo no espaço disponível.

Descobri que os clientes no Mobley poderiam fazer suas refeições em outro lugar e que não precisavam da sala de jantar. Então coloquei camas lá. Nós não estávamos ganhando dinheiro com comida, e havia uma demanda incrível pelos quartos. Hoje em dia, você pode chegar à conclusão de que o melhor uso do espaço está em um restaurante.

Outra questão foi construir um *esprit de corps* entre os funcionários. Nós reunimos todos os empregados e lhes dissemos que eles eram em grande parte responsáveis pela satisfação dos hóspedes e seu eventual retorno um dia. Fiz isso durante minha vida inteira.

Qual o senhor acha que foi sua grande conquista na carreira? Conseguir o Waldorf?

Bem, eu diria que as coisas mais importantes que fiz em minha vida, no tocante ao segmento hoteleiro, foram as aquisições do Waldorf e dos hotéis Statler, assim como a inauguração dos hotéis internacionais. Eu senti, a partir do conhecimento que adquirira, que tínhamos determinadas vantagens no campo internacional que não contávamos aqui. Por exemplo, nós tínhamos custos de mão de obra mais baixos do que temos aqui, como você deve saber.

Havia também uma grande demanda. Em Paris, por exemplo, construímos, não faz muito tempo, o Paris Hilton, o primeiro hotel construído em Paris em 33 anos. Pense nisso, uma cidade daquele tamanho e sem um hotel novo em 33 anos.

Por que ninguém mais havia construído um hotel?

O pessoal dos hotéis em Paris não queria outro hotel; eles gostavam do jeito que as coisas estavam. E não é fácil construir um hotel hoje em dia, com os altos impostos e o custo de mão de obra. Mas o que queríamos fazer era construir hotéis nas principais cidades do mundo.

Nós acreditamos que estamos ajudando a paz mundial com nossos hotéis. Descobrimos que apesar de as pessoas talvez estarem iradas umas com as outras, assim que elas entram em nosso hotel, elas mudam completamente.

Sr. Hilton, a compra do Waldorf foi um de seus grandes sonhos por muitos anos. Mas os diretores do conselho da Hilton Corporation estavam bastante incertos a este respeito, não estavam?

Sim, é verdade.

Por que o Waldorf, na sua cabeça, era um alvo tão importante?

Eu o via como o hotel mais sensacional do mundo. Seus quartos elegantes haviam hospedado famílias reais de todo o globo. Quando alguém ligava perguntando pelo "rei", a telefonista no Waldorf tinha de perguntar: "Qual rei, por favor?" Mas o hotel havia falido. Lembro-me de um diretor que se opunha muito à compra. Eu tinha comprado ações no Waldorf em 1942 por US$ 4,50. Para você ver como estavam desvalorizadas. Bem, isto foi em 1949.

Este diretor chegou a me ligar de Los Angeles para me passar um aviso. Ele disse: "Recebi uma ligação há pouco de fulano de tal. Ele falou: 'Pelo amor de Deus, não deixe Connie comprar o Waldorf.'"

Mas isto não o impediu, não é?

Não me impediu de forma alguma, porque eu sabia do grande valor intrínseco, assim como do prestígio que um hotel como este traria para a nossa companhia.

Este diretor, quando estávamos prestes a iniciar a reunião do conselho, disse:

"Não votarei contra você quando a votação iniciar, mas sou contra você fazer isto."

Então meu conselho de diretores não conseguia compartilhar de meu entusiasmo. E como presidente da Hilton Hotels Corporation, eu não podia comprá-lo sem a aprovação deles.

Mas como Connie Hilton, eu podia fazer como havia feito trinta anos antes em Cisco, Texas. Eu podia comprar eu mesmo o hotel, levantando o dinheiro ao vender a ideia para apoiadores que podiam vê-lo como eu via.

Então coloquei as coisas em movimento do velho jeito de sempre, exatamente como eu havia feito em anos passados. Eu já arrendara hotéis no Texas. Então, eu tinha construído aquele hotel em Dallas — e levantado meu primeiro milhão de dólares fazendo isto. E já tinha comprado hotéis baratos após a Depressão e cuidado deles até estarem rendendo novamente. Liguei para o homem que eu considerava o líder da turma de Wall Street que mantinha ações do Waldorf. Eu estivera flertando com "a Rainha" por tempo suficiente.

"Estou pronto para lhe fazer uma oferta hoje", falei. "Que horas devo aparecer?"

Naquela tarde, entrei em seu escritório e ofereci comprar 249.042 ações — um número que me daria o controle acionário do hotel — a 12 dólares a ação.

"A oferta é válida por 24 horas", informei. Então passei a ele meu próprio cheque de 100 mil dólares para amarrar o negócio. Ele disse: "Preciso de 48 horas." Concordei. A oferta foi aceita, e tudo que restou entre mim e o Waldorf eram 3 milhões de dólares.

Fui atrás de uns sujeitos de fora. Eu disse: "Olha, você colocaria 250 mil em um negócio comigo no Waldorf? Eu não estou oferecendo o hotel a você, mas talvez queira oferecer você a ele." Eles concordaram. Então achei que conseguiria levantar o suficiente para comprar o hotel.

Tentei manter minha prática de parar de trabalhar às seis horas da tarde e dançar todas noites e jogar golfe. Mas as negociações finais para conseguir o dinheiro atrapalharam meu divertimento. Na realidade, a única coisa que eu não perdia era a missa matutina na catedral de St. Patrick.

Agora que o dinheiro estava sendo levantado, o conselho de diretores do Hilton disse: "Não, você não vai comprá-lo também. Já que você foi tão longe, este hotel vai pertencer à Hilton Hotels Corporation."

Então a corporação colocou o dinheiro que ainda era necessário?

Sim, eles colocaram.

Você teve de lutar mais ainda para conseguir o dinheiro para construir o seu primeiro hotel, o Dallas Hilton, não teve?

Sim, de fato. Eu quase fali com aquele. Era 1925, e aquele foi o primeiro hotel que eu havia construído.

Disse ao proprietário do terreno que queria comprar um hotel de 1 milhão de dólares. Falei a ele que, em vez de comprar o terreno, eu queria arrendá-lo por 99 anos.

Ele respondeu de pronto: "Eu não sou Matusalém. Não vou viver por 99 anos."

Mas eu respondi: "Se eu não pagar, você fica não só com o terreno como com o prédio." Quando ele havia concordado com isto e o montante do arrendamento, então apliquei o golpe de verdade. "E eu também gostaria que o arrendamento tivesse uma cláusula me autorizando a conseguir um financiamento sobre o imóvel." Ele quase gritou de raiva! Mas finalmente consegui.

Porém, eu simplesmente não tinha a experiência ou o conhecimento. Há um monte de coisas que você tem de pensar a respeito. E apesar de ter levantado o milhão, não foi o suficiente. Aí fiquei sem dinheiro.

Então para sair do beco sem saída em que eu estava, voltei ao proprietário e disse: "Olhe, se você terminar o prédio e o resto da obra, eu vou lhe pagar muito mais e vou arrendar o hotel de volta de você."

Ele estava bem de dinheiro, mas foi contra o negócio. Então consegui persuadi-lo e fiz a venda. Finalmente, ele concordou. Foi assim que consegui sair desta situação.

O senhor acha que tem uma intuição sobre bons pontos para hotéis?

Acho que tenho conhecimento suficiente para decidir onde é um ponto bom e onde não construir um hotel. Bem, este aqui (apontando para o Beverly Hilton ao lado), eu sabia que era um ponto bom. Pensando bem, este negócio quase me tirou do sério na época. Ali costumava ser uma pequena plantação de couve. E eu seguia dizendo para mim mesmo: "É ali que eu deveria construir um hotel. Por que não fazer isto de uma vez por todas?" E finalmente eu o fiz, mas quase tarde demais.

Foi quase tarde demais porque outra pessoa estava prestes a ficar com o terreno. Veja bem, outra pessoa também estava vendo a mesma oportunidade.

Mas o senhor se decidiu mais rapidamente?

Eu simplesmente fui até lá e disse: "Eu quero fazer negócio." E fiz.

O senhor não teve um problema similar com a cadeia Statler? Não foi que William Zeckendorf da Webb & Kapp tinha feito já uma oferta?

Sim, ele tinha.

Como a situação foi resolvida?

Eu estivera pensando nos hotéis Statler porque sabia que eles não estavam se dando muito bem internamente, que havia bastante tensão. Eu tinha um amigo que era vice-presidente — que Deus abençoe sua alma, ele não está mais entre nós — Jimmie McCabe, um homem maravilhoso.

Certo dia fui convidado junto com um grupo de pessoas para fazer um voo sobre o Grand Canyon em um avião novo da United Air Lines. Falei: "Acho que vou sentar ao lado de Jimmie McCabe." Durante a viagem ele disse para mim: "Por que não vai em frente e compra os hotéis Statler?"

O Sr. Zeckendorf já tinha entrado nas negociações pela cadeia de hotéis?

Sim. Eles tinham colocado 1 milhão de dólares. A Sra. Statler era curadora de um número importante de ações na corporação que o Sr. Statler havia deixado para a Cornell University. E ela também era a curadora de dois dos seus filhos.

Então — acho que não chegou a ser mais tarde que no dia seguinte —, liguei para Joe Binns em Nova York, que na época era nosso vice-presidente. Perguntei: "Onde está a Sra. Statler?"

"Bem", ele respondeu, "ela está aqui, mas está quase indo embora."

Eu disse: "Peça para que ela espere por um momento, eu quero vê-la. Estou partindo imediatamente." Eu estava na Califórnia.

Ele me ligou de volta e disse: "Ela esperará por você."

Se bem me lembro, havia três curadores, e pensei: "Bem, você não pode perder tempo neste negócio. Se você quiser estes hotéis, tem de agir rápido."

Eu disse para a Sra. Statler: "A senhora me apoiará em uma oferta? Eu lhe farei uma oferta que será muito melhor que a oferta que você tem agora para os hotéis."

Ela disse: "Eu vou apoiá-lo" — bem assim, muito simpática.

Ela estava pronta para ouvir outro homem que fosse do ramo?

Sim. Ela tinha um sentimento pela tradição dos hotéis e queria ver um homem do ramo administrando estes hotéis.

Zeckendorf tinha oferecido um bom preço por eles, mas ele apresentou apenas 1 milhão dos 110 milhões de dólares que tinha oferecido.

Então, em vez de colocar 1 milhão, eu coloquei 7 milhões.

Eles tiveram de aceitar a minha oferta. Enquanto curadores, não poderiam aceitar uma oferta de 1 milhão quando tinham uma oferta de 7 milhões.

Este foi um sinal, certo?

Este foi um depósito em dinheiro garantindo que eu faria o negócio, mas ofereci o mesmo preço total.

O total da transação foi 110 milhões de dólares, tudo em dinheiro?

Sim. O maior negócio imobiliário já feito, creio eu.

Sr. Hilton, eu sei que o senhor passou por tempos muito difíceis durante a Depressão e perdeu um hotel depois do outro. Você pegou dinheiro emprestado até o limite. O que o fez continuar?

Eu não desistiria. Em primeiro lugar, eu não desistiria, porque isto não é da minha natureza. E eu achei que seria capaz de resolver esta situação mais cedo ou mais tarde. Naquela época, os hotéis estavam quebrando por toda parte. Na realidade, acho que o histórico mostra algo em torno de 80% de todos os hotéis nos Estados Unidos faliu.

E em determinado momento, eu estava com uma dívida de 500 mil dólares e nenhum dinheiro entrando. Mas consegui sair dessa.

Quais são alguns dos princípios que você empregou na operação de hotéis além de procurar por espaços mal utilizados e construir um esprit de corps?

Um dos princípios em que eu insisto — o qual eu acredito que funciona, julgando pelas cartas que recebo — é que meus hotéis têm de estar em perfeitas condições. Eu quero que o hóspede, quando ele entra em um dos meus hotéis, veja um quarto bacana, um banheiro limpo; então, insisto nisso.

Eu descobri que o cliente não vai reclamar sobre o valor cobrado se eu proporcionar algo que seja agradável quando ele entrar em um hotel. Mas se eu apresentar um tapete velho e usado, por exemplo, o cliente não gostará dele e isto o fará se sentir infeliz.

Eu aprendi também que cada hotel necessita ter uma personalidade ligada à sua localização, que você tem de ser preciso na previsão da demanda, que você pode poupar com a compra em massa, que você precisa de promoção, vendas e treinamento.

Deu para perceber do seu livro, Be My Guest, *que sua família, particularmente sua mãe, teve uma considerável influência em você.*

Sim. Lembro-me de que, vez ou outra, quando eu fazia um negócio particularmente bem-sucedido, alguém na família faria com que eu baixasse a crista um pouco. Eu cheguei em casa uma vez e disse para minha mãe: "Você está olhando para um homem com hotéis avaliados em 41 milhões de dólares."

Ela replicou: "Você não parece nem um pouco diferente para mim, exceto por esta mancha na sua gravata."

Ficou evidente ao ler o seu livro que três pedras fundamentais em sua vida são sua fé, sua visão e seu trabalho duro. Quais qualidades pessoais você acredita que sejam essenciais para o sucesso em qualquer linha de empreendimento?

Bem, vou lhe dizer. Algo que aderi estritamente é ter integridade: nunca, sob circunstância alguma, engane alguém. Mantenha sua palavra.

E jamais se afaste desse pensamento.

Ao operar internacionalmente, quaí procedimento acredita que é o melhor a ser seguido? Ou isto varia com cada país em particular? Eu sei que o senhor tem alguns arranjos de parcerias com governos.

Gostamos de fazer negócios onde temos o governo nele conosco; então não teremos problema algum. Nós tentamos, no tocante aos nossos hotéis internacionais, dizer: "Nós operaremos este hotel. Vocês o constroem e colocam a mobília; nós proporcionaremos a equipe e daí em diante vocês não terão trabalho algum. E nós dividiremos os lucros, dois terços para vocês — um terço para nós." É isto que tentamos fazer.

Como vocês chegaram a esse esquema de lucro?

Nós simplesmente chegamos à conclusão de que era um negócio justo, e deu certo para todos.

17

Mercado imobiliário: construindo pequeno

CONRAD HILTON TORNOU seu nome conhecido decorando o mundo com prédios altos, estruturas enormes e deslumbrantes cujo brilho e resplendor as transformaram em monumentos rematados ao dinheiro. E entrar simplesmente a passeio em um hotel Hilton para um humilde copo de cerveja de certa maneira faz com que a pessoa se sinta mais rica, como se o eflúvio da riqueza transpirando das paredes seja absorvido pela sua carteira por osmose. Agora examinaremos um grupo familiar que alcançou uma fama e riqueza similares por um caminho inteiramente diferente.

Os Levitts — um pai e dois filhos — construíram prédios que eram precisamente o oposto do Hilton. Os Levitts especializaram-se em casas pequenas, para uma única família, que foram deliberadamente projetadas para terem o menor custo possível. Seu nome de família — e o nome associado "Levittown" — tornou-se famoso em todo os Estados Unidos e em boa parte do mundo ocidental.

Existem arquitetos, sociólogos e outros que reclamam que os Levitts criaram monstruosidades estéticas e sociais, verdadeiras caricaturas do subúrbio em grandes faixas desoladoras de casas que lembram barracões e que vieram a ser habitadas por pessoas que pensam do mesmo jeito. Houve congressistas que resmungaram que os Levitts começaram a operar como especuladores da guerra desavergonhados, lançando seu fabuloso negócio largamente com o conforto do dinheiro do contribuinte. Nunca faltaram críticos aos Levitts. Mas se estas críticas são ou não válidas, dois fatos dificilmente podem ser discutidos: os Levitts construíram casas para pessoas que de outra maneira não teriam dinheiro para viver em bairros nem de perto tão agradáveis. E, sabendo valorizar o dinheiro recebido a cada centímetro construído no caminho, eles tornaram-se muito, muito ricos.

Os Levitts: 100 milhões de dólares

O único membro ainda vivo do fabuloso trio é o filho mais velho, William, um homem baixo com uma ligeira semelhança com o ator William Powell. Ele vendeu o negócio em 1968 por algo em torno de 92 milhões de dólares em ações da ITT e hoje, com aproximadamente 65 anos, desfruta a vida de um playboy internacional idoso, equipado com um iate oceânico de 237 pés e uma esposa francesa glamourosa. Mas todos os prazeres do mundo tendem a chateá-lo de tempos em tempos, e de vez em quando ele volta para ver como as coisas estão indo na Levitt & Sons. William não consegue se manter distante do negócio de construção. Ele sonha com novos empreendimentos grandiosos. Seu maior sonho — talvez o maior sonho já idealizado por um homem — é o de ir para um local em meio à natureza fechada em algum lugar qualquer e construir uma cidade completa, autossuficiente e perfeitamente organizada do primeiro tijolo até o último.

Talvez ele realmente faça isso. Os muito, muito ricos tendem a ficar ansiosos na aposentadoria. Seu dinheiro em si não lhes proporciona prazer absoluto. Eles gostam é do jogo de consegui-lo.

O império Levitt foi fundado em 1929 em Long Island, Nova York. Abraham Levitt, um cidadão de classe média obscuro, começara sua carreira como advogado, mas descobrira que a profissão não era de seu gosto. Procurando por outra atividade para trabalhar, ele ficou sabendo que alguns construtores de imóveis de Long Island estavam ficando moderadamente ricos. A cidade de Nova

York crescia rapidamente, e as comunidades-dormitório de Long Island estavam ficando lotadas. Cada cidade estava se expandindo centrifugamente. À medida que a área central se enchia, construtores compravam terras baratas na periferia e construíam novas casas. Esta periferia se enchia, e os construtores extraíam seus lucros e seguiam para a próxima periferia.

Abraham Levitt decidiu construir uma casa. Seu filho mais velho, William, era então um recém-formado na New York University com cursos de administração e economia em seu currículo. Pai e filho entraram para o negócio da construção juntos. Eles construíram uma casa, rapidamente a venderam por um bom lucro (deste modo melhorando sua classificação de crédito), tomaram dinheiro emprestado do banco e compraram vários lotes de terrenos na periferia. Levitt & Sons estava a caminho.

O outro filho de Abraham, Alfred, quatro anos mais jovem do que William, estava começando a faculdade. O negócio de construção da família o intrigava tanto que ele queria abandonar os estudos e mergulhar nele com o pai e o irmão. Mas Abraham insistiu que ele completasse sua educação formal. Alfred consolou-se estudando arquitetura.

O negócio da família cresceu de maneira lenta e errática durante a Depressão. Não havia nada particularmente digno de nota a respeito da Levitt & Sons neste estágio. Ele era apenas um entre milhares de empreendimentos espalhados por todos os Estados Unidos. Era muito similar a todos os outros. Como a *Fortune* observaria mais tarde, o setor de construção naquela época era "a vergonha do capitalismo norte-americano". Era a única indústria importante que não havia descoberto ainda como ganhar as economias da produção em massa ou da organização corporativa em grande escala. Todos os construtores de imóveis nos Estados Unidos eram pequenos construtores, construindo uma ou duas casas de cada vez.

Já em 1935, Abraham e seus dois filhos estavam falando a respeito desta "vergonha" sem discernir nenhuma maneira clara de fazer algo a respeito. Abraham era o pensador social do trio. Ele gostava de falar sobre moradias baratas como uma espécie de dívida moral que o capitalismo tinha com as pessoas. Bill era o empresário agressivo, que tomava as iniciativas e assumia os riscos. Ele acreditava que seria possível construir casas em uma base de produção em massa, vendê-las por aproximadamente um terço menos do que casas comparáveis construídas de uma maneira convencional e ainda sair disso com um belo lucro. Alfred, o arquiteto, preocupava-se com a possível falta de qualidade na construção em massa de casas. Ele concluiu no fim que uma excelência em design poderia ser incorporada nesta situação de maneira muito barata, tendo em vista que as taxas do arquiteto e do paisagista poderiam ser divididas entre muitas casas em vez de serem refletidas no preço de apenas uma.

No entanto, o dinheiro estava curto em meados de 1930 e a classificação de crédito dos Levitts era duvidosa — como era a de todos os construtores — e toda aquela conversa sobre moradia barata era apenas conversa fiada.

Levitt & Sons construiu muitas casas nos anos de 1930 — mas as construiu do jeito padrão, uma a uma. Eram casas sólidas, e estavam inteligentemente situadas em bairros onde os valores dos terrenos ainda estão se valorizando hoje em dia. Algumas das primeiras casas de Levitt custaram 10 mil dólares quando novas e, hoje em dia, chegam a preços na faixa dos 70 mil a 80 mil dólares. Mas estas não foram as casas que fizeram os Levitt ricos.

No início da Segunda Guerra Mundial, os Levitts subitamente tiveram uma chance de tentar o que eles vinham sonhando há tempos. O governo norte-americano queria alguém para construir 1.600 casas em Norfolk, Virgínia, para os trabalhadores envolvidos no esforço de guerra. As casas tinham de ser baratas e precisavam ser construídas rápido. O governo lançou uma concorrência para o projeto.

Poucos construtores no país — se algum — vinham sonhando a mesma coisa que os Levitts. A maioria dos construtores, ao entrarem na concorrência do contrato de Norfolk, baseou suas estimativas de custo e tempo em sua experiência anterior em construir uma ou algumas poucas casas de cada vez. A Levitt & Sons, em vez disso, resolveu arriscar de verdade. Por anos, Abraham e seus filhos vinham falando sobre a produção em massa, e eles tinham chegado a algumas noções vagas do montante de dinheiro que poderia ser poupado por este método. O método nunca havia sido tentado de forma séria — e certamente não na escala de 1.600 casas. Não havia uma experiência passada para se basear. Até onde se sabia, os sonhos dos Levitts eram pura bobagem. Mesmo assim, a Levitt & Sons submeteu uma oferta baseada na ideia de produção em massa. Era uma oferta baixa — tão abaixo da oferta que ficara em segundo lugar, na realidade, que os responsáveis pelo processo de aquisição do governo em um primeiro momento acharam que devia haver um erro tipográfico.

"Não", disse Abraham quando um dos servidores ligou, "não é um erro. É a nossa oferta".

Houve uma longa pausa enquanto o servidor refletia sobre a questão. Por fim ele disse calmamente: "Por Deus, homem, vocês vão à falência." E desligou.

Os Levitts não foram à falência. Para o seu prazer, a realidade demonstrou ser até melhor do que o sonho. Eles compraram madeira e outros materiais em volumes enormes a preços baixos. Eles cortaram a madeira à máquina — todas de uma vez —, em vez de ter carpinteiros a serrando à mão. Eles assinaram contratos de eletricidade e encanamento a taxas baixas devido ao volume enorme de trabalho envolvido. E, no fim, os Levitts não só saíram do negócio em Norfolk com um lucro apreciável, como terminaram o projeto vários meses antes que eles ou qualquer outra pessoa achasse possível.

A empresa Levitt & Sons tinha enfim encontrado o seu caminho.

Após a guerra, enquanto outros construtores assistiam de olhos arregalados, a primeira Levittown produzida em massa surgiu em Long Island. Os Levitts começaram comprando alguns milhares de hectares de batatais. Depois eles duplicaram seu truque de Norfolk em uma escala dez vezes maior. Nos cinco anos de 1947 a 1951, eles construíram 17.450 casas de linha de montagem nesta vasta faixa de terras, mais 2 mil outras casas em faixas de terras menores em outros lugares. O total desconcertante de 20 mil casas em cinco anos tinha um valor de aproximadamente 170 milhões de dólares.

As casas Levittown vendiam numa faixa de preço de 8 mil a 10 mil dólares. (Valores de revenda hoje: aproximadamente 35 mil dólares). Estes preços eram tão ridiculamente baixos que a Levitt & Sons mal tinha de fazer qualquer esforço de venda. Os compradores literalmente faziam filas para assinar contratos. No fim das contas, Levittown, Nova York, tornou-se uma comunidade de 75 mil pessoas.

Era um feito que deixava a indústria da construção estupefata. Por séculos construtores vinham laboriosamente levantando casas uma a uma. E agora, subitamente, aparecera uma empresa e levantara uma cidade inteira.

Havia muitos críticos que não gostavam do que a Levitts havia feito. Alguns não gostavam da aparência das Levittown. "É uma enorme favela suburbana e parecerá mais ainda com uma favela à medida que envelhecer", resmungou um arquiteto proeminente. Isto não aconteceu. O fato de que a maioria das casas quadruplicou em valor desde que elas foram construídas indicou que Levittown ainda é considerada um endereço desejável.

Outros críticos não gostaram das quantidades enormes de dinheiro que a Levitt & Sons empilhou. Alguns congressistas estavam particularmente descontentes com o fato de que a maioria das casas Levittown era vendida — e os lucros dos Levitts obtidos — com base em hipotecas garantidas pelo governo.

Isto não era resultado de qualquer malandragem dos Levitts. Após a guerra, a escassez de moradia havia sido tão severa que o Ministério de Habitação, o Ministério de Veteranos e outras agências fizeram um grande esforço para ajudar construtores a construir e compradores a comprar. O governo oferecia-se para arcar com parte do risco dos construtores, fornecendo parte do capital necessário e absorvendo parte dos pagamentos de juros dos compradores em vários negócios atraentes. Os Levitts, assim como outros construtores, simplesmente tiraram vantagem destas regalias de Washington. Mais tarde, o mesmo congresso que havia autorizado estas regalias repreendeu Levitt e outros por as aceitarem.

Em uma audiência no senado em 1954, Bill Levitt admitiu timidamente que havia realizado um lucro bruto de em torno de 5 milhões de dólares nas primeiras 4.028 casas Levittown. Os senadores ficaram boquiabertos em seu horror devoto. Mas a Levitt & Sons não havia feito nada que qualquer outro empresário esperto não faria.

O velho Abraham Levitt morreu no fim dos anos 1950. Os dois filhos levaram a empresa para novos patamares. Eles construíram outras Levittowns na Pensilvânia e Nova Jersey. Quando Alfred morreu em meados dos anos de 1960, Bill tornou-se o único proprietário da gigantesca empresa e aumentou-a ainda mais. O público parecia estar se distanciando de grandes faixas de casas parecidas; então ele agora disseminou suas operações em faixas menores espalhadas por todo o país e no exterior. No fim dos anos de 1960, Bill estava operando em dois locais novos em Long Island, três em Nova Jersey, três na área de Washington, D.C., e outros na Flórida, Porto Rico, a região de Chicago e os subúrbios de Paris.

As técnicas de linha de montagem ainda estavam valendo a pena. Enquanto a indústria de moradia nacional afundava sombriamente em sua própria depressão privada no fim dos anos 1960, Levitt & Sons construíam e aumentavam suas vendas de casas a cada ano. Em 1968, as vendas da empresa giraram em torno de mais ou menos 150 milhões de dólares ao ano — aproximadamente o valor da Levittown original.

Levitt & Sons era agora uma empresa grande e suculenta. Ela atraiu o olhar faminto de Harold S. Gennen, um formador de conglomerados ao estilo de Jim Ling. Gennen era conselheiro e presidente da International Telephone & Telegraph, e parecia a ele que a Levitt & Sons poderia ser um acréscimo empolgante para a família diversa e emergente da ITT. Ele fez uma oferta.

Para Bill Levitt, o único proprietário, a proposta da ITT oferecia uma maneira ideal de transformar seu enorme, mas não líquido, patrimônio em dinheiro. Ele aceitou e saiu do negócio com algo como 898 mil ações ordinárias da ITT, então avaliadas em aproximadamente 92 milhões de dólares na Bolsa de Valores de Nova York. Somando estas ações aos seus outros investimentos e propriedades, ele valia mais de 100 milhões de dólares aos 61 anos.

No entanto, advogados antitruste norte-americanos decidiram que a fusão ITT-Levitt não havia sido uma ideia tão boa assim. A ITT recebeu um prazo até agosto de 1974 para alienar-se da empresa de construção. Ninguém dentro ou fora da empresa parece ter muita certeza sobre como a alienação será realizada ou para onde irá a Levitt & Sons depois. Em Wall Street, as pessoas acham que Bill Levitt, ainda com uma saúde robusta e cheio de energia e possivelmente cansado de sua aposentadoria, talvez queira comprar de volta uma participação acionária controladora na empresa que ele ajudou a trazer para o mundo. Ele talvez queira usá-la como um veículo para alguns dos seus sonhos grandiosos de construção de uma cidade.

"Ele não nos disse o que ele planeja fazer, e até onde sei, não contou para ninguém", disse recentemente um executivo na sede moderna da empresa em Lake Sucess, Nova York. A empresa permanecerá viva independente se Bill Levitt voltar ou não, é claro. Mas espero que ele volte. Seria empolgante acompanhá-lo nesta década de 1970 compartilhando de suas visões.

18

A psicologia dos ricos

A QUESTÃO TEM FASCINADO os psicólogos por pelo menos um século: por que apenas determinados homens ficam ricos?

Isso tem irritado os ricos por quase o mesmo tempo. Por que os psicólogos chegam com estas perguntas tão malucas?

O fato é que ninguém, incluindo os próprios ricos, sabe com certeza quais dores e coceiras internas operam em um homem para erguê-lo acima do grande mar dos não ricos. Clement Stone e outros professores de riqueza acham que eles sabem algumas das respostas, mas a maioria dos observadores acredita que estas não podem ser todas as respostas e provavelmente não são nem as principais. Não apenas as causas psicológicas da riqueza são desconhecidas como há uma forte suspeita de que todas as tentativas para elucidá-las têm sido uma solene e acadêmica perda de tempo.

Alguns observadores altamente respeitáveis dizem categoricamente que os ricos, como grupo, não têm traços de personalidade especiais que os distinguam de qualquer outra pessoa. Um destes observadores é o Dr. Frederik Herzberg, um professor de psicologia na Universidade Case Western Reserve que atua como consultor para corporações e agências governamentais. Sua especialidade é "motivação no trabalho". Ele é, de certa maneira, um professor de riqueza. Mas esse homem candidamente admite que não sabe quais ímpetos e problemas fazem com que alguém ascenda para a riqueza enquanto outra pessoa, começando no mesmo portão de largada, cai no esquecimento. "Não há um traço comum entre homens altamente bem-sucedidos", diz o Dr. Herzberg. "Os tipos de personalidades deles são tão variados quanto de todos os outros."

Outro observador é o Dr. Eugene Emerson Jennings, psicólogo na Escola de Pós-Graduação em Administração de Negócios da Universidade de Michigan e também um consultor para várias corporações, entre elas a IBM. "Eu fiz uma quantidade fantástica de testes na década de 1950", disse ele, "tentando isolar traços de personalidade através dos quais pudéssemos prever até onde um homem poderia subir dentro ou fora da empresa. Mas paramos de realizar testes na IBM. Vimos que não conseguíamos prever nada de maneira confiável."

O Dr. Jennings observa acidamente que o mundo dos negócios está cheio de mascates de testes psicológicos que dizem que podem prever o sucesso futuro de empregados — podem reconhecer um jovem como um futuro empreendedor e outro como fadado ao fracasso. "Um sujeito do Kansas me ligou algum tempo atrás e disse que tinha um teste infalível. Eu respondi: 'Tudo bem, legal, nós aplicaremos o teste para os próximos mil candidatos que apareceram na IBM.' E falei também que apenas para tornar as coisas interessantes, ele deveria colocar mil dólares como garantia de desempenho para mostrar sua fé. Se a maioria dos candidatos fizesse o que ele previu através dos próximos dez anos, ele receberia os mil dólares de volta. Perguntei se ele achava isso justo. Bem, ele desligou, e nunca mais ouvi falar dele de novo."

Os muito, muito ricos tendem a compartilhar esta visão de que é fútil sondar em busca de traços de personalidade que levam à geração de riqueza. Um homem com fortes opiniões sobre o assunto era Joseph P. Kennedy, pai do famoso clã político. Ele valia algo em torno de um terço de 1 bilhão de dólares (principal caminho: mercado de ações) quando morreu há alguns anos. Um estudante de psicologia da Princeton certa vez enviou a ele um questionário com o intuito de sondar sua psique até suas profundezas mais escuras. Kennedy enviou prontamente o questionário sem respondê-lo, juntamente com uma nota seca: "Prezado senhor, eu sou rico porque tenho um monte de dinheiro."

A resposta do velho Joe Kennedy pode não ser a única que existe. Mesmo assim, vamos examinar outras respostas que foram propostas. Se você e eu esperamos ficar ricos, poderia ser interessante — e até útil — ver se nossas personalidades lembram a dos ricos. Podemos nos descobrir como sendo totalmente diferentes daqueles homens em termos de formação emocional. Se este for o caso, talvez possamos poupar-nos tempo e sofrimento desnecessários. Talvez decidamos que não somos da espécie que acumula capital no fim das contas. Nosso curso indicado será então simplesmente relaxar e desfrutar a renda miserável que temos.

As teorias psicanalíticas da geração de dinheiro são tão esquisitas que, apesar de aparentemente fazerem sentido para psicanalistas, soam como um palavreado para quase todo mundo. Tentar uma análise destas teorias aqui seria pisar em uma areia movediça verborrágica na qual talvez nunca mais encontremos terra firme de novo. Então vamos nos manter longe disto. Um rápido exame de uma distância segura já deve ser o suficiente.

Sigmund Freud abordou a questão do dinheiro em um ensaio de 1908 chamado "Caráter e erotismo anal". Por um caminho desconcertantemente tortuoso, ele chegou à conclusão de que o dinheiro é para um adulto o que as fezes são para uma criança. Evidentemente (assim segue o raciocínio freudiano), uma criança concebe as fezes como sendo parte do seu corpo e teme perdê-las. Se por uma razão ou outra ela ficar obcecada com este temor, mais tarde na vida ela pode ficar obcecada por um impulso exagerado em acumular posses materiais.

Bem, cada um com sua teoria. Devemos lembrar que Freud tinha um enorme amor pela linguagem, e poderíamos suspeitar que ele às vezes inventava problemas emocionais pelo puro prazer de formular frases sobre eles.

Gerações posteriores de psicanalistas chegaram a outras teorias, também por caminhos longos e sinuosos. Escrevendo na *Psychoanalytic Quarterly* anos atrás, o Dr. Otto Fenichel disse que "o impulso de acumular riqueza parece ser uma forma especial do instinto de posse". Até aí tudo bem. Este instinto, entretanto, "é uma forma especial de narcisismo corpóreo e uma expressão do temor de lesões corpóreas". A forma mais importante deste temor é "o temor de lesão genital". Portanto, segundo o Dr. Fenichel, acumuladores de riqueza obsessivos são assim porque sofrem de uma "ansiedade de castração".

Sem dúvida, os homens ricos que visitamos nesta galeria se interessariam em aprender estas coisas esquisitas sobre si mesmos. Alguns poderiam sentir-se inclinados a discutir essas questões. O problema com a teoria psicanalítica é que podemos discuti-la uma noite inteira e jamais chegar à conclusão alguma. Passemos então para um terreno mais firme. Vamos examinar alguns traços dos ricos que, segundo vários pesquisadores, podem ser demonstrados — e que aparecem de uma maneira tangível entre os homens em nossa galeria.

Sexo: masculino — Não se trata de um acidente estatístico que todos os muito, muito ricos nesta galeria sejam homens. O fato é que, não existem mulheres vivendo hoje nos Estados Unidos — pelo menos nenhuma conhecida para a *Fortune*, para Ferdinand (*Super-Ricos*) Lundberg* ou para mim — que começaram do nada e acumularam tanto quanto 100 milhões de dólares através do seu próprio trabalho.

Existem algumas mulheres que quase conseguiram isto. A falecida magnata dos cosméticos Helena Rubinstein era muito rica. A empreendedora-atriz Lucille Ball talvez seja a empreendedora mais rica viva hoje em dia. Seu patrimônio líquido está na faixa dos 50

---

* Ferdinand Lundberg (30 de abril, 1905 - 1º de março, 1995) foi um economista e jornalista que estudou a história da riqueza e do poder nos Estados Unidos. (*N. do T.*)

milhões de dólares. Ela poderia concebivelmente alcançar o nível dos 100 milhões de dólares um dia, mas ela ainda não chegou lá. Não há mulheres entre os grandes empreendedores ricos.

Por que não?

Eu temia que você me perguntasse isso.

O movimento de liberação das mulheres argumentaria, é claro, que elas não se tornam muito, muito ricas porque nossa configuração cultural e econômica nega a oportunidade às mulheres de consegui-lo. Alguns psicólogos (a maioria homens) acreditam, por outro lado, que as mulheres simplesmente não têm grandes impulsos de acúmulo de riqueza — que poucas ou nenhuma tornar-se-iam imoderadamente ricas mesmo se todas as barreiras de sexo fossem removidas.

"De certa maneira, as mulheres tendem a ser mais sensíveis sobre isto do que os homens", disse um psiquiatra, pedindo veementemente para não ser identificado. "Uma mulher quer dinheiro suficiente para tornar a sua vida e a de sua família confortáveis o suficiente, talvez, para que ela possa viver com luxo. Porém, uma vez que ela alcance este nível de riqueza, ela normalmente deixa de lutar por mais. Muitos homens, por outro lado, seguem empilhando riqueza com furor muito depois de terem mais do que possam possivelmente gastar. É difícil imaginar uma Howard Hughes mulher."

Talvez seja assim. Na carreira da família norte-americana típica, a esposa começa ajudando seu marido a aumentar a sua renda e talvez até estimulando-o a tentar mais arduamente. Mas quando eles chegam à meia-idade e a um grau de riqueza confortável, ela passa por uma mudança radical. Ele segue trabalhando duro enquanto ela, preocupada com úlceras e ataques cardíacos, puxa na direção oposta tentando reduzir o ritmo do marido.

É difícil dizer com certeza se estas diferenças ocorrem devido a forças sociais e culturais, ou parte do equipamento específico de cada sexo. Você pode entrar em uma discussão sobre o assunto em qualquer mesa de bar. Mas não vamos discutir isso aqui. Vamos simplesmente dizer que se você quiser ser muito, muito rico, suas chances são melhores se você começar com o sexo masculino.

Problemas filhos-pais — Analisando a nossa galeria de ouro, é extraordinário ccmo muitos desses homens maravilhosamente bem-sucedidos perderam um ou os dois pais cedo na vida devido à morte ou divórcio. Mais da metade deles, na realidade, passou por esta experiência traumática. Estamos falando de um acidente estatístico ou isto significa algo?

Aparentemente, isto não é um acidente. Pesquisadores trabalhando com amostras muito maiores do que a nossa ficaram impressionados pela alta incidência de morte ou divórcio entre os pais nas vidas dos empreendedores ricos. Uma amostra desta natureza foi feita nos anos 1960 sob uma bolsa de pesquisa do Ministério de Pequenos Negócios. Três professores universitários — David Moore da Universidade de Cornell, Orvis Collins e Darab Unwalla da Universidade de Michigan — saíram às ruas e entrevistaram os "empreendedores fundadores" de 110 empresas. "O tema da morte de um dos pais aparece repetidamente", eles relataram no seu livro, *The Enterprising Man.* "O quadro que surge das entrevistas é o de uma criança sozinha, punhos encardidos e olhos cheios de lágrimas, aceitando a perda e encarando um futuro perigoso..."

Por que a perda ou o abandono de um pai faz com que um jovem parta em busca da riqueza? Os três pesquisadores sugerem algumas possibilidades. Uma é a de que a criança destituída daí em diante tem um sentimento imenso de insegurança. Ela parte em busca de tanto dinheiro para que nunca mais passe por dificuldades financeiras. Outra possibilidade é a de que a perda de um pai a torna mais autossuficiente do que costumeiramente vemos nas pessoas. Ao tentar curar seu ferimento emocional, ela convence a si mesma de que realmente não precisa deste pai; ela pode entalhá-lo sozinho. Embora a maioria de nós claudique humildemente pela vida trabalhando para outras pessoas (a empresa torna-se o pai), um jovem órfão ou meio-órfão pode tentar, em vez disso, subir a escada econômica por si mesmo, como chefe do próprio negócio.

Problemas na escola — Outro fato extraordinário a respeito dos homens na galeria é o de que exatamente metade deles não terminou o ensino médio, e apenas um terço se importou em terminar a faculdade. Esta tendência de acumuladores de capital de desdenhar da educação formal ou considerá-la intragável por uma razão ou outra desconcertou e fascinou pesquisadores desde que o fenômeno da riqueza primeiro tornou-se um assunto de interesse acadêmico. Em um estudo estatístico clássico de seiscentos milionários em 1925, o sociólogo Pitirim Sorokin descobriu para sua surpresa que apenas 11,7% tinham diplomas universitários. Sorokin refletiu: "Isto significa que talvez Andrew Carnegie estivesse certo quando disse: 'A educação universitária não é necessária para o sucesso nos negócios.'" Não era necessária na época de Carnegie, e não era necessária na época de Sorokin, e ainda não parece ser necessária nos dias de hoje.

A tendência dos muito ricos de florescerem tarde na vida — de serem desajustados na escola, de parecerem marcados para o fracasso em seus anos iniciais — é intrigante para aqueles entre nós que ainda não acumularam nossos primeiros 100 milhões de dólares. Nós, também, provavelmente floresceremos tarde na vida. O assunto é interessante o suficiente para merecer um capítulo somente sobre ele. Nós analisaremos a questão com mais detalhes no Capítulo 22.

Problemas conjugais — Pitirim Sorokin também ficou impressionado com o fato de que, entre os seus seiscentos milionários, o divórcio era estatisticamente duas vezes mais comum do que na população geral dos Estados Unidos. Na época de Sorokin (assim como hoje em dia), os divórcios e outros arranhões e escândalos conjugais dos muito ricos geravam uma boa leitura e vendiam muitos jornais. Os ricos pareciam ter mais problemas de casamento e sexo do que as outras pessoas, mas a maioria dos observadores acadêmicos achava que isto ocorria simplesmente porque os ricos são mais visíveis. Foi surpreendente ver Sorokin aparecer e provar estatisticamente o que o público há muito aceitara como um dogma: quanto mais rico você for, maior a probabilidade de que você seja divorciado.

Os homens na nossa galeria seguem fielmente a tendência. Metade foi divorciada pelo menos uma vez.

Por quê? O dinheiro é a resposta óbvia. O divórcio é caro. Para o assalariado médio, o divórcio é tão caro a ponto de ser, em muitos casos, financeiramente incapacitante. Os muito ricos constantemente acham os custos do divórcio dolorosos, mas nunca incapacitante. O simples fato é que é mais fácil para um homem rico divorciar-se do que para um homem de classe média.

No entanto, parece haver mais sobre isso. Um psicólogo que conduziu um estudo sobre empreendedores ricos é o Dr. Alfred E. Messer, um professor da Universidade de Emory em Atlanta e chefe do Laboratório de Estudos da Família do Instituto de Saúde Mental da Geórgia. O Dr. Messer, juntamente com muitos outros estudantes da família norte-americana, considera que empreendedores ricos muitas vezes têm uma ausência peculiar de afeto, uma incapacidade de formar uma relação próxima e duradoura com um homem, mulher ou criança.

Esta ausência deriva das mesmas forças que tornam este homem um acumulador de riqueza em primeiro lugar. "É provável que a infância do sujeito tenha sido dura", diz o Dr. Messer. "A história típica é a de um dos pais morrendo ou o abandonando ou — o que vem a dar na mesma — rejeitando o filho, abandonando-o emocionalmente. A criança cresce com um sentimento compreensível de que ela não pode contar com outras pessoas, que tem de provar que vale alguma coisa *sozinha*. O sujeito busca prová-lo com dinheiro. Em um caso típico, eu tinha um paciente que carregava habitualmente 4 mil dólares no bolso — sua maneira de mostrar que ele tinha chegado lá, que ele não precisava de ninguém."

Uma configuração emocional como esta não gera um casamento afetuoso e amoroso, destaca o Dr. Messer. "O típico empreendedor de sucesso muitas vezes pensa a respeito de sua esposa da mesma maneira que pensa sobre o seu dinheiro. Ela é uma joia, um enfeite. Ele casou com ela para aumentar seu valor aparente. Ele quer que o mundo o julgue pela beleza da sua joia."

Duas coisas podem dar errado com este arranjo, é claro. A primeira possibilidade é de que a joia se desgaste, e então o homem tem de sair em busca de uma nova. A segunda possibilidade é de que a joia vai preferir ser uma mulher. "Ela fará demandas emocionais para o homem — demandas que ele não está preparado para atender. Ela quer que ele confie nela; quer compartilhar os seus problemas e a sua vida. Isso é exatamente o que ele não quer."

O Dr. Messer acha tudo isso bastante triste. "Este país precisa do empreendedor, do sujeito que tome iniciativas", disse ele. "Obviamente, alguém tem de começar e administrar os negócios que produzam a renda nacional e gerem empregos. Mas nossos empreendedores muitas vezes alcançam estes fins a um grande custo para si mesmos."

O Dr. Messer parece estar afirmando um paradoxo peculiarmente desconcertante. O tipo de homem com a maior chance de ficar muito, muito rico é o tipo de homem com a menor chance de desfrutar sua condição.

De maneira inversa, aqueles entre nós que poderiam desfrutar da riqueza talvez não a alcancem.

Adoração ao trabalho — Por outro lado, talvez os ricos desfrutem suas vidas no final das contas. Não faz sentido um homem dizer o que outro homem deveria gostar de fazer. Pode ser que os muito, muito ricos derivam tanto prazer do seu trabalho quanto a maioria dos homens comuns derivam dos seus casamentos, filhos, passatempos e aparelhos de televisão.

Pois uma adoração ao trabalho, um amor absoluto por ele, é notável entre os traços compartilhados dos grandes empreendedores. Trata-se de um item comumente aceito do dogma público que os ricos levam vidas de luxo ocioso e, às vezes, deliciosamente pecaminoso, mas isto é uma ilusão surgindo do fato de que as histórias dos ricos de folga vendem mais jornais do que as histórias dos ricos no trabalho. Um magnata talvez trabalhe 30 dias de 14 horas direto, mas nenhum jornal consideraria o fato interessante a ponto de ser mencionado. Mas deixe que o pobre sujeito busque um dia de descanso, deixe que ele seja descoberto passando em uma festa, deixe que ele seja visto paquerando jovens mulheres, e a história espalhafatosamente exagerada aparecerá nas colunas sociais do dia seguinte.

Os ricos trabalham — seja porque gostem de trabalhar ou porque se sintam levados a trabalhar. Muitos deles (Joe Hirshhorn, por exemplo) admitem com bastante franqueza que sua compulsão pelo trabalho destruiu seus casamentos, prejudicou suas relações com os filhos e talvez tenha causado danos a outros componentes de suas vidas pessoais. Às vezes, eles falam a respeito disso de uma maneira triste e apologética, mas sempre terminam dando de ombros. Não há nada que eles possam fazer a respeito. O trabalho é parte do seu ser. Mudar seus hábitos de trabalho é tão fácil quanto mudar a cor de seus olhos para eles.

O *Chicago Tribune* pediu uma vez ao repórter Richard Gosswiller para perambular pela cidade, falar com um monte de homens ricos e perguntar qual conselho eles dariam para um homem buscando ficar rico hoje em dia. O relato de Gosswiller aparece no Capítulo 23, mas há um fato menor que ele não incluiu no relato, uma demonstração apta da compulsão ao trabalho que existe entre os ricos.

"Uma das coisas que ainda acho mais difíceis de acreditar", diz Gosswiller, "é que quase todos estes homens estavam em seus escritórios quando liguei. Você acharia, com todo aquele dinheiro, que eles estariam em algum outro lugar relaxando e aproveitando. Mas, não, eles estavam todos trabalhando duro. Ocorreu-me que talvez este seja o real segredo para se ficar rico, mesmo que nenhum deles o tenha mencionado: seja compulsivo."

19

Os promovedores: de ideias

Já contemplamos a carreira de Clement Stone, vendedor.
Agora vamos examinar dois homens que são do tipo Stone com um
algo mais. Não apenas vendedores — promovedores.

O que é um promovedor? O *Webster's New International Dictionary*
o define como alguém que "lança ou dá os primeiros passos prelimi-
nares em um esquema ou empreendimento". Bem, sim, isto é verdade
até certo ponto. Em outras palavras: um iniciador.

Mas esta definição poderia ser aplicada com uma correção absoluta quase a qualquer pessoa que você encontrará neste livro. Algo
deve estar faltando na definição do dicionário, pois a palavra define
apenas poucas pessoas, mesmo a estendendo ao máximo.

A verdade é que a palavra *promovedor*, como os norte-americanos
a usam, tem um forte elemento emocional, um elemento de atitude e
abordagem que é muito difícil de definir com um grau aceitável de
precisão. Um promovedor é como um vendedor, apenas algo mais.
Ele vende, sim. Como o *Webster's* nos diz, ele também inicia. Mas ele
faz mais. Ele acompanha o processo. Ele cuida e cultiva. Ele insemi-
na, ele cria até a maturidade, ele colhe. E ele faz tudo isso de uma
maneira impetuosa, agressiva, desavergonhada, atrevida, ousada, que
as pessoas acreditam mundo afora ser — de alguma maneira obscura —,
peculiarmente norte-americana. (A precisão desta crença seria um
tema intrigante de pesquisa para outro livro, mas não para este. Minha observação pessoal é a de que o suíço ou francês saudável médio,
cheio de vontade e uma grande pilha magnética de dinheiro à sua

frente, pode superar em atrevimento o norte-americano médio sem nem mesmo tentar. Mas isso não interessa. O que importa é que a crença existe: todos os promovedores são norte-americanos.)

Um promovedor tende a chocar as pessoas com a sua maneira de fazer as coisas. Às vezes — como no primeiro caso que você lerá mais adiante —, ele é acusado de agir de maneira desonesta, de descumprir ou forçar a lei. Na realidade, a palavra carrega consigo um ligeiro aroma de acordos duvidosos. No entanto, frequentemente vê-se, quando os acordos são examinados proximamente, que eles não são ilegais e nem mesmo duvidosos. São apenas inteligentes. Isto, mais o atrevimento animado com o qual eles são levados adiante, pode surpreender e irritar aqueles que os estão observando do lado de fora. "Ora, o descaramento do sujeito", dizem as pessoas boquiabertas. E, bem no fundo, cada uma delas se pergunta: "Porque eu nunca tenho a coragem de fazer algo parecido?" A reputação de trapaceiro do promovedor vem muito mais vezes da inveja dos observadores do que de qualquer falha moral dele próprio.

Quem sabe poderíamos dizer, no fim das contas, que o principal traço de caráter do promovedor é a impaciência. Ele quer fazer as coisas acontecerem *rápido*. Impulsionado por seu anseio, ele batalha duas vezes mais rápido do que outros homens. Ele se recusa a ser interrompido por coisas que outros homens aceitariam resignadamente como barreiras. Se ele não consegue dar a volta em uma barreira, ele a derruba com um chute. Ele faz um monte de barulho e não parece se preocupar. E as pessoas seguem dizendo: "Ora, que *descaramento...*"

O descaramento de Glenn W. Turner, o primeiro de sua espécie que visitaremos, não pode ser duvidado. Turner começou a vida como o filho de um agricultor humilde na Carolina do Sul. Ele tentou vender os produtos de outras pessoas, mas não obteve sucesso — indicando que um vendedor e um promovedor não são bem a mesma coisa. Então ele tomou emprestados 5 mil dólares e, por simples promoção, multiplicou este valor em três curtos anos para mais de 100 milhões. No processo, Turner deixou algumas pessoas muito bravas — incluindo uma série de procuradores gerais.

Como nos conta o repórter Thomas Thompson (do seu jeito espirituoso e de certa maneira espantado), Glenn Turner é essencialmente um promovedor de ideias, não coisas. É verdade que sua pequena companhia original foi formada para vender cosméticos, e é verdade que cosméticos são coisas. Mas foi a *ideia* de beleza em vez do aspecto *coisa* dos cosméticos que ele realmente decidira promover, e a partir desta base ele ampliou seus negócios para uma variedade desconcertante de outros empreendimentos, empilhando uma ideia no topo de outra.

Uma das ideias mais recentes de Turner é um curso de sucesso similar àqueles de Clement Stone e Paul Meyer, o professor de fortuna de Waco. Você observará que algumas das fórmulas de sucesso de Turner lembram de maneira bastante próxima as fórmulas de Stone e Meyer, e algumas das frases de autoajuda e títulos dos cursos ("Faça agora"; "Atitude mental positiva") são puro Stone. Mas o principal título do curso de Turner é puro Turner: "Ouse ser grande!"

A palavra *ouse* e o ponto de exclamação são marcas inequívocas de um promovedor.

Glenn Turner: 100 milhões de dólares*

por Thomas Thompson

Os primeiros momentos que você passa junto a Glenn W. Turner são passados acostumando-se com sua aparência, como um homem a morder uma moeda de ouro para ver se ela é real. Na primeira vez

---

* Originalmente publicado sob o título "Dare to Be Great" por Thomas Thompson, revista *Life*, 28 de maio, 1971. Copyright © Time Inc. Reimpresso com permissão.

que coloquei os olhos no sujeito, ele estava usando um terno de abotoamento duplo cujo matiz verde parecia copiado de um sinal de néon, botas de salto alto feitas de couro de bezerro no tom marfim, uma peruca cuidadosamente esculpida em sua cabeça e uma nova cueca de malha. Estou a par deste último fato porque Turner estava tão entusiasmado com seu estilo e charme que, ao não encontrar as palavras para descrevê-las, rapidamente abriu as calças e baixou-as momentaneamente de maneira que todos no seu escritório — visitantes e auxiliares, todos perplexos do mesmo modo — pudessem vê-las.

Leva-se *algum* tempo para se acostumar com o escritório em si. Há um tapete tom casca de ovo tão alto que você pode se esconder nele, uma mesa enorme sobre a qual pousa uma Bíblia aberta e um Rolls-Royce de brinquedo prata (quando você gira o pneu estepe, ele torna-se uma caixa de música e tilinta *The Impossible Dream*), móveis níveos de vinil e camurça apropriados para a suíte de um milionário em qualquer bom hotel de Las Vegas, uma ampla janela de vidro à prova de bala cuja vista é a de um corredor de negócios interior, e duas pinturas a óleo proeminentes. Uma pintura está diretamente atrás da cadeira de Turner e representa um meeiro caminhando com esforço atrás de uma mula. "Este é o Sr. Turner no passado", explica um auxiliar, referindo-se ao nascimento e infância de seu chefe em uma fazenda na Carolina do Sul. A segunda pintura, que Turner vê de frente enquanto trabalha, mostra uma aeronave espacial cruzando o cosmos, para frente e para cima, através de uma chuva de cometas e estrelas explodindo. "Isto", diz o assistente com um tom de voz quase de profecia reverente, "é o Sr. Turner amanhã."

É o dia de hoje, o aqui e agora, que faz de Turner, com apenas 36 anos, uma figura interessante, um fenômeno possível apenas nos Estados Unidos. Um pouco mais de três anos atrás, ele estava falido — uma condição familiar para o sujeito que abandonara a escola no nono ano e cuja falta de educação ainda é acompanhada pelo fato de que ele nasceu com um lábio leporino e ainda fala com essa deficiência infeliz. Mas, como Turner conta a história, ele tomou emprestados 5 mil dólares em 1967 para começar uma companhia de cosméticos, "o campo com o potencial de lucro mais alto nos negócios — eles enchem as pessoas de talco quando elas vêm ao mundo e as maquiam quando o deixam" e abriu uma loja de uma sala em Orlando, Flórida. A cidade foi escolhida porque ela ficava próxima tanto de Cape Kennedy, quando da recém-anunciada Disney World. Ele a chamou de Koskot Interplanetary, Inc.

Usando técnicas de negócios pouco ortodoxas, tão pouco ortodoxas que pelo menos vinte procuradores estaduais o investigaram e vários chegaram a entrar com diversas ações judiciais contra ele, Turner alega não obstante isso ter construído um império que varreu o país de um lado a outro, abriu escritórios em pelo menos nove países estrangeiros em quatro continentes, diversificou suas atividades para a fabricação e vendas de helicópteros, uma empresa de perucas, uma casa de peles que vende de tudo, desde *tees* de golfe cobertos de pele a sobretudos valendo 5 mil dólares, uma gravadora e vários outros empreendimentos que na última contagem consistiam de 37 corporações empregando aproximadamente 200 mil pessoas (na maioria vendedores) e avaliadas — pela própria estimativa de Turner, tendo em vista que ele é proprietário de 100% das ações — em algo entre 100 milhões e 200 milhões de dólares.

A sua última iniciativa, um curso de autoajuda chamado "Ouse ser grande!", um dia se tornará, prevê Turner, "a língua internacional do mundo". Turner sonhou o curso como uma maneira de disseminar sua filosofia pessoal, ou seja, que dentro de cada ser humano encontra-se uma grande reserva de recursos em grande parte inexplorada e fadada à estagnação. Originalmente ele planejou chamar o curso de "Ouse ser maior", mas ele temeu que as mulheres, particularmente as gordinhas, não iriam querer ficar nem um pouco maiores. Agora ele tem planos grandiosos para inseri-lo como um curso em todas as escolas de ensino médio dos Estados Unidos ("Se pudéssemos começar cada dia com 'Ouse ser grande', então não teríamos mais protestos de estudantes"), de construir faculdades em torno de sua filosofia, de traduzi-la para outras línguas do mundo. Tradutores já estão convertendo as lições em alemão e italiano.

"Ouse ser grande" vem em uma pasta preta grande e volumosa, que, ao ser aberta, contém vinte fitas cassete, um gravador e um caderno plástico branco que repete — em papel impresso — o mesmo material nas fitas. Há vinte capítulos, chamados de "órbitas" em deferência ao encantamento de Turner com o espaço sideral. A página de introdução oferece conselhos para o estudante que quer fazer sucesso:

"Parabéns! Você acabou de decidir mudar de vida. Você está agora no processo de tornar-se um novo homem. William James, o pai da filosofia norte-americana, disse: 'A grande descoberta da minha geração é a de que aprendemos que podemos alterar nossas vidas alterando nossas atitudes'. Toque as fitas cassete de novo e de novo. O poder da repetição oportuna é imensurável. Por exemplo, diga para uma pessoa algo repetidamente e é isto o que acontece: da primeira vez ela diz: 'Não acredito.' Da segunda vez, ela diz: 'Bem, talvez esteja certo.' Da terceira vez, ela diz: 'Bem, isso faz algum sentido.' Da quarta vez: 'Acho que vou tentar isso.' Da quinta vez: 'É ótimo, eu usei hoje.'"

Quando você dá uma passada de olhos no livro didático e ouve as fitas, o material parece inócuo, conhecido, às vezes ingênuo, dificilmente destinado a fazer despertar um mundo doente e cansado. É Dale Carnegie, Emile Coué e todas as histórias batidas de autoajuda de novo. Há citações de Disraeli, Goethe, Chesterfield, Sêneca, Emerson, até mesmo Napoleão ("A imaginação governa o mundo"). A maior parte é uma miscelânea de conversa fiada de vendedor com palestra motivacional de técnico esportivo: "Desenvolva uma Atitude Mental Positiva! Lembre-se do Nome de Todos! Faça Agora! Não deixe para amanhã! Se você tem a inteligência de se abaixar e amarrar os seus cadarços, você pode se estender e amarrar as estrelas!"

Mas quando você fica sabendo que pode custar até 5 mil dólares para fazer o curso completo — quatro "aventuras" que eventualmente consistirão de quarenta fitas e uma dúzia de seminários —, você percebe que o montante de dinheiro que Turner pode vir a ganhar com sua filosofia talvez de aproxime um dia do orçamento de um país emergente, se não em desenvolvimento.

Turner aborda cada dia como ele tivesse sido recém-lançado por um canhão de circo dos Zacchini Brothers. Ele parte como um furacão abrindo caminho através da região central da Flórida. Ele cumprimenta as pessoas com um aperto de mão que poderia rasgar uma lista telefônica ao meio. "Eu adoro levantar pesos", ele explica. "Você sente que pode levantar o lado de uma casa. Você não pode, é claro: em vez disso segue em frente e faz algo *grande*!" *Grande* é uma palavra-chave. Ela surge a cada quatro frases do homem, juntamente com um número igual de *fan-tás-ti-cos*! Turner viaja mais do que um candidato presidencial na semana antes das eleições. O cronograma de um dia poderia ter: "Reunião de café da manhã, São Francisco; palestra no almoço, Reno; discurso no jantar, Phoenix; 22 horas, conferência, El Paso." O cronograma poderia ler facilmente também Singapura, ou Londres, ou Sidney, porque ele esteve em todas estas cidades nos últimos meses, disseminando a palavra, vendendo "Ouse ser grande!".

"Em Londres, trezentas pessoas vieram ao aeroporto na chuva e choraram quando eu fui embora. Elas me imploraram para que eu ficasse ali e as ajudasse", disse Turner, que parecia totalmente surpreso com a reação. Quinze anos antes, no exército norte-americano, seu sargento havia ordenado que ele limpasse privadas a fim de manter seu lábio leporino longe da vista.

Turner viaja quatro dias de cinco. Há pouco tempo para sua esposa, Alice, uma loira alta, meiga e de olhos azuis, que gosta de penteados complicados e que comandaria a linha de frente em qualquer produção teatral onde uma ligeira sensualidade fosse exigida. Quando ele encontra uma tarde livre, Turner pega Alice, seus três filhos e a filhinha bebê, e todos partem em um barco, serpenteando rio St. Johns acima, passando por ciprestes e por troncos suspeitos que *poderiam* ser jacarés, na direção do silêncio e da tranquilidade. Turner reduz a marcha do motor para sua velocidade mais lenta quando passando por um velho pescador negro dormindo na margem. "Eu me dedico de maneira tão absoluta à minha família nestes dias", diz ele, "que não pode haver dúvida em suas mentes quanto ao meu amor. Eles compreendem por que não posso estar com eles mais tempo."

Tampouco há tempo para uma vida social ou intelectual. O último livro que Turner se lembra de ter lido e gostado foi *Os insaciáveis*. "Eu serei maior que Howard Hughes um dia", disse ele enquanto fechava o livro. Quando janta, Turner não olha para a sua comida ou, muito provavelmente, nem chega a saboreá-la. Ele foi ver *Love Story* e, quatro dias mais tarde, não se lembrava de ter ido ao filme, pois sua mente estava sempre em movimento durante toda a projeção: seus próprios sonhos e esquemas eram mais vívidos do que qualquer coisa que ele pudesse ver na tela.

Há poucos dias atrás, enquanto cruzava em alta velocidade o país a 12 mil metros de altura em seu Lear Jet, uma das 11 aeronaves operadas por sua frota particular, Glenn-Aire, Turner estava concentrado em planos para (1) comprar ou começar um jornal, pois ele está chateado com a publicação atual em Orlando, que frequentemente o ataca ou, pior, o ignora, (2) começar uma companhia de meias-calças, (3) criar um cartão de crédito com o qual um cliente poderia obter um desconto de 10% em uma vasta rede de lojas por todo o país se pagasse em espécie, (4) construir uma cadeia de motéis chamada Commuter Inns cuja sede seria um assombro de 42 andares em Orlando, erguido na forma de uma nave espacial e cujos hóspedes passariam tanto por uma contagem regressiva, quanto um lançamento para chegar aos seus quartos. E, enquanto analisando uma pilha enorme de correio, ele subitamente olhou para frente e anunciou: "Estou pensando em começar meu próprio serviço de correios. Eu já tenho a rede. Posso entregar qualquer coisa em qualquer lugar em um dia."

O fato de que Turner estava voando de Orlando a Boston, onde ele daria uma palestra para uma Assembleia das Nações Unidas simulada promovida por estudantes de direito de Harvard e onde ele coincidentemente participaria de um jantar para o possível candidato presidencial do partido Democrata, o Senador Harold Hughes, também não me passou despercebido. Particularmente quando uma observação que Turner fez um dia ou dois antes estava tão fresca em minha mente. Ele estivera me mostrando a sua agora vasta sede em Orlando, um prédio metálico azul que parece se estender mais longe do que um hangar de Cape Kennedy, e eu havia perguntado se ele estava interessado em política, em concorrer para um cargo eletivo. "Eu não iria querer ser um senador ou presidente", ele havia dito. "Mas não me importaria em ser um formador de reis." Ele disse que nunca seria tão arrogante a ponto de dizer para seu número enorme de empregados como votar — "mas certamente não prejudicaria um candidato se eu anunciasse como eu *pessoalmente* estaria votando."

Logo em seguida passamos por uma câmara de computadores que zumbiam, e Turner lançou uma observação que pareceu iluminar a si mesma em luzes vermelhas e uma sirene de aviso. "Eu tenho o nome de cada eleitor registrado na Flórida neste computador", disse ele, "e daqui a quatro anos talvez eu tenha cada eleitor dos Estados Unidos ali."

"Por que o senhor iria querer isto?", perguntei.

"Vá saber", disse Turner. "Pode vir a ser interessante um dia."

Glenn Turner é, obviamente, aquele clássico norte-americano: o "supercamelô". Ele parece com o homem de quem você comprou o seu último carro usado ou o sujeito que bateu na sua porta com aquela oferta de enciclopédia fantástica. Ele é um pouco vendedor de parque de diversões, um tanto pastor curandeiro fundamentalista (com toda a força sexual bruta de um Elmer Gantry), e parte mascate de remédios caseiros. No entanto, mais do que isto, ele é um estojo de paradoxos embrulhado dentro de um caixote de enigmas e empurrado para o centro do pequeno espetáculo de uma sala de espelhos. Toda vez que eu me sentia tentado a gritar "ladrão" e fechar bem minha carteira, eu descobriria algo que me desarmava, como o fato de Turner ser um dos maiores contratantes de pessoas deficientes físicas e mentais no estado da Flórida. Ele passou a patrocinar e distribuir o perfume *Flame of Hope*, a fragrância fabricada por deficientes mentais e presidida pela Sra. Rose Kennedy, e doou 1 milhão de dólares para construir um centro de oportunidades para deficientes físicos e mentais na Carolina do Sul, seu estado natal.

No seu *staff* pessoal, há muitas pessoas com as quais o destino parece ter sido cruel. Dois gêmeos anões de 19 anos, órfãos, com apenas 76 centímetros de altura, entraram para a empresa de Turner como distribuidores de cosméticos e rapidamente foram promovidos para embaixadores da boa vontade. Agora eles viajam no Lear Jet, ocupando apenas um assento, e se apresentam diante de grandes públicos e dizem como Turner os tratou como seres humanos e mudou suas vidas. Um homem cego de 31 anos do Maine cuja formação universitária em história rendeu-lhe um trabalho descaroçando azeitonas em uma pizzaria por 48 dólares por semana, está agora ganhando 30 mil dólares ao ano de Turner. "Glenn Turner foi a faísca que colocou fogo em minha vida", disse ele.

Recentemente, certa tarde, uma mãe trouxe sua filha deficiente mental que pintava girassóis ao prédio de Turner, e apesar de não terem uma hora marcada, ambas foram rapidamente admitidas para o seu escritório privado. "Manter estas pessoas longe de Turner é a maneira mais rápida de ir para a rua", disse uma secretária. Turner interrompeu sua agenda lotada e passou meia hora falando com a criança, comprando três dos seus trabalhos por cem dólares cada e mandando ela para casa com lágrimas nos olhos e dignidade.

Turner mantém seus bolsos cheios de maços de notas de cem, as quais ele dispersa como sementes de grama sobre um gramado morrendo. Quando viajou para a Cidade do México e passou por uma favela, ele parou cada pessoa que encontrou, agachou-se e conversou em seu curioso inglês do sul dos Estados Unidos (e ainda piorado pelo lábio leporino) com pessoas que não faziam ideia do que ele estava dizendo. Mas suas palavras pareciam iluminar seus rostos ainda mais do que as notas de cem dólares que ele pressionava nas suas mãos. Turner usou todo o dinheiro que tinha e ordenou a seus auxiliares que esvaziassem seus bolsos também.

Após seu discurso na assembleia em Harvard, ele foi convidado para um jantar sábado à noite com um grupo de estudantes. Quando estava passando pela fila no refeitório, o milionário foi abruptamente solicitado por um membro da organização Estudantes para uma Sociedade Democrática a contribuir para um protesto em prol de uma política de assistência social em Washington. Turner deu um sermão de vários minutos para o estudante cabeludo. "Se você der um peixe para um homem, você o alimenta por um dia", disse ele, parado ali em um sobretudo de pele de marta, "mas se você ensinar a ele *como* pescar, você o alimenta para o resto da vida." Então Turner largou uma nota de cem dólares na lata de tabaco Granger do radical pasmo.

Enquanto passava de carro por um bulevar de Orlando procurando pelo torneio de golfe Florida Citrus Open Invitational, do qual ele era um patrocinador, Turner viu um homem de aparência suja encostado contra uma parada de ônibus. "Está vendo aquele sujeito ali?", ele exclamou subitamente, colocando para fora um braço coberto de ouro. "Eu poderia fazer dele um milionário em dois anos!" O homem nunca olhou para frente, despercebido que o destino em um Cadillac azul cruzava ao largo. Turner seguiu em frente discursando. "Meus dentes talvez sejam falsos", disse ele, "mas minha língua é verdadeira. Eu fracassei 27 vezes como vendedor ambulante de máquinas de costura. Às vezes acho que sou a reencarnação de Abraham Lincoln, pois nós pensamos exatamente do mesmo jeito. Ele fracassou *18* vezes antes de tornar-se presidente."

Em um primeiro momento, você acredita que Turner deve ser um conservador posicionado à direita de Alexandre, o Grande. Ele é, afinal de contas, da região mais ao sul do país e usa em sua lapela o tempo inteiro uma bandeira norte-americana — não apenas uma bandeira norte-americana, como uma bandeira coberta de joias e moldada com ondulações, de maneira que ela parece quase tremular enquanto Turner fala de patriotismo e respeito pelo cargo do presidente norte-americano. Mas ele é na verdade um Democrata moderado, desencantado e a favor de uma saída negociada do Vietnã, indignado quando um senhorio de Orlando recusou-se esta primavera a alugar um apartamento para um de seus empregados negros. Oito membros do seu *staff* que viviam lá ameaçaram se mudar imediatamente a não ser que o homem fosse admitido, e Turner ameaçou comprar o próprio complexo se todo o resto desse errado. O homem negro foi aceito.

Quando a comunidade empresarial da Flórida manifestou-se em massa este ano contra um imposto corporativo, Turner deixou registrado que ele era a *favor* deste imposto, destacando em discursos que era simplesmente justo e apropriado para um negócio retornar parte de sua boa sorte para o estado que o acolhia. E, de acordo com ele próprio, Turner contratou centenas de hippies de cabelos longos para sua organização de vendas. "Eles não cortam seus cabelos para mim", diz ele, "mas pelo menos tomam banho e colocam roupas limpas. Um deles é chefe de toda minha operação italiana."

Moralmente, Turner diz que conduz a si mesmo como a mulher de César. "Eu não bebo, fumo ou saio com outras mulheres", ele confidenciou em um discurso para os jogadores do Chicago White Sox, que estavam interessados em fazer o curso "Ouse ser grande!". "Na realidade, sou quase perfeito."

Turner construiu o seu império sobre o princípio controverso da venda em "níveis múltiplos". Na essência, ele vendia representações na sua empresa de cosméticos que davam direito a uma pessoa a não somente vender a linha Koscot de produtos de beleza, como vender franquias para outros e ganhar com isto uma taxa de participação grande também. Exemplo: um homem compra uma representação da Koscot por 5 mil dólares, o que teoricamente o coloca no mercado como um vendedor de cosméticos. Mas ele também ganha o direito de contratar sub-distribuidores por 2 mil dólares, e ganha uma comissão de setecentos sobre cada um. Quando vários procuradores começaram a examinar a operação Koscot e seu rápido crescimento, descobriu-se que muitos distribuidores não estavam tão interessados em vender cosméticos, e sim em ganhar as taxas com a venda de franquias.

Um procurador geral rapidamente rotulou a operação como um esquema de "pirâmide", ainda outros protestaram "loteria", "fraude" ou "venda de títulos não registrados". O escritório do procurador geral de Nova York atentou em especial para o fato de que os representantes de Turner estavam vendendo quadros improvavelmente prósperos em reuniões de vendas, acenando com cheques gordos e sugerindo que distribuidores da Koscot poderiam ganhar de 50 mil a 100 mil dólares ao ano. O procurador geral de Nova York calculou que ao final de 1970 havia 1.600 distribuidores somente no seu estado, e se todos eles fossem ganhar os 100 mil dólares trazendo outras pessoas para o programa, eles teriam de atrair 150 mil distribuidores a mais para Koscot dentro de um ano, e estes teriam então de acrescentar outros 150 milhões ao final do segundo ano.

Na Pensilvânia, o procurador geral observou que cada distribuidor da Koscot era encorajado a trazer 12 pessoas novas para o programa a cada ano — apenas uma por mês. Certamente você consegue uma pessoa por mês, seguia a preleção de vendas, talvez o seu cunhado ou o seu vizinho. Mas se cada uma dessas 12 pessoas novas fosse então capaz de trazer outras 12, perfazendo um total de 144, e se cada uma dessas 144 fosse capaz de trazer outras 12, e daí em diante até chegar a 12 níveis, na parte de baixo da pirâmide haveria teoricamente 8.916.100.448.256 pessoas — ou mais de duzentas vezes a população do planeta Terra.

As reuniões de vendas para entrar como distribuidor e subdistribuidor da Koscot eram feitas em assembleias de alta pressão coordenadas por homens em ternos de seda e vozes adoçadas que contavam sobre sonhos de Águias Douradas (campeões de vendas) que ganhavam 180 mil dólares ao ano, Águias de Prata (vendedores médios) que ganhavam 160 mil dólares e modestos Falcões (presumivelmente palermas) que chegavam a 120 mil. Se um cliente potencial estivesse interessado, mas não interessado o suficiente para abrir mão de seus 2 mil ou 5 mil dólares naquele momento e lugar, ele era convidado a fazer uma viagem de um dia gratuita para Orlando, viajando em um avião Turner, na companhia de homens animadíssimos que exclamavam durante a viagem: "Como você está?" e trovejavam de volta uns para os outros: "Fantásss-tico!" Na sede da Koscot, o cliente enchia seu prato de churrasco, via um filme em cores detalhando a história de sucesso de Glenn Turner, entremeado e bastante exagerado com filmagens de pores do sol idílicos em praias tropicais, carros caros, aviões a jato, mulheres espetaculares, de um futuro naquela nuvem macia acima da poeira da vida cotidiana. Se um cliente potencial estivesse finalmente disposto, mas sem dinheiro suficiente, já se ouviu falar de garotos-propaganda da Koscot acompanhando-o diretamente para o banco ou financiadora, murmurando em seu ouvido durante todo o caminho.

"O alcance da fraude, propaganda enganosa e o montante de dinheiro sendo extorquido de cidadãos desavisados (...) é enorme", diz o procurador geral da Pensilvânia no seu processo judicial contra a Koscot. "As implicações sociais são igualmente enormes quando você considerar que a maioria das pessoas que investe neste programa será composta de cordeiros inocentes sendo levados para o abate por um sonho de 'céu na terra'. A maioria destas pessoas se endividará, ou pagará com as economias de uma vida, e pelo menos três em cada quatro estarão fadadas ao fracasso."

Quando os processos judiciais começaram a empilhar-se, Turner anunciou: "Eu devo estar fazendo sucesso. Dizem que a GM é processada 18 vezes por dia." Ele procurou um advogado famoso, F. Lee Bailey e disse, ao se apresentar: "Eu tenho um pequeno problema — eu *versus* os Estados Unidos." Bailey respondeu: "Eu sempre gostei de uma luta justa."

Bailey lembra-se de ter ouvido o homem por meia hora. "Decidi ali mesmo, naquele instante, que ele era legítimo", disse Bailey. "Sua estrutura de negócios não estava bem montada, mas não havia nada de errado com *ele*. Nós nos cumprimentamos, e eu assumi o caso." Desde então, Bailey ajudou a reorganizar o domínio de Turner e trouxe para a organização mais contadores e especialistas em negócios profissionais da costa leste dos Estados Unidos.

Desde então, Bailey e Turner pacificaram a maioria dos estados descontentes, em grande parte estabelecendo uma cota de distribuição em cada estado: um distribuidor para cada 7 mil pessoas. Especificamente, Turner se prontificou a tirar o foco sobre aspectos de "atacado" do seu negócio, como a venda das franquias é chamada, e enfatizar o aspecto do "varejo", a venda dos cosméticos e produtos aliados. Nenhum estado reclamou a respeito da qualidade dos seus cosméticos, e realmente, alguns procuradores já os usaram e chegaram a renovar seus pedidos.

Quando Turner é apresentado em uma reunião — ele frequentemente faz vinte discursos por semana, seja para vender seus produtos ou suas filosofias —, ele não caminha para o pódio, ele corre! Às vezes, ele fica de pé sobre duas cadeiras dobradas e balança para frente e para trás, acrescentando às suas observações o suspense de que ele poderia cair a qualquer momento. Turner sai disparando pregações e estatísticas de maneira tão rápida e com tamanha convicção aparente que elas começam a parecer como um evangelho: "Se você jogar lama nos outros, está fadado a perder terreno"; "O homem que não está correndo com a bola ninguém tenta derrubar"; "A única dificuldade em escalar a escada do sucesso é passar por toda a multidão junto ao chão"; "A maioria das pessoas passa mais tempo planejando suas férias de duas semanas do que planejando suas vidas"; "De cada quinhentos novos milionários em 1966, 52,6% nunca completaram o ensino médio. Comecei a fazer o meu primeiro milhão em 1967 porque sabia que tinha a oportunidade".

Antes de um discurso, Turner voltou-se para mim e disse: "Olhe o que eu consigo fazer com estas pessoas." O mestre de cerimônias apresentou-o como "a resposta do sistema para a maconha — porque ele pode deixar qualquer um ligado". Turner deu a largada, pegou o microfone, aproximou-se como uma fera do palco, tirou o terno e soltou a gravata. Seu discurso foi servido em três cursos — o primeiro tumultuosamente engraçado como garoto do campo, o segundo tão comovente que as mulheres choraram e o terceiro tão inspirador e promissor que o público levantou-se para uma ovação de pé.

"Espero ser lembrado", Turner disse a eles, "como o sujeito que criou mais milionários do que qualquer outro (...) e por fazer sucessos de pessoas que ninguém se preocuparia em ajudar. Na minha organização, você encontrará mais perdedores, mais pessoas que abandonaram a escola e mais fracassados do que em qualquer outro lugar. Eu *gosto* de pessoas que buscam ajuda. Eu *gosto* dos fracassos. Mas não é preciso que existam fracassos! O único fracasso que eu esperaria encontrar um dia seria no inferno, e não planejo ir para lá. Estou indo para cima (...) A razão por que cheguei tão longe quanto consegui, é porque sou burro demais para saber a razão para não dar certo. Talvez eu seja o maior mentiroso no mundo (...) ou o homem mais sincero que vocês já encontraram um dia."

Quando terminou o discurso, ele saiu caminhando pelo salão. "O que me faz feliz é ligar as pessoas ao seu potencial", disse ele. "A vida é lavagem cerebral — nada mais! Você passa por uma lavagem cerebral para acreditar que você pode ou não pode. As pessoas podem! Vou mudar o mundo."

Em uma manhã triste de domingo em Boston, Turner estava confinado no seu quarto de hotel esperando por um carro para levá-lo a uma reunião. Ele estava falando sobre algumas de suas novas ideias — um produto para lavar a boca com sabor laranja e que melhorava o sabor do café, o mercado de cosméticos para cães, "ainda em grande parte inexplorado, e com um potencial de 5 milhões a cada ano". Então mencionou o castelo de 1 milhão de dólares que ele está construindo fora de Orlando, com fossos, torres e um abrigo para barcos, para entreter 150 pessoas, e subitamente senti que já era demais para mim.

"Ao fazer todo homem acreditar que ele pode dirigir um Cadillac e viver em um castelo e usar um terno de ouro", pensei comigo mesmo, "você não está enfatizando valores norte-americanos de certa maneira detestáveis? Você não está negando o trabalho para o bem inquestionável que você faz com os deficientes e os pobres?"

Turner me olhou como se o tivesse atingido com uma flecha no peito. "Eu uso o dinheiro como uma ferramenta!", disparou de volta. "As pessoas respeitam o dinheiro e o poder. Você tem de conseguir o dinheiro primeiro. Eu me coloco na frente deles como um exemplo. Como você vai ajudar as pessoas que são pobres, deficientes físicos e mentais — se você é o mesmo? O que eu estou vendendo é atitude. Se um homem me ouvir e fizer o que eu digo, então sua atitude mudará, e da mesma maneira a sua vida também. Ele pode sair e comprar um Cadillac — ou pode escrever um grande poema."

Neste instante ele cerrou um punho e golpeou a outra mão com ele.

As energias e seivas vitais pareciam ter voltado a Turner, ansiosas para irromperem através de suas palavras. Ele saltou da sua cadeira e saiu a caminhar pelo aposento. "Se eles chegarem a nos fechar um dia — e não conseguirão isto", disse ele, referindo-se às agências estaduais, "não teria importância. Eu posso vender qualquer coisa". Seus olhos percorreram a suíte. Eles caíram sobre as cortinas. "Eu posso vender isto!", exclamou, quase tirando as cortinas do lugar. "Eu posso vender isto!", disse pegando um cinzeiro. "Eu posso vender copos de água do Sheraton! Se me colocarem na cadeia um dia, isto não terá importância também. Eu pensaria que fui colocado lá para reformar o sistema penal. Eu começaria um curso para os presos, para ensiná-los como fugir da prisão." Turner fez uma pausa em busca de inspiração, a qual rapidamente veio: "Eu o chamaria de 'Ouse ser livre!'"

20

Os promotores: de coisas

EXISTEM ALGUNS EMPRESÁRIOS que não gostariam de ser chamados de promotores. Mas o homem que vamos considerar agora, Jeno Paulucci, não parece se importar nem um pouco com isto. Ele gosta da palavra. Ele é este tipo de homem.

Na realidade, pode ser uma característica identificadora fundamental de um verdadeiro promotor que ele não fique brabo quando as pessoas o chamam de promotor.

Em uma autobiografia que Paulucci escreveu alguns anos atrás, ele aborda profundamente sua associação com outro promotor, Stan Freberg, humorista e produtor de comerciais de TV. Paulucci havia contratado Freberg para fazer alguns comerciais promovendo os produtos da empresa de Paulucci, Chun King Corporation. Os dois fizeram uma aposta: se as vendas de *chow mein, chop suey* e outros produtos da Chun King não subissem perceptivelmente após uma determinada série de comerciais aparecer no ar, Freberg puxaria Paulucci em um riquixá ao logo do Bulevar La Cienega em Los Angeles. Se as vendas subissem, Paulucci faria o mesmo para Freberg.

As vendas subiram, Freberg conseguiu sua carona em um riquixá. Paulucci vibrou em cumprir com os termos da aposta, pois o resultado foi uma abundância de publicidade gratuita para a sua empresa.

Este foi o ato de um promotor. É muito difícil imaginar outros presidentes de empresas puxando colegas ao longo de ruas da cidade em riquixás. Eles ficariam envergonhados demais; eles temeriam por sua dignidade pessoal e pela imagem da empresa. Mas é uma característica de Paulucci, como de todos os promotores, que seu limiar de vergonha seja bastante alto — se é que, realmente, ele tenha um.

Stan Freberg chamou-o uma vez de "promotor extravagante". Paulucci ouviu o comentário como um elogio, mais tarde lembrando disso com o mesmo orgulho que ele demonstrou lembrando da sua premiação com o Horatio Alger Award e outras altas distinções.

Assim como Glenn Turner, Paulucci nasceu pobre. A sua rota para a riqueza não foi a da promoção de ideias. Em vez disso, ele promovia coisas — na realidade, talvez a mais básica de todas as *commodities*: alimentos.

A indústria de alimentos poderia parecer para pessoas de fora como um negócio tranquilo, estável, talvez chato até. Do jeito que Jeno Paulucci entrou nele, pareceu uma grande aventura maluca.

Jeno Paulucci: cem milhões de dólares

"Quilo por quilo", um executivo de uma agência de publicidade uma vez disse, "Paulucci é o pior canalha no país para se trabalhar." "Pessoalmente eu gosto dele" disse outro. "O único problema é que ele é doido."

Jeno Paulucci, o promotor de Minnesota, afeta as pessoas desta maneira e fica absolutamente encantado em sabê-lo. Seu sentimento é de que um homem que rasteja pela terra sem provocar onda alguma, sem tirar as pessoas do sério, não pode estar vivendo uma vida muito interessante. Esta não é apenas a sua filosofia pessoal; ela poderia ser chamada até de o principal impulso da sua estratégia de negócios. "Eu sou um aventureiro" diz ele alegremente. "Acredito que esta é provavelmente a principal razão por que tive sucesso. Eu fiz coisas que todos diziam que não poderiam ser feitas, e eu as fiz de uma maneira que todos acharam maluca. Se um jovem qualquer vier até mim e perguntar como ele deve fazer para ganhar sua fortuna, eu diria para fazer o mesmo. Não siga os outros. Saia do caminho usado por todos. Seja um pouco maluco."

Paulucci acredita nisto tão fortemente que no fim dos anos 1960, ele chegou a escrever um livro, *How It Was to Make $ 100,000,000 in a Hurry*, no qual ele explica e justifica sua filosofia aventureira e a promove intensamente para a nova geração de jovens empreendedores começando agora a longa escalada. Não pode haver dúvida de que a filosofia funcionou no caso de Paulucci.

Paulucci é um homem baixo (1,60 metro), de porte sólido, calvo, com uma voz forte e um sorriso encantador. Como alguns outros nesta galeria, ele começou com nada e veio de lugar nenhum — na realidade, de condições próximas da pobreza. Paulucci terminou como presidente e único proprietário da Chun King Corporation, sob todos os aspectos o comércio em massa mais bem-sucedido de pratos chineses já surgido neste país (ou, até onde se sabe, em qualquer lugar do mundo — incluindo a China). E hoje em dia, com cinquenta e poucos anos, ele vale mais de US$ 100 milhões.

Foi necessária certa audácia para um homem chamado Luigino Paulucci começar uma empresa de comida chinesa em primeiro lugar — especialmente começá-lo em Minnesota. Foi necessário mais do que audácia para fazer este empreendimento maluco dar certo. Vamos ver como surgiu o promotor de Minnesota.

Luigino Paulucci (ele mudou mais tarde seu nome para Jeno) nasceu em 1918 em uma pequena cidade mineradora ao norte de Minnesota. Seu pai trabalhava como mineiro quando ele conseguia achar trabalho — o que, como se lembra Paulucci, em alguns anos era apenas uma semana em cada quatro. O jovem Paulucci ajudava a ganhar a vida dura da família descendo nas minas e trazendo para cima amostras de minério, as quais ele vendia aos turistas. No começo de sua adolescência, com a saúde de seu pai em declínio e a maioria das minas fechadas devido à Grande Depressão, a família decidiu buscar sua renda entrando para o negócio do varejo de alimentos. O jovem Jeno ajudou a construir uma combinação de mercado e casa, fazendo sua fundação com postes de cedro usados que ele conseguiu persuadir a companhia telefônica a lhes doar. O mercado foi montado na sala da frente. Ele era pequeno, mas trabalhando longas horas a família conseguiu tirar a duras penas lucro suficiente para se manter viva.

Aos 14 anos Jeno começou a trabalhar depois da escola em uma loja grande próxima de sua casa — parte de uma cadeia de supermercados com sede em Duluth. Ele começou simplesmente como atendente e carregador, designado para carregar caixas e descarregar caminhões, limpar o chão e, de maneira geral, suar pelo seu salário. Mas quando os clientes lhe perguntavam sobre a comida, ele se via ativamente vendendo-a em vez de dar as respostas bruscas e rudes que são tradicionais de carregadores em mercados. "Eu não conseguia deixar de vender", ele se lembra. "O negócio de alimentos estava começando a me fascinar e eu queria fazer parte dele."

Colocando a questão de outra maneira, ele estava começando a encontrar seu meio de vida como promotor. Relembrando sua infância mais tarde, Paulucci se deu conta de que o instinto de promotor provavelmente esteve espreitando dentro dele por muito tempo antes de ele começar a vender comida. Quando vendera amostras de minérios para turistas, por exemplo, ele fora capaz de aumentar o preço arranjando minérios de várias cores em garrafas de vidro ou frascos. Os minérios estratificados dentro do vidro faziam belas quinquilharias que podiam ser vendidas por um dólar ou mais — até quatro vezes o preço cobrado pelos mesmos minérios menos inteligentemente arranjados. Esta foi uma abordagem de promotor clássica: o ato de multiplicar o valor de uma coisa simplesmente apresentando-a de uma maneira ligeiramente diferente ao acrescentar um algo a mais, dando um passinho extra à frente da competição. Mas o jovem Jeno não percebia então, enquanto esgravatava pelas minas de ferro, que estava aprendendo as técnicas que o tornariam um multimilionário.

O gerente do supermercado logo percebeu as qualidades de Jeno como vendedor e trocou suas atribuições de maneira a colocá-lo em contato com o público mais frequentemente. No verão do seu último ano no ensino médio ele foi convidado a ir trabalhar como vendedor de frutas do lado de fora da loja sede da cadeia de supermercados em Duluth. A oferta incluía um acordo de pagamento que era parte salário, parte comissão. A ideia de trabalhar por uma comissão encantou o vendedor novato, e ele aceitou o trabalho.

O promotor em Jeno agora floresceu com toda força. Um dia um carregamento de bananas — 18 caixas delas — danificou-se em um acidente na câmara de refrigeração. As bananas ainda estavam saborosas e perfeitamente comestíveis, mas suas cascas tinham ficado com um tom esquisito e de certa maneira repelente de marrom manchado. O chefe do jovem Jeno instruiu-o a se livrar delas a qualquer preço.

As bananas na época — isto é, as não danificadas — geralmente eram vendidas por aproximadamente 25 centavos por dois quilos. O chefe de Jeno sugeriu que ele começasse a vender o carregamento danificado a 19 centavos por dois quilos, então baixar se ninguém comprasse.

Mas Jeno Paulucci estava amadurecendo como promotor. Uma ideia deliciosamente esperta lhe ocorreu. Sem contar para o seu chefe, ele empilhou as bananas marrons na rua em um grande estande. Então começou a gritar: "Bananas argentinas!"

Não existe algo chamado banana argentina. Mas o nome tinha um chamado exótico, um som de valor. Um grupo de pessoas reuniu-se para examinar a pilha marrom manchada de Paulucci. Ele convenceu seus ouvintes que aqueles objetos de aspecto repugnante eram um novo tipo de fruta, nunca antes importado para os Estados Unidos. Tendo um coração generoso ele estava preparado para se desfazer delas pelo preço incrivelmente baixo de dez centavos o meio quilo (quase duas vezes o que elas teriam custado como bananas comuns, não danificadas, não argentinas). Paulucci vendeu todas as 18 caixas em três horas.

Não havia dúvida agora na mente de seu empregador de que este italiano baixinho da região do minério de ferro era um comerciante e promotor de alimentos nato. Mas ainda havia uma dúvida na mente de Paulucci. Ele estava ganhando o suficiente no estande de frutas para pagar a sua faculdade, e se matriculou em um curso de direito. Profissões de muito status como o direito e a medicina muitas vezes magnetizam fortemente aqueles que nasceram em circunstâncias mais baixas, e esta pode ter sido uma razão por que um curso de direito parecia bom para este jovem cujo pai havia adoecido trabalhando nas minas de ferro. Mas após um ano e meio Paulucci se olhou no espelho e admitiu que o que ele realmente queria não era status, e sim de maneira bastante franca, dinheiro.

Como ele se lembra do episódio no seu livro, Paulucci voltou à faculdade para fazer sua re-matrícula do quarto semestre e rodou de carro por três vezes pelo campus tentando decidir o que fazer.

"Ouvi dizer que um bom advogado pode ganhar US$ 50.000 ao ano ou até US$ 100.000. Mas um homem de marketing poderia, *apenas poderia*, dispor do mundo para seu prazer..."

Paulucci estava em uma importante encruzilhada de sua vida, e ele sabia disso. A escolha não era simplesmente entre a lei e o comércio. Era entre a segurança e o risco. Uma estrada levava a uma profissão estabelecida e confortável na qual os jovens subiam através de vias estabelecidas na direção de destinos conhecidos. A outra estrada levava — quem poderia dizer para onde?

Paulucci não poderia saber então, é claro, que ele iria ganhar US$ 100 milhões. Mas ele sentia de certa maneira o que todos os outros homens em nossa galeria de ouro haviam sentido: que você não pode ficar rico com um salário. Não realmente rico. Você pode estar seguro em um trabalho assalariado, mas se você quiser ficar rico, você tem de largar o mundo dos homens assalariados e passar para um mundo com um alto risco, às vezes um risco temerosamente alto.

Paulucci deixou o campus sem fazer a re-matrícula. Ele foi trabalhar com o caixeiro viajante para uma empresa atacadista no segmento de alimentos. Compensação: comissão direta, o negócio favorito do jovem Paulucci. Logo ele era muito mais do que um caixeiro viajante estradeiro. Paulucci rapidamente foi promovido ao status de grande promotor. Em vez de vender produtos alimentícios para um proprietário de armazém de cada vez em lotes de dez caixas — uma situação que teria satisfeito a maioria dos jovens vendedores — ele desenvolveu uma técnica através da qual ele reunia grupos inteiros de comerciantes em várias localidades, os convencia de que eles poupariam dinheiro comprando cooperativamente em volume e terminava vendendo a eles os produtos em lotes de grandes cargas.

Ele aumentou suas vendas ainda mais convencendo os comerciantes de que eles deveriam comprar este ou aquele vegetal em volume *agora*, não no mês seguinte, pois o preço certamente subiria no mês seguinte. Para tornar esta preleção crível, ele enviava para si mesmo telegramas ostensivos de seus empregadores. Cada telegrama dizia algo como AVISE CLIENTES PREÇO DAS ERVILHAS VAI SUBIR. Ao acenar com a mensagem que soava urgente para os seus clientes, ele era capaz de levá-los a fazer pedidos muito maiores do que eles fariam de outra maneira.

Ele tornou-se tão bom em tudo isso que seus empregadores finalmente lhe deram uma escolha: passe para um salário direto ou simplesmente vá embora. Jeno Paulucci, este jovem impetuoso com seus vinte e poucos anos, estava ganhando mais dinheiro do que o presidente da companhia.

Salário? A ideia era ridícula. Paulucci largou o trabalho e voltou para Duluth. Ele tinha uma quantia moderadamente considerável de dinheiro no banco. Ele estava pronto para começar o seu próprio negócio de alimentos.

Ele sondou várias possibilidades — entre elas o setor do alho — e então subitamente tropeçou no empreendimento que viria a tornar-se a base do seu futuro. Era um negócio estranho e esotérico, não um negócio que a maioria dos comerciantes teria imaginado como prometendo um alto volume ou um grande lucro. Na realidade, para a maioria dos empresários de Duluth, em um primeiro momento parecia mais como algum passatempo obscuro e da moda do que um negócio.

Brotos de feijão orientais.

Por acaso, um dia, Paulucci ouviu falar que uma pequena comunidade de japoneses em Minneapolis havia construído alguns jardins hidropônicos para cultivar esta iguaria oriental antiga. A Segunda Guerra Mundial estava em andamento (Paulucci não havia sido convocado devido a um problema de joelho), e o transtorno geral nos mercados e transporte deixara algumas regiões com uma escassez de vegetais. Os japoneses, ele ficou sabendo, eram capazes de vender toda a sua pequena produção de brotos de feijão sem esforço algum.

Paulucci conversou sobre o assunto com um homem mais velho chamado David Persha, proprietário do primeiro supermercado para o qual o jovem promotor havia trabalhado. O velho Persha, um imigrante da Áustria, estava pronto para sair do segmento varejista de alimentos e colocar seu dinheiro em outro empreendimento. A ideia dos brotos de feijão o surpreendeu em um primeiro momento, mas ele tinha observado o jovem Jeno vender bananas argentinas e estava inclinado a acreditar que Paulucci poderia promover qualquer coisa. Persha concordou em fazer uma parceria com o homem mais jovem.

Paulucci colocou suas economias e tomou emprestados US$ 2.500 para complementar sua participação do capital. Os sócios converteram a parte de trás da loja de Duluth de Persha em um jardim hidropônico com fileiras de calhas cheias de água. Eles contrataram alguns japoneses como consultores e jardineiros. Eles compraram as sementes de feijão mungo necessárias no Texas e no México. Paulucci entrou em contato com algumas empresas processadoras de alimentos e fechou negociações com elas em que as empresas comprariam a produção de Paulucci-Persha de brotos de feijão, acondicionariam os brotos em latas ou jarras e os revenderiam para os supermercados. E assim nascia um novo negócio.

A aposta em Duluth era a de que o negócio duraria seis meses. Mas os brotos venderam firmemente. Logo tornou-se evidente que mais calhas hidropônicas seriam necessárias do que poderiam ser colocadas na parte de trás da velha loja de Persha. Paulucci, o negociante, saiu às ruas e fechou mais um negócio. Ele ficara sabendo de uma associação de empresários que tinha um contrato para desidratar batatas para as forças armadas. Ele abordou os acionistas da associação e perguntou a eles se estariam interessados em um contrato para cultivar brotos de feijão.

" Mas não sabemos nada sobre brotos de feijão", — disseram eles. "Nunca chegamos nem a *ver* um feijão mungo na vida."

"Não importa", disse Paulucci. "Meu sócio e eu estivemos observando como isto é feito. Sabemos todo o processo. Não há nada de mais complicado quanto a ele."

Então a associação alugou dois andares de um prédio em Duluth e instalou enormes fileiras de jardins. A produção aumentou enormemente, e Paulucci batalhou para impulsionar as vendas de forma semelhante. Ele imprimia literatura sobre o feijão mungo em vez de histórias desinteressantes. Paulucci distribuía receitas de brotos de feijão. Ele vendia não somente para empresas processadoras de alimentos como também diretamente para restaurantes e outros comércios varejistas.

Então ocorreu a Paulucci que a sociedade poderia ganhar mais dinheiro tendo seu enlatamento feito na base de um contrato em vez de vendendo brotos para os intermediários, as empresas processadoras. Ele ligou para uma empresa de conservação de alimentos de Wisconsin e fez um acordo sob o qual a empresa enlataria os brotos por uma taxa fixa por caixa — desde que Paulucci conseguisse alguma lata. Durante a guerra todos os tipos de metais foram apropriados para uso militar, e a oferta civil foi severamente racionada.

Paulucci partiu impetuosamente para Washington e conseguiu chegar ao Conselho de Produção de Guerra. Ele apresentou-se com um nome um tanto grandioso que ele e Persha haviam escolhido para sua sociedade: a Associação de Produtores de Broto de Feijão. Para os dirigentes de Washington isto deve ter soado como uma espécie de cooperativa de agricultores em vez de uma especulação de dois homens. O Conselho permitiu que o promotor ficasse com vários milhões de latas de conserva ligeiramente danificadas.

Paulucci rotulou suas latas com o nome oriental Foo Young, apesar de à época não haver um único oriental na empresa. O negócio continuou a crescer. A tempo Paulucci e Persha compraram uma fábrica de enlatamento de ervilhas, a converteram e começaram a fazer todo o seu próprio enlatamento.

Então Paulucci decidiu que seria uma boa ideia expandir a linha de produtos Foo Young. Ao acrescentar aipo e outros vegetais aos brotos de feijão, ele poderia produzir uma mistura de *chop suey*.

"O que é esta organização Foo Young?", um executivo da General Foods perguntou uma vez ao seu consultor de relações públicas. "Eles são chineses?"

"Não", disse o homem de relações públicas, "a empresa é administrada por um italiano e um austríaco, e a maioria dos trabalhadores na planta são suecos de Minnesota."

"Você está brincando!", disse o executivo. "Ora, mesmo as malditas latas estão com amassados, como se elas tivessem sido enviadas lá de Pong Ping. Alguém naquela empresa deve ser o melhor promotor do mundo!"

Talvez esse fosse o caso, realmente.

De vez em quando Paulucci exagerava na promoção de si mesmo. Um ano ele decidiu monopolizar o mercado de aipo — comprar sem fazer alarde a maior parte da safra nacional enquanto ela estivesse na temporada e barata, então vendê-la quando a temporada terminasse e o preço subisse. Quase 60 vagões carregados foram entregues em Duluth. Apenas então Paulucci descobriu que não havia capacidade de refrigeração suficiente em toda a cidade para manter a carga monumental. Quase metade dela pereceu antes que ele pudesse vendê-la.

Mas o seu negócio permaneceu vivo apesar dessas desventuras. Ele sonhou sonhos grandiosos para ela no *boom* pós-guerra. Em meados dos anos 1940 Paulucci tomou dinheiro emprestado, comprou a parte do seu sócio e tornou-se o único proprietário da pequena e esquisita empresa. Decidindo que faltava algo ao nome Foo Young, ele escolheu um nome novo com um quê de grandiosidade imperial: Chun King. Ele começou a anunciar em jornais e suplementos dominicais. Paulucci incrementou suas promoções de comércio com calendários para mulheres. Ele expandiu a linha de produtos para incluir *chow mein* e outros pratos orientais. Ele convocou a ajuda da sua mãe para experimentar com temperos italianos nos pratos orientais muitas vezes sem sabor ("Eu nunca cheguei a gostar de *chop suey*"), e continuou a impulsionar as vendas para cima.

Ele estava vendendo agora para cadeias de supermercados nacionais grandes como a Food Fair. De alguma maneira, Paulucci conseguiu transmitir a impressão de que a Chun King era uma empresa enorme e solidamente capitalizada com uma extensão de fábricas modernas. O fato era que a empresa tinha pouco dinheiro, em parte devido aos gastos pesados em expansão e promoção, em parte por causa dos eventos infelizes como a especulação do alho. O escritório de Paulucci era um pequeno cubículo apertado revestido com papelão prensado para poupar alguns dólares com um laminado mais caro. A velha fábrica de enlatamento de ervilhas havia queimado e os produtos Chun King eram produzidos agora em um galpão do exército que sobrara do esforço de guerra. Mas os grandes compradores pareciam imaginar Paulucci como um mestre de um grande complexo de cozinhas novas brilhantes, um homem cujo escritório era mobiliado com couro antigo e provavelmente tinha enormes janelas panorâmicas com vista para o Lago Superior.

Paulucci estava passando para eles uma impressão da empresa que não condizia com a sua realidade, mas como ele sonhava que ela poderia vir a ser — na realidade, como ele estava certo que ela se tornaria um dia. O otimismo é certamente um traço necessário em um promotor.

A imagem da Chun King praticamente desintegrou-se um dia. Paulucci estava no escritório do principal comprador da Food Fair, tentando convencer o comprador de que a grande cadeia de supermercados deveria estocar Chun King em vez dos produtos da competição. O comprador estava preparado para provar como teste vários alimentos orientais enlatados para ver se o ligeiro tempero italiano da Chun King realmente fazia uma diferença. Paulucci pegou um abridor de latas e abriu a tampa de uma lata de vegetais *chop suey*.

Pousado bem no topo dos vegetais, escondido da visão do comprador pela tampa levantada da lata, havia um gafanhoto cozido.

É o tipo de acidente que pode acontecer com qualquer empresa de processamento de alimentos de vez em quando, mesmo as maiores. As cozinhas da Chun King, embora abrigadas em um galpão militar, eram tão limpas quanto as cozinhas de qualquer outra empresa. Mas Paulucci estava absolutamente convencido, enquanto encarava horrorizado o gafanhoto, de que a grande imagem da sua empresa estava correndo um risco mortal.

Ele hesitou por meio segundo. Então ele pegou uma colher, sorriu largamente e disse: "Isto está com uma aparência tão boa que eu mesmo vou comer o primeiro bocado." Ele comeu a colherada, incluindo o gafanhoto, com evidente satisfação.

"O sabor não era nem um pouco ruim", relatou mais tarde. O gosto foi adequadamente esquecido pelo fato de que a Food Fair optou pela Chun King.

Assim a pequena companhia foi crescendo. As vendas começaram a subir em mais de 10% ao ano, então 20%. Paulucci prestou mais atenção ainda à propaganda da empresa — uma inclinação natural para qualquer homem que fizera a longa escalada pelos caminhos da arte das vendas e da promoção. Ele fazia sua presença ser sentida de maneira tão frequente e forte entre seus profissionais de propaganda que muitos deles não conseguiam suportar Paulucci. "Ele estava sempre ali olhando sobre meu ombro", disse um publicitário de Nova York. "Diabos, eu não conseguia escrever uma frase sem que ele a virasse de cabeça para baixo. Ele me enlouquecia."

A Chun King Corporation mudou de agências de publicidade pelo menos uma dúzia de vezes na sua carreira.

As dificuldades da indústria de publicidade com Paulucci advinham não somente de sua presença constante e dominadora, mas também de seu gosto por promoções malucas e bizarras. Ele acreditava que pelo fato de a Chun King não ser rica o suficiente para comprar uma campanha publicitária de saturação em todo o país, a empresa teria de tirar o máximo do pouco de promoção que ela pudesse bancar. Isto significava que os anúncios tinham de ser extraordinários e altamente memoráveis. Muitas das agências publicitárias de Paulucci não aceitavam essa noção. Elas queriam ficar com o seguro, o provado.

E então Paulucci pulou de uma agência para outra, uma abordagem para outra até conhecer Stan Freberg no fim dos anos 1950. Freberg era um promotor bastante parecido com Paulucci em muitos aspectos: um aventureiro, um sujeito que acreditava em tentar o incomum. Ele havia feito o seu nome como um comediante especializado em sátiras curtas de personalidades, canções e ideias bem conhecidas. Então estabelecera uma empresa para produzir comerciais satíricos e de humor para o rádio e a televisão para qualquer empresa com a coragem de tentar a abordagem. Era aceito como um dogma na indústria de publicidade que o humor não vendia produtos e Freberg não estava inundado com clientes. Mas Jeno Paulucci, o promotor de Minnesota, interessou-se por Freberg e suas técnicas burlescas. Contra os conselhos mais sinceros da maioria dos seus especialistas em publicidade, Paulucci contratou Freberg para fazer alguns comerciais da Chun King.

Os comerciais foram decididamente notados. Na realidade, eles tornaram-se uma espécie de sensação em sua época. Muitos deles satirizavam outros comerciais. Em um deles, por exemplo, um locutor dizia que nove em cada dez médicos recomendavam o *chow mein* da Chun King. A câmera abria a cena então sobre um grupo de dez médicos, revelando que nove eram chineses.

326

As empresas dos comerciais que eram satirizados não ficavam contentes. Uma grande empresa escreveu para Paulucci e demandou que ele parasse de usar um comercial que fazia graça da sua própria propaganda cuidadosamente preparada. Paulucci escreveu de volta elegantemente: "Nós pararemos de usar este comercial imediatamente após termos parado de usá-lo."

Mas apesar de algumas grandes empresas não estarem contentes, os ouvintes de rádio e telespectadores estavam. Eles escreviam cartas aos milhares elogiando a abordagem nova e que brincava com a própria empresa. Eles também compravam produtos da Chun King. Em algumas pesquisas de mercado as vendas subiram em quase um terço após uma série de anúncios de Freberg ter aparecido.

E a Chun King tornou-se finalmente uma corporação grande e rica.

Várias vezes ao longo dos anos outras empresas e investidores individuais haviam tentado comprar o empreendimento de Paulucci. A primeira oferta, lá nos anos 1940, havia sido uma proposta de US$ 25.000 por metade da participação na empresa. Paulucci precisava e muito do dinheiro na época, mas a empresa era a sua menina dos olhos, e ele queria que ela seguisse sua. Paulucci não aceitou a oferta. Um tempo depois a Chef Boy-Ar-Dee ofereceu US$ 4 milhões pela Chun King Corporation. Paulucci também não aceitou esta oferta. Ele sabia que o preço podia subir. Finalmente, em 1966, ele foi abordado pela R. J. Reynolds Tobacco Company.

Assim como outras fabricantes de cigarros, a Reynolds estava diversificando suas atividades em novos segmentos de negócios o mais rápido que ela podia. Ela havia estabelecido, entre outras coisas, uma divisão chamada de Reynolds Foods, que estava ativamente comprando empresas menores. A Reynolds Foods indicou que ela ficaria muito feliz em adquirir a Chun King.

Jeno Paulucci estava com 48 anos e de maneira alguma pronto para se aposentar. Ele não tinha pressa alguma em apressar uma negociação com a Reynolds. Ele procedeu devagar, absolutamente preparado para rejeitar a proposta da Reynolds como havia rejeitado outros proponentes em anos passados. Mas Paulucci sentia que ele não se importaria em vender a Chun King se um negócio interessante o suficiente pudesse ser fechado. Ele tinha outros projetos que o mantinham ocupado — incluindo uma pequena, mas promissora produtora de pratos e sobremesas italianas, Jeno's Inc., que ele havia constituído anos antes, mas em relação à qual ele sentia que nunca dera atenção suficiente.

Paulucci finalmente vendeu a sua menina dos olhos, Chun King, para a Reynolds. O preço foi US$ 63 milhões, em dinheiro.

Somando este dinheiro com os seus outros empreendimentos, assim como suas propriedades e investimentos pessoais, Paulucci tinha um patrimônio líquido confortavelmente acima dos US$ 100 milhões. O promotor de Minnesota, o garoto das minas de ferro, havia alcançado a categoria dos muito, muito ricos.

Ele havia conseguido isso fazendo o que outros homens diziam não poderia ou não deveria ser feito. O seu caminho havia sido o caminho do aventureiro, sempre um pouco fora da trilha batida.

Uma vez, quando a Chun King estava apenas começando a alcançar um tamanho e status respeitáveis, Paulucci achou que poderia ser uma boa ideia começar a atuar como uma grande corporação. No início, ele contratava seus empregados por palpite, mas então ele decidiu tentar métodos mais científicos pregados pelas faculdades de administração, como uma bateria de testes psicológicos. Um executivo júnior estava no processo de ser contratado na Chun King, e Paulucci pediu que ele fizesse os testes. Por diversão, Paulucci aplicou em si os mesmos testes, usando um nome falso.

Quando os resultados voltaram do psicólogo, eles apresentaram que o executivo júnior era um homem sensato e recomendando a sua contratação. Mas o outro sujeito era um inútil, desqualificado para qualquer tipo de posição de responsabilidade em um negócio. Era o conselho do psicólogo que a Chun King estaria melhor sem ele.

21

O Trabalho dos Outros

Nós ESTUDAMOS O DDO, e agora examinaremos o TDO — a técnica de ficar rico com o trabalho de outras pessoas. Esta técnica, na segunda metade do século XX, alcançou o seu amadurecimento máximo e mais vistoso no segmento das franquias.

Em uma operação de franquia típica você começa desenvolvendo algum produto ou serviço que tenha, ou prometa ter, um amplo apelo popular. Você então sai à procura de homens e mulheres para vendê-lo para você. Estas pessoas tornam-se então as suas franqueadas, como são chamadas, ou suas portadoras da franquia. Cada uma investe o seu dinheiro e trabalha para construir seu próprio negócio local baseado no seu produto ou serviço. Você concede a ela uma licença para usar seu nome comercial, que você promete que será intensamente promovido em uma campanha publicitária nacional. Você também promete que ela será a franqueada exclusiva no seu território. Você oferece a ela o benefício do seu poder de compra em massa, através do qual ela pode conseguir suas matérias-primas ou outras provisões por um preço baixo. Você também pode oferecer a ela outros incentivos como ajuda profissional para escolher a localização da sua loja ou escritório.

Se este esquema soa como uma trapaça elaborada, ele pode ser simplesmente isto. Em meados dos anos 1960, no verão quente e ensolarado do negócio de franquias, muitos cidadãos desavisados foram induzidos a negócios que eram uma fraude absoluta do início ao fim. Dúzias de pequenas empresas de franquias surradas surgiram prometendo dinheiro rápido e fabuloso para seus franqueados sortudos. As únicas pessoas que ficaram ricas foram os organizadores das empresas. Muitas empresas como estas ficaram no mercado apenas alguns anos e talvez nunca tivessem a intenção de permanecer mais tempo. Elas extraíam taxas de licenciamento pesadas dos franqueados esperançosos, passavam um ano por aí tomando iniciativas aparentemente ligadas aos negócios, então encerravam suas atividades — com as taxas ainda nos bolsos dos organizadores. Outras permaneciam um pouco mais no mercado — apenas o suficiente para abrir o seu capital e ter o preço de suas ações valorizado. Com os preços nas alturas, os organizadores vendiam suas ações e desapareciam na noite da qual eles tinham vindo, deixando todo mundo de mãos abanando.

Como Phineas T. Barnum observou uma vez, você não pode enganar todas as pessoas o tempo inteiro. O público norte-americano ficou esperto rapidamente, e em 1970 a febre das franquias tinha esfriado. Um ligeiro odor desagradável ainda perdura em torno do negócio, mas em geral pode-se dizer que a maioria das empresas ainda sobrevivendo são honestas. Nem todas lucrativas, mas pelo menos honestas.

Uma operação de franquia bem administrada oferece, na realidade, um bom negócio para ambos os lados do aperto de mãos. Franqueador e franqueado, da mesma maneira, podem ganhar dinheiro. O franqueado, um pequeno empresário, pode batalhar o seu espaço até chegar à faixa de renda de 100 mil dólares ao ano com sorte, suor e paciência. O franqueador, o grande empresário com centenas de milhares de pequenos empresários trabalhando a seu favor assim como para si mesmos, pode, é claro, ficar muito mais rico.

De todas as indústrias de franquias operando hoje em dia no país, o segmento de fast-food talvez seja o mais pitoresco. Ele incluiu as fraudes mais baratas, assim como os sucessos mais rematados. Entre estes está o McDonald's, o enorme e onipresente fornecedor de hambúrgueres.

O McDonald's foi criado por um homem chamado Ray Kroc, cujo começo de vida difícil não dava indício algum de que ele um dia seria tão bem-sucedido. As histórias de sua vida e da sua empresa são contadas aqui pelo repórter do *New York Times* J. Anthony Lukas.

Ray Kroc: cem milhões de dólares*

Como é de seu costume nas tardes de quartas-feiras, Bob Jennings de Joplin, Missouri, deixou sua loja do McDonald's cedo no dia 5 de maio e, com cinco outros empresários de Joplin, dirigiu até o lago Table Rock, onde ele tem um trailer. Após pescar carpas por um tempo, Bob e seus amigos colocaram alguns filés na grelha na rua e se acomodaram com seus drinques para ouvir o noticiário da noite.

Só então eles ficaram sabendo que poucas horas depois de terem deixado Joplin, um tornado havia surgido da direção sudeste e rasgara um caminho de várias quadras de largura através do coração da cidade matando uma pessoa, ferindo sessenta e causando danos posteriormente estimados em US$ 2 milhões.

Três pensamentos passaram rapidamente pela mente de Bob Jennings: a sua esposa e os seus filhos estavam bem? O restaurante fora danificado? E os seus funcionários estavam dando hambúrgueres e café de graça para as vítimas e o pessoal de resgate (procedimento operacional padrão para um restaurante McDonald's em uma área de desastre)? Um rápido telefonema acalmou-o quanto às duas primeiras questões. A família Jennings estava bem e o restaurante saíra ileso. Para o ligeiro aborrecimento de Bob, no entanto, seus funcionários não conseguiam fazer passar seus alimentos pelas linhas da polícia.

---

* Copyright © 1971 pela New York Times Company. Reimpresso com permissão.

Mas o dia seguinte trouxe uma oportunidade de ouro inesperada. As escolas estavam fechadas e, com poucas alternativas de entretenimento nesta antiga cidade mineradora de vida mansa, centenas de crianças em idade escolar se dirigiram para o único McDonald's de Joplin. Além disso, fazendeiros e moradores de vilarejos de toda a região se dirigiram aos bandos para a cidade para inspecionar os danos do tornado, e muitos deles terminaram no McDonald's também. Ao fim do dia Bob Jennings contava com US$ 500 a mais do que o habitual em suas caixas registradoras.

No mundo cheio de energia e sagaz do McDonald's, cada desastre apresenta uma oportunidade. Se uma estrela do ensino médio estiver padecendo de um câncer — como um estava recentemente em Trenton, Nova Jersey — nomeie um dia em sua honra e doe a renda para suas contas de hospital. Se um fogo destrói um depósito de roupas da Goodwill Industries — como aconteceu em St. Petersburg, Flórida — designe o McDonald's como um ponto de coleta para roupas doadas. Se Frump-Frump, o elefante, morre — como aconteceu no zoológico de Roanoke, Virgínia — ofereça-se para comprar outro elefante.

E se todo o resto der errado, confie na Providência, que de certa maneira parece sorrir para os Arcos Dourados.

Em outros pontos ao longo da frenética autoestrada das franquias de fast-food, o ciclone econômico do ano passado causou uma devastação. Em parte, isto foi uma reação natural à especulação absurda nestes empreendimentos, que deslumbraram os investidores em 1968 e 1969. Muitas das empresas que surfaram na crista da onda do mercado em alta tinham pouco mais do que o nome de uma celebridade. (Bart Starr, Mickey Mantle, Johnny Carson, Joe Namath, Minnie Pearl.) Algumas divulgaram "lucros" enormes antes de uma única loja ter sido aberta totalizando suas elevadas taxas iniciais cobradas das franquias. Outras realizaram a maior parte de seu lucro vendendo aos franqueados tudo, desde mostarda a copos de papel — uma prática que, recentes decisões judiciais sugerem, talvez esteja violando as leis antitruste.

Então, quando a recessão bateu, o mercado de fast-food desmoronou como um copo de papel encharcado e cheio demais. Lum's, uma estrela no segmento e que era negociada tão alto quanto 33 ½ na Bolsa de Valores de Nova York, havia caído para 6 em meados de 1971. A Dunkin' Donuts, que fora negociada um dia em 33 ¼ havia caído para 13. Minnie Pearl Fried Chicken (agora Performance Systems, Inc.) chegou a 23, então afundou para 12 ½ centavos — menos do que o valor de uma porção de frango.

Mas o McDonald's havia se provado tão invulnerável à recessão quanto aos tornados. Apesar de o custo dos seus hambúrgueres ter aumentado apenas cinco centavos (de 15 centavos para 20) em 16 anos, suas outras estatísticas vitais cresceram nos últimos tempos em aproximadamente um terço ao ano. Em 1970 as vendas alcançaram US$ 587 milhões, um aumento de 33% em relação a 1969 (as vendas do primeiro trimestre de 1971 tiveram um crescimento espantoso de 40% sobre o período comparável do ano passado). Em 1970 o McDonald's era o sétimo maior provedor de alimentos do país, ficando para trás apenas do Exército, do Ministério da Agricultura, da Marinha, da Kentucky Fried Chicken, da Marriott Corporation e da ARA Services, uma empresa de máquinas de venda automática e serviços de alimentação institucional. O McDonald's abriu um recorde de 297 restaurantes em 1970 e mais 50 no primeiro trimestre de 1971, trazendo o seu total de lojas para 1.642 (a maioria delas franqueadas, mas 397 de propriedade e operadas pela própria empresa). Já operando no Canadá, Costa Rica, Porto Rico e as Ilhas Virgens, a empresa planejava lojas novas na Alemanha, os Países Baixos, Japão e Austrália. E no dia 5 de maio (1971), com suas ações sendo vendidas a 75 — comparado com 40 (meio ano antes) —, ela declarou um desmembramento de três ações para cada duas.

Mas a estatística do McDonald's que capturou a imaginação norte-americana é o seu recorde sempre em expansão de venda de hambúrgueres. Adornando os Arcos Dourados vemos o slogan "MAIS DE

SETE BILHÕES VENDIDOS". No ritmo atual de quatro milhões por dia, este letreiro... (terá de ser mudado frequentemente).

O pessoal do McDonald's se delicia com o toque sensual de números tão expressivos. Cooper e Golin, sua criativa empresa de relações públicas, tenta chegar a uma expressão gráfica para os bilhões de hambúrgueres. Em julho de 1969, quando a marca de cinco bilhões foi alcançada, Cooper e Golin disseram que se todos os hambúrgueres fossem lançados na órbita terrestre, eles formariam quase 13 anéis em torno da Terra no seu ponto mais largo. Quando as vendas passaram os seis bilhões em maio de 1970, os profissionais de relações públicas disseram que todos estes hambúrgueres encheriam mais de 2.041 jatos 747 com todos os assentos e equipamentos removidos. E com sete bilhões em janeiro de 1971 eles vieram com toda a sorte de comparações: se um homem comesse um hambúrguer a cada cinco minutos, ele teria de viver 70.000 anos para comê-los todos; se toda a farinha para os pães fosse espalhada, ela cobriria tudo ao leste do Mississipi; e se todos os sete bilhões fossem empilhados no Illinois, todo mundo no estado ficaria com hambúrgueres até a altura das canelas.

Viajando pelas autoestradas do país hoje em dia, frequentemente você se sente com hambúrgueres pelo menos até a altura das calotas. Alguns nova-iorquinos nutrem o estranho conceito de que o cachorro-quente é a comida típica dos Estados Unidos, mas os franqueadores zombam da salsicha. "O cachorro-quente é nova-iorquino, não norte-americano", diz uma autoridade. "Eles são de Coney Island ou do Yankee Stadium. Quantos restaurantes a oeste do rio Hudson se especializam neles? Dog'n'Suds, Lum's (cachorros-quentes cozidos em cerveja) e talvez alguns poucos mais. Ora, você encontra mais pizzarias do que isso."

Mas os hambúrgueres estão por toda parte: Burger Chef, Burger King, Bog Boy, Wimpy's, Gino's, White Castle, White Tower, sem mencionar o McDonald's. Para o fazendeiro do Texas, o fazendeiro de Iowa, o trabalhador da construção civil de Detroit e o turista na estrada em qualquer lugar, ele é o lanche típico do país.

Originalmente, dizem os gastrônomos, o hambúrguer surgiu nos estados bálticos medievais, onde as pessoas gostavam de comer carne crua cortada em pedaços com uma faca sem fio. Comerciantes da Liga Hanseática a levaram para Hamburgo, onde ela ainda é um prato favorito sob o nome "bife tártaro". Então, como "hambúrguer", ela foi trazida para os Estados Unidos por imigrantes alemães que se estabeleceram em St. Louis, Milwaukee e Chicago. A versão grelhada e no pão que nós conhecemos hoje em dia foi provavelmente servida pela primeira vez em 1904 na Louisiana Purchase Expedition em St. Louis.

Mas somente nos anos de 1920, quando Walter Anderson e Edgar Waldo (Billy) Ingram fundaram a White Castle, que os norte-americanos começaram a comer hambúrgueres em grandes números. Ingram lembrou-se em um discurso em 1964 que 50 anos antes você poderia dirigir o dia inteiro em Nova York "sem ver um único letreiro de uma lanchonete de hambúrgueres". A White Castle tinha de "derrubar um preconceito arraigado" contra a carne picada, ele se lembra, e "vender o romance do hambúrguer". Eles alcançaram um sucesso que superou os seus sonhos mais inimagináveis. Usando a torre de água de Chicago como sua inspiração para suas lojas, eles escolheram o "branco pela pureza" e o "castelo pela força". Seus hambúrgueres eram porções graciosas de 6 centímetros quadrados tão finas que elas partiriam se você as tentasse levantá-las do pão; entretanto ainda há aqueles se mantêm fiéis a eles e seguem a advertência da cadeia: "Leve-os às dúzias".

Mas a White Castle é proprietária e opera cada uma das suas 113 lojas. O marketing em massa dos hambúrgueres tinha de esperar a aplicação das técnicas de franquia para o segmento de serviços de alimentação, que começou para valer no início dos anos cinquenta. Foi nesta época que Harland Sanders, um sujeito que abandonara o colégio na sétima série e que tentara a mão sem grande sucesso na condução de bondes, pilotando *ferryboats*, como foguista em ferrovias e vendendo seguros, começou a chamar uma atenção maior por seu frango extraordinariamente saboroso que servia no seu restaurante em Corbin, Kentucky. Colocando duas panelas de pressão e um saquinho de temperos no seu carro, ele pegava a estrada oferecendo preparar um prato do seu frango para qualquer restaurante em potencial que ele encontrasse no caminho. Hoje em dia existem 3.100 lojas da Kentucky Fried Chicken do Coronel Sanders nos Estados Unidos.

O início da carreira de Ray Kroc foi estranhamente parecido com o do coronel sugerindo que um gênio para o fast-food pode se desenvolver melhor em um homem que tenha batalhado na estrada em pessoa, agarrando as oportunidades — uma venda, um negócio, uma refeição — onde for possível. Após abandonar a escola no segundo ano do ensino médio, Kroc tocou piano com várias bandas itinerantes, serviu como diretor musical de uma estação de rádio de Chicago, vendeu imóveis na Flórida e copos de papel no meio-oeste. Ele conheceu o fracasso. "Após o *boom* na Flórida ter se esgotado, eu estava completamente quebrado", ele se lembra. "Eu não tinha nem um sobretudo, um casacão ou um par de luvas. Entrei de carro em Chicago sobre ruas cobertas de gelo. Quando cheguei em casa, eu estava duro de frio, desiludido e quebrado."

Em 1937, Kroc partiu para um negócio próprio como chefe de uma pequena companhia de Chicago que distribuía Multimixers — máquinas que podiam misturar cinco leites maltados ao mesmo tempo. Em 1954, ele descobriu que um pequeno restaurante em San Bernardino, Califórnia, administrado por Mac e Dick McDonald, tinha oito de suas máquinas. Ninguém mais tinha tantas e Kroc decidiu que ele precisava ver a operação McDonald em pessoa. Ele foi a San Bernardino e rapidamente percebeu a mina de ouro que os McDonalds tinham encontrado sem querer. "Eles tinham pessoas esperando na fila clamando por aqueles hambúrgueres de 15 centavos", ele se lembra, ainda com um tom de assombro na voz. Kroc perguntou aos McDonalds por que eles não abriam mais restaurantes. "Eu estava pensando sobre Multimixers, não em hambúrgueres então; se todo McDonald's tivesse oito Multimixers, eu estaria rico logo." Mas Dick McDonald balançou sua cabeça e apontou para uma colina próxima.

" Está vendo aquela casa lá em cima?", disse ele. "Ali é o meu lar, e eu gosto de lá. Se nós abríssemos uma cadeia, eu nunca estaria em casa."

Ray Kroc viu a oportunidade e não a deixou escapar. Os McDonalds rapidamente concordaram em deixá-lo abrir franquias de sua loja em qualquer lugar no país em troca de 0,5% das receitas brutas. Kroc começou deliberadamente. Seu primeiro McDonald's — que era de sua propriedade — abriu em Des Plaines, Illinois, um subúrbio de Chicago, no dia 15 de abril de 1955. O segundo, em Fresno, Califórnia, abriu naquele setembro, e o terceiro, em Resada, Califórnia, em dezembro. Mas logo o ritmo aumentou. Em 1960 havia 228 restaurantes McDonald's, e aproximadamente 100 foram abertos cada ano até 1968, quando o ritmo aumentou para mais de 200 ao ano.

Em 1961 Kroc comprou o contrato — juntamente com o nome, todas as marcas registradas, direitos autorais e fórmulas — dos McDonalds por US$ 2.700.000. Desde então ele teve pouco contato com os irmãos cujo nome sua empresa leva. Quando perguntei a ele sobre eles recentemente, Kroc disse: "Bem, falei com Dick ao telefone mais ou menos um ano atrás. Mas eu não os vejo. Eles são mais jovens do que eu, mas largaram o trabalho. Não posso ter nenhuma âncora presa a mim. Quando você está verde, você está crescendo; quando você está maduro, você apodrece."

Apesar de terem começado tudo, Mac e Dick claramente não são o tipo de pessoa do McDonald's.

O McDonald's quer pessoas que ambicionem crescer. Ray Kroc — que tornou-se presidente do conselho e CEO da empresa, mas que aos 69 anos segue tão ativo como sempre — coloca a questão da seguinte maneira: "Algumas pessoas alcançam o nível de suas expectativas muito rapidamente. Nós queremos alguém que esteja totalmente envolvido no negócio. Se a sua ambição é alcançar o patamar em que possa jogar golfe quatro dias por semana ou jogar pôquer por um centavo o ponto em vez de uma aposta de verdade, nós não o queremos em um restaurante McDonald's."

Talvez nem mesmo o jovem Ray Kroc — certamente não o Ray Kroc que dirigiu de volta para Chicago com frio, desiludido e quebrado — se qualificaria para a licença de uma franquia do McDonald's. Os pretendentes, que têm de esperar sua vez em uma lista com várias centenas de nomes de comprimento, são avaliados "e somente aqueles que parecem ter o potencial para o sucesso são aceitos". Mas quando perguntei sobre os critérios para esta escolha, um dirigente da empresa disse que não havia nenhum.

" Basicamente, nós procuramos por alguém que se relacione bem com pessoas", explicou ele. "Neste sentido, preferimos um vendedor a um contador ou mesmo um *chef*."

A empresa se orgulha de portadores de franquias como um ex-alto dirigente do ministério do trabalho, um deputado da Virgínia, um controlador em outra empresa bem-sucedida, um jogador de golfe profissional, um químico pesquisador, um coronel aposentado da força aérea, um comandante da Marinha e vários advogados, dentistas e publicitários. Estes talvez sejam a nata, mas o operador-proprietário médio do McDonald's tem mais de 35 anos, avançou sua carreira em outro negócio e tem uma conta bancária respeitável. O investimento em dinheiro inicial, a empresa faz questão de destacar, é estabelecido alto "para desencorajar pessoas desajustadas e aqueles com históricos de trabalho inexpressivos".

Uma franquia do McDonald's (mais o arrendamento, equipamento e capital operacional necessário para abrir um restaurante) custa entre US$ 100.000 e US$ 125.000, dependendo do projeto da unidade e de questões "supérfluas" (jardinagem, assentos) que o proprietário quiser. Deste investimento, em torno de US$ 65.000 tem de ser em dinheiro; o restante pode ser tomado emprestado sobre o crédito do requerente. A empresa escolhe o local e constrói o restaurante. Quando ele começa a operação, o proprietário paga ao McDonald's 11,5% das suas vendas mensais (após deduzir quaisquer impostos de vendas) — 3% disto como uma taxa de serviço e 8,5% como aluguel.

Isto soa como uma proposição cara, mas o histórico mostra que ela pode ser incrivelmente lucrativa. A empresa diz que um restaurante bem administrado deve pagar o seu investimento original em três a cinco anos, então realizar um lucro anual antes dos impostos de 12 a 15%. Tendo em vista que a loja média fatura hoje US$ 430.000 e pode faturar mais de US$ 500.000, um operador moderadamente bom pode ser capaz de contar com US$ 50.000 a US$ 75.000 em lucros anuais.

Tome Bob Jennings, o proprietário em Joplin, Missouri. Bob cresceu em Arkansas e estudou no Southwest Missouri State College com o auxílio de uma bolsa de estudos como atleta de futebol americano. Após dois anos no exército, ele foi contratado pela Colonial Baking Company em Springfield, Missouri, batalhando sua ascensão dentro da empresa até gerente de vendas em quatro anos. Em 1961, um amigo chamado Tom Tucker conseguiu uma franquia do McDonald's em Springfield e convidou Bob para ser o seu gerente. Quando a franquia de Joplin foi colocada à venda em 1964, Tom e Bob a compraram juntos. Dois anos mais tarde Bob comprou a parte de Tom. Bob trabalhou duro, servindo como seu próprio gerente e trabalhando aproximadamente 60 horas por semana no restaurante, levando seu lucro bruto de US$ 100.000 para US$ 500.000 ao ano. Apesar de ele ser relutante em discutir seus lucros, pelas contas da empresa, isto deve colocá-lo na faixa dos US$ 60.000 a US$ 75.000. Nada mal para alguém conhecido em Joplin como "apenas um garoto típico do Arkansas".

Outros se saíram muito melhor. Uma das principais recompensas que a empresa proporciona para os bons operadores é a oportunidade de comprar mais lojas quando elas tornam-se disponíveis. Alguns operadores são proprietários de quatro, seis ou oito restaurantes.

E isto pode realmente empilhar o dinheiro. Ray Kroc estima que de 60 a 70 operadores proprietários são milionários.

Em uma convenção de proprietários recente no Hotel Doral em Miami Beach, a elegante esposa de um franqueado aproximou-se de Kroc e começou a relembrar os velhos tempos, quando ela costumava ajudar na máquina de batatas fritas. Subitamente ela mostrou um dedo ainda com a cicatriz de um acidente com óleo quente. "Não me importo com *isto*, pois a máquina de fritas tornou *isto* possível", disse ela, estendendo outro dedo decorado com um enorme anel de diamante.

O McDonald's quer pessoas entusiasmadas, certo, mas ela não quer iconoclastas. Ela quer pessoas que seguirão "o sistema". Ocasionalmente a retórica de Kroc sugere algo diferente. Vários anos atrás ele chamou o sistema de franquias "uma versão atualizada do sonho americano", o que passou para algumas pessoas a ideia de que os franqueados do McDonald's eram em grande parte empreendedores autônomos batalhando seu próprio caminho na direção dos valiosos prêmios do capitalismo norte-americano. Mas quando perguntei a ele sobre esta frase outro dia, ele concedeu que o destaque deveria ser dado sobre a "versão atualizada".

" Sejamos francos, as coisas mudaram desde os velhos tempos. O sujeito cujo pai tinha um mercadinho não pode seguir em frente e abrir o seu mercado. Ele sabe que você simplesmente não pode encarar as grandes cadeias de supermercados. Você simplesmente não pode. Mas isto é algo que você pode fazer. Nós damos às pessoas uma oportunidade para abrirem o seu negócio sem assumir sozinhas todo o risco. Tudo o que pedimos é que elas sigam a nossa maneira de fazer as coisas, a maneira comprovada."

Como diz o homem, sejamos francos: o McDonald's não está vendendo tanto comida, como um sistema. A comida simplesmente não é tão boa assim. O alardeado hambúrguer do McDonald's — um bife de carne prensado à máquina de aproximadamente 50 gramas e 14 centímetros quadrados quando cru, e menor quando cozido, com

0,6 centímetros de espessura, salpicado com 8 gramas de cebola e coberto com um pouco de mostarda e ketchup, assim como um bocado de picles, tudo isso pousando sobre um pão de 11 centímetros — é um bifinho precioso e um monte do que as pessoas em Joplin chamam de "enfeites". Alguns altos dirigentes do McDonald's concedem que não gostam tanto assim do seu próprio hambúrguer. "Se você não me citar", disse um deles "eu nunca os como."

As batatas fritas são outra conversa. A maioria dos operadores as consideram o seu prato mais popular. "Não há dúvida quanto a isso, as batatas fritas são o nosso ás na manga", disse Bob Jennings. "Aquela batatinha é uma delícia." Consultei um fanático por fast-food de 15 anos que conheço e que parcialmente confirmou o julgamento: "É mesmo, eu diria que as batatas fritas do McDonald's são as melhores. Elas são simplesmente um pouco mais crocantes que as dos outros. Mas não tão melhores. A maioria das pessoas não saberia dizer a diferença."

Se a maioria das pessoas não saberia dizer a diferença, então o que faz a diferença para o McDonald's? Em um piscar de olhos, Ray Kroc citará sua fórmula para o sucesso — "Qualidade, Serviço, Limpeza" — e outros dirigentes do McDonald's a invocarão reverentemente também —, normalmente na forma abreviada como "Q.S.C."*. Mas, quando questionados, a maioria concede que qualquer boa empresa tenta praticar "Q. S.C.". A Burger Chef, principal competidora do McDonald's no segmento de hambúrgueres, tem seus "Quatro Pilares do Jeito Burger Chef: Qualidade, Serviço, Limpeza e Cortesia".

Após duas semanas de observação das operações da empresa, concluí que o que faz a diferença para o McDonald's é que o pessoal leva o negócio dos hambúrgueres só um pouco mais a sério do que o resto do mercado. Eles o levam realmente a sério.

---

* "Quality, Service, Cleanliness". (*N. do T.*)

Acima de muitas mesas de executivos na sede nova e moderna do McDonald's em Oak Brook, Illinois, há um pergaminho gravado com a homilia favorita de Ray Kroc: "Continue tentando":

Nada no mundo pode tomar o lugar da persistência.
O talento não conseguirá; nada é mais comum do que homens fracassados com talento.
A genialidade não conseguirá; a genialidade não recompensada é quase um provérbio.
A educação não conseguirá; o mundo está cheio de párias educados.
Somente a persistência e a determinação são onipotentes.

Talvez em nenhum lugar você sinta esta seriedade absoluta melhor do que no que o McDonald's chama de "Universidade do Hambúrguer" em Elk Grove, Illinois. Outras operações de franquias têm seus cursos de treinamento e seminários, mas apenas o McDonald's tem uma "universidade" com um curso de 19 dias levando a um "Bacharelado em Hambúrguerologia, com especialização em batatas fritas".

No início de maio participei de várias aulas na velha UH, um prédio moderno de concreto e vidros escurecidos cercado por árvores de sombra e um espelho de água. Cada curso é dividido em duas partes — Operações Básicas (cursada por todos os novos proprietários-operadores) e Operações Avançadas (nas quais os gerentes, assistentes de gerentes e às vezes uns poucos proprietários veteranos de volta para um curso de "renovação" juntam-se aos proprietários).

No primeiro dia, fui apressado para uma sala de aula onde a Classe 120 de Operação Básica (a 120ª na história de dez anos da universidade) estava prestes a começar. Nove proprietários novos estavam sentados em três fileiras sob luminárias de teto fluorescentes retangulares enquanto um jovem em um blazer verde com os Arcos Dourados do McDonald's adornando um bolso apresentou-se como "Jerry Gorman, seu instrutor para Operações Básicas". Orientando seus estudantes de meia idade no preenchimento de um formulário de registro complicado, assim como para prender os crachás de plástico, ele tinha a informalidade jovial de todos os executivos júnior do McDonald's, mas por trás do sorriso havia uma postura firme de seriedade. "A sua presença é obrigatória em todas as aulas", ele disse a eles. "A conduta pessoal tanto dentro quanto fora da sala de aula é da maior importância. Nós estamos representando o McDonald's. Mantenham os seus manuais e cadernos com vocês o tempo inteiro, e cuidem de suas conversas em lugares públicos. A nossa competição pode tomar conhecimento de algumas coisas desta maneira também."

Naquela tarde a turma reuniu-se em um restaurante McDonald's algumas centenas de metros rua abaixo, que a universidade usa como campo de treinamento. Ali, em uma sala no subsolo do prédio, os estudantes tiveram sua primeira aula sobre "O Hambúrguer". O professor assistente Paul Robillard explicou-lhes como dizer quando um hambúrguer está pronto. ("Ele começa a ficar marrom nas bordas"), como virar um ("Siga a ação natural do seu punho") e como raspar a chapa ("Use a cintura junto").

Seguimos para o Controle de Produção. Jerry Gorman explicou que o McDonald's é dedicado à velocidade — produzindo um hambúrguer, batatas fritas e um milk-shake em 50 segundos. Mas, disse Gorman, eles também são dedicados ao frescor; então qualquer hambúrguer cozido que não tenha sido vendido por mais de dez minutos deve ser jogado fora. Desse modo, o trabalho mais difícil no restaurante é saber como regular a produção de maneira que nenhum cliente tenha de esperar muito mais do que 50 segundos, mas que o restaurante não fique empatado com um monte de comida passada. Esta função vital é desempenhada pelo homem do controle de produção, posicionado próximo da metade do balcão, que grita instruções para o encarregado da chapa, o encarregado das batidas, ou o encarregado das batatas fritas. As instruções mais complexas são para o encarregado da chapa, que tem de saber quantos hambúrgueres,

hambúrgueres duplos, cheeseburgers e cheeseburgers duplos precisam ser feitos.

"Nossa produção básica de hambúrgueres é 12", explicou Gorman. "Mas sobre este número, o homem da produção tem de acrescentar hambúrgueres suficientes para os duplos de que ele precisará. Então digamos que ele acredite que precisará de seis duplos. Ele grita: '12 e seis' e o encarregado da chapa coloca 18 hambúrgueres para fazer. A próxima questão que o encarregado da chapa precisa saber é quantos destes hambúrgueres devem ter queijo sobre eles. Então o encarregado da chapa gritará, 'queijo em seis e seis', o que significa dos seis duplos e seis comuns que eu tenho, quantos você quer com queijo? Agora, digamos que o homem da produção quer dois cheeseburgers e dois cheeseburgers duplos. Ele gritará de volta, 'dois e dois', o que diz para o encarregado da chapa o que ele precisa saber, a não ser que você tenha alguns 'especiais', isto é, pedidos de hambúrgueres sem alguns dos nossos ingredientes normais. Os especiais chegam com notas dos balconistas, e o encarregado da chapa tem de subtrair os especiais dos outros totais. Entenderam?"

A maioria da turma ficou sem resposta. Mas um homem negro forte na fileira da frente assentiu com a cabeça.

"Ok", disse Gorman, parecendo um pouco cético. "Vamos ver. Se o pedido sai como '12 e quatro', 'queijo no quatro e oito', 'dois e dois', e você tem dois 'só ketchup', o que você me diz?"

A maioria dos estudantes parecia ainda completamente desnorteada. Eu também estava. Mas o colega negro forte disparou de volta calmamente: "Dois cheeseburgers duplos, dois hambúrgueres duplos, dois cheeseburgers, quatro hambúrgueres e dois hambúrgueres só com ketchup."

Gorman concordou com a cabeça: "Você acertou."

Por várias horas mais praticamos os pedidos. Após a aula perguntei a Gorman quem era o sujeito grandalhão. "Oh, você não sabia?" disse ele. "É o Brad Hubbert, que costumava jogar de *fullback* para os San Diego Charges."

Subitamente compreendi tudo. Percebi o que a operação do McDonald's me fazia lembrar: futebol americano profissional. Todos aqueles sinais, as jogadas combinadas no agrupamento de jogadores, os números gritados para enganar os adversários. A precisão matemática. A tecnologia pura de tudo isso. Até aqueles manuais de operações volumosos que os estudantes carregavam para todo lado lembravam os "livros de jogadas" que os novatos nos times de futebol americano têm de memorizar no começo da temporada. Lembrei que Bob Jennings havia me dito que ele gostava de contratar atletas das escolas de ensino médio para sua equipe porque "eles trabalham melhor em equipe". É claro. O homem do controle de produção era o *quarterback*; o homem da chapa, o *fullback*; o homem das batatas fritas e o homem das batidas, os *running backs*; os balconistas, a linha; e os clientes tomando de assalto as janelas de atendimento, o time adversário. Não surpreende que Bob Hubbert tenha compreendido tudo.

Na noite seguinte, participei das cerimônias de graduação para a Classe 119 no restaurante Fritzel no centro de Chicago. A noite procedeu com a eficiência típica do McDonald's: 30 minutos para coquetéis; 45 minutos para o jantar; então uma cerimônia de 15 minutos na qual Rob Doran, o reitor de 24 anos da UH, entregou os 41 diplomas em pergaminho e vários prêmios: o cobiçado "Archie" para o primeiro aluno da turma (um disco plástico simbolizando o hambúrguer aninhado em uma base de ébano no formato de um restaurante McDonald's) e os "Seminar Awards" (canetas pretas Parker com janelinhas de Plexiglás que brilham "Qualidade", "Serviço", "Limpeza", "McDonald's" quando você aperta o botão da caneta). Pontualmente às 20:30h, Doran pronunciou suas palavras de despedida para a turma: "Sejam eficientes." Então anunciou: "Cavalheiros, o ônibus está esperando." Eu queria celebrar com eles nos bares e discotecas que se alinhavam na Rush Street, a algumas quadras dali, mas os novos formandos se perfilaram junto ao ônibus para a carona de volta para o seu hotel suburbano.

Mesmo após os novos proprietários terem voltado para casa para seus restaurantes, o McDonald's os mantém em rédea curta. A empresa permite pouca experimentação com o cardápio ou a decoração. Fred L. Turner, seu presidente desde 1968, diz: "Em uma era em que tantos norte-americanos estão se mudando, um de nossos principais ativos é a nossa consistência e uniformidade. É muito importante que um homem que esteja acostumado a comer em um McDonald's em Hempstead, Long Island, saiba que ele pode conseguir a mesma comida e serviço quando ele entrar em outro em Albuquerque ou Omaha. Nós descobrimos uma fórmula que funciona, e seguiremos fiéis a ela."

Para conferir que as unidades sigam fiéis a ela, a empresa mantém uma equipe de "consultores de campo" ("Nós não os chamamos de inspetores", explica um dirigente). Cada consultor é responsável por 30 unidades nas quais ele faz visitas regulares, algumas anunciadas, outras não. Ocasionalmente, vários consultores se reúnem e fazem uma "blitz" em uma unidade — comprando hambúrgueres, batidas e batatas fritas às centenas e então confrontando o proprietário com os fatos. ("Olhe, Gene, 200 dos hambúrgueres estavam frios".) A maioria dos proprietários passa a operar rapidamente conforme os relatórios dos consultores; apenas raramente a empresa se viu forçada a cancelar a franquia de um proprietário resistente. (Isto não inclui os 35 a 40 proprietários na história da empresa que perderam o direito a suas franquias por não terem mantido seus pagamentos mensais ou simplesmente por terem "caído fora" do negócio. Nestes casos, um proprietário recebe o seu depósito de garantia de US$ 15.000 e o valor depreciado do seu equipamento, menos, é claro, o que ele deve para a empresa.) Os casos mais notáveis nos quais proprietários foram forçados a abrir mão de suas franquias envolveram dois californianos. Um recusou-se a servir filé de peixe quando ele foi acrescentado ao cardápio, e o outro não estava fazendo hambúrgueres de acordo com as especificações e recusou-se a deixar o seu consultor de campo entrar no restaurante.

Algumas pequenas variações são permitidas para se adequar a gostos regionais: em Long Island nenhuma mostarda é servida nos hambúrgueres normais; em Memphis mais mostarda é servida e menos ketchup; no Texas, mais mostarda ainda e menos ketchup. Em partes da Nova Inglaterra, um milk-shake de café foi acrescentado às opções regulares de chocolate, baunilha e morango. Em partes da região sul, Dr. Pepper é servido como um quarto refrigerante.

Através dos anos a empresa expandiu seu cardápio original de hambúrguer-shakes-fritas, mas somente após testes exaustivos nos seus próprios laboratórios e no campo. O hambúrguer duplo e o cheeseburger duplo foram acrescentados em 1963, o sanduíche de peixe em 1964, torta de maçã em 1967, e em 1968, após meses de experimentos secretos, chegou o "Big Mac" (dois bifes de hambúrguer, intercalados com três fatias de pão com gergelim e cobertos com alface cortada em tiras, queijo, fatias de picles e um "molho especial"). A empresa está testando frango frito em Dayton e um hambúrguer grande de cento e dez gramas na Costa Oeste. Quando um teste falha, o McDonald's é rápido em admitir. Um sanduíche de rosbife e um prato de peixe frito com batatas fritas foram recentemente abandonados, assim como uma cadeia de lojas de tortas Jane Dobbins (em homenagem à Sra. Kroc) e a Raymond's, uma cadeia de hambúrgueres de luxo em homenagem ao próprio presidente da empresa.

O McDonald's também estabelece padrões estritos para a aparência, vestimenta e comportamento dos seus empregados. O manual decreta: "O pessoal de atendimento nas lojas e nas janelas da rua deve passar uma impressão para os clientes de serem típicos garotos norte-americanos, demonstrando traços desejáveis como sinceridade, entusiasmo, confiança e um senso de humor... No McDonald's, a aparência pessoal é algo que nós observamos todos os dias. Um homem deve se barbear diariamente, limpar as unhas das mãos diariamente, manter seus dentes e hálito frescos e limpos o tempo inteiro, tomar banho frequentemente para prevenir maus odores corporais e nas axilas e usar desodorante. Ele deve usar calças escuras, sapatos pretos engraxados, um corte de cabelo curto e uma aparência limpa. Funcionários com dentes ruins, manchas de pele severas ou tatuagens não devem ser colocados no atendimento ao público."

Estes padrões, delineados na década de 1950, criaram alguns problemas ultimamente. O McDonald's conta pesadamente com garotos adolescentes para suas equipes, pois eles estão disponíveis para o trabalho em meio turno após a escola ou em fins de semana e porque trabalharão pelo salário mínimo (manter os custos de mão-de-obra baixos é uma das chaves do McDonald's para o sucesso). Por anos o McDonald's recusou-se a contratar mulheres, particularmente garotas adolescentes, pois como Ray Kroc coloca a questão, "elas atraem o tipo errado de garotos". Mas uma legislação federal forçou a empresa a parar com qualquer discriminação por sexo. Agora a cultura jovem está lentamente forçando a empresa a relaxar alguns de seus códigos de vestimenta e cabelo.

Ray Kroc ainda insiste que a empresa "não tolerará bigodes, barbas, cavanhaques ou suíças abaixo da orelha". Mas à medida que o McDonald's se estabelece em várias cidades universitárias e comunidades negras, observei que não foram poucas vezes que esta regra foi violada. Um dirigente me explicou: "Veja bem, o Ray está em outra era nesta questão. Ele simplesmente não compreende a juventude de hoje em dia. E ele estaria disposto a afundar com o navio nesta questão do cabelo. Não acredito que Fred Turner e alguns dos outros vejam a questão desta maneira. Eles estão tentando ser um pouco mais 'tolerantes.'"

Fred Turner tenta isto. O ex-chapista do primeiro McDonald's de Ray Kroc tem apenas 38 anos, usa ternos ligeiramente justos com bolsos aplicados e recentemente deixou seu cabelo crescer até tocar de leve o seu colarinho. Ele é em grande parte responsável pela nova "usina de ideias" na sede do McDonald's em Oak Brook, que exibe como sua peça central uma cama de água circular com um descanso para a cabeça de camurça Borgonha.

Sob a liderança de Turner, a empresa recentemente distribuiu um folheto orientando os proprietários em cidades universitárias a como lidar com a juventude de hoje em dia. "Converse com os estudantes de uma maneira direta", diz o folheto. "Eles chamam isso de 'papo reto'. Não tente imitar o que você acha ser a linguagem deles e não os 'enrole'. Eles dirão: 'Nós queremos saber a real'. Esteja ciente de problemas locais, especialmente problemas no campus, mas evite tomar lados e mantenha-se longe de áreas controversas. Não ponha em risco a posição do seu restaurante como 'campo neutro'".

Muitas vezes esta é uma diretriz difícil de ser seguida. No dia seguinte às mortes na Universidade de Kent State, estudantes da Universidade de Southern Illinois marcharam para a loja do McDonald's em Carbondale, Illinois, e demandaram que a bandeira tremulando acima do restaurante fosse baixada para meio mastro. O operador aquiesceu, mas um vizinho que conhecia Ray Kroc ligou para ele e reclamou. Kroc — um sujeito muito patriota que insiste que as lojas do McDonald's deixem as bandeiras desfraldadas 24 horas por dia se possível — ligou para Carbondale e ordenou que a bandeira fosse hasteada de novo. Isto trouxe os estudantes de volta, agora ameaçando colocar fogo no restaurante a não ser que a bandeira fosse baixada. Desta vez o operador ligou para Fred Turner. O presidente do McDonald's pensou um momento e disse:

"Vou lhe dizer o que você vai fazer. O próximo caminhão de entrega que chegar, faça com que ele dê uma ré no mastro da bandeira e o derrube." Foi isto que aconteceu.

Mas a nova investida do McDonald's por uma clientela jovem tem seus limites. Ela para bem longe do temido "adolescente". Nos anos de 1950 as operações de fast-food eram em grande parte *drive-ins* voltados para os adolescentes que chegavam com seus carros envenenados para paquerar as garçonetes de minissaias, colocar a fofoca em dia e ficar por horas no estacionamento namorando ou ouvindo rádio.

Desde o início o McDonald's buscou desencorajar a turma dos adolescentes. O manual coloca de maneira inequívoca: "As unidades do McDonald's não terão *jukeboxes,* máquinas de fliperama, venda de jornais, equipamentos para jogo, cabines telefônicas, tampouco venderão cigarros, doces, chicletes, etc." — todos considerados como atrações para os adolescentes.

Mas mesmo tais precauções não evitaram que adolescentes tomassem algumas lojas do McDonald's como se fossem suas. Um caso notório foi em Vero Beach, Flórida, onde jovens, banidos pela polícia de um parque favorito, praticamente tomaram o McDonald's todas as noites. Em uma aula recente sobre "o problema adolescente" na Universidade do Hambúrguer, o professor Doug Moreland distribuiu um estudo de caso da situação em Vero Beach e então avisou: "Cuidem com os adolescentes. Eles definitivamente podem afetar o seu gráfico de lucros espantando os adultos. São muito barulhentos e bagunçados. Eles falarão palavrões e isto jamais pode ser permitido em nenhum McDonald's. Irão namorar no seu estacionamento — e é melhor acabar com isso na raiz do problema. Tenha cuidado em particular nas noites de um evento esportivo. O time perdedor sempre quer ir ao McDonald's e provar que é melhor que o vencedor. Pode ser uma experiência realmente aterrorizante se você tiver trezentas ou quatrocentas pessoas vindo para sua loja para fazer confusão. Já tivemos gerentes machucados, muitos deles seriamente, apesar de que não lembro de nenhum ter sido morto."

O adolescente é uma ameaça em particular para o McDonald's porque a empresa luta duro pelo público familiar. Os executivos gostam de dizer que, quando eles escolhem um novo local para o McDonald's, "nós contamos campanários de igrejas, não carros". Isto é um exagero, é claro; o McDonald's faz uma cuidadosa análise de tráfego de qualquer local em potencial. Mas ela também observa cuidadosamente os sinais de vida familiar substancial — igrejas, escolas, parques de diversão, centros comerciais, ruas residenciais arborizadas. Um dirigente explica: "Você poderia dizer que nosso principal público-alvo é uma família na qual o pai tem 27 anos, a mãe 25, com dois filhos e outro a caminho, ganhando US$ 10.000 e vivendo no subúrbio de uma grande cidade."

A propaganda do McDonald's — uma campanha poderosa que custou US$ 14.500.000 em 1969 — é focada em grande parte nestas famílias. Sob a orientação de Fred Turner, os anúncios da empresa tornaram-se de certa maneira mais sofisticados. No ano passado ele se livrou da sua velha agência, D'Arcy, porque — como Turner coloca a questão — "eles achavam que todo garoto em um anúncio do McDonald's tinha de ter sardas e um espaço entre os seus dois incisivos."

A nova agência — Needham, Harper & Steers — redesenhou quase completamente a campanha esta temporada. Começando com um estudo recente, que mostrou que em três de cada quatro casos as crianças decidem onde uma família vai comer fora, a agência devotou grande parte de sua energia em um uma nova série de comerciais de TV imaginativos voltados para as crianças e que se passam em um mundo de fantasia exuberante chamado de "McDonaldlândia". A figura central é Ronald McDonald, o palhaço que há um bom tempo tornou-se uma presença constante na televisão (o Quarto Estudo Anual de Consciência Ronald McDonald mostrou recentemente que 96% das crianças norte-americanas podem identificá-lo pelo nome, tornando Ronald um segundo lugar próximo do Papai Noel em termos de reconhecimento). Mas há toda uma gama de personagens novos, incluindo o Capitão Crook (que vive em sanduíches de filé de peixe), os Goblins (que devoram as batatas fritas), o Hamburglar (que rouba você sabe o quê), o Prefeito McCheese e Big Mac, o chefe de polícia.

Needham também descartou o velho slogan do McDonald's, "O seu tipo de lugar", e criou um novo, "Você merece um descanso". Peter Nelson, o supervisor de contas sênior, diz que o novo slogan é para salientar "a experiência McDonald's" em vez da comida. "A mensagem que nós estamos tentando passar", diz ele, "é a de que ir ao McDonald's pode ser uma experiência divertida para uma família norte-americana. Para a dona de casa é um pequeno descanso na rotina do dia. Para o pai é uma oportunidade de ser um herói para os filhos, mas de uma maneira que não vai lhe custar muito dinheiro. Para as crianças é pura diversão. Para todos é uma experiência voltada para a família."

O resultado gerado de uma política voltada para a família pode ser assombroso. Um exemplo fundamental é o da loja do McDonald's na Avenida Nicollet, 8.040, em Bloomington, Minnesota. Ano passado a unidade, que é de propriedade e operada pelo próprio McDonald's, gerou uma receita bruta de US$ 1.100.000; foi a primeira vez que qualquer unidade passou dos US$ 1.000.000. É claro, a localização da loja em Bloomington é ideal. Ela fica a menos de um quilômetro do complexo esportivo no qual os Minnesota Twins, os Vikings e os North Stars jogam beisebol, futebol americano e hóquei, e os fãs de esportes são comprovadamente apreciadores do McDonald's. Além disso, ela fica perto de uma importante autoestrada e próxima de vários cinemas *drive-in*, dois shopping centers e várias indústrias importantes.

Mas, de acordo com Jim Duval, seu gerente, a maioria dos clientes da unidade é formada de famílias jovens, prolíficas e relativamente prósperas que vivem nos subúrbios em rápida expansão de Bloomington. "Estas pessoas são tão leais que é difícil de acreditar", diz ele. "Olhe a questão desta maneira: nós somos a loja número um no país não apenas em termos da média anual, mas praticamente todos os meses, incluindo os meses de inverno, quando faz um frio terrível aqui. Mesmo quando a temperatura está negativa e as ruas estão com meio metro de neve, nós temos filas de famílias aqui para pegar os seus pedidos e voltar para os seus carros e comer encolhidos no ar quente."

Para construir uma lealdade como esta, as lojas do McDonald's por todo o país investem bastante tempo, energia e dinheiro demonstrando que "fazem parte da comunidade". Este é um tema importante na campanha de relações públicas do McDonald's. Os meios — a maioria deles concebidos por Cooper a Golin — são variados e imaginativos. Em Saratoga, Califórnia, uma loja do McDonald's doou bebidas para as mulheres participando de uma campanha de limpeza das ruas, *"Ladies Litter Pick-up"*. Em Johnson City, Tennessee, Rick Fulton ganhou uma refeição de graça no McDonald's quando foi escolhido como "motorista seguro e cortês" pela polícia local. Em Brea, Califórnia, o McDonald's ofereceu hambúrgueres e refrigerantes de graça para os homens lutando contra um incêndio florestal. Em Fort Worth o McDonald's doou um hambúrguer para cada criança que colocou uma fita refletiva gratuita em sua bicicleta sob o programa *"Lite-A-Bike"* patrocinado pelos Veteranos de Guerras no Estrangeiro. Em Frederick, Maryland, Ronald McDonald — ou um entre as várias centenas de atores e estudantes de teatro que o interpretam por todo o país — liderou o desfile de Dia das Bruxas anual.

O McDonald's não é amado em todas as comunidades. Em Braintree, Massachusetts, grupos cívicos protestaram contra planos para construir os Arcos Dourados sobre a nova localização do restaurante na Pearl Street. Outras cidades em diversas partes do país reclamaram que os arcos, os letreiros altos e os azulejos vermelhos e brancos são espalhafatosos e não combinam com seus padrões estéticos. Em alguns casos, conselhos de análise arquitetônica forçaram mudanças importantes no projeto de lojas. Fred Turner menospreza muitas destas críticas como sendo "um monte de senhoras velhas que não sabem o que estão fazendo". Mas o McDonald's recentemente adotou um novo design menos chamativo e remodelou algumas de suas lojas antigas desta forma. O novo design tem um telhado de mansarda duplo acentuado por vigas de metal, janelas de vidro laminado colocadas em uma fachada de tijolos à vista e um pequeno logotipo do McDonald's na parede — tudo nos tons que estão na moda hoje em dia de marrom, oliva e bege.

O McDonald's talvez venha a enfrentar em seguida uma nova onda de críticas. À medida que o movimento dos consumidores continua a crescer, alguns ativistas começaram a examinar a indústria de fast-food a partir de um ponto de vista nutricional. Pouco se questiona seriamente a respeito da pureza da carne do McDonald's. O comissário de defesa do consumidor da cidade de Nova York, Bess Myerson, diz que o McDonald's se saiu bem durante uma recente campanha de inspeção de gordura em excesso em hambúrgueres. (As especificações do McDonald's estabelecem um conteúdo de gordura entre 16 e 18,9%. As especificações também exigem que os bifes sejam feitos somente de dois cortes de carne — agulha e paleta — e que não haja corações, pulmões, buchos, carnes da face ou da cabeça, sebos, temperos, preservativos, aditivos de proteína, recheios ou cereais.)

Mas quanta nutrição você consegue de uma refeição em um McDonald's? Jean Mayer, professor de nutrição na Escola de Saúde Pública da Universidade de Harvard, responde desta maneira:

"A refeição típica do McDonald's — hambúrguer, batatas fritas e um milk-shake — não proporciona a você muita nutrição. Ela é muito baixa em vitaminas B e C, mas muito alta em gorduras saturadas. É típico da dieta que aumenta o colesterol e leva à doença cardíaca. Não me tome como um fanático. De vez em quando eu gosto de fazer uma refeição de hambúrgueres e batatas fritas. Mas não como uma dieta alimentar regular."

Fred Turner responde que ninguém come uma refeição em um McDonald's como uma dieta alimentar regular. Mas o professor Mayer relembra o que ele ouviu de uma nutricionista em um hospital de veteranos em Martinez, Califórnia. "Ela me disse que veteranos da Primeira Guerra Mundial se alimentam estritamente de batatas e carne. Veteranos da Segunda Guerra Mundial e do conflito na Coreia gostam de uma dieta mais variada e equilibrada — vegetais, frutas e leite. Mas os veteranos do Vietnã não fazem refeição alguma. Eles não comem o café da manhã, apenas puxam os cobertores sobre suas cabeças e voltam a dormir. Então, no fim da manhã, eles começam a ficar com fome e a beliscar hambúrgueres, cachorros-quentes, batatas fritas e refrigerantes. Eles provavelmente comeriam todas as suas refeições em um restaurante McDonald's se pudessem."

O mesmo ponto é trazido em um estranho lote de cartas empilhando em uma gaveta na sede do McDonald's. Se pudermos acreditar nestas cartas, os rapazes lutando no Vietnã não estão sonhando com refeições feitas em casa como os seus predecessores. O que eles estão sonhando está bem ilustrado neste apelo queixoso, que o McDonald's infelizmente não foi capaz de satisfazer:

"Prezados senhores,

nós somos do Primeiro Pelotão da Companhia Bravo, Quarto Batalhão, 21ª Brigada, Divisão Americana. Nós somos da infantaria. Eles nos chamam de soldados rasos, e nós andamos curvados pelas matas e plantações de arroz. Comer as rações do exército não chega a ser uma delícia, e soldados rasos estão sempre com fome de uma boa comida americana. Enquanto folheávamos a revista *Life*, vimos uma foto de um hambúrguer "Big Mac". O primeiro pelotão gostaria de fazer um pedido de 50 Big Macs. Nós sabemos que este é um pedido esquisito, mas estamos tão terrivelmente famintos por um bom hambúrguer que fazemos coisas desesperadas como esta. Quando voltarmos para o mundo, este será o nosso primeiro ato — ir a um McDonald's por um hambúrguer e um milk-shake. Se vocês conseguirem atender ao nosso pedido, nós seremos eternamente gratos."

22

A maioria floresceu tarde

UM ESPORTE POPULAR entre estudantes do ensino médio e universitários é o de avaliar o potencial de sucesso uns dos outros. Quase todo anuário de turma já publicado contém uma nominação do estudante considerado "Mais Provável que Tenha Sucesso". O estudante Mais Provável é normalmente aquele que combina excelência acadêmica com um turbilhão de atividades extracurriculares. Ele é o garoto que organiza bailes, levanta fundos, é eleito para altos postos no grêmio estudantil. O cara no campus. O abelhudo. Seus colegas não gostam muito dele necessariamente e podem considerá-lo até um grande aborrecimento. Ele raramente vence o título de Mais Popular, ou Mais Sexy, ou Mais qualquer coisa. Ele é simplesmente o estudante que, nesta tenra idade, exibe de maneira mais visível os traços — a garra de buscar os objetivos, o ritmo acelerado — que se acredita que levam ao sucesso no mundo moderno.

Em algum lugar, entretanto, algo deu errado. De todos os homens imoderadamente bem-sucedidos que estudamos nesta galeria, apenas um — Benton — era claramente o tipo de garoto Mais Provável que Tenha Sucesso. Um ou dois outros — Paulucci, talvez os irmãos Levitt — poderiam ter sido votados Quase Mais Prováveis se a competição não fosse tão formidável. O resto estava claramente fora do páreo e muitos, realmente, poderiam ter reivindicado o título de Menos Provável ou mesmo Absolutamente Impossível.

No fim das contas, como regra geral, os homens altamente bem-sucedidos tendem a florescer mais tarde. O ímpeto pelo sucesso, o que quer que ele seja, talvez exista neles na sua época na escola, mas de certa maneira não encontra repercussão na sociedade escolar. Eles tendem a ser garotos que não chamam a atenção na melhor das hipóteses, e fracassos acadêmicos na pior. Somente na terceira década de suas vidas — a década entre os 20 e os 30 anos — que a maioria começa a mostrar sinais de ser mais do que homens comuns. Alguns chegam a seguir semi-dormentes até a quarta década.

Vamos recapitular brevemente as conquistas acadêmicas e carreiras iniciais dos homens que nós estudamos.

Benton — Tipo Mais Provável. Histórico escolar brilhante. Formou-se na faculdade e progrediu uniforme e suavemente para cima a partir daí. Aos 25 anos ele tinha um trabalho assalariado; aos 30 estava administrando a sua própria empresa; aos 35 tinha tanto dinheiro que estava pronto para se aposentar.

Stone — Distintamente Improvável. Histórico escolar mediano. Não se deu bem com um professor. Largou a escola no ensino médio. Mas aos 25 anos era proprietário de uma pequena empresa bem-sucedida, e aos 30 era um milionário.

Hirshhorn — Largou a escola. Milionário aos 30 anos.

Cornfeld — Formou-se na faculdade com um bom histórico escolar, mas poucas outras pretensões a Mais Provável. Tipo melancólico, dado a protestos sociais. Começou a carreira como trabalhador social. Não descobriu sua carreira no mercado de ações até quase os 30 anos; começou a ficar rico com 30 e poucos anos.

Hughes — Histórico acadêmico medíocre. Outros garotos na escola mal notaram que ele estava ali. Tinha dinheiro e tempo para fazer uma faculdade, mas não quis. Aos 25 anos tinha multiplicado seu patrimônio em muitos milhões.

Getty — Formou-se na faculdade sem uma distinção extraordinária. Um garoto calado. Achou que queria ser diplomata ou escritor. Mas derivou para o ramo do petróleo e aos 25 anos tinha feito seus primeiros grandes negócios.

Lear — Largou a escola. Milionário aos 30 anos.

Land — Intelectual estudioso, mas não tinha o tipo de ímpeto para ser o Mais Provável. Terminou o ensino médio, mas largou a faculdade. Milionário aos 30 anos.

Ludwig — Largou a escola. Início de carreira problemático. Esteve quebrado a maior parte do tempo até mais ou menos os 40 anos.

Ling — Adolescente vagabundo, largou a escola. Mas tocava uma pequena empresa próspera aos 25 anos e era um multimilionário aos 30.

Hilton — Histórico escolar mediano, comum. Largou a faculdade pensando em ser um pequeno empresário em uma cidadezinha no Novo México. Apenas moderadamente rico aos 30 anos, mas um multimilionário aos 35.

Irmãos Levitt — Formaram-se na faculdade sem saber exatamente para onde estavam indo. Construtores pequenos nos seus 20 anos; milionários nos seus 30 anos.

Turner — Largou a escola. Derivou de um lado para o outro com resultados decepcionantes nos seus 20 anos. Acertou em cheio nos seus 30 anos.

Paulucci — Tipo de garoto ocupado, promotor desde jovem; foi bem-sucedido social e academicamente na escola. Largou o colégio. Ganhou uma boa renda a maior parte de sua vida, mas só atingiu a classe dos multimilionários com quase 40 anos.

Kroc — Largou a escola. Errou por anos, um notável fracasso. Não encontrou sua carreira até os 35 anos e só ficou rico depois dos 40.

Parece significativo que metade destes homens fabulosamente ricos abandonou a escola e menos de um terço preocupou-se em terminar a faculdade. Mas significativo como? O que isto significa?

Uma possibilidade, que nós já levantamos antes (Capítulo 5), é de que pode ser que as escolas norte-americanas ensinam pouco ou nada que prepare diretamente os garotos para serem capitalistas. Muitas pessoas parecem pensar assim, de qualquer maneira.

Pois após a escola elas procuram professores de fortuna para lhes dar as aulas que faltam.

Uma segunda possibilidade é a de que o ambiente social escolar é errado para o tipo de jovem que virá a ser um acumulador de capital. Alguma coisa na sua psique o torna um desajustado; o ambiente é colocado de tal maneira que ele não pode ter sucesso nele. Talvez ele não goste de ficar sentado absorvendo passivamente as lições ensinadas pelos adultos. Talvez ele não possa interessar-se no trabalho porque sua formação emocional demanda recompensas imediatas e tangíveis como o dinheiro — recompensas que são dadas somente no mundo adulto, não nas escolas. Talvez ele fique incomodado com a sociedade escolar rigidamente organizada. Ele quer controlar o seu próprio destino, mas foi concedido a outras pessoas o poder para lhe dizer onde se sentar, o que ler, quando chegar e quando partir.

Uma terceira possibilidade é a de que a mente que acumula capital (se é que existe algo assim) simplesmente pode levar mais tempo para amadurecer, ou se ligar ou gerar a energia necessária do que outros tipos de mentes. Ou — o que vem a ser a mesma coisa — este tipo de indivíduo com desenvolvimento lento por uma razão ou outra tende a ser atraído para a ideia do acúmulo de capital após ele ter sido empurrado para o mundo adulto.

Existe alguma evidência acadêmica — embora admitidamente não muita — para apoiar a observação de que os ricos florescem tarde. Alguns anos atrás, um psicólogo escolar de Nova Jérsei, Dr. Paul Feldman, compareceu ao encontro de dez anos de formatura da sua própria turma de faculdade e entristeceu-se ao tomar conhecimento de dois fatos incomuns. O homem votado o Mais Provável que Tenha Sucesso havia se afundado de tal forma em seus negócios nestes dez anos passados que ele tivera de deixar a cidade com uma enorme dívida, abandonara a família e desaparecera. A mulher votada a Mais Provável havia se divorciado duas vezes e tornara-se uma alcoólatra.

Feldman não estava observando nada de surpreendentemente novo. Em milhares de outras reuniões de classe em toda a história, antes e desde então, os visitantes retornando à sua turma observaram que nem todos os seus colegas se transformaram no que havia sido previsto no amanhecer rosado de sua juventude. A reação típica para uma descoberta destas é um dar de ombros, pronunciar algumas banalidades filosóficas e servir mais um drinque. Feldman, entretanto, decidiu se aprofundar um pouco mais na questão. Ele analisou uma série de anuários passados de várias escolas de ensino médio e faculdades, então rastreou os estudantes Mais Prováveis para descobrir o que realmente eles haviam se tornado.

No fim das contas os Mais Prováveis estavam, na média, entre os que tinham atingido menos sucesso em seus desempenhos pós-escola reais. — Trata-se de um fato peculiar, frequentemente observado — ele escreveu — que os adultos mais bem-sucedidos, pelo menos em nossos padrões de sucesso orientados para o dinheiro de hoje em dia, são muitas vezes homens e mulheres que, como estudantes, causaram as impressões menos favoráveis sobre os seus colegas. Estes são os desajustados sociais da turma, os tímidos e desajeitados, os "excêntricos" e "esquisitos". Em comparação, aqueles estudantes que brilham de maneira mais intensa no firmamento da escola, aqueles que impressionam seus pares como sendo destinados a um grande sucesso, na realidade terminam não realizando confiadamente sua promessa aparente.

Por que não? O Dr. Feldman especulou que o tipo Mais Provável talvez, na verdade, brilhe intensamente demais cedo, enquanto os excêntricos e esquisitos ganham momento lentamente e explodem para proeminência mais tarde na vida. Feldman também especulou que o ambiente escolar talvez seja tão diferente do mundo adulto que sejam necessários tipos de personalidades inteiramente diferentes para se ter sucesso em cada um. Uma personalidade que tem sucesso em um ambiente não vai, precisamente por esta razão, achar fácil ter sucesso no outro.

Homens como William Benton — conquistadores absolutos de ambos os ambientes — são raros. Poderíamos argumentar até que

Benton não pertence à nossa galeria, pois ele não é um verdadeiro acumulador de capital. De todos os homens que nós estudamos, ele é o único que não queria ser muito, muito rico e não tentou ser — e ainda insiste eloquentemente que não é. Ficou rico por acidente. A partir disso poderíamos argumentar que ele não é uma exceção à regra: os grandes arrecadadores de capital não brilham quando são jovens.

O que isto tudo significa para você e eu? Talvez que ainda possamos ter muita esperança

Nossas vidas talvez não tenham começado em alta velocidade. Talvez tenhamos nos arrastado pela escola chamando tão pouca atenção que, na próxima reunião, ninguém vai se lembrar de quem diabo somos nós. Os comentários embaixo das nossas fotos do anuário talvez reflitam mais educação do que entusiasmo. Talvez nós sejamos humildes assalariados, fadados, pareceria, ao esquecimento.

Mas não importa. É possível florescer em qualquer idade. E se a grande riqueza é o que buscamos, evidentemente é melhor florescer tarde do que cedo.

23

Conselhos dos ricos

ERA DEZEMBRO DE 1970. Uma época difícil. O mercado de ações tinha passado há pouco por uma de suas piores quedas na história. A nação estava nas garras de uma recessão severa e teimosa. Para muitos que estavam sem trabalho, era ainda pior do que isto; tratava-se de uma conhecida e manifesta depressão. Os anos dourados de 1960 tinham terminado, e ninguém sabia quanto tempo levaria até que víssemos o próximo brilho de ouro à distância.

Em meio a todo esse pessimismo, os editores da *Chicago Tribune Magazine* mandaram o repórter Richard Gosswiller sair nas ruas frias e ventosas da cidade com uma pergunta cativantemente animadora. Era uma pergunta que presumia o retorno dos anos dourados em algum momento indeterminado no futuro, e não há dúvida de que ela encorajou alguns leitores da *Tribune* a pensar sobre aqueles anos em vez de ficar remoendo sobre o presente deprimente e desolador. A pauta de Gosswiller era procurar alguns dos homens muito ricos de Chicago e perguntar a cada um deles: "Se você fosse um jovem hoje e tivesse US$ 5.000 para investir, o que você faria com esse dinheiro?"

Suas respostas foram diversas. Instrutivas, também, talvez. Obviamente, como já observamos antes, o fato de um homem ter conseguido algo não quer dizer necessariamente que ele possa ensiná-lo. Nem todos homens ricos de Gosswiller talvez sejam conselheiros sábios. Alguns dos seus conselhos poderiam levar os estudantes à falência ou (o que seria quase tão ruim quanto), o estado infeliz de ficar parado enquanto todo mundo está fazendo grandes negócios. Mesmo assim, talvez seja seguro presumir que os conselhos de homens ricos sobre como ficar rico sejam melhores, na média, do que os conselhos dos não ricos.

O primeiro homem com que Gosswiller conversou foi nosso velho amigo Clement Stone, que não carece ser apresentado. Os outros são apresentados à medida que eles entram em cena. Cada homem começou respondendo à pergunta básica da *Tribune*, e Gosswiller então deu sequência com mais perguntas para esclarecimentos.

A seguir o que nove homens ricos de Chicago pensam que você deveria fazer com o seu capital inicial.

Como ficar rico com US$ 5.000*

Por Richard Gosswiller

1. Apostando em uma ação
W. Clement Stone
Presidente do conselho
Combined Insurance Company Of America

Se você me conhece e à minha operação, você sabe qual será a minha resposta. Se você quiser ir dormir e acordar rico, você comprará ações da Combined Insurance Company. Quando você parar para refletir que um investimento de US$ 10.000 em, oh, 1951, teria um valor de mercado de aproximadamente US$ 10.000.000 hoje, você verá que não é um mau negócio.

O senhor quer dizer que se fosse um jovem com US$ 5.000, o senhor aplicaria todo este valor em ações de uma empresa?

---

* Reimpresso com permissão da edição de 6 de dezembro de 1970 da *Chicago Tribune Magazine*. Copyright © *Chicago Tribune* e Richard Gosswiller.

Se eu conhecesse a administração desta empresa e soubesse para onde ela está indo, eu o faria. Outras empresas estão apresentando uma renda bruta menor no momento enquanto que nós estamos apresentando uma renda bruta maior, lucros maiores.

Você quer dizer que se você fosse um jovem estudando algumas empresas e cruzasse com o nome da Combined...

Amigo, eu não pensaria duas vezes.

O senhor não titubearia em investir nela?

Com certeza.

Todo o dinheiro?

Absolutamente. E vou lhe dizer por quê. Eu sou um vendedor, e como vendedor eu posso gerar uma renda. Se eu estivesse investindo agora, e esta é a sua questão, eu investiria no que eu sinto que seria um negócio seguro, em virtude da experiência, da administração, do momento que a empresa passa e do futuro para que ela se dirige claramente.

As suas ações estão avaliadas em 39 ou 40 hoje...

Declaramos não faz muito um pagamento de dividendos. Temos distribuído dividendos todos os anos por muitos anos.

Quanto elas desvalorizaram no último ano e meio?

Eu diria que algo entre 20 e 25%. Então é um momento excelente para comprá-las.

Apesar da queda?

Eu diria que para o investidor — esta foi a palavra que você usou, não o especulador — mesmo na alta de 1968, elas teriam sido uma boa compra, pois o investidor não compra hoje e vende amanhã. Ações seguem ciclos e qualquer um pensando em termos de três ou quatro anos vai se dar bem. Eu sou conselheiro da fundação para o Estudo de Ciclos, e estou comprando uma grande quantidade de várias ações para nossa companhia e outros.

Mas o senhor investiria todo o dinheiro em uma empresa?

Bem, quando você para e considera o número de milionários nos Estados Unidos que são proprietários de ações da Combined Insurance e que tinham muito pouco dinheiro alguns anos atrás... Confira com algum corretor a história da Combined. Acho que você verá o meu ponto.

Mas supondo que o senhor tivesse de escolher outra empresa que não a Combined?

Deixe-me lhe passar um conceito básico. Uma maneira de se ganhar uma fortuna é envolver-se com uma empresa cujo produto seja preciso por um grande mercado. [Não é importante que o produto seja realmente necessário, apenas que as pessoas *sintam* que precisam dele]. O produto deve ser descartável e vendido a um baixo custo, capacitando a empresa a vendê-lo repetidamente para os mesmos clientes e em grande volume. Além disso, o homem que administra a empresa deve ser dedicado e deve ter uma participação acionária no crescimento da empresa.

O senhor poderia recomendar uma empresa que atenda a todas estas qualificações?

Eu faço parte do conselho de diretores da Alberto-Culver. Sou um dos maiores acionistas na empresa. Treze anos atrás ajudei a financiar a empresa com US$ 450.000, pelos quais recebi 25% das ações. Hoje em dia estas ações valem algo como US$ 25 milhões.

E o senhor acha que a Alberto-Culver ainda é uma boa opção de compra?

Acho que ela tem um grande futuro pela frente. Mas, mais uma vez, sou definitivamente suspeito em dizer isso.

2. Controlando um negócio
Donald O'Toole, Sr.
Presidente
Financial Management Associates

Enquanto os bancos estão aconselhando indivíduos, Donald O'Toole está aconselhando bancos. O'Toole, formado na Universidade de Notre Dame, trabalhou no mercado imobiliário e em bancos, então começou a organizar bancos por conta própria. A Financial Management Associates, sua criação mais recente, aconselha pequenos bancos comunitários sobre como conseguir custos mais baixos, lucros mais altos e um maior crescimento.

Se eu estivesse começando hoje, eu entraria em um negócio que eu pudesse ver e compreender e sobre o qual eu pudesse ter uma voz efetiva. Em outras palavras, eu colocaria meus US$ 5.000 em uma empresa apenas com a garantia de que poderia ter uma voz efetiva nas questões da empresa ou se com o tempo eu teria esta voz.

Isto não seria bastante difícil para o jovem médio?

Bem, tenho sido um executivo minha vida inteira. Quando saí da faculdade, fui diretamente administrar minha própria imobiliária. Era o negócio do meu pai, mas seis meses depois ele teve de deixar a empresa, e dali em diante tive de batalhar meu próprio destino. Isto foi em 1931.

Como você faria para escolher um negócio se você não o tivesse herdado?

Dependeria, em primeiro lugar, das próprias aptidões do sujeito — seu conhecimento, interesse e formação. Segundo, isto exigiria investigação. Ele poderia ter feito um estágio na empresa quando estava na faculdade. Ou ele poderia ter escolhido uma empresa, trabalhado um ano ou dois para ela e tê-la conhecido — enquanto isso mantendo seus US$ 5.000 guardados. Então, quando ele tivesse certeza de que tanto seus talentos quanto seu dinheiro poderiam ser usados para influenciar o progresso da empresa, ele poderia investir.

O senhor acha que esta é uma solução melhor do que, digamos, investir no mercado?

O general Robert Wood da Sears & Roebuck me disse uma vez — e a Sears, é claro, é bem conhecida por ter uma política de participação nos lucros da empresa — que os empregados, quando têm tudo que possuem investido no negócio, podem ser motivados a usar suas últimas forças quando a situação demandá-lo. É claro, você pode ter uma carteira bem equilibrada com a U.S. Steel e a Standard Oil e esse tipo de coisa. Você estará em terreno seguro, mas você também se anestesiou. Você está literalmente dando o seu dinheiro para as pessoas gastarem. Você não tem o desafio de realizar o trabalho por si mesmo. Eu disse basicamente a mesma coisa até para trabalhadores que vieram me perguntar sobre investimentos. Eles dirão: "Acho que devo investir em algumas ações." Eu pergunto: "Onde você trabalha?" Eles dizem: "Eu trabalho para Sherwin-Williams." "O que você acha da empresa?" "É uma empresa bacana." "Então, compre as ações dela. Isto vai ajudar a empresa e vai torná-lo um empregado melhor."

3. As indústrias de serviços
George Dovenmuehle
Presidente do conselho
Dovenmuehle, Inc.

Em Chicago, o dinheiro dos Dovenmuehle é um dinheiro antigo. A empresa foi fundada por três famílias de Chicago em 1844 e tem emprestado dinheiro para construir a cidade desde então. No processo, a empresa e as famílias realizaram um lucro — e que lucro.

Eu usaria os US$ 5.000 para abrir um negócio, e o negócio que eu escolheria seria uma indústria de serviços. Se eu tivesse habilidades mecânicas, consertar automóveis, por exemplo.

O senhor compraria uma participação no negócio?

Ou começaria o meu mesmo. De qualquer maneira leva bastante tempo até você começar a ganhar dinheiro.

E se o senhor fosse meramente investir o dinheiro?

Se eu fosse um rapaz, eu provavelmente investiria no mercado de ações, com todas suas altas e baixas, e eu diversificaria até certo ponto.

Alguma área em particular?

A indústria de serviços é uma. Mas eu também olharia para aquelas indústrias que empregam comparativamente pouca mão de obra. Por exemplo, a indústria do gás. O gás é uma mercadoria escassa que exige muito pouca mão de obra para sua produção em comparação aos produtos manufaturados.

O segmento de serviços exige mão de obra, não é?

Sim, mas existem vários serviços que estão em grande demanda e terão uma demanda ainda maior. A indústria de lares geriátricos, por exemplo. Fizemos uma série de financiamentos nesta área. Bem, se você está por dentro disso, este segmento pode ser muito lucrativo, pois cada vez mais vamos usá-los.

O senhor se importaria em mencionar algumas ações específicas?

Algumas poderiam ser ações de mineração. Um exemplo é a American Metal Climax. Eles produzem todo tipo de metais, incluindo alumínio, que está crescendo em popularidade. Mas, também, óleo, cobre, gás — toda sorte de coisas em muitas partes do mundo.

Por que o senhor enfatiza as indústrias de serviços?

O negócio de serviços está crescendo muito mais rápido do que os produtos manufaturados. Com nossa abundância, estamos comprando mais e mais serviços.

Até onde iria o seu planejamento em termos do retorno sobre o seu investimento?

Eu estaria pensando a longo prazo, mas gostaria de ver algo se materializar em cinco anos.

E qual deveria ser uma valorização interessante daqueles US$ 5.000 após cinco anos?

Bem, eu certamente ficaria desapontado se eles não dobrassem.

O senhor não investiria em uma única empresa que parecesse interessante?

Um jovem até pode assumir este risco se ele estiver convicto, enquanto que um homem mais velho não pode.

4. Seis *Blue Chips*
Joseph Block
Ex-presidente do conselho
Inland Steel Company

> *Block entrou para a Inland em 1922 no departamento de vendas e ascendeu resolutamente na hierarquia corporativa. Agora ele parou sua ascensão e observa tudo de cima. Block segue diretor e é conselheiro do comitê executivo da Inland. Ele ainda mantém um escritório e horas regulares na sede da empresa na Monroe Street.*

Eu compraria uma lista diversificada de ações corporativas norte-americanas bem experimentadas e teria fé no futuro. Com US$ 5.000 você não pode diversificar muito, mas se um jovem investidor comprasse seis empresas norte-americanas bem experimentadas com bons históricos, ele não se arrependeria.

> *Como ele as escolheria?*

Acho que ele deveria se aconselhar no seu banco ou falar com consultores de investimentos.

> *Alguma empresa específica ocorre ao senhor?*

Assim sem pensar muito, eu diria Sears, Roebuck e General Motors.

> *O senhor esperaria por ganhos de curto prazo?*

Eu pensaria nestes investimentos como uma proposição de longo prazo que precisaria ser acompanhada.

5. Dinheiro e fundos mútuos
E. Stanley Enlund
Presidente
First Federal Savings and Loan

Enlund formou-se na escola Schurz High-School e na Universidade De Paul College of Law, mas esteve no segmento de bancos ou poupanças e empréstimos desde então, primeiro no Continental e mais tarde no Sears Bank. A empresa que ele chefia hoje em dia tem ativos na casa dos US$ 778 milhões.

Acho que sempre há um valor em um sujeito ter uma reserva de dinheiro, e isto provavelmente deve se situar em algum ponto na faixa dos mil dólares. Vemos em nosso negócio que alguma liquidez financeira é vital. Então acho que ele deveria observar a estrutura de negócios dinâmica de nosso país em termos de como ele participará nesta economia em crescimento que terá alguma inflação — esperemos que uma inflação controlada —, nos anos a seguir. Com os US$ 4.000 restantes eu o instaria seriamente a dar uma boa olhada em alguns dos fundos mútuos de melhor crescimento que tiveram bons históricos de investimentos ao reconhecer que este mercado passou por um aperto e tanto — um enxugamento de 30% ou mais. Acho que com um fundo mútuo ele teria um equilíbrio, e isto seria uma boa base a partir da qual construir um programa total à medida que o potencial da carreira dele se desenvolve.

Os fundos de crescimento sofreram terrivelmente na recessão recente, não?

Eles sofreram um impacto enorme, é verdade. Eles tiveram uma perda chegando a quase 30 % na média. No entanto, alguns tiveram desempenhos melhores do que outros. E isto é algo que você tem de reconhecer. Um sujeito pode precisar de alguma ajuda em termos de escolha, mas existe um grupo sólido de mútuos bem administrados operados por homens de experiência — e isto é o que você realmente está fazendo, pegando uma carona em sua capacidade e julgamento. Tudo que estamos fazendo com este dinheiro, realmente, é construir a fundação.

Como um sujeito escolhe entre vários fundos mútuos que pareçam atraentes?

No meu próprio caso estive desenvolvendo um fundo educacional. Tenho esse garotinho — bem, ele não é mais tão pequeno, ele tem 14 anos. Estive investindo no fundo T. Rowe Price para ele por anos. Bem, este fundo tem ido realmente bem, exceto, como todos os fundos mútuos, ele sofreu com o mercado em baixa. Estou envolvido um pouco com a Allstate, então eu conheço aquele padrão de desempenho. Acho que se ele está procurando aconselhar-se, então ele poderia procurar sua instituição financeira local — seja o banco ou uma agência de crédito mobiliário.

Estas instituições dariam conselhos sobre investimentos?

Se um sujeito entrar aqui, nós obviamente não podemos dar recomendações básicas, mas podemos sugerir a ele corretoras responsáveis e éticas que possam aconselhá-lo. E nós provavelmente não recomendaríamos apenas uma; nós recomendaríamos três ou quatro.

A outra alternativa são fundos mútuos sem carga, onde não há um corretor envolvido. Qual a sua opinião a respeito deles?

T. Rowe Price é um fundo mútuo sem carga. Bem, estamos andando em círculos. Você tem de comparar os dois. Quando olho para eles, olho para o padrão de desempenho — o resultado —, mas também avalio a capacidade da administração. Porque quando você investe em fundos mútuos, você está comprando duas coisas — um *spread* sobre o seu investimento, pois você será um investidor em um grupo de títulos, mas, igualmente importante, você está em busca do conhecimento e da capacidade do grupo que está fazendo o investimento.

Como você determina quais gestores são mais capazes?

Pelo desempenho. *Investment Companies*, um livro publicado anualmente pela Wisenberger Financial Services, avalia fundos mútuos através de um período de tempo. Este é um dos valores que o sujeito consegue ao fazer a seleção do fundo, ao contrário da escolha de meia dúzia de companhias pequenas.

Qual valor?

Se ele está fazendo a pesquisa, ele começa a perceber que nenhum fundo desempenha da mesma maneira. Um fundo estará comprando e outro estará vendendo. O que ele vai aprender é que o mercado é um ambiente controlado, mas que reflete o julgamento de investidores grandes e pequenos. Esta pesquisa ampliará o seu conhecimento em termos de como o sistema inteiro funciona. E ele será parte dele.

O senhor acredita que ele aprenderá mais estudando fundos mútuos do que empresas individuais?

Bem, nós poderíamos fazer um estudo sumário sobre ambos os lados. Acho, no entanto, que com o tamanho do montante que teríamos para gastar — US$ 4.000 —, ele não poderia conseguir o tipo de combinação que ele deveria ter. Então eu estaria inclinado a buscar os fundos mútuos. Se ele tivesse US$ 50.000, ele poderia se diversificar.

Qual o rendimento que o senhor esperaria com o investimento no fundo mútuo, digamos, em cinco anos?

Bem, se você investe em um fundo mútuo, você não está procurando uma renda corrente. E sob as regulamentações da Comissão de Valores e Câmbio eles têm de definir seu objetivo de investimento. Alguns fundos buscam uma renda específica e crescimento de 10 a 15% ao ano. Agora, se eu fosse um jovem, eu estaria de olho em um fundo que estivesse prosperando 10, 20, 30 anos à frente.

Mas o senhor descreve este investimento como a fundação?

Sim, mas isto não quer dizer que eu o distribuiria. Eu teria outra renda e em algum ponto ao longo do caminho me tornaria um investidor em uma base individual.

6. Mercado imobiliário: prédios
Arthur W. Rubloff
Presidente
Arthur W. Rubloff & Cia.

Rubloff está no mercado imobiliário desde que chegou a Chicago de Minnesota em 1919. Ele foi o pioneiro dos projetos imobiliários Magnificent Mile e Sandburg, então seguiu em frente para desenvolver as Bayshore Properties em São Francisco e para criar a Grand Bahama Port Authority nas Antilhas Britânicas.

Se eu tivesse US$ 5.000 e fosse um rapaz jovem, eu compraria um prédio pequeno de algum tipo, preferivelmente uma propriedade residencial de dois ou três andares, ou uma casa antiga, algo por aí, que eu pudesse comprar por, digamos, US$ 15.000 com os US$ 5.000 de entrada e o resto parcelado adiante.

Um prédio antigo ou novo?

Um prédio velho. Dificilmente você conseguiria um prédio novo. Mas eu o compraria em um bairro promissor, como Near North Side de Chicago ou o Northwest Side.

Prédios antigos não são arriscados?

Bem, é claro, há um risco em tudo; há um risco em caminhar na rua. Mas se você olhar a questão de um ponto de vista prático, você precisa de um pouco de conhecimento, e é preciso muita coragem e imaginação, também. Falar é fácil, claro, mas isto foi feito em diversas situações. Já li incontáveis histórias sobre jovens empreendedores que começaram comprando uma casa de dois andares, ou uma casa antiga, por um pouco de dinheiro contra uma hipoteca, então a reformaram e a alugaram, aumentando sua renda, para em seguida vendê-la com um lucro. Então pegaram este lucro com seu investimento original e compraram outra propriedade.

Você consegue uma propriedade dessas por US$ 15.000?

Oh, sim. Depende do bairro, do vendedor e um monte de fatores. Não quero dizer que seja fácil sair no mercado e comprar US$ 15.000 em uma propriedade interessante por uma entrada de US$ 5.000, mas já foi feito. Você tem de trabalhar na questão. Eu conheço um homem em particular, um executivo júnior em uma das principais companhias de seguro do país. Ele é um homem de meios limitados, mas comprou quatro propriedades pequenas no bairro de Near North Side, tudo a partir de sua própria iniciativa. Ele não perguntou nada a ninguém; ele não buscou conselho algum. E ele está se saindo bem com elas. Ele coleta os seus aluguéis. São propriedades convertidas.

O senhor disse um bairro "promissor". Isto significa um bairro agradável?

Não necessariamente. O bairro pode ou não ser agradável. Estou falando de um bairro onde você tem atividade imobiliária, onde há uma demanda por moradia. É claro, há uma demanda tremenda por apartamentos mais antigos hoje em dia, de qualquer maneira. Nunca vi a demanda por apartamentos mais antigos que existe hoje em dia.

Mais do que apartamentos novos?

Bem mais, porque as pessoas precisam de áreas maiores e elas não têm como pagar os aluguéis de prédios novos devido aos altos custos de dinheiro e construção, e assim elas não têm alternativa se quiserem um telhado sobre suas cabeças. Então elas compram um apartamento mais antigo e fazem elas mesmas alguns dos reparos. Você pega a região da Avenida North e Sedgwick. Você pode encontrar prédios pequenos por US$ 15.000 a US$ 20.000, e o sujeito que quer vender pode aceitar a entrada de US$ 5.000. Há uma demanda tremenda por este tipo de espaço.

E seria isto o que o senhor faria se estivesse começando agora?

Foi assim que eu comecei. Eu não sabia mais sobre o segmento imobiliário do que a minha avó. Tive uma pequena participação diretamente em uma propriedade e fui crescendo a partir daí, colocando meu capital em outros projetos. À medida que segui trabalhando, eu tinha vários investimentos imobiliários, e então através dos anos fui aumentando este patrimônio.

O que uma pessoa usando a sua fórmula pode esperar realizar em, digamos, dez anos?

Depende, é claro, inteiramente do financiamento conseguido. Se você comprar uma propriedade por US$ 15.000 com US$ 5.000 de entrada, você teria uma hipoteca de US$ 10.000. Digamos que o dinheiro e a amortização custem a você 12% — isto é um monte. Isto representa US$ 1.200 ao ano. E talvez os seus custos operacionais sejam de US$ 300, para um total de US$ 1.500 ao ano. Suponha que os aluguéis chegassem a US$ 200 ao mês, ou US$ 2.400 ao ano. Você teria um lucro de US$ 900 e US$ 900 representam quase um lucro de 20% sobre um investimento de US$ 5.000. Bem, com este tipo de lucro você não leva muito tempo para recuperar seu investimento, e com a propriedade residencial você pode receber pela depreciação acelerada, de maneira que nossos US$ 900 talvez voltem em sua maior parte isentos de impostos. É claro, hoje em dia existem outros problemas, porque mudaram as leis tributárias. Agora, se você vender a propriedade antes de dez anos terem passado, você tem de devolver a depreciação. Mas, mesmo assim, não é um mau negócio.

E então você reinveste os lucros em outras propriedades?

Com tempo, um pouco de paciência e engenhosidade, você pode fazê-lo. E à medida que você tiver mais propriedades, você passa a ter um crédito bancário. E se você tem um crédito bancário, você passa para algo que é um pouco maior. E se você consegue dinheiro a 9 e 10% e pode fazer 12, 14 ou 15%, então você está obtendo um lucro sobre o seu dinheiro, não está? O ponto é que o banco examinará o homem como parte da segurança, para o tipo de pessoa que ele é. E os bancos estão dispostos a assumir alguns riscos com investidores pequenos. Se você conversar com banqueiros de investimento, eles vão lhe dizer como é bom comprar títulos a 8,5% ou investir no mercado. Eu não sei nada sobre isso. Sei que perdi meu dinheiro no mercado, mas não perdi no setor imobiliário.

7. Setor imobiliário: terrenos
George Harris
Presidente
Metropolitan Mutual Assurance Company

> *Harris cresceu em Chicago, trabalhando primeiro para a cidade, então assumindo um interesse no setor imobiliário. Durante os anos 1920 e 1930 ele especializou-se na aquisição e financiamento de terras improdutivas, planejamento de novas construções e consultoria para hipotecas. Em 1940, ele tornou-se presidente e gerente geral da Parkway Amusement Corporation. Ele passou a trabalhar na Metropolitan em 1956. Harris trabalhou como presidente da Associação Nacional de Corretores Imobiliários de 1953 a 1959.*

Se eu tivesse algum talento especial ou interesse em um negócio específico, eu investiria neste negócio. Se não, eu compraria um terreno em uma área em desenvolvimento. Com US$ 5.000 há muito pouco que você poderia comprar em termos de uma propriedade desenvolvida; então eu procuraria por um terreno na periferia da cidade. Eu poderia até ser capaz de dar uma entrada em uma faixa de terra.

O senhor quer dizer um hectare ou dois?

Talvez mais. O proprietário talvez estivesse disposto a vender no contrato.

Como o senhor determinaria qual terra comprar?

Simplesmente procurando por aí e seguindo anúncios de terrenos nos jornais. Eu também manteria um olho aberto para desenvolvimentos futuros como autoestradas novas ou mudanças em localizações de autoestradas.

Então o senhor preferiria este método em relação a, digamos, o mercado de ações?

Bem, dependeria da pessoa, é claro. O investimento em terras é um negócio a longo prazo, mas se eu fosse um rapaz jovem, eu poderia esperar que o seu valor subisse. Por outro lado, se eu quisesse um retorno imediato sobre o meu investimento, eu não iria para o mercado de ações. Eu compraria títulos ou debêntures, que estão pagando algo na faixa dos 9%.

Mas este tipo de título não o deixa engessado?

Você não pode resgatá-los por cinco anos, mas todo ano você renderá 9%. Então um homem com US$ 5.000 poderia comprar cinco títulos de US$ 1.000 e receberia US$ 450 ao ano pelo seu investimento. Isto poderia seguir por bastante tempo.

Onde você compra este tipo de título?

Qualquer uma das agências de títulos [listadas sob Títulos — Investimentos Especiais nas páginas amarelas]. Elas publicam anúncios nos jornais a toda hora listando novas emissões que estão sendo feitas. A Consolidated Edison, por exemplo, está realizando uma nova emissão de títulos que pagarão de 9,25% a 9,5%. Se eu quisesse um retorno imediato sobre o meu dinheiro, eu os compraria.

8. Investindo em *commodities*
Leo Melamed
Presidente do Conselho
Bolsa Mercantil de Chicago

Melamed formou-se na John Marshall Law School em 1955, mas começou negociando nos mercados futuros de commodities "com muito pouco dinheiro" enquanto ainda estava na universidade. Agora ele é o principal sócio em um escritório de advocacia, sócio em uma companhia de investimentos e está servindo o seu segundo mandato como presidente do conselho da Bolsa Mercantil de Chicago. A bolsa é um mercado para comprar e vender contratos futuros em carne de porco (bacon não defumado), gado vivo, porcos, batatas, ovos, perus, madeira e presuntos.

Primeiro o sujeito precisa determinar em sua mente se ele está buscando um meio seguro de renda. Mas US$ 5.000 é um valor tão pequeno e insignificante para começar a construir uma base que ele quase elimina qualquer tipo de investimento que lhe proporcione uma renda segura — seja através de títulos, o mercado de ações ou qualquer coisa do gênero.

Supondo, em vez disso, que ele esteja em busca de resultados mais rápidos?

Mesmo assim, sejamos francos, US$ 5.000 não é um valor dramaticamente alto para começar a investir. Mas, certamente, o mercado de *commodities* poderia produzir alguns bons resultados. Entretanto, eu imediatamente me apressaria para aconselhar o rapaz — ou quem quer que seja — que antes que ele entre com tudo no mercado de *commodities*, ele deveria pesquisar com muito cuidado o assunto, assim como se educar a respeito dele e conversar com algumas pessoas na indústria e descobrir para si uma corretora confiável. Após ele ter feito isto e após ele perceber que sua aventura no mercado de *commodities* pode fazê-lo perder os US$ 5.000, após ele ter feito isso tudo e seguir disposto a assumir o risco, então eu diria que, certamente, o mercado de *commodities* pode lhe oferecer a oportunidade de um retorno muito bom.

Que tipo de retorno?

Se ele se sair muito bem, ele pode esperar realizar um lucro de 50% a 100% sobre o seu dinheiro em um ano.

Isto é se sair muito bem, realmente.

Bem, digamos em um ano ou dois. Por favor, compreenda que esta é uma área muito, muito difícil. Você não pode simplesmente se atirar nela, meramente confiando na opinião de alguém. Se ele quiser se envolver no que está fazendo, ele deveria considerar o mercado de *commodities*. Se ele quiser investir US$ 5.000 em algo onde possa simplesmente esquecer a respeito do assunto e ter certeza de que o investimento gerará algum dinheiro nos anos seguintes, não estamos falando do mercado de *commodities*. No mercado de *commodities* você está envolvido, você tem de se manter ao par das tendências, você tem de estar interessado. Você não pode investir em *commodities* e dar as costas e deixar que o seu corretor se preocupe com o assunto. Isto não é o suficiente. As pessoas bem-sucedidas no mercado de *commodities* preocupam-se pessoalmente com isto, prestam atenção e aprendem à medida que avançam. E elas se dão bem.

Todas elas?

Elas *podem* se dar bem. Naturalmente, um grande número delas não se dá bem. A questão não está em meramente prestar atenção, obviamente. Se este fosse o único critério, então todo mundo prestaria atenção. A questão envolve uma capacidade de analisar e aprender estatísticas e discuti-las com um corretor. Naturalmente, o sujeito vai contar pesadamente com os conselhos do corretor, mas a fim de compreender os conselhos do corretor, ele tem de primeiro educar a si mesmo.

Como ele poderia começar esta educação?

Há uma série de livros e guias bons sobre a negociação de *commodities* que lhe proporcionariam uma base. As bolsas mesmo oferecem muitas informações gratuitas — fatos históricos sobre os tipos de *commodities*, tendências sazonais, e por aí adiante. Após o sujeito ter esta educação básica, então ele pode entrar em contato com um corretor bem-conceituado.

Algumas commodities *são melhores do que outras para o neófito começar a negociar?*

Existem várias diretrizes que ele vai aprender, e uma é começar com uma *commodity* que não seja tão volátil. Algo como gado ou grãos que sobem e caem, mas não dinamicamente da noite para o dia. Investir em carne de porco ou ovos, digamos, que são afetados por vários fatores diariamente, deve ser feito somente após o investidor ter alguma experiência — apesar de que isto deveria ser um objetivo. Carne de porco é o item número um em termos de negociação no momento. Outra regra seria não investir em um número muito grande de *commodities* de uma só vez, mesmo se ele fosse bem-sucedido. Você tem de prestar atenção, como eu disse antes. E você não pode prestar atenção a todas elas ao mesmo tempo. Um ou dois mercados são o suficiente para começar. Ele terá de fazer isto, e ele terá de aprender a cortar sua perda quando estiver errado e admitir um erro de maneira que possa voltar à luta.

Ele tem de aprender quando vender.

Sim, ele tem de aceitar sua perda o mais rapidamente possível. No segmento de *commodities* esta talvez seja a regra mais importante de todas. Aprenda a aceitar a sua perda rapidamente; o lucro virá. O acaso dita que você estará certo parte do tempo. A questão é: quanto você perderá quando você estiver errado versus quanto você ganhará quando estiver certo? E você tem de aprender a limitar suas perdas.

Mas você disse algo sobre "quando vender". Esta é a natureza humana. Nós sempre pensamos em comprar primeiro e vender depois. No mercado de *commodities* este não é necessariamente o caso, porque elas viajam em ambas as direções e não são como ações. Você pode investir em uma venda primeiro. A venda a descoberto de *commodities* é potencialmente tão boa quanto uma venda normal. O público tem dificuldade em compreender isto.

Trata-se de um conceito difícil de compreender — vender algo que você não tem.

Trata-se de uma promessa, por assim dizer. Mas, mesmo assim, ela tem de fazer parte do repertório do bom negociante de *commodities*. E por esta razão boas corretoras de ações se saíram bem com o mercado de *commodities*, pois mesmo nestes tempos difíceis no mercado de ações, os lucros das *commodities* continuaram bem interessantes. Bons corretores aprenderam que há dois lados do mercado de *commodities*, e eles aprenderam a dizer isto a seus clientes.

Negociar commodities *não é realmente apenas um jogo?*

As regras dos jogos de azar, do acaso e das probabilidades não se aplicam às *commodities*, e as pessoas que acreditam nisto não ganharão dinheiro neste mercado. Não é um jogo. É oferta, demanda e ciência econômica.

9. Poupança e...
Philip M. Klutznick
Presidente do conselho
Urban Investment and Development Company

Klutznick é mais conhecido como o construtor de Park Forest e três dos principais shopping centers da região de Chicago, Old

Orchard, Oakbrook Center e River Oaks. Ele serviu como representante dos Estados Unidos no Conselho Social e Econômico das Nações Unidas sob o presidente Kennedy e como membro de diversas delegações para a Assembleia Geral da ONU. Recentemente sua empresa anunciou com a Sears and Marshald Field & Cia. uma comunidade de um quarto de bilhão de dólares a ser desenvolvida no condado de Lake. A Urban Investment também construirá um complexo de US$ 60 milhões na Avenida North Michigan.

De qual tipo de pessoa estamos falando? Ele é casado? Ele tem filhos? A sua educação está completa?

Vamos presumir que o senhor estivesse começando a sua carreira.

Se estivesse começando a minha carreira de novo como um profissional e tivesse US$ 5.000 e começando uma família, eu colocaria o dinheiro em uma poupança ou em uma sociedade de crédito mobiliário, ou compraria algo que fosse extremamente seguro, como um título do governo norte-americano ou um título municipal. Se estivesse abrindo um negócio, eu investiria no meu negócio. Eu não brincaria com US$ 5.000 se eu estivesse começando a minha carreira. Aprenderia o hábito de poupar.

Supondo que o senhor fosse solteiro e não tivesse todas estas responsabilidades?

A primeira coisa que eu faria com o primeiro dinheiro que ganhasse, se eu fosse jovem e no começo de minha carreira, seria poupá-lo e não apostá-lo. Eu apostaria o dinheiro somente quando tivesse acumulado o suficiente de maneira que eu tivesse condições de apostar comprando títulos e ações ordinárias. Sou um homem conservador.

Quanto seria este "suficiente"?

O suficiente para me sustentar se eu perdesse meu emprego.

Após os US$ 5.000 terem dobrado, por exemplo?

Após eles terem dobrado ou triplicado, dependendo de quanto o dólar valesse na época.

Quantos anos levariam antes que você começasse a investir?

Depende de quanto dinheiro eu estivesse ganhando. Acho que o hábito mais importante que um jovem começando a sua vida deve aprender é poupar, e, tendo poupado até o ponto em que ele tenha uma medida de segurança momentânea, então ele deveria investir nos títulos deste país, que eu considero muito bons. Desculpe, mas esta é a maneira que eu levaria a minha vida.

E foi isso que o senhor fez?

Não. Quando eu estava na faculdade em 1929, eu investi no mercado de ações.

24

Os criadores de fortunas do futuro

OS NEGÓCIOS, ASSIM COMO apostar em cavalos, são em grande parte um jogo de previsões. Você aposta dinheiro, ou tempo, ou trabalho, ou todos os três, em algum resultado que você espera ou acredita que ocorrerá no futuro.

A maioria dos empresários argumentaria veementemente que um negócio é menos jogo de azar do que apostar em cavalos. Eles estariam certos, é claro. Assim que você fizer uma aposta em uma pista de corridas, você passará a ser uma vítima totalmente desamparada dos eventos a seguir. Você não tem controle sobre o resultado. Em um negócio, tendo feito a sua aposta, você mantém um grau de controle sobre os eventos futuros que farão com que você ganhe ou perca. Mas você não tem um controle completo, e se as suas previsões estiverem erradas demais, você perde, não importa o que você fizer.

Não importa quão esperto um homem poderia ter sido nos negócios, se ele tivesse previsto no início dos anos de 1900 que os automóveis eram uma moda passageira e tivesse investido seu dinheiro no segmento das charretes, ele teria perdido. Mais recentemente, empresários muito inteligentes previram em 1950 que a energia nuclear seria um grande negócio na sociedade civil em 1970. Eles perderam.

Desse modo, a previsão é inegavelmente uma parte fundamental do jogo. Se você nutre um sonho de ficar muito, muito rico em algum momento nas décadas seguintes, uma coisa que você não pode esquecer de fazer de maneira alguma é olhar para o futuro e chegar a alguma estimativa da forma deste futuro. Onde e como serão feitas as próximas grandes fortunas?

Você pode estar certo de que milhares de outros homens, agora mesmo, estão tentando fazer uma previsão. Alguns estarão errados. Alguns estarão certos e, certamente também, ricos.

Vamos olhar rapidamente para algumas das previsões de longo prazo que estão sendo feitas agora. Não há, é claro, garantia alguma de que elas estejam corretas. O que pode ser dito, entretanto, é que elas representam o pensamento de organizações e homens que gozam de uma reputação respeitável por terem estado certos no passado. Uma destas organizações é o Conselho de Conferência Industrial Nacional, que periodicamente faz estudos detalhados de tendências atuais e as projeta no futuro — com grande precisão até o momento. Outra é a Unidade Econômica da *U.S. News and World Report*, uma revista que parece não se importar em correr riscos. (No fim dos anos de 1950, a *U.S. News* olhou à frente para a próxima década, os anos de 1960, e previu que a poluição do ar e da água iriam tornar-se uma questão nacional importante. Esta previsão soava maluca nos anos satisfeitos consigo mesmos de 1950, quando apenas alguns professores universitários sabiam o que a palavra *ecologia* significava.)

Com base nas previsões feitas por estes observadores do futuro, podemos olhar adiante e conjeturar que os muito ricos das décadas a seguir talvez façam suas fortunas de situações como estas:

Espaços vazios — Onde todos viverão e trabalharão? Qualquer um que responda esta questão corretamente hoje e que tenha fé suficiente em sua previsão para atuar sobre ela (ver Capítulo 13, sobre o truque de não dar ouvidos a zombadores), pode vir a tornar-se um dos muito, muito ricos.

As cidades e complexos cidade-subúrbio parecem estar se tornando obsoletos. Eles não estão mais funcionando bem. Gigantes do setor imobiliário como William Levitt (Capítulo 17) estão falando sobre partir para as vastas áreas inexploradas que ainda existem neste país e construir da estaca zero complexos de cidades inteiramente novos.

É inteiramente concebível que alguns homens ficarão ridiculamente ricos comprando terras por US$ 50 um hectare em áreas vazias do Novo México, Kansas e Vermont, então as vendendo por milhares de dólares um hectare quando algum centro populacional surja próximo dali. Outros talvez consigam sendo os organizadores de — ou acionistas em — empresas que tenham um papel na derrubada de velhas cidades e criação de novas.

Países azarões — Um pouco mais de 20 anos atrás o Japão e a Alemanha estavam tão praticamente mortos como entidades econômicas que seus pulsos financeiros mal podiam ser ouvidos. Enquanto eles estavam na cama lutando para respirar com suas línguas para fora, alguns tolos fabulosos investiram neles — compraram seus imóveis, suas ações industriais. Estes tolos desde então multiplicaram seu dinheiro por fatores de 1.000 e mais.

Não há dúvida de que existem países azarões similares no mundo hoje em dia. Apenas os tolos estão investindo neles. Os tolos estão escolhendo ações e imóveis e outras propriedades a preços de barganha. Talvez eles vivam para ver seu dinheiro desaparecer ralo abaixo Por outro lado...

A África do Sul é um país interessante deste ponto de vista. Da mesma maneira alguns países do norte da África. A Austrália também — vasta, vazia, desenvolvida somente em torno das faixas costeiras. A América do Sul tem uma série de países enormes e potencialmente ricos como o Brasil e a Argentina.

A "terceira revolução industrial" — De acordo com a *U.S. News*, até o momento ocorreram duas revoluções industriais distintas: a primeira surgindo do desenvolvimento da energia a vapor, a segunda, da energia elétrica. A terceira — que os economistas da revista acreditam será reconhecível aqui em 1980 —, surgirá da aplicação intensa e arrebatadora de dispositivos eletrônicos e da energia nuclear, superando qualquer coisa que tenhamos visto até o momento.

A energia nuclear passará a ser usada largamente quando o país não contar mais com outras formas de energia. As pessoas têm feito previsões grandiosas sobre a energia nuclear por 20 anos, e até agora as previsões não se provaram verdadeiras exceto em um sentido muito limitado. Mas o erro parece ter sido no *timing*, não quanto ao fato em si. Se a população do país e seu uso de energia continuarem a crescer como projetado, eventualmente chegará o momento em que teremos de nos voltar para o átomo como fonte de energia em uma grande escala. Não resta outra fonte de energia.

Dispositivos eletrônicos serão necessários para equilibrar a burocracia e o volume de informações que mantêm esta enorme e espantosamente complicada sociedade unida. A estrutura da sociedade já está começando a desmoronar em muitos lugares. Não há auxiliares administrativos o suficiente em Wall Street, por exemplo, para manter o mercado de ações funcionando tranquilamente mais. O sistema postal norte-americano está sendo esmagado sob o peso de cargas cada vez maiores de correio. O sistema de telefonia nacional está terrivelmente sobrecarregado. O fluxo diário de cheques entrando e saindo dos bancos já é tão enorme que um aumento de mais alguns poucos pontos percentuais poderia derrubar todo o sistema em um colapso terrível. Nestas áreas e centenas mais, o processamento eletrônico de dados parece oferecer ao homem a sua única esperança de não se afogar em seu próprio mar em ebulição de papel.

Alguém vai ganhar dinheiro tanto com a energia nuclear quanto com sistemas de informações. Exatamente como este dinheiro será feito, ou quando, não é algo de maneira alguma clara. Mas o momento para apostar parece estar se aproximando.

Transporte — Já é uma questão óbvia por algum tempo agora que meios de transporte mais antigos, perfeitamente satisfatórios vinte anos atrás, estão tornando-se cada dia menos úteis à medida que a população cresce e a sociedade muda. Fortunas serão ganhas por homens que solucionarem os problemas de transporte mundial — e, em segunda mão, por homens que investirem nestas soluções, não importa quais elas venham a ser.

O automóvel convencional está alcançando agora o ponto de ser morto por seu próprio sucesso extraordinário. Há carros demais nas estradas, criando poluição demais no ar. O tráfego aéreo está enfrentando uma congestão parecida. Muitos aeroportos de cidades estão superlotados. Tentativas de construir aeroportos novos terrivelmente necessários encontram oposição dos residentes das áreas circundantes, e os aeroportos novos propostos são raramente soluções ideais, de qualquer maneira, porque o local é caro demais ou longe demais da cidade sendo servida.

Abordagens radicalmente novas podem ser necessárias — e é aí que um monte de dinheiro muito provavelmente será ganho nos anos seguintes. O Ministério do Transporte dos Estados Unidos acredita que algumas respostas podem encontrar-se em trens de alta velocidade ligando cidades vizinhas e de subúrbios para áreas centrais. Trens capazes de andar a cento e sessenta quilômetros por hora ou outras inovações rápidas e convenientes de trânsito em massa, não apenas reduziriam o número de carros nas estradas, como também reduziriam a necessidade do tráfego aéreo para viagens curtas.

Novos tipos de automóveis não poluidores também poderão estar trafegando nas estradas então. Inventores como Bill Lear (Capítulo 11) estão mexendo com motores elétricos, turbinas, energia a vapor e outros meios de propulsão para veículos privados. Até o momento nenhum sistema foi desenvolvido que claramente ganhe da combinação tripla de alta potência, baixo custo operacional e conveniência como um todo do velho e sujo motor a gasolina. Mas Lear e outros acreditam que um sistema desta natureza esteja a apenas alguns passos de distância.

É agradável sonhar em ser um acionista na empresa que chegar lá primeiro.

Tecnologia de alimentos e os oceanos — Assim como a energia nuclear, o cultivo nos oceanos tem sido falado como um negócio do futuro por muitos anos. O futuro tem se mostrado sempre mais distante do que as bolas de cristal parecem indicar, e ele ainda não chegou. Mas um *boom* de negócios baseados no oceano parece quase certo que ocorrerá mais cedo ou mais tarde.

Com cada dia mais pessoas tentando viver da produção de cada vez menos hectares de terra aráveis, os alimentos produzidos em terra quase certamente vão se tornar mais caros à medida que este século progride. Quanto mais caros ficarem estes alimentos, maior e mais faminto ficará o mercado potencial para alimentos produzidos nos oceanos. As primeiras companhias e homens a encontrarem uma maneira de explorar este mercado vão sair dela ricos.

O Ministério da Agricultura dos Estados Unidos e empresas como a General Foods vêm experimentando o cultivo nos oceanos por anos: pastos cercados para peixes, áreas cultivadas de vegetais do mar. Mas um grande problema sempre frustrou os fazendeiros marítimos — o paladar humano. Por razões que não estão nem um pouco esclarecidas, a humanidade em geral tende a afastar-se da carne de peixe sempre que a carne vermelha estiver disponível. Em todos os países em que se pode fazer uma escolha, as pessoas preferem um bife de gado a um de cavala. Várias plantas do mar comuns são perfeitamente comestíveis e altamente nutritivas — mas, não importa quão delicadamente elas forem temperadas, elas ainda têm o sabor de um jornal molhado.

Isto frustra os agricultores do mar, pois os oceanos apresentam uma promessa enorme em termos de produção por hectare — e, consequentemente, lucro por hectare. Pode ser necessário um promotor como Jeno Paulucci para vender alimentos do mar novos em grande escala. Pode ser preciso um gênio do sabor intuitivo como Ray Kroc, que fez um sanduíche de peixe palatável com uma surpreendente fatia de queijo.

De uma maneira ou outra, alguém um dia vai começar a bombear dinheiro dos oceanos.

É muito divertido especular sobre negócios futuros como estes, e é divertido sonhar em subir a bordo no térreo um pouco antes de o elevador começar a subir. Mas escute. Nunca esqueça o velho Clement Stone. Ele não inventou nenhuma indústria fascinante nova. Ele começou sua longa escalada em um negócio que existia por séculos. As únicas previsões que ele fez foram que ele continuaria a existir e que ele cresceria nele. Ele pode alegar muito pouco no sentido de inovação. Ele não mudou muito a forma de atuar da indústria. Trabalhando dentro da estrutura que outros homens haviam projetado muito tempo atrás, ele fez sua fortuna fundamentalmente aplicando a força da sua própria personalidade forte, agressiva e otimista.

A inovação não é um pré-requisito necessário para tornar-se muito, muito rico. Tampouco é necessário fazer previsões muito distantes. Você não precisa ser Edwin Land. Existem provavelmente centenas de negócios operando hoje em dia nos quais homens cujos nomes não conhecemos ainda — ou que talvez ainda não tenham nascido — ficarão monumentalmente ricos.

A leitura precisa de uma bola de cristal ajuda um homem a ficar rico, mas não é toda a história. As principais partes da história estão emaranhadas no próprio caráter do homem.

Se nossa visita a esta galeria de ouro nos ensinou qualquer lição, a mais importante é certamente esta: o caráter é o pivô da riqueza autoconquistada. Para ficar rico, você precisa de uma pitada de previsão e uma pontinha de sorte, e talvez um pouquinho de uma série de outras coisas. Mas uma coisa que você precisa em grande quantidade é força interna.

Em uma palavra: coragem.

Bibliografia e leitura suplementar

A maioria dos capítulos deste livro é baseada em fontes de primeira mão, em vez de fontes publicadas — isto é, em entrevistas com o homem cuja vida e pensamentos estão sendo discutidos ou em entrevistas com seus colegas de negócios, amigos, inimigos e outros que passaram por suas vidas. Entretanto, o editor e os autores dos vários capítulos são gratos a muitas fontes publicadas por informações de fundo gerais e por nuances de opinião.

Para o leitor que talvez queira aprofundar seus estudos da riqueza mais do que este livro foi capaz de levá-lo, as fontes e sugestões de leitura suplementar estão listadas abaixo por capítulo.

Capítulos 1 e 2. Contexto geral e histórico

Alsop, Stewart. "America's New Big Rich". *Saturday Evening Post*, 17 de julho,1965

Brooks, John. *Once in Golconda*. Nova York: Harper & Row, 1969

Holbrook, Stewart. *The Age of the Moguls*. Garden City, N. Y.: Doubleday & Co., 1953

Hoyt, Edwin P., Jr. *The House of Morgan*, Nova York: Dodd, Mead & Co., 1966

Kirstein, George. *The Rich, Are They Different?* Boston: Houghton, Mifflin & Co., 1968

Lamott, Kenneth. *The Moneymakers*. Boston: Little, Brown & Co., 1969

Louis, Arthur. "America's Centimillionaires". *Fortune*, maio de 1968

Lundberg, Ferdinand. *The Rich and the Super-Rich*. Nova York: Lyle Stuart, 1968

Myers, Gustavus. *The Ending of Hereditary American Fortunes*. Nova York: Julian Messner, 1939

Rees, Goronwy. *The Multimillionaires*. Nova York: Macmillan, 1961

Schafer, R. C. *How Millionaires Made Their Fortunes and How You Can Make Yours*. Nova York: Pyramid Books, 1970

Tebbel, John. *The Inheritors*. Nova York: G. P. Putnam's Sons, 1962

Thomas, Dana. *The Plungers and the Peacocks*. Nova York: G. P. Putnams Sons, 1967

Wall Street Journal, eds. *The New Millionaires and How They Made Their Fortunes*. New York: Bernard Geis Associates, 1960

3. Benton

Benton, William. "Young Man, Be Your Own Boss." *Reader's Digest,* maio, 1957

Commonweal. "No Doom, No Gloom". 28 de fevereiro, 1958

Forbes. "The Marvellous Encyclopedia Business". 15 de fevereiro, 1965

Hoyt, Edwin P., Jr. *The Supersalesmen*. Nova York: World Publishing Co., 1962

Hyman, Sidney. *The Lives of William Benton*. Chicago: Chicago University Press, 1969

New Republic. "Benton Versus McCarthy". 17 de setembro, 1951

Time. "Busy Man". 8 de outubro, 1951

Time. "Benton v. Bowles". 17 de março, 1958

4. Stone

Barron's National Business and Financial Weekly. "Combined Insurance Co.: A Formula for Growth". 18 de Janeiro, 1971

Braden, William. "My Ambitions Are Very Humble...". *Chicago Sun-Times,* 19 de Janeiro, 1969

Business Administration. "A Millionaire in Your Mirror". Março, 1970

Business Week. "How to Grow Wealthy with Positive Thought". 13 de julho, 1968

Cole, Robert. "'Think, Act', He Says — He Must Be Right". *New York Times,* 2 de maio, 1971

Garino, David. "It's All Mental". *Wall Street Journal*, 27 de fevereiro, 1969

Model, Peter. "W. Clement Stone: Social Capitalist". *Finance,* abril 1971

Nation's Business. "How to Motivate Yourself and Others". Julho, 1968

Stone. W. Clement. *The Success System That Never Fails*. Englewood Cliffs, N. J.: Prentice Hall, 1962

5. Educação em fortuna

Burer, Chester. *Survival in the Executive Jungle*. Nova York: Collier Books, 1964

Carnegie, Dale. *How to Win Friends and Influence People*. Nova York: Simon & Schuster, 1947

Fortune, eds. *The Executive Life*. Garden City, N. Y.: Doubleday & Co., 1956

Hill, Napoleon e Stone, W. Clement. *Success Through a Positive Mental Attitude*. Englewood Cliffs, N. J.: Prentice-Hall, 1960

Mayes, Herbert. *Alger*. Nova York: Banner Press, 1928

Meyer, Paul. *How to Become Financially Independent*. Waco, Tex.: Success Motivation Institute, 1970

New York Tribune. Obituário de Horatio Alger. 19 de julho, 1899

Peale, Norman Vincent. *The Power of Positive Thinking*. Englewood Cliffs, N. J.: Prentice-Hall, 1948

Strohschein, Carol. "The New Breed: Paul J. Meyer". *Texas Business & Industry*, novembro, 1969

Wright, Louis. "Franklin's Legacy to the Gilded Age". *Virginia Quarterly Review*, primavera, 1946

6. Hirshhorn

Business Week. "Making an Industry in the North". 7 de Janeiro, 1956

Jacobs, J. "Collector". *Art in America*. Julho, 1969

Time. "Big Spender". 25 de julho, 1955

Time. "Billion-Dollar Empire". 1º de agosto, 1955

7. Cornfeld

Ball, R. "The Salesman Who Believed Himself". *Fortune*. Setembro, 1970

Business Week. "Lavish Hand with Too Little Control". 16 de maio, 1970

Cowan, Edward. "IOS Dissidents". *New York Times*, 1º de julho, 1971

Forbes. "Croesus, American Style". 15 de setembro, 1867.

Hodgson, Godfrey; Page, Bruce; e Raw, Charles. *Do You Sincerely Want to Be Rich?* Nova York: Viking Press, 1971

Mayer, M. "Bernie Cornfeld's First Billion". *Fortune*, março, 1968

Newsweek. "Crisis for Cornfeld". 18 de maio, 1970

Time. "Midas of Mutual Funds". 12 de Janeiro, 1970

Time. "Comedown for Cornfeld". 4 de maio, 1970

8. Hughes

Business Week. "Dual of Aces in Las Vegas". 12 de julho, 1969

Business Week. "Howard Hughes Meets Tight Money". 12 de dezembro, 1970

Demaris, O. "You and I Are Very Different from Howard Hughes". *Esquire*, março, 1969

Fortune. "Invisible Hand of Howard Hughes". Novembro, 1968

Gerbert, Albert. *The Bashful Billionaire*. Nova York: Lyle Stuart, 1967

Keats, John. *Howard Hughes*. Nova York: Random House, 1966

Newsweek. "Case of the Invisible Billionaire". 21 de dezembro, 1970

Time. "Money at Work". 12 de julho, 1968

Time. "Shootout at the Highest Corral". 21 de dezembro, 1970

9. Getty

Getty, J. Paul. *How to Be Rich*. Chicago: Playboy Press, 1965

Getty, J. Paul. "Milestones of Success". *Playboy*, junho de 1967

Getty, J. Paul. "Business is Business". *Playboy*, junho de 1967

Hewins, Ralph. *The Richest American*. Nova York: Dunton, 1960

10. Sorte

Carr, A. H. Z. *How to Attract Good Luck*. Nova York: Simon & Schuster, 1952

Gardner, Martin. "It's More Probable Than You Think". *Reader's Digest*, novembro, 1967

Getty, J. Paul, "Wall Street Is Not Monte Carlo". *Playboy*, dezembro, 1961

Klein, Frederick, "Ph.D. of the Turf". *Wall Street Journal*, 31 de janeiro, 1968

Knebel, Fletcher. "Las Vegas". *Look*, 27 de dezembro, 1966

Kobler, John. "ESP". *Saturday Evening Post*, 28 de junho, 1968

Machierella, Henry. "Bank Steno Hits 250-G Jackpot". *New York Daily News*, 29 de março, 1968

Mazza, Frank. "Lottery's Big Little Winner Bucks Odds Third Time". *New York Daily News*, 2 de maio, 1968

11. Lear

Business Week. "Lear Trades Steam for Gas Turbine". 22 de novembro, 1969

Garrison, P. "King Lear". *Flying*. Fevereiro, 1970

Newsweek. "Lear Steams Back". 21 de setembro, 1970

Wells, D. "Lear's Steam Dream". *Motor Trend*, junho, 1969

12. Land

Bigart, H. "Men Who Made the World Move". *Saturday Review*, 22 de abril, 1967

Business Week. "Black and White Issue Faces Polaroid". 14 de novembro, 1970

Forbes. "Polaroid". 15 de junho, 1969

14. Ludwig

Business Week. "Tanker King Who Shuns the Crown". 16 de março, 1957

Life. "Mighty Shipping Magnates". 21 de dezembro, 1962

Newsweek. "On the Crest of the Seas". 14 de outubro, 1957

Saunders, Dero. "The Wide Oceans of D. K. Ludwig". *Fortune*, maio de 1957

Time. "New Argonauts". 6 de agosto, 1956

Time. "Twilight of a Tycoon". 30 de novembro, 1970

15. Ling

Altwegg, Al. "A Falcon Under Fire". *Dallas Morning News*, 30 de março, 1969

Brown, Stanley. "Jimmy Ling's Wonderful Growth Machine". *Fortune*, janeiro de 1967

Dallas Time Herald. "Man of the Year". 5 de janeiro, 1969

Forbes. "Jim Ling's Instant Conglomerate". 1º de novembro, 1967

Gould, Susan. "Man on the Move". *Signature*, Março, 1968

Metalworking News. "Daylight at the End of the Tunnel?". 20 de abril, 1970

Newsweek. "Ling the Merger King". 9 de outubro, 1967

Time. "The Conglomerates' War to Reshape Industry". 7 de março, 1969

Weiner, Sam. "How to Turn a US$ 3.000 Stake into Millions". *Houston Post*, 12 de fevereiro, 1961

16. Hilton

Bigart, H. "Men Who Made the World Move". *Saturday Review*, 22 de abril, 1967

Dabney, Thomas E. *The Man Who Bought the Waldorf.* Nova York: Duell Sloan & Pearce, 1950

Time. "Widening Father's Footsteps". 29 de agosto, 1969

17. Levitt

Business Week. "Levitt's Secret Is Change". 29 de julho, 1967

Business Week. "Housing Enters the Era of the Superbuilder". 26 de dezembro, 1970

Fortune. "Levitt's Progress". Outubro, 1952

Langewiesche, W. "Bill Levitt,Big Answer Man". *Reader's Digest*, março, 1968

Nation Business. "Revolutionizing an Industry". Fevereiro, 1967

Newsweek. "Where Are They Now?" 6 de outubro, 1969

Time. "Profits v. Shortage". 26 de julho, 1954

Time. "After the Levittowns". 19 de maio, 1967

18. Psicologia

Alexander, Franz. *Our Age of Unreason*. Filadélfia: Lipincott, 1942

Allen, Veron, Ed. *Psychological Factors in Poverty*. Chicago: University of Chicago Press, 1970

Bergler, Edmund. *Money and Emotional Conflicts*. Garden City, Nova York: Doubleday, 1951

Cuber, John F., and Harroff P. B. *The Significant Americans: A Study of Sexual Behavior Among the Affluent*. Nova York: Appleton-Century-Crofts, 1965

Fenichel, Otto. "The Drive to Amass Wealth". *Psychoanalytic Quarterly*, vol. 7, 1938

McClelland, David. *Studies in Motivation*. Nova York: Appleton-Century-Crofts, 1955

Rosen, Bernard. "The Psychosocial Origins of Achievement Motivation". *Sociometry*, setembro, 1959

Sorokin Pitirim. "American Millionaires and Multimillionaires: A Comparative Statistical Study". *Journal of Social Forces*, maio, 1925

Wyllie, Irving. *The Self-made Man in America*. Nova York: Free Press, 1954

19. Paulucci

Nation's Business. "Dynamic Growth Companies". Março, 1970

Paulucci, Jeno. *How It Was to Make $100,000,000 in a Hurry*. Nova York: Grosset & Dunlap, 1969

20. Kroc

Business Week. "McDonald's Makes Franchising Sizzle". 15 de junho, 1968
Forbes. "Mirror, Mirror on the Wall". 1º de novembro, 1970
Nation's Business. "Appealing to a Mass Market", julho, 1968

21. Previsão

Bright, J. R. "Evaluating Signals of Technological Change". *Harvard Business Review*, janeiro, 1970
Business Week. "1970's: Bumpy Decade with a Social Sense". 6 de dezembro, 1969
Mechanics Illustrated. "A Look into the 1970's". Janeiro, 1970
Monthly Labor Review. "The U.S. Economy in 1980". Abril, 1970
Science News. "Toward the Year 2000". 19 de setembro, 1970
Seaborg, G. "Our Nuclear Future". *Bulletin of the Atomic Scientists*, Junho, 1970
Time. "The Sizzling '70's". 23 de maio, 1969
U.S. News & World Report. "The Spectacular '70's". 23 de junho, 1969
U.S. News & World Report. "Official Preview of the U.S. in 1980". 27 de abril, 1970

Este livro foi composto na tipologia Arno Pro,
em corpo 11/14,8, impresso em papel off-white
no Sistema Cameron da Divisão Gráfica
da Distribuidora Record.